习仲勋年谱

（一九一三——二〇〇二） 第二卷

中共中央党史和文献研究院
中共陕西省委员会 编

中央文献出版社

目 录

1950 年 ··· (1)
1951 年 ··· (60)
1952 年 ··· (125)
1953 年 ··· (177)
1954 年 ··· (244)
1955 年 ··· (282)
1956 年 ··· (303)
1957 年 ··· (316)
1958 年 ··· (328)
1959 年 ··· (338)
1960 年 ··· (359)
1961 年 ··· (380)
1962 年 ··· (410)
1963 年 ··· (426)
1964 年 ··· (428)

1965年 …………………………………………………………… （429）

1966年 …………………………………………………………… （431）

1967年 …………………………………………………………… （433）

1968年 …………………………………………………………… （438）

1969年 …………………………………………………………… （439）

1972年 …………………………………………………………… （440）

1973年 …………………………………………………………… （441）

1974年 …………………………………………………………… （442）

1975年 …………………………………………………………… （443）

1976年 …………………………………………………………… （445）

1977年 …………………………………………………………… （447）

1950年　三十七岁

1月1日　同杨明轩[1]、赵寿山[2]等出席西安市全体干部及各民主党派人士元旦团拜会。

1月5日　人民胜利折实公债正式发行。

1月8日　担任西北区人民胜利折实公债推销委员会主任委员。该委员会下设推销发行、宣传动员和债券债款出纳三个委员会。委员包括各界民主人士、党政军及财政贸易银行等负责人，文教及工青妇代表等。

1月9日　同杨明轩、贾拓夫[3]致电西北各省委、中共中央新疆分局并报中财委[4]。电文说：（一）西北各省市公债推销数字，经西北区人民胜利折实公债委员会研究，又作了重新调整，希各省市及行署切实遵照执行，并力争超过任务。（二）公债推销对象主要应放在大中小城市的工商业者和城乡殷实富户及

---

[1] 杨明轩，时任陕甘宁边区政府副主席。
[2] 赵寿山，时任第一野战军暨西北军区副司令员。
[3] 贾拓夫，时任中共中央西北局常委、陕甘宁边区政府西北财经分会副主任。
[4] 1949年7月12日，中共中央财政经济部（简称中财部）与华北财政经济委员会合并，在中国人民革命军事委员会之下，设立中央财政经济委员会（简称中财委）。在此基础上，中央人民政府政务院财政经济委员会（仍简称中财委）于同年10月21日正式成立，统一领导全国财政经济工作，1954年9月撤销。

富有的退职文武官员，机关部队及工人在自愿原则下可以号召带头，但不能分配固定数字。

1月10日 在西安群众堂出席陕西省人民政府成立大会。大会宣布马明方任陕西省人民政府主席，张邦英、张凤翔、韩兆鹗任副主席。在讲话中说：今天陕西省人民政府宣告成立了。这是一件大事，它对统一领导陕西人民加速医治战争创伤和恢复生产等工作是有重大意义的。现在留待我们所要努力解决的问题，最感重要的就是在全西北，在各省，在各个地方加强并巩固人民的革命大团结，以便将《共同纲领》[1]和中央所规定的任务、政策，与我们这个地区的具体情况结合起来，并贯彻下去。西北的事情，是包括占全区人口百分之九十以上的各民族、各阶层、各党派的公事，不是任何一民族、一阶级、一党派的私事，只有团结大家的力量，才能办好，少数人的包办把持，就必然办不好。所以我们共产党就把与党外人士民主合作的统一战线政策，定为党的基本政策，而且这个同党外人士实现民主合作的原则，是坚定不移的，永远不变的。今天统一战线的基础，非常广泛，包括工人阶级、农民阶级、小资产阶级、民族资产阶级，还包括有各民族人民和一切愿与我们合作的爱国民主人士。吸收他们中的优秀代表人物到各地各级政府中来，分担负责工作，这就是统一战线政权或联合政权。陕西省人民政府就是这样一个地方性的联合政府。由于工人阶级和共产党在这个统一战线中的领导责任，共产党员对执行统一战线政策的态度和作风，就对这个人民的革命大团结的事业，做得好不好，有很大的关系。任何一个共

---

[1]《共同纲领》，即《中国人民政治协商会议共同纲领》，1949年9月29日由中国人民政治协商会议第一届全体会议通过。在1954年《中华人民共和国宪法》颁布以前，它起了临时宪法的作用。

产党员，如果自以为是，盛气凌人，把持包办，一意孤行，觉得自己什么都好，看别人什么都不好，不积极和党外人士合作共事，不虚心学习，那就不管出自怎样的"好心肠"，其结果都是违背了党的政策，把革命的事业办不好。在西北，在各省，在各地，我们同广大党外人士的合作共事，不过刚开始。我们经验不足，过去时期与各方面的联系不多，我们的工作还有不少缺陷。希望大家知无不言，言无不尽，一切善意的批评和良好的建议，我们都热烈欢迎，诚恳采纳。我们大家都站在为人民办事的立场上，抱一样的态度，团结起来，共同努力，我们的事情就一定会办好。

1月13日 毛泽东分别致电叶剑英[1]、高岗[2]、习仲勋，请他们将在广东、东北和陕甘青宁所进行的各项重要工作，其中所包含的问题及解决方法，择要电告。

1月14日 中午，同张宗逊[3]、赵寿山等到机场迎接从兰州乘飞机抵达西安的张治中[4]、包尔汉[5]、邓宝珊[6]等一行十人。下午五时，同彭德怀[7]等在西京招待所出席由陕甘宁边区政府、陕西省人民政府、西安市人民政府联合举行的宴会，欢迎陆续抵达西安的即将就任的西北军政委员会正副主席和全体

---

[1] 叶剑英，时任中共中央华南分局第一书记、中南军政委员会副主席、广东省人民政府主席。
[2] 高岗，时任中共中央政治局委员、中央人民政府副主席、中共中央东北局书记、东北人民政府主席。
[3] 张宗逊，时任中共中央西北局委员、第一野战军暨西北军区副司令员。
[4] 张治中，时任西北军政委员会副主席。
[5] 包尔汉，时任新疆省人民政府主席。
[6] 邓宝珊，时任甘肃省人民政府主席。
[7] 彭德怀，时任中共中央政治局委员、中共中央西北局第一书记、中央人民政府人民革命军事委员会副主席、第一野战军暨西北军区司令员。

委员。

1月15日 中午，致电刘少奇。电文说："毛主席十三日电令我将陕甘宁所进行的各项重要工作，其中包含的问题及解决方法择要电告，但不知是要原陕甘宁边区的还是要陕甘宁三省的问题？请你详示。"十六日，刘少奇复电："因彭德怀同志已将新疆、青海情况和问题报告了毛主席，但陕甘宁后方情况未报告，故要你将陕甘宁三省目前各项重要工作及问题和解决方法报告他，不只是边区的。"

同日 中共中央西北局召开全体委员会议，讨论研究西北军政委员会人事安排问题及成立前的准备工作。

1月16日 出席彭德怀主持召开的西北军政委员会预备会议。会议决定十九日在西安正式成立西北军政委员会，并通过会议的议事日程和委员分组名单。

1月17日前 出席中共中央西北局召开的高级干部会议，作题为《做好统一战线工作》的讲话。在讲话中说：西北军政委员会快成立了，有好多问题需先在党内干部中讲清楚，而主要的就是要讲清楚如何做好统一战线工作。一、今天西北上的事情就是要尽一切努力巩固胜利。这要做很多事情，但中心是贯彻统一战线政策和民族政策，实现西北人民的革命大团结。西北是多民族地区，必须特别重视民族问题。丢开了民族问题，便脱离了我们眼前最重要的实际，什么工作也做不好。二、西北军政委员会就是工人阶级领导的，以工农联盟为基础的，团结各民族、各民主阶级、各民主党派的人民民主统一战线政权。它的成立，就使这个表现西北人民革命大团结的统一战线，在组织上确立起来。军政委员会的事情要办好，主要有两件，一是关于目前西北地区的工作任务，一是人事配备。军政委员会的人事配备，已拟就一个初步草案，经过多次协商、多次修改，但还不够成熟，还准备再协商、再修改。"要把人事配备这件事情办好，就必须有意识地吸收一批在各民族、各民主阶级、各民主党派、各色人物中有声望、有作用的代表人物到军政委员会来，给他们职位，给他们饭吃，和他们讲团结。而且要位子摆高一点，饭吃好一点，要真心实意地和他们合作共事。"要从整个人民的长远利益出发去考虑问题。三、军政委员会成立后，西北局直接领导军政委员会的工作。今后党对政权工作的领导，不仅是大政方针的领导，还必须有经常的密切的具体指导。在政权机关中工作的党员干部的基本任务有两条：团结教育党外人士，做好自己担负的工作。"党员干部要注意谨守规矩，中央人民政府的法令和党内的各种制度，必须严格遵守，不准乱出主张，乱发表意见，克服各种无组织无纪律状态。这样才能保证党在政府中的统一领导，将工作做好，少犯错误，少走弯路并有利于和党外民主人士实行民主合作。"二月十日，该讲话在《党内通讯》第四十二期发表。

1月17日 毛泽东从苏联致电中共中央并转彭德怀、习仲勋。电文说："（一）军政委员会第一次会议上拟讨论的各项均妥。其中陕、甘、宁三省今冬只在部分地区进行土改，取得经验，推迟至明冬普遍进行土改，是比较妥当的。（二）包尔汉主席于会后来莫斯科是可以的，惟时间上是否来得及，须待二十五六日才能决定，那时当有电报通知。"

1月18日 撰写致中共中央、毛泽东的《西北各项主要工作中的问题与解决方法》的综合报告。报告说：（一）上月我军南进解放汉中、武都等地，至此西北五省全部解放。现陕、甘、宁三省各地接管工作，均顺利先后结束。这一时期我们的注意力主要放在两方面：一是剿匪、征粮和发动群众工作；一是召开各市县各界人民代表会议和筹备成立军政委员会和各省政府的工作。(二)剿匪方面:陕西境内已无股匪,宁夏除德王[1]残部外,亦无大股土匪;甘肃、青海一般地区也还安定,只是临夏、大通等回民地区,马步芳残部煽起的骚动尚未平复。现各地散匪仍未肃清,我们十二月召集关中各地书开会[2],确定仍应以剿匪为中心。征粮方面:去年五省共征粮折小米六百余万市石,在战争及敌人破坏和歉收情况下略显较重,且各地有分配任务畸轻畸重和挤大户的现象,今年需要确实改正。(三)我们准备在一九五〇年秋收以后,在陕西大部地区,甘肃、宁夏部分地区,青海个别地区,进行土改,准备一九五二年春耕前全部完成陕甘宁三省及基本上完成青海省的土改工作。新疆及其他少数民族地区暂不进行。我们接到中央征求土改时间意见电报后,再三考虑干部准备问题仍大,加之甘肃、宁夏好些地区回汉杂居,民族隔阂未完全去掉,仍然以稳步前进为宜。(四)西北是多民族地区,一切工作都要照顾各民族特点和注意民族团结。少数民族地区或各民族杂居地区,任何改革都不能过急过早,要通过他们自己自觉起来办。(五)各市县各界人民代表会议,西安开过三次,宝鸡、汉中、兰州、西宁、银川都开过一次,关中各县都开了,陕南也陆续召开中。宁夏十一个县已经开了九个。甘肃也大部开了。凡开了这项会议的,都收到效果。各省的各界人民代表会议,也要在今年内召开。这种会议把各民族和各民主阶级的统一战线在组织上确定起来,益处很大,需要抓紧做好。(六)各省

---

[1] 德王,即德穆楚克栋鲁普,蒙古王公。1936年5月在侵华日军的策划下,任伪蒙古军政府总裁,1939年任伪蒙疆联合自治政府主席。日本投降后,投靠国民党政府,继续进行反共、反人民的分裂祖国的活动。1949年12月,潜逃蒙古人民共和国,后引渡回国受审。

[2] 指1949年12月17日至23日中共中央西北局召开的关中各分区地委书记会议。地书,是地委书记的简称。

府在去年十二月至今年一月初已先后成立,军政委员会定明日成立。在准备成立军政委员会中,党内仍有些同志不了解和党外人士合作的重要性,以功臣自居。我们前几天特别开了一次高级干部会,再次讲清统一战线政策,并严格批评不正确的倾向。(七)我们准备在军政委员开会后,开一次省委书记会议,认真讨论以上问题,尤其是民族问题和统一战线问题。

1月19日 上午十时,出席西北军政委员会成立大会。西北军政委员会主席、副主席、委员在西安就职。彭德怀任西北军政委员会主席,习仲勋、张治中任副主席。在就职讲话中说:西北解放战争已经结束,我们就要进入一个和平建设的新时期。我们要做的事情是很多的,困难也很大,但依靠我们各族、各界人民的大团结,依靠我们正确地执行各项政策,依靠我们艰苦奋斗,我们就完全能够克服当前的各种困难,有步骤地进入经济建设高潮和文化建设高潮,建设一个经济繁荣、文化昌盛的新西北。在一切工作中,我们必须完全遵守《中国人民政治协商会议共同纲领》,坚决执行中央人民政府的政策法令和西北军政委员会的一切决议。特别是共产党员应成为执行政策法令的模范。要善于坚持真理和随时修正自己的错误,善于密切联系人民群众,善于和党外人士合作共事。我自己是一个共产党员,是一个普通的为人民办事的勤务员,这次蒙中央人民政府任命为本会副主席职务,深感责任重大。当一本过去为人民服务的精神,和全党同志一起,和各民族、各界党外人士一起,彼此共策共勉,当好西北人民的忠诚勤务员。在中央人民政府和毛主席的领导下,在本会彭主席〔1〕的直接领导下,和张副主席〔2〕以及全体委员共同

---

〔1〕 彭主席,指彭德怀。
〔2〕 张副主席,指张治中。

努力，我们深信建设新的大西北的光荣事业是一定会成功的。

同日 同彭德怀、张治中发布西北军政委员会第一号布告。布告称：奉中央人民政府命令，成立西北军政委员会，为中央人民政府在西北地区实行军事管制的代表机关，并代行西北人民政府职权，统一领导陕西、甘肃、宁夏、青海、新疆五省及西安市政权工作。任命彭德怀为主席，习仲勋、张治中为副主席，王子宜、王世泰、王震、甘泗淇、白如冰、白海风、任谦、成柏仁、邢肇棠、吴鸿宾、屈武、马文瑞、马明方、马鸿宾、马辅臣、茹欲立、孙殿才、许光达、张子芳（女）、张仲良、张邦英、张宗逊、张德生、张凤翙、张稼夫、陶峙岳、喜饶嘉措、杨子廉、杨明轩、杨得志、杨慎之、杨静仁、贾拓夫、赵寿山、邓宝珊、阎揆要、包尔汉、赛福鼎·艾则孜、韩兆鹗、韩练成为委员，遵于一月十九日在西安就职。今后当在中央人民政府领导下，坚决执行《共同纲领》，紧密团结西北各民主阶级，各民族和全体人民为巩固胜利，建设新西北、新中国而奋斗。自本会宣告正式成立之日起，陕甘宁边区政府即行结束。六月，政务院第三十七次会议批准增补李志民、高桂滋、黄正清、达理扎雅、廖汉生、潘自力为西北军政委员会委员。

1月19日—27日 出席西北军政委员会第一次会议。二十日，在会上作关于协商军政委员会各委、部、局、厅组织机构和人事配备的意见的报告。二十六日，主持大会讨论。在讨论"行政人员是否兼职监察委员"的问题时说：行政人员还是尽可能地不加入监委会好，他们加入监委不能专心把工作做好；同时行政与监察明确划分开来，在群众中会起好的作用。根据中央监委情形，少数行政人员加入也不要紧，但以非行政人员做这项工作较宜。同时还要看我们提出的这些监委人选是否适当。

1月22日 同彭德怀、张宗逊、甘泗淇[1]向第一野战军发出《关于检查群众纪律的指示》。

1月23日 同彭德怀、张宗逊、甘泗淇致电陕北军区。电文说：二十二军军部可合编于二师，请二师即派人去榆[2]共同商量编整，并请将编整办法电告。

1月30日 同彭德怀、张治中及西安各界代表前往西安火车站迎接杨虎城灵柩，并出席西北军政委员会举行的公祭及安灵仪式。二月四日，主持中共中央西北局、西北军政委员会和西安各界举行的杨虎城将军追悼大会并致悼词。悼词说：杨虎城与张学良一起于一九三六年十二月十二日在西安对蒋介石实行兵谏，是有重大意义的。此举加速了国共两党重新合作，加速了全面的抗战，在中华民族解放史上写下了光荣的一页。现在的西北已经不同于往昔了，西北人民和全国人民一道，赢得了抗日战争的胜利，赢得了人民解放战争的胜利，压迫人民的黑暗统治一去不复返了。西北各族各界人民，要紧密地团结起来，加紧建设新西北，以此来追念杨虎城将军。

2月3日 上午，出席彭德怀主持召开的西北军政委员会第一次行政会议，讨论关于西北军政委员会第一次会议开会情况给中央人民政府的报告，西北财经委员会第一次会议提出的关于一九五〇年西北各项经济建设计划草案，以及民族事务、民政和公安工作计划等。

2月5日 同彭德怀召集陕西、甘肃、宁夏、青海省主要负责干部开会，听取各省汇报有关执行民族政策、剿匪反霸和干部

---

[1] 甘泗淇，时任中共中央西北局委员，第一野战军暨西北军区副政治委员、政治部主任。
[2] 榆，指陕西榆林。

作风的问题。

2月7日 出席西北军政委员会第二次行政会议。会议听取和研究西北民政部一九五〇年工作计划的报告,通过《西北军政委员会关于生产救灾的指示》和决定成立西北生产救灾委员会的决议,通过最高人民法院西北分院一九五〇年工作计划。在讨论生产救灾指示时发言说:"救灾应为西北军政委员会及各个部门当前的中心工作。救灾如救火,否则就不能雷厉风行地贯彻下去。"

2月9日 上午,出席西北区税务工作会议。在讲话中说:完成税收任务,保证一九五〇年预算的执行,是一项艰巨的政治任务,必须掌握具体政策,健全制度,经过全体税收干部的努力工作和加强领导才能完成。既要按照中央人民政府的规定,整顿制度,增加收入,完成任务,保证供需;又要做到负担合理,照顾工、矿、农、牧业的生产及商业的恢复与发展。两者兼顾,不能偏废。

2月10日 同彭德怀、张治中发布西北军政委员会《关于对新区群众政策宣传工作的指示》。《指示》要求,西北各省和西安市依据"提倡农村公平自由借贷及保证有借有还原则",按照当地具体情况,针对农村存在的问题和群众的认识,颁发布告,广为张贴,扩大宣传,以期活跃农村经济,展开生产救灾工作。

2月11日 在袁廷翰[1]反映其家乡基层干部违反政策的来信上批示:"这虽是一个地方、一个同志的反映,但这种现象在目前是很普遍的,应将这件材料有意识地进行处理,以便引起各地注意检讨和纠正。"

---

〔1〕 袁廷翰,时为西北人民革命大学学员。

2月13日 同彭德怀、张宗逊、甘泗淇、阎揆要[1]发布西北军区关于精简部队的训令。训令指出，要合理整编机构，裁汰重叠机关，提高部队质量。

2月14日 中共中央重新任命中共中央西北局的领导成员。西北局委员会由彭德怀、习仲勋、马明方、马文瑞、贾拓夫、张稼夫、张宗逊、张邦英、张德生、甘泗淇、王世泰、王震、杨得志、李志民、许光达、徐立清、张仲良、潘自力、汪锋十九人组成，彭德怀、习仲勋、马明方、马文瑞、贾拓夫为常委，彭德怀为第一书记，习仲勋为第二书记。新任命的西北局对陕西、甘肃、宁夏、青海、新疆五省和西安市的政治、军事、经济、文化等方面的工作实行全面领导。

同日 出席彭德怀主持召开的西北军政委员会第三次行政会议。会议讨论并通过西北生产救灾委员会关于生产救灾工作计划、一九五〇年西北文教委员会工作计划和《西北军政委员会关于厉行节约稳定物价的通令》等。

同日 同彭德怀、张治中发布西北军政委员会《关于生产救灾的指示》。《指示》提出：（一）必须教育全体干部认识生产救灾工作的重要，并彻底了解救灾必须依靠"组织群众生产自救"的基本方针。切实纠正和防止对灾情漠不关心的官僚主义及忽视组织生产的单纯救济观点。（二）必须教育群众克服悲观失望、听天由命或等待救济的情绪，确立"为自己的生存而奋斗"的思想，努力提倡"农村公平自由借贷，保证有借有还"，奖励"互助互济"，采用一切办法，克服农村周转借贷的停顿状态。（三）厉行节约，反对浪费。所有军政全体工作人员，自二月一日起，每人每日节省一两米，救济灾民。（四）本会共筹拨救济粮十一

---

[1] 阎揆要，时任第一野战军暨西北军区司令部参谋长。

万市石，各地须周密调查，有重点地发放。

2月16日 同彭德怀、张治中发布西北军政委员会通令。鉴于上海电厂因遭敌机轰炸，造成工厂停产，引发市场粮食、纱布价格狂涨，通令提出六项紧急措施：（一）所有机关、部队、学校团体和事业单位，只准购买本部门按预算所需物资。（二）上述单位一律严格禁止购买粮食、纱布。（三）实行薪金制之公营企业部门及学校所需纱布和粮食，应事前计划，按实有人数最低所需数量在指定门市部或市场购买。（四）各单位已购之纱布、粮食，限令到之日一律冻结。（五）一九五〇年军装减发军衣（或衬衣）一套。（六）责成工业部门立即动员与组织西北所有纺织工厂，延长生产时间或加强班次，积极加工，以便统筹供应市场。

2月17日 下午四时半，在西京招待所出席中苏友好协会西安分会举行的庆祝《中苏友好同盟互助条约》签订酒会。此前，毛泽东于一九四九年十二月至一九五〇年二月对苏联进行为期两个多月的访问。一九五〇年二月十四日，《中苏友好同盟互助条约》及有关协定在莫斯科签订。

2月21日 出席彭德怀主持召开的西北军政委员会第四次行政会议。会议讨论通过西北司法部、西北民族事务委员会一九五〇年工作计划等。

2月23日 中午十二时，在革命公园广场出席西安市各族各界举行的庆祝《中苏友好同盟互助条约》签订暨春节军民联欢大会。在讲话中说：《中苏友好同盟互助条约》的签订，开辟了中苏友好合作的新时代。它对巩固远东和世界和平阵线增加了力量，同时严重打击了美帝国主义战争贩子企图扶植日本帝国主义的再起和挑起三次世界大战的狂妄行为。我国人民在胜利之后，获得苏联兄弟般的援助，就能够保证巩固自己的胜利，建设新中国。我们和苏联友邦接壤，在这种亲切的深厚友谊援助下，我们从事医治战争创伤，恢复和发展生产，将会是很迅速的。

2月27日 同彭德怀、张治中发布西北军政委员会《关于本会及所属各部门出版刊物的规定》。

2月 兼任中共中央西北局统战部部长。一九五二年五月，不再兼任该职。

3月1日 出席彭德怀主持召开的西北军政委员会第五次行政会议。会议讨论并通过西北人民胜利折实公债推销工作的报告、关于建立报告请示制度的指示、关于天水铁路工程委员会暂时组织规程暨西北军政委员会关于天水铁路工程委员会的人事任命等。

同日 同彭德怀、张治中发布西北军政委员会《为加强保护电讯设备的通令》。

3月2日 同彭德怀致电张宗逊、甘泗淇转第二兵团和甘肃、青海、宁夏省委、新疆分局并报中共中央军委。电文说：九师及骆驼部队，拟三月间进军玉门、敦煌南北之哈萨族[1]地区。武威、张掖、酒泉地委须切实配合九师行动。

3月3日 同彭德怀、张治中发布西北军政委员会关于建立请示报告制度的指示。指示指出：西北五省县以上各级人民政权已普遍建立起来，为及时了解各地工作的真实情况，加强政权工作的领导，克服无纪律无政府状态，统一与贯彻中央人民政府各项政策的执行，改善上级与下级政府的联系，提高工作效率，建立与健全请示报告制度，已成为目前西北区各级政府的一项重大任务。各省人民政府主席、西安市市长每两月须向本会主席写一次书面综合报告，本会各委、部、院、署、行、局、厅每月须向主席作一次工作简报，两月作一次综合报告。工作中临时发生或发现的重要问题，特别是每项重要政策执行时在群众中所起的反

---

〔1〕 哈萨族，指哈萨克族。

映和动态,要随时报告。每项工作结束时,应作较全面的总结报告,但反对长篇大论。

同日 上午,同杨明轩在西安出席西北青年第三届代表大会筹备委员会第一次全体会议。在讲话中说:西北的青年运动,过去长期在同一个方向上分别在不同的地区进行着。在陕甘宁边区和人民解放军中的青年,以及在新疆伊犁、塔城、阿山〔1〕三区的青年,在共产党和人民政府以及当地革命政府的领导下,努力学习、工作、战斗,和国民党反动派进行了艰苦卓绝的斗争。在国民党统治区,在共产党地下组织的发动和领导下,各民主党派和进步青年开展了一系列争取权利的爱国民主运动,相互间建立了血肉不可分的联系。我们就要进入一个全面建设的新时期,如何将过去两种地区青年运动的大会师,尽量迅速地经过一定的组织形式确立起来,统一领导推进西北青年运动的普遍开展,就成为迫切需要解决的问题。因此,必须要:(一)努力组织各地区、各民族青年的大联合。各族青年们一定要在将西北各民族团结成为友爱和睦大家庭的事业中起积极的推动作用。这是一件无上光荣的任务。(二)发动广大青年群众,积极参加当地政府领导的各种工作。青年要在各个战线上、各种工作中,成为勇往直前、完成任务的突击力量,成为战胜困难、创造胜利的能手,成为执行政策、遵守法令的模范。(三)有计划地开展广泛的学习运动。广大青年要努力加强马列主义和毛泽东思想的学习,提高政治理论水平,成为学习运动中的推动力量。

同日 下午四时,同彭德怀代表中共中央西北局、西北军政委员会接受参加西北学生、青年代表大会筹备委员会第一次全体会议的西北各民族各界青年代表的献旗。两面锦旗上分别写着

---

〔1〕 阿山,今新疆阿勒泰地区。

"向着你们所指示的方向前进"和"团结全西北青年为完成你们的一切号召而努力"。

3月7日 下午五时，出席西北军政委员会第六次（扩大）行政会议。会议听取贾拓夫关于全国财经会议精神的传达和彭德怀《坚决地彻底执行政务院〈关于统一国家财政经济工作的决定〉》的讲话。此前，中财委于二月十三日至二十五日召开全国财经会议，决定节约支出，整顿收入，统一管理全国财政经济工作，以实现国家财政收支平衡、物资供求平衡和金融物价稳定。三月三日，政务院作出《关于统一国家财政经济工作的决定》。

3月8日 下午一时，在西安群众堂出席西安市第一次妇女代表大会暨纪念三八国际妇女节大会，代表中共中央西北局和西北军政委员会表示祝贺。在讲话中说：西安市妇女运动目前的任务应该是：（一）开展妇女运动中的统一战线工作。妇女工作应是一个极其广泛的统一战线工作。只有把广大的妇女群众在各种运动中组织起来，妇女群众有了自己的组织，就有了力量，就能够为着自己的共同要求而奋斗。（二）发动广大妇女群众积极地参加各项生产建设。要教育她们懂得劳动创造一切的道理，懂得只有妇女们在生产方面有了重要位置，社会地位就自然提高了，否则只能是空谈妇女解放。（三）组织妇女群众学文化、学科学。妇女群众的彻底解放，一要参加生产，二要和愚昧作斗争。今后应该继续有计划有组织地推广学习运动。（四）城市妇女运动必须同乡村妇女运动密切结合。我们号召城市妇女知识分子深入到农村中去，帮助农村劳动妇女反封建分土地。（五）要有正确的工作态度和正确的工作作风。"一切要从实际情况出发，从群众的迫切要求和群众的自觉基础出发。热情是要的，但如果没有调查，没有计划，盲目地依靠热情去办事，就会犯错误。"关于婚姻问题，不能一进农村就大喊婚姻自由，那会脱离群众的，必须在土改后,群众觉悟提高了,婚姻纠纷自然不难处理。我们不仅要有明确的工作方针,还要有比较细致的工作步骤,否则方针虽然有了,仍不能解决问题。

3月10日 出席西北军政委员会第一次集体办公会议。会议根据彭德怀的提议,决定成立建筑工程局,派军队九万人参加宝天、天兰铁路[1]的建设。会议还讨论一九四九年西北征粮工作报告、关于死刑案件审核判决程序等。

同日 新华社西安十日电:中共中央西北局第二书记习仲勋发表谈话,表示西北地区的共产党员将坚决执行中共中央的指示,保证迅速全部实现政务院统一国家财政经济工作的决定。谈话说:今天如何解决与人民生活息息相关的经济问题,就需要我们党员本着过去战胜困难的那种坚毅精神,毫不懈怠地领导人民去实施政务院统一财政经济工作的决定。我们共产党员首先要认清只有达到财政经济工作上的统一,才能巩固军事上、政治上已得到的胜利。因此,我们西北地区全体共产党员和党外朋友,必须动员起来,认真地学习政务院的决定和中共中央的指示,根据这些文件的精神制定出各部门的实施计划。我们要向某些党员中存在的轻视税收观点、不愿做税收工作的思想进行严肃的不调和的斗争,我们西北地区有些共产党员中还存在着的铺张、浪费、不爱护人民祖国利益的思想,必须加以清除。更严重的是个别共产党员有贪污腐化的现象,这些人摆"老资格",自命不凡,我们要再三告诫他赶快反省,决心改正,如果不这样做,将会被人民唾弃。西北地区全体共产党员,加倍努力,用布尔什维克的战斗精神来完成中央人民政府给予我们的任务——迅速全部实现统一财政经济工作的决定。

―――――――

〔1〕 宝天、天兰铁路,指宝鸡至天水、天水至兰州的铁路。

3月12日 同彭德怀发布西北军区命令。命令称：近据各方反映，有些机关、部队留驻西安办事处及留守人员，不遵守人民政府法令，并有假借部队名义招摇撞骗，与奸商勾结等情况发生。这些现象如不立即严加纠正，势将严重损害我军声誉，造成群众对我军不满。为此特决定：凡在西安市及附近办事处机关或其他留守及采购单位等，应于本月十九日至二十五日，由负责人携带全部人员名册来习武园本部列科进行登记，并说明本单位的任务。如期不登记者，着令取消。

3月14日 出席彭德怀主持召开的西北军政委员会第七次行政会议。会议讨论并通过西北军政委员会及所属各部门人员编制方案、西北区编制委员会及清理仓库资财委员会名单、关于西北军政委员会各部门集体办公的规定等。

3月15日 同彭德怀、张治中发布西北军政委员会命令。命令称：自一九五〇年起废除前陕甘宁边区政府于一九四九年九月及十一月命令随公粮附征战勤米和在老区、新区随营业税附征百分之五战勤米规定，自四月份起停止征收。

3月17日 出席西北军政委员会第二次集体办公会议。会议研究讨论卫生、教育和司法部干部训练计划等问题。

3月18日 同彭德怀、张治中发布西北军政委员会《〈奉政务院令执行关于统一国家财政经济工作的决定〉命令》。

3月18日—25日 出席西北军政委员会召开的西北财政会议。十八日，在会上作题为《为统一国家财政经济工作而斗争》的讲话。在谈到西北地区如何贯彻政务院《关于统一国家财政经济工作的决定》时说：第一，必须整编机构，核实人数。第二，必须进行普遍深入的清理调查工作。第三，必须厉行节约，省人省钱。要从领导上展开思想斗争，严惩贪污，厉行节约，提倡精打细算，反对大少爷作风。第四，必须扩大税源，完成今年税收任务。要反对单纯的片面的"仁政"观点和轻视税收工作的观点。有人认为征收各种货物税就是"苛捐杂税",这完全是种糊涂的错误思想。这些人看不见国家建设的光明远景,他们不懂得交税就是公民的一种义务。只有一切从国家建设出发,国家财政经济繁荣了,各行、各业、各个阶层的财富才能增加。第五,在新的基础上建立各方面的制度。必须重视并学会精打细算,管理家务。管家务就是管税收,管银行,管工厂,管合作社,我们会管家务的同志不是没有,而是太少。大家都要有从头学起的精神,提高政治和业务水平。二十五日,出席闭幕会。在讲话中说:这次会后,要对全体干部普遍展开关于统一财政经济工作的教育,使他们的思想迅速转变得适合今天新的历史时期和新的工作任务,使他们明确认识到历史向前发展,我们的工作内容也必须随之向前发展。过去打仗要紧,是当时的主要政治内容。现在的政治又有它新的主要内容了,这就是财经工作。我们必须研究它、学会它。不搞好财经工作什么事都搞不好,要搞好它必须花些本钱,这就是干部。西北局已准备最近作一个决定:把好的干部调到财经工作岗位上去。

3月18日—21日 西北区纺织工人代表大会召开,西北区纺织工会于二十一日宣告成立。其间,出席会议并讲话,要求大家正视和克服工作中的缺点,努力推进民主管理制度;工会干部要经常深入群众,了解情况,倾听意见,进行批评与自我批评;团结工人中的积极分子,以生产为一切工作的中心,有计划有步骤地开展工会工作。

3月20日 出席彭德怀主持召开的中共中央西北局常委会议,讨论土改中对富农的策略问题。在会上发言,表示拥护中共中央关于中立富农的政策。会议一致拥护毛泽东不动富农的提议,认为这样可以堵塞侵犯中农的漏洞,不会动摇中农的生产情绪，可防止乱打乱杀的混乱现象，对稳定民族资产阶级有好处。彭德怀在会上宣布：我去北京后，政府职务由习（仲勋）代，对内对外，出命令也叫代主席。此前，毛泽东于三月十二日复电邓子恢[1]并告林彪[2]、饶漱石[3]、叶剑英、彭德怀、邓小平[4]，要求中南局、华东局、华南分局、西南局、西北局就富农政策问题进行讨论，将意见收集起来电告中央，"以凭考虑决策"。

3月23日 主持召开西北军政委员会第八次行政会议。会议讨论并通过关于西北各省（市）、专署、县、区各级机构员额及区制编制方案，关于西北人民监察委员会一九五〇年工作计划，人民银行西北区行关于建立金库制度的报告等。

3月24日 出席中共中央西北局、西北军政委员会召开的西北首届交通会议。在讲话中说：交通事业在西北国民经济中占重要地位。"就西北地区具体情况看，地面辽阔，经济状况比其他地区都要落后，将来必须大力发展。而发展经济的重要条件之一，就是办好交通。"交通部门的每个工作人员都要以主人翁的态度去工作，领导要经常深入群众，研究路局与沿线广大农民群众建立密切联系的问题。"共产党办事情，都离不了发动群众这一条。""对于补修路基、桥梁、护路、养路等各项工作中，特别要注意发动沿线广大农村人民参加。"会议于三月十六日至二十四日召开。会议决定："为完成宝天、天兰段的工程，特组织工

---

[1] 邓子恢，时任中共中央中南局第二书记、中南军政委员会副主席、中南军区第二政治委员。
[2] 林彪，时任中共中央中南局第一书记、中南军政委员会主席、中南军区司令员。
[3] 饶漱石，时任中共中央华东局第一书记、华东军政委员会主席、华东军区政治委员。
[4] 邓小平，时任中共中央西南局第一书记、西南军区政治委员。

程委员会，领导工作，并依靠一野抽调十万大军担任土石方工程。"会后，经政务院批准，中共中央西北局组建西北铁路干线工程局，负责宝天、天兰铁路的改造和兴建工作。

3月28日 主持召开西北军政委员会第九次行政会议。会议讨论西北贸易部一九五〇年第一次经理联席会议的报告、西北救灾委员会关于生产救灾工作的报告、关于召开西北公安会议的计划、关于宁夏省春季工作报告，通过西北军政委员会《关于贯彻政务院统一国家财政经济工作的决定》。

同日 同彭德怀、张治中发布西北军政委员会《〈西北区各省（市）、专区、县、区各级组织人员编制的规定〉命令》。

4月4日 主持召开西北军政委员会第十次行政会议。会议讨论并通过西北交通部关于西北首届交通会议的报告、西北军政委员会《〈为执行中央人民政府政务院关于全国仓库物资清理调配的决定〉通令》等。

同日 同彭德怀、张治中发布西北军政委员会《〈为执行中央人民政府政务院关于全国仓库物资清理调配的决定〉通令》。《通令》指出：（一）成立西北仓库物资清理调配委员会。（二）西北各省、市、县及各企业、各工厂、各行政部门、各后勤部门均须立即进行仓库资产之清理。（三）在清仓中，所有仓库存放物资器材不得有私自转移、隐瞒变卖、毁坏、私相授受、拒绝调度等行为。（四）所有仓库现存物资及其一切库外之资产，均须一律逐件清点。（五）各企业部门在清理仓库中，一律重新登记资产，核定资金。

4月6日 出席西北人民革命大学[1]第一期学员毕业典礼，

---

[1] 西北人民革命大学，1949年5月由延安大学、西北人民艺术学校、西北财经学校合并成立，1953年改组为西北政法干部学校，1954年更名为中央政法干部学校西北分校。后经多次变更，现为西北政法大学。

作题为《扫除旧思想、建立新思想》的讲话。在讲话中说：西北人民革命大学第一期学员今天毕业了，几千个青年经过学习马列主义理论和毛泽东思想，结合实际，自我改造，初步解脱了各种旧思想的束缚，走向为人民服务的道路，这是一件大事情。学员们就要参加到实际工作中去了，为人民贡献自己的力量是大家的愿望，也是对大家新的考验。为人民服务不只是一般的口号，要表现在每个人的具体活动中。这就是：（一）坚决拥护并执行人民政府的各种政策、法令。（二）建立革命思想和廉洁、朴素、艰苦奋斗的工作作风。（三）努力学习，提高自己。（四）保持并发扬民主作风和批评的精神。希望大家勇敢地走到实际工作中去再锻炼和提高，争取成为建设新中国的突击手，成为新民主主义国家的新的工作者。

同日 同彭德怀、张治中发布西北军政委员会通知，向西北各省及西安市人民政府转发王子宜〔1〕在西北军政委员会第九次行政会议上所作的《关于目前生产救灾工作中亟待解决的几个问题》的报告。

4月7日 主持召开西北军政委员会第三次集体办公会议。在讨论西安城墙问题时提出，当前没有大的工业建设，仅仅为了修理水路，没有必要拆除城墙，"一动就会乱"。会议赞同习仲勋的意见并作出决定，不能拆除城墙，而且要予以保护。会后，同彭德怀、张治中联名发布西北军政委员会《禁止拆运城墙砖石的通令》。

4月11日 主持召开西北军政委员会第十一次行政会议。会议听取全国劳动局长会议和第一届全国金融会议的传达报告，批准中国人民银行西北区行若干具体任务的意见，修正通过西北

---

〔1〕 王子宜，时任西北军政委员会民政部部长，1951年8月又任西北军政委员会人事部部长。

军政委员会关于统一西北新华书店的决定,通过关于严禁种植罂粟的通令等。

4月12日 出席西北公安干部会议,作题为《为加强人民的公安工作而斗争》的讲话。在谈到新形势下的公安工作时说:我们面对的已不是过去的小天地,而是广大的西北五省,政治、经济、军事、文化等方面的情况比过去复杂得多。在国民党残余势力没有消灭之前,必然会有特务捣乱。现在我们是在胜利的新环境中做工作,敌人是转入地下,他们找寻一切可以利用的空隙和各种各样我们所不熟悉的方式方法向我们进攻。我们必须重新组织和部署自己的力量,努力学习新的斗争艺术,经常注视社会各方面所发生的现象,灵活运用斗争策略,不断把自己提高起来。在谈到如何正确掌握政策问题时说:必须把公安工作与发动群众结合起来。我们工作的目的就是保卫人民的利益,我们进行工作的过程就是启发提高群众觉悟的过程。这一点最重要,但是常常被忽略。对一切破坏活动必须加以区别:一种是特务有组织有计划地搞的;一种是部分落后群众的盲目行动;也可能在一个事件中,这两种因素都有。如果我们不加区别,一律看作特务捣乱,就会把事情弄糟。在谈到一贯道[1]问题时说:一贯道是被特务利用或操纵的,这个组织是我们一个很凶恶的敌人。不消灭它,就会继续制造混乱,妨碍我们发动群众,进行生产和土改。但要消灭这个敌人不容易,要讲策略,分步骤。我们必须组织强的干部,选择重点地区,进行此项工作。要从内外配合,周密调查其首脑分子的反革命证据和欺骗愚弄群众的劣迹着手。在群众还不觉悟的时候和地方,先惩办其中的特务破坏分子,暂不提一

---

[1] 一贯道,反动封建迷信组织。因进行各种破坏活动,1949年起被各地人民政府先后取缔。

贯道，实际上就是打击一贯道。如果我们已确实拿到反革命活动的真凭实据，抓住他们欺骗愚弄群众的罪恶事实，就可以公开揭发，组织群众自己起来反对一贯道。我们今天是口头少讲，实际多做，突破一点，创造经验，再逐步广泛展开。

4月15日 同彭德怀、张治中向毛泽东、周恩来报送《西北军政委员会工作报告》，汇报西北军政委员会成立两个月来的主要工作。

4月18日 主持召开西北军政委员会第十二次行政会议。会议听取彭德怀关于四月十三日中央人民政府委员会第七次会议的传达报告，听取西北农林部关于大荔分区生产救灾的报告。在讲话中说，大荔分区的工作经验是好的，陕西省人民政府应予总结，并把这个经验转发各地，学习这一工作方法，检查其他灾区工作的成效。

4月21日 毛泽东为中共中央起草关于军队复员工作给邓子恢、谭政[1]、赵尔陆[2]、陶铸[3]、陈毅[4]、饶漱石、粟裕[5]、刘伯承[6]、邓小平、贺龙[7]、彭德怀、习仲勋、张

---

[1] 谭政，时任中共中央中南局常委、中南军区第三政治委员，1950年8月兼中南军区干部管理部部长。
[2] 赵尔陆，时任中南军区第二参谋长，1951年11月又任中共中央中南局常委。
[3] 陶铸，时任中南军区政治部主任。
[4] 陈毅，时任中共中央华东局第二书记、中共上海市委第一书记、上海市市长、华东军区司令员。
[5] 粟裕，时任中共南京市委书记、华东军政委员会副主席、华东军区副司令员。
[6] 刘伯承，时任中共中央西南局第二书记、西南军政委员会主席。
[7] 贺龙，时任中共中央西南局第三书记、西南军区司令员，1950年6月又任西南军政委员会副主席。

宗逊的电报，其中提出："请彭、习、张〔1〕考虑电告西北方面可以复员多少人，并是否可于四个月内办理完毕。"

4月25日 出席西安市各界人民代表会议第二届第一次会议开幕式并讲话。在谈到如何发挥各界人民代表会议的作用时说：各界人民代表会议依规定每三个月召开一次，如果事情多，又准备得好，可以多开，一般不能超过三个月不开。每次会议要有充分的准备，准备政府工作报告，要开门见山，简明扼要，有情况，有分析，有检讨，有方针和办法。那种繁杂琐碎、包罗万象、冗长沉闷的报告是不好的。报好不报坏，报喜不报忧，是不对的。更重要的是准备会议所要解决的问题，而关键在于倾听群众的意见。我们的工作，除担负国家交付的任务外，就是要解决群众中间的问题，要在每个时期满足各阶层人民大众一定的具体的政治经济要求。对于会议所作的决议，必须认真地组织传达与贯彻执行。不执行各界人民代表会议决议，就是严重的违法渎职行为。在谈到改进工作作风时说：中央号召我们反对辛辛苦苦的官僚主义。这种辛辛苦苦的官僚主义与那种"饱食终日、无所用心"的官僚主义，在脱离实际、脱离群众的实质上并无区别，对革命事业同样是有危害的。我们不要常常想着自己的主观愿望，原谅工作中的缺点，而是要常常检查工作，看看工作的结果。多想想经济方面的问题，这就是今天政治生活的具体内容，就是我们的中心工作。从那些抽象政治空谈中解放出来，面向经济，把生产事业办得更好一点，把关系群众生活的事情办得更好一点，这就是今天我们所要努力做到的。

4月28日 主持召开西北军政委员会第十三次行政会议。会议听取西北农林部关于春耕工作的检查报告，修正通过西北财

---

〔1〕 彭、习、张，指彭德怀、习仲勋、张宗逊。

政部关于西北各级行政人员薪金标准试行规定,批准陕西省人民政府呈请成立省农民代表大会筹委会、关于关中区各专署区划及专员配备的报告,并通过关于实行国家机关现金管理决定的命令。

同日 同彭德怀、张治中发布西北军政委员会《关于加强土盐管理维护群众利益及保证国家盐税收入的指示》。

4月30日 同马明方[1]致电周恩来:同意贾拓夫辞去西安市市长职务。此前,贾拓夫于四月十九日致电彭德怀、习仲勋、张治中并转周恩来,表示自己已被任命为西北军政委员会财经委员会主任,对此前所兼西安市人民政府市长一职难以兼顾,恳请解除其西安市市长兼职,以便西安市各界人民代表会议另行选举市长。五月五日,周恩来致电彭德怀、习仲勋、马明方并告贾拓夫:同意贾拓夫辞职,待西安市各界人民代表会议时选举市长、副市长。选举后可即正式报政务院批准。六月二日,中央人民政府政务院第三十五次政务会议批准贾拓夫辞去西安市市长,决定由方仲如任市长,张锋伯、陈式玉任副市长。

5月1日 中共中央发出《关于在全党全军开展整风运动的指示》。随后,全党开展以提高干部和一般党员的思想水平和政治水平,克服工作中所犯的错误,克服居功自傲和官僚主义、命令主义,改善党和人民的关系为主要任务的整风运动。年底,整风运动结束。

5月4日 出席西北司法会议。在讲话中说:(一)在司法工作中掌握情况是非常重要的。掌握情况的前提是了解情况,只有把情况搞清楚才能掌握,掌握了情况才能依法办事。我们现在

---

[1] 马明方,时任中共中央西北局第三书记、中共陕西省委书记、陕西省人民政府主席。

的法，就是《共同纲领》。《共同纲领》就是国家大法，是我们司法工作将来制定具体条例的根据。司法工作人员必须好好学习，认真研究。（二）司法工作并不是"找岔子"，也不是专为别人犯了法去处罚，那是不对的、消极的。我们不是惩办主义者，最积极的意义在于通过执法（当然也包括处罚）来教育广大人民，扫除各种障碍，以保证人民政府的各项政策法令畅通无阻地实施执行。如果共产党员犯了法，是一定要用党纪和国法双重来惩处他的。我们要给人民当个青天，绝不要当个昏天，不能因为犯法者是干部、是共产党员，就可以逍遥法外。只要有人控告和检举，又有确凿的证据，我们就要依法处理。

同日 在革命公园体育场出席西安各界举行的庆祝五一国际劳动节和五四青年节大会。在讲话中说：今天的劳动人民和青年一代，是新中国的主人，建设新中国的前途是光明的。今天劳动人民的生活还有困难，要解决这一困难，就必须恢复与发展生产。这一工作比军事上打仗要麻烦得多，目前的暂时困难是可以克服的。我们要坚决实行各项解决困难的办法。全西北人民动员起来，调整工商业，努力恢复农业生产，肃清匪特，有计划地整训干部，准备今年土改的有利条件，这是我们今天纪念这两个节日的意义。

5月5日 发布西北军政委员会命令。命令要求，各地政府全力领导生产工作，组织工作组，派干部下乡，把主要注意力集中于春耕生产的组织和领导上，抓紧播种棉花和早秋作物，扩大宣传党和人民政府发展生产的政策，把政府的计划变成群众自己的计划和实际行动。

同日 出席西北区第二届机要工作会议。在讲话中说：现在我们建立了人民的政权，机要工作的面更大了，包括党的系统、军事系统和行政系统，任务更重更复杂。党的机要工作有着光荣历史，机要工作者是一批无名英雄。机要工作要把保密放在首位，保密高于一切，要视保密为生命，否则机要工作就失去存在的意义。机要工作者要有高度的责任心，这样才能减少差错，提高工作效率。机要工作是国家机器的有机构成部分，像一个大机器上的小螺丝钉，但这是不可缺少的螺丝钉。机要工作者要加强学习，提高自己的政治和业务水平，发扬光荣传统，争取更大的成绩。

5月6日 同彭德怀、张治中发布西北军政委员会《保护森林严禁滥伐》通令。通令规定：（一）凡防风、防沙、护堤、护路、涵养水源等保安林及名胜古迹、风景林木与土地硗薄、山势险峻不易造林地区之现有林木，一律严禁砍伐。（二）上列林木以外之森林，各机关、团体、人民亦有保护义务，不得擅自滥伐。（三）个别地区驻扎部队，如确因自用木材无法购得必须采伐时，须经当地省级以上政府或林业主管机关核准并派员指导在指定地区内作修枝、择伐或疏伐。（四）群众需要的柴山和放牧地，由当地林业主管机关划定地区和规定季节进行合理放牧与樵采。各地区、乡人民政府应指导当地群众，组织护林小组，订立护林公约，经常进行护林工作。凡护林有功者分别奖励，违法毁林者予以惩处。

5月9日 主持召开西北军政委员会第十四次行政会议。会议听取关于全国新闻工作会议精神的传达和关于人民胜利折实公债推销情况的汇报，讨论通过西北区一九五○年夏征公粮数额分配等。

5月10日 出席中共中央西北局召开的首届工人代表大会。在讲话中说："我们工人要靠自己的劳动发展生产，在这个基础上去解决自己的困难和维护自己的生活福利，争取生产长一寸，福利长一寸，这样也就克服了目前整个工业生产中发生的困难，也就是工人阶级全体人民的利益。"实行经营企业化，是公营企业能否发展的关键。在公营企业中要认真执行管理民主化,逐步贯彻经济核算制,工人必须参加各种管理改进的工作。在私营企业中要经过劳资协商会议签订集体合同,把劳资双方的关系确定起来,共同努力,搞好生产。一方面资本家不能再随便打骂、虐待、开除工人,另一方面工人也不要再采用罢工、怠工等办法对待资本家,使劳资关系成为民主、平等、两利,这样资本家就会有信心、有兴趣,拿出更多资本投入生产事业,减少工人失业,增加生产。如何使资本家对搞生产事业有兴趣、愿意搞,这是今天最大的一个问题。我们工人今天要提意见搞斗争,也就是从这个问题出发,不是斗争使得资本家不敢开门,不敢搞工业,而是敢于搞、乐于搞,这是最基本的出发点。我们工人同志必须懂得这个问题。这个问题解决了,其他一切问题都会一个一个解决。

5月16日 主持召开西北军政委员会第十五次行政会议。会议主要内容有:(一)讨论西北财经委员会、农林部关于贷放棉种所造成损失的报告,责令有关机关深入检查,追究责任,作出适当处理。在讲话中说:目前我们各级领导上的官僚主义作风是很严重的。上面表现多为不了解下情、主观主义、靠经验办事,下面表现为强迫命令、脱离群众。此次收贷棉种事件,即是官僚主义的恶果,不仅影响棉田增产,损耗国家资财,而且对政府的威信有很大损失。有关部门应召开会议,教育干部,特别注意教育农业技术人员,提高政治认识,理论与实际结合,虚心向群众学习,了解离开群众的科学,是一文不值的。各部门要深入检查自己的工作,把反不良倾向的斗争提高与推进一步。(二)听取第一次西北公安会议情况报告。在发言中说:最近甘肃平凉、固原[1]一带连续发生回民骚动,甘、青各地亦不断破获特

---

[1] 固原,当时归甘肃省管辖,1958年起归宁夏回族自治区管辖。

务阴谋破坏案件，证明了国民党潜伏的特务、匪徒是在有计划地进行破坏活动，必须引起我们严重注意。拿枪的敌人被消灭后，不拿枪的敌人依然存在，他们必然和我们作拼死的斗争，我们绝不能轻视这些敌人，任何麻痹疏忽都会招致祸患。西北公安部要立即作出具体布置，加强肃清匪特工作，利用各种有效办法，如慰问团、团结会等方式，扩大深入宣传，平息骚动事件，加强民族团结。

5月19日 出席中共中央西北局统战部召开的西安市各民主党派、各界人士座谈会。在讲话中说：调解民族纠纷，加强民族团结，这是西北一个极重要的政治问题。过去和今天在西北工作的人，谁要是忽视了民族问题，谁就是忽视了西北的实际情况；谁要离开民族团结的问题，谁就不是在西北这个地方工作，也就不是从西北工作出发。西北这个地方是几十种民族合作的大家庭，在西北服务和生活上必须注意这个民族问题，这是一个重要的政治问题，任何人离开了这个东西就要犯错误。

5月20日 出席中共中央西北局召开的干部大会，作题为《反对官僚主义、命令主义》的讲话。讲话分析西安解放一年来党和政府工作中存在的官僚主义和命令主义思想作风，并列举典型事例提起全党注意和克服。在讲话中说：我们解放了西北五省，建立了各级人民政权，并开始进行各项工作。这个迅速、顺利到来的伟大胜利，使我们的工作任务非常繁重，而领导进行这些工作的主观力量却不够坚强。新干部还没有来得及进行教育和改造，不少人仍在用国民党时期的旧作风、旧办法来对待工作；老干部大部分不善于掌握新区情况，许多人在胜利情况下生长着骄傲情绪，沾染各种非无产阶级的思想。这样就使我们领导工作中发展了各种形态的官僚主义作风，下边执行工作中发展了严重的命令主义作风。其结果，损害了我们党与人民群众的紧密联系,成为我们工作中最大的危险。我们当前的任务,就是领导群众开展全面检查,反对官僚主义、命令主义,以达到联系群众,建立各项必需的工作制度,提高工作效率的目的。我们工作中有许多好的范例,贯穿着群众路线的工作方法,充满创造性的活动,是真正代表党的路线和政策,真正代表党的思想和作风的。我们要善于发现这些范例,总结经验,教育全党,使之成为改进思想作风的榜样。六月二日,新华社播发习仲勋的这个讲话,中共中央发出《关于各地应作地方整风报告的指示》。《指示》说:"今日新华社广播习仲勋同志《反对官僚主义、命令主义》一文。此文对于西北党内的官僚主义、命令主义的倾向作了具体生动的分析,可以作为西北整党整干的主要学习材料。中央希望各中央局各省市委负责人在各地整党运动开始时都能作这样一篇讲演或论文,分析该区领导机关与下级人员工作作风中的主要缺点,举出足为典型的实例,公开发表,作为该区整党的主要学习材料,以便学习者用来作学习一般性文件和反省自己工作的桥梁。"

5月21日 同彭德怀、张治中发布西北军政委员会《为指示夏收工作注意事项命令》。《命令》要求:(一)各地均应积极加紧准备迎接夏收工作,组织群众,快收净割,速晒细碾,做到迅速"麦入仓,草上堆"。要组织选种工作,提倡农户相互调剂品种。(二)各地应即派遣干部到田间,推动与指导此项工作。(三)贯彻执行"谁种谁收谁负担","保护劳动所得","保证有借有还"的政策。(四)各级政府要广泛动员和组织群众,组织检查团或工作组下乡,直接帮助夏收,切实解决群众中的困难问题,特别注意解决烈、军、工属及鳏、寡无劳力者的困难,提倡亲帮亲,邻帮邻,"赶麦场"。(五)各地政府、机关、学校、团体、部队,应抽出可能抽出的人员,无代价地帮助群众收麦,同时必须防止应付了事等形式主义。

5月23日 主持召开西北军政委员会第十六次行政会议。会议通过关于召开西北军政委员会第二次会议准备工作的报告、民族事务委员会第一次会议准备工作的报告，听取西北教育会议准备工作的报告。

5月24日 下午，主持召开有关部门专题研究西北铁路干线工程问题的会议，吕正操[1]、白如冰[2]、王子宜、常黎夫[3]、高登榜[4]、李泮明[5]和中央人民政府铁道部苏联总顾问出席。会议确定，西北铁路干线工程局（简称"西干局"）受中央铁道部和西北军政委员会双重领导。其中，中央铁道部负责解决该局工程业务技术指导及人员配备、材料与财政审批筹给等事项；西北军政委员会负责政治和党委工作的领导，方针、政策指导，政治干部之调补以及当地劳力、器材（西北不能解决的器材由铁道部筹拨）和土地的组织与使用。会议还决定由中央铁道部调派铁道兵团二、三、四支队前来参加。

5月30日 主持召开西北军政委员会第十七次行政会议。会议听取彭德怀关于视察甘肃、宁夏、青海、新疆四省军政工作情况介绍；听取全国救济代表会议情况的汇报。会议决定，在彭德怀、习仲勋赴北京出席中共七届三中全会期间，西北军政委员会日常工作由贾拓夫主持。

同日 中共中央西北局发出《关于整顿干部作风的指示》。

6月3日 同彭德怀、张治中致函甘泗淇，指示派专人接管西北人民革命大学兰州分校第三部，准备筹建西北民族学院。

---

[1] 吕正操，时任中央人民政府铁道部副部长。
[2] 白如冰，时任西北军政委员会财政经济委员会副主任、财政部部长。
[3] 常黎夫，时任西北军政委员会秘书长。
[4] 高登榜，时任西北军政委员会交通部副部长。
[5] 李泮明，时任中央人民政府铁道部铁道兵团工程部副部长。

6月6日—9日 出席中共七届三中全会。毛泽东提交《为争取国家财政经济状况的基本好转而斗争》书面报告，并发表《不要四面出击》讲话。

6月10日 出席毛泽东为全国政协一届二次会议特邀人士举行的宴会。

同日 同彭德怀、张治中发布西北军政委员会通令。通令规定，陕、甘、宁省（市）人民政府及法院判处死刑案件，务须遵令上报西北军政委员会复核批准后方予执行。

6月13日 同彭德怀、张治中联名向周恩来呈报陕西省整编区划情况的调整意见及调整区划结果报告。

6月14日—23日 出席全国政协一届二次会议。十七日下午，作大会发言，汇报西北半年来的形势、土改工作安排、统一财经工作、增进民族团结和干部整风方面的情况。在发言中说：今年冬天我们准备在关中四十二县地区（约六百万人口）进行土地改革工作，新疆、青海则均不进行，甘肃、宁夏也考虑暂缓进行。今天还不能进行土地改革工作的地区，应该集中力量做好民族团结工作，反对土匪特务。任何改革都要依据群众的自觉自愿，稳步前进，急躁是要不得的。在土地改革中，采取保存富农经济的政策，是适当的，有利于孤立地主，保护中农和保护小土地出租者，有利于早日恢复农村生产。新区农民十分贫困，迫切要求好好生产，我们一切工作必须顾及这个重要情况。不论进行或不进行土地改革工作的地区，都要结合准备生产，解决农村一系列问题，特别是贫苦农民的生活困难问题。只分给部分土地而不能从生产上加以帮助，贫苦农民问题是不可能完全解决的。"西北五省有四个省是多民族地区，离开民族问题就离开实际。"我们执行《共同纲领》，民族政策已取得了各民族团结的开端，还需做更多的工作来增进民族团结。一切工作切实照顾民族特点。

6月20日 同彭德怀、张治中、江隆基〔1〕发布西北军政委员会《一九五〇年西北中小学教师暑期学习的指示》。

6月25日—29日 出席中共中央西北局扩大会议，研究贯彻中共七届三中全会精神问题。二十九日，在会上作总结讲话。在谈到统一战线工作时说：做好统一战线工作，最重要的一条，是先在党内讲清道理，教育干部，以达到上下一致，贯彻政策。对于与我合作的党外人士，要让他们真正挑起担子，负起一定的责任，绝不能使他们"有职无权，遇事不管"。政治上团结，生活上照顾，这是十分必要的原则。在谈到民族问题时说：西北是多民族的地区，必须特别重视民族问题，丢开民族问题就是脱离西北眼前最重要的实际。在这个问题上的任何细节，都不应认为是技术问题，而要看作政治问题，以严肃态度对待。在民族地区的工作，谨慎稳进的方针是唯一主要的方针。谨慎不是消极，稳进不是不动，而是依据当地群众的迫切需要进行工作，有步骤地进行有条件的可能的民主改革。要特别注意培养当地民族干部。对少数民族的上层分子要在政治上广泛地争取和安置，对下层群众则需多从经济上想办法。发动群众工作必须抛弃空洞的政治口号，采取更实际有效的经济政策。发展生产，是最实际和最有内容的群众工作。在谈到土地改革问题时说：从以往的经验看，要做好土地改革工作，关键是学会分析阶级和制订土地改革工作的细则。目前要抓紧解决这方面的问题，并根据这个要求训练干部。在谈到财政经济工作时说：解决财政问题，须从发展生产出发，用发展经济以保证财政任务的完成。一切与此相违反的办法，为完成财政任务而损害群众生产的办法，都是错误的。重任务而轻政策的结果，就是"竭泽而渔""杀鸡取蛋"。要向干部反

---

〔1〕 江隆基，时任西北军政委员会教育部部长。

复说明：政策和任务是一致的。数目字中有政策，数目字是从政策所许可的范围内计算出来的。我们检查工作，要先看政策执行的程度，然后看完成任务的情况，要教育干部学会走群众路线的工作方法。

6月29日 同彭德怀、张治中复电甘泗淇。电文说：修筑夏河公路问题，军政委员会今年未计划实办，但为了开发夏河及河曲，今年必须着手修筑。因此：（一）经费须由军费或地方人士借出（与修西北大厦办法同），将来由政府用附加税或其他办法归还，请即与甘省政府商定一下草约，提交军政委员会与中央政府批准。（二）由于七十亿[1]经费全部筹划困难，可将工资（年工）、炸药及一部工具（如部队工作器具）木料（用公料或借私人的）等用拖欠借用办法暂不拿出现金，请计算出最低所需经费数而筹划之。（三）如以上均办妥，修路部队可调工兵团担任技术部分，十一师在不妨害剿匪任务条件下抽调一个团以内的兵力担任土工，如今年不能通车，明年春夏时能通车亦可。

6月30日 《中华人民共和国土地改革法》公布施行。此后，政务院相继制定和公布实施与之相配套的法规、政策，包括《农民协会组织通则》《人民法庭组织通则》《关于划分农村阶级成分的决定》等。到一九五二年底，除一部分少数民族地区外，土地改革在中国大陆基本完成，封建土地所有制被彻底摧毁。

6月 同彭德怀会见十世班禅额尔德尼·确吉坚赞[2]的代表詹东·计晋美[3]，计晋美转达十世班禅关于解放西藏办法的

---

[1] 此处为旧人民币。1955年2月21日，国务院发布《关于发行新的人民币和收回现行的人民币的命令》，自当年3月1日起，中国人民银行发行新人民币，以新币1元等于旧币1万元的折合比率收回旧人民币。

[2] 十世班禅额尔德尼·确吉坚赞，西藏地方宗教和政治领袖之一。

[3] 詹东·计晋美，当时是班禅堪布会议厅主要官员，后作为班禅代表赴北京。

建议。彭德怀和习仲勋支持班禅的爱国义举,感谢他对中国共产党的信赖,并致函班禅,希望"西藏人民早日回到中华人民共和国友爱合作的大家庭,享受平等、安乐、幸福的新生活"。

7月1日 出席中共中央西北局召开的庆祝中国共产党成立二十九周年党员干部大会,传达中共七届三中全会精神。

7月3日 出席中国保卫世界和平大会西安分会召开的西安各界响应全国政协号召抗议美帝国主义挑衅大会。

7月4日 批示西北军政委员会发出《关于宣传教育组织群众保护铁路沿线林木的指示》。

7月6日 上午,出席陕西省总工会首届会员代表大会开幕式并讲话。

7月7日 召集准备出席西北军政委员会第二次会议的中共党员干部开会。在讲话中说:这次会议,我们学习政协全国委员会的经验,有意识地吸收各方面的人物参加,将我们的工作状况,准备解决各种问题的方针、政策、计划、方案等,拿到大家面前,让大家明了、研究、考虑,经过反复酝酿,广泛地交换意见,充分协商而后决定。经过这样的工作,将我们懂得的东西变为大家都懂得的东西,将党的决定变为人民政府的决定。这就是我们党领导人民民主统一战线政权的基本方法。新民主主义政治就是各民族、各民主阶级、各民主党派的合作共事,而不是我们一党包办,是人民民主专政,而不是共产党专政。无产阶级及共产党的领导地位,是经过发挥自己的领导作用来实现的,这就是要承认各民族、各民主阶级、各民主党派在政权中大家有份,善于在和大家合作共事中提出代表全体人民利益的正确主张,获得大家的真诚拥护,而将大家团结在自己的周围。和党外人士合作,我们必须采取诚恳、谦虚的态度。在统一战线工作中,事无大小,都应当作政治问题看待,力求做好。

7月8日 同彭德怀、张治中发布西北军政委员会《关于加强防灾救灾工作的命令》。《命令》说：入夏以来，部分地区又发生新的灾情，各级人民政府必须正视这一严重情况，加强防灾救灾工作。（一）具体解决种子、劳力等困难问题，进行挑水抢种补种工作，务使土地不致荒芜。（二）凡已下种的地区，应加紧进行除草护苗工作，认真注意防治各种灾害。（三）对受灾严重当前生活无法维持者，应进行安置救济，主要依靠发动群众互助互济，辅以政府拨粮救济。（四）号召群众注意节约备荒。（五）组织群众进行副业生产，继续开展农村自由借贷。（六）各级政府应迅即按照实际情况研究讨论，切实进行，并随时将工作情况报告本会。

7月9日 出席彭德怀主持召开的西北军政委员会第二次会议预备会议，研究并通过会议议程。

7月10日 上午，出席西北军政委员会第二次会议，作《关于西北地区土地改革计划的报告》。在谈到土地改革必须进行深入的群众工作时说：土地改革的基本目的，就是使农民从封建土地制度下解放出来，发展生产。土地改革的每一个步骤，都必须切实照顾并密切结合于农村生产的发展。新区农民是没有恢复元气的，他们迫切要求好好生产。这是我们一切工作必须顾及的一个重要情况。今年进行土地改革的地区在秋收后都必须深入发动群众，解决现存于群众中的迫切需要问题，提高群众的积极性，发动与组织广大农民自觉自愿地参加到农会中去，克服工作中的关门主义和形式主义的倾向，发展农会，为土地改革准备强大的队伍。我们不要把土地改革的斗争看得轻而易举，如果没有广大农村各方面群众的自觉行动，土地改革是进行不好的。因此，要有充分准备和充分的群众工作。在普遍进行土地改革之前，各地领导机关可在少数区乡进行典型试办，取得经验，教育干部，但要防止孤立试办和工作中机械分阶段的不正确做法。在土地改革进行中，各地领导机关必须采取有效办法密切和下级联系，经常派人巡视，到实际工作中深入检查，切实掌握运动循正轨前进。

7月14日 同彭德怀、张治中发布西北军政委员会《关于实行全国公教人员统一工资标准的通知》。

7月16日 同彭德怀、张治中发布西北军政委员会《关于借征夏季公粮的指示》。

7月17日 下午，出席西北军政委员会第二次会议闭幕会，并解答有关土地改革的问题。会议通过习仲勋所作的《关于西北地区土地改革计划的报告》，原则通过西北军政委员会第二次会议决议和《西北新区农村减租办法（草案）》《西北新区农村债务纠纷处理原则（草案）》等条例；通过在西北军政委员会组织机构内设立土地改革委员会和复员工作委员会的决定，通过土地改革委员会组成成员名单。习仲勋被推选为西北土地改革委员会主任。

7月21日 出席西北军政委员会民族事务委员会第一次会议开幕式。在讲话中说：随着西北各地的解放，西北各民族的历史已经转变为平等、团结、互助、友爱的新历史，我们应该珍爱这一翻天覆地的各民族新历史的开端。

7月27日 出席西北军政委员会民族事务委员会第一次会议闭幕式。在讲话中说：由各民族人士来商讨各民族的大事，是解决各民族问题的一个好办法。民族团结是一切之本，希望到会的各民族人士把西北各民族的事业办好。为了促进统一战线的巩固和发展，既要反对汉族主义，又要反对地方民族主义。

7月29日 同彭德怀、张治中向毛泽东并中共中央报告西北军政委员会第二次会议情况。报告说：会议以"继续巩固各族人民民主专政,发展反封建统一战线"等为指针,吸收各方面人士参加,共计四百一十五人,"其中回、蒙、藏、维、哈、撒(撒拉族)、乌(乌孜别克族)、土(土族)、柯(柯尔克孜族)等少数民族约占五分之一。这种广泛代表性的会议,为西北历来所没有,因此会议的情绪也显得更为紧张热烈"。"会议进行的方法是先提出报告,再进行分组讨论(小组讨论为主要的方式,占了七天会议的一半时间),然后把意见集中到大会讨论,做出决议"。"有的意见大都讲出来了,有些人会前存在的一些疑虑也消释了,一致认为会议开得很民主,问题解决得很具体,领导人虚心诚恳。有的人说:'七天会议顶上几个月学校。'"

7月30日 上午,出席西北青年第三届代表大会,代表中共中央西北局和西北军政委员会接受大会献旗。在讲话中号召西北各族青年,依照《共同纲领》规定的各民族一律平等、实行团结互助的原则,共同为创造各民族的幸福而斗争。

7月31日 同彭德怀、张治中发布西北军政委员会转发《中央人民政府政务院指示保护古文物建筑办法命令》。

8月2日 上午,出席陕西省第一届农民代表大会开幕式,作题为《动员起来做好农村改革工作》的讲话。在讲话中说:土地改革是农民阶级向封建地主阶级所进行的一场剧烈斗争,能否取得胜利,首先要看准备工作做得怎样。准备工作分两方面,一为干部准备,一为群众准备。目前省人民政府及关中各专员公署所开办的干部训练班,各级党政军正在进行的整风运动,都属于干部准备方面。群众准备,首先要整顿农民队伍。各个地方的农会多已组织起来,但农会圈子太小,有关门主义倾向。希望大家好好研究政务院颁布的《农民协会组织通则》,检查农会工作。在谈到保存富农经济政策时说:土改的极终目的是搞好生产。今天保存富农经济,对发展农村生产有好处,特别是对稳定中农生产情绪有好处。政治上中立富农，虽然少分一点土地，以便集中力量消灭地主阶级，换得的好处，比多分一点地的好处要大得多。在谈到严肃对待政策的问题时说：我们目前已渡过了战争环境，完全有把握地做到有步骤、有计划、有领导、有秩序地进行土地改革，不许可任何违反法纪乱搞一气的现象。目前，区、乡、村政权存在着严重的脱离群众现象。各级农会必须把监督各级人民政府的责任，切实地担负起来。讲话最后说：我们大家是全陕西农民选派自己来这里开会的，这是多么辉煌的事，这是中国历史上空前未有过的。旧社会内的庄稼汉人，除过纳粮纳草挨打受气而外，是没有任何社会地位的，谁还会召集大家来这里开会。这样的新鲜事物，是和全国人民在毛主席的领导下，特别是农民群众踊跃参军，积极支援前线，赢得了革命战争的胜利分不开的。人民的胜利，不是历史上什么"改朝换帝"，而是打垮帝国主义、封建主义、官僚资本主义的大翻身。我们的胜利必须巩固，必须继续，这就是我们为要建设一个自由、民主、繁荣、幸福、富强的新中国而奋斗的共同方向。

同日 出席彭德怀主持召开的西北军政委员会第十九次行政会议，听取江隆基关于全国高等教育会议情况的汇报，原则通过西北军政委员会关于加强司法工作的指示。

8月3日 出席西北区第一次教育会议闭幕会。在讲话中说：对旧教育的改革是必要的，但必须在群众自觉的基础上逐步进行，急躁和主观是会犯错误的。在民族地区工作的教员、学生，决不能以自己的觉悟去衡量广大群众的觉悟，这样做将会脱离群众而一事无成。这次会议于七月二十四日至八月三日在西安召开。

同日 同彭德怀、张治中发布西北军政委员会《颁发解放大西北纪念章条例》《颁发解放大西北人民功臣奖章条例》。

8月4日—5日 主持召开西北区以及机关总学委会扩大会议。五日，在会上作总结讲话。在讲话中说：整风运动的目的，就是要反对在我们工作中实际存在的官僚主义、命令主义。整风学习是对事不对人，是用正确的思想作风克服和反对错误的思想作风，从改进工作中去教育和提高干部，达到"惩前毖后，治病救人"的目的。领导整风运动的步骤，应是由上而下，先整好领导，然后再深入到下边去。这样才能使整风运动有中心、有方向、有范围地进行，结合实际更紧。今后整风学习的重点，是解决揭发出来的各项重大问题，以达到提高干部，加强团结，建立制度与确立工作中的合理关系，改进工作之目的。现在西北区一级机关领导工作中最普遍的现象，是忙、乱、慢。我们必须从那些杂乱琐碎的、茫无头绪的事务中解放出来，实行统一领导下的分工负责，建立新的制度和办事方法。整风运动应以毛主席在三中全会〔1〕上的报告，作为检查和总结各项工作的依据。党员干部必须依据党纲、党章来检查自己的思想和作风，党的领导机关要根据党纲、党章去评定党员干部的功过和是非，要求一切党员干部按照党章办事。"在改进工作中提高干部，这就是结合工作实际而进行干部整风学习的最好办法。"

8月7日 同彭德怀、张治中发布西北军政委员会《关于加强司法工作的指示》。《指示》要求，西北各级人民政府应加强对司法工作的领导，组织力量审查积案，改善监所管理工作。

8月15日 出席彭德怀主持召开的西北军政委员会第二十次行政会议。会议修正通过《关于农村减租办法草案的意见》，通过西北区一级机关及各省（市）进行整编工作及处理编余人员情况的报告，修正通过关于建筑宝天、天兰铁路使用私人土地、

---

〔1〕 三中全会，指1950年6月6日至9日在北京召开的中共七届三中全会。

房屋等处理意见。

同日 同彭德怀、张治中发布西北军政委员会《关于农村减租办法》。

同日 中共中央西北局向中共中央报送关于整风情况的报告。西北局整风的主要经验是：（一）各省市均采取总结工作的方法，办整风训练班和开三级干部会，整训县、区、乡干部。（二）自上而下整顿领导，结合自下而上检查工作的方法，克服官僚主义和命令主义作风。（三）对已经暴露出来的问题，领导上应态度明确，肯定是非，并及时加以解决。（四）领导集中力量注意解决各单位的主要问题，具体分析情况，研究改进办法，建立工作制度，克服不合理现象，使干部从具体工作的改进中得到思想上的提高。（五）从总结实际工作经验中创造一套新的工作制度和办法，加紧培养百分之九十的新干部，使他们会做工作。（六）整风主要是整顿领导，对非党干部也应欢迎他们自觉自愿以《共同纲领》为标准检查工作，提高思想。二十六日，毛泽东为转发西北局报告，起草中共中央给各中央局并转分局、省市委等的批语。批语说："西北局的整风经验，我们认为是正确的，请你们加以注意，其中有可以在你们区域采用者，请加采用为盼。"

8月16日 同彭德怀发布西北军政委员会、西北军区司令部《为禁止滥伐山林及盲目开荒的指示》。

8月中旬 同彭德怀、张宗逊、甘泗淇致电贺炳炎[1]、廖

---

[1] 贺炳炎，时任中共青海省委常委、西北军区第一军军长兼青海军区司令员。

汉生[1]、王尚荣[2]、吴融峰[3]转青藏公路修路部队全体同志。电文说：你们为了建设新玉树，配合西南兄弟部队迅速解放西藏，冒着恶劣气候，在偏僻的地理条件下，忍受任何艰难困苦，赶修青藏公路。在筑路过程中，风餐露宿，雨雪交加，发挥了高度的集体英雄主义的创造精神，同在战斗中杀敌一样，解决了历史所未曾克服的淤泥崎岖荒漠地区筑路的困难，为人民国家创造了建设的奇迹，你们这种革命的集体的新英雄主义精神，是值得全军学习的。我们特向你们致以亲切的慰问，并预祝早日胜利成功。

8月22日 上午，出席彭德怀主持召开的西北军政委员会第二十一次行政会议。会议听取政务院文化教育委员会第三次全体会议精神的传达和西北区各省市商业厅、局长、专业局公司经理联席会议的总结报告等。

同日 同彭德怀、张治中发布西北军政委员会《为贯彻执行中央政务院严禁鸦片烟毒的命令》的指示。

8月25日 就如何开展军校学员时事教育和学习问题，复信高朗亭[4]。信中说：抓住当前国际国内的一两个主要问题，集中精力，深入研究，应用马列主义分析国内外形势的某些基本观点，作系统的说明，比平时解答许多个问题收益要大些。希望你们领导学员学习时，也要力避被动和忙于应付四面八方拥来的

---

[1] 廖汉生，时任青海省人民政府副主席、西北军区第一军政治委员兼青海军区政治委员。1950年8月又任中共青海省委副书记，1951年2月任第二书记。
[2] 王尚荣，时任中共青海省委常委、西北军区第一军副军长兼青海军区副司令员。
[3] 吴融峰，时任西北军区第一军政治部主任兼青海军区政治部主任。
[4] 高朗亭，时任西北军区西北军官学校政治部主任。

许多零碎问题。应是主动地根据学员思想状况，引导他们弄清最主要的问题。

8月27日 收到西北军区本日汇报青海军区剿匪战绩的来电，同彭德怀复电西北军区司令部。复电说：我一军一部追剿马虎臣、马文英、马祯、冶青祥等，已歼其大部，甚快甚慰！该匪是互助、门源、祁连、民乐、永昌间祁连山南端最大一股政治土匪，望一、三两军进剿部队继续努力，克服困难，彻底干净、一个不留地捕捉散匪。

8月29日 上午，出席彭德怀主持召开的西北军政委员会第二十二次行政会议。会议听取全国重工业计划会议及电业等专业会议的综合汇报，听取最高人民法院西北分院关于全国第一届司法会议的传达报告，修正通过西北军政委员会《关于西北区一九五○年牧税征收的决定》。

9月4日 批示发出《西北局关于加强西北修建铁路的指示》。《指示》要求：抽调有能力的干部到铁路工程局工作；工程局亦可成立铁路人员训练所，有计划地培养中下级技术干部，在条件成熟时再成立西北铁路学校，以培养各级铁路干部。

9月5日 同彭德怀、张治中发布西北军政委员会命令，颁发经政务院九月二日批准的《西北军政委员会组织条例》。《条例》规定：西北军政委员会为西北区各省市高一级的地方政权机关，并为政务院领导地方政府工作的代表机关。该委员会辖陕西、甘肃、宁夏、青海、新疆五省及西安市。

9月11日 同彭德怀、张治中发布西北军政委员会《关于建立各级土地改革委员会机构的指示》。

9月13日 出席彭德怀主持召开的西北军政委员会第二十三次行政会议。会议听取新疆军区政治部关于新疆工作情况的报告，讨论通过《关于统一发布西北军政委员会及所属各机关重要新闻暂行办法》，听取最高人民检察署西北分署关于第一届全国司法会议有关检察工作的汇报与西北区检察工作的几个具体意见，基本通过西北文化教育委员会关于失业工人、失业知识分子、学生及失业旧军官处理意见。

9月19日 出席彭德怀主持召开的西北军政委员会第二十四次行政会议。会议通过西北军政委员会《关于本年秋季播种农作物谁种谁收的指示》，听取西北民政部关于优抚工作的检查报告，听取西北文化部关于接管敦煌艺术研究所工作的简要报告以及关于临夏群众工作的报告等。

9月25日 同彭德怀、张宗逊率西北军区暨第一野战军全体指战员电贺全国战斗英雄代表会、全国工农兵劳动模范代表会的召开。电文说：值此全国人民正努力于最后解放台湾、西藏，新中国建设正蓬勃开展，全国英模汇聚一堂，广泛交流战斗及生产建设的经验，对于解放祖国全部疆土，完成伟大建设任务是有深厚意义的。我们预祝大会胜利成功，并祝全体人民功臣在毛主席旗帜下继续努力向前，完成伟大的人民事业。

9月27日 出席彭德怀主持召开的西北军政委员会第二十五次行政会议。会议决定成立西北区禁烟禁毒委员会、西北区寒衣劝募分会，并推选主任和委员人选。

10月上旬 应朝鲜党和政府的请求，中共中央作出抗美援朝、保家卫国的战略决策。八日，毛泽东发布命令，组成中国人民志愿军，任命彭德怀为司令员兼政治委员。由此，习仲勋主持西北区党政军的全面工作。

10月10日 中共中央发出《关于镇压反革命活动的指示》。到一九五一年十月底，全国规模的镇压反革命运动基本结束。

10月13日 中共中央电示西北局并青海省委。电文说：关于班禅集团的各项事务，中央酉冬[1]电已授权彭习[2]负责处理，望西北局即作通盘筹划，分别执行，青海省委应负的责任与工作，亦请西北局加以规定。

10月19日 毛泽东致电邓子恢、谭政并告饶漱石、陈毅，刘伯承、邓小平、贺龙，习仲勋、马明方。电文说：为了保卫中国支援朝鲜，志愿军决于本日出动，先在朝鲜北部尚未丧失的一部分地方站稳脚，寻机打些运动战，支持朝鲜人民继续奋斗。在目前几个月内，只做不说，不将此事在报纸上做任何公开宣传，仅使党内高级领导干部知道此事，以便在工作布置上有所准备，此点请各中央局加以注意。

10月21日 复信绥德县郝家桥村刘永宽、郝思睿[3]及全村村民。信中说：谢谢你们写给了我的信！看到这封信，好像见了大家的面，又好像走进了郝家桥村，看到了满山遍野将要收割的庄稼。郝家桥是一个勤劳生产的模范村，全村男女老幼团结友爱，像一个和睦幸福的大家庭。这种新面貌、新气象，是土地改革后的农村必然要走的康庄大道。老区里类似这样的村庄，不只郝家桥一个，而是千千万万个。不要忘记：这是我们敬爱的毛主席的英明领导和大家努力的结果。谁料当一九四七年的秋天，你们这样美满的生活，在蒋胡匪帮发动滔天罪恶的内战下破坏了，全村遭到巨大浩劫。这种罪行，同样是每个人所永远不能忘记的。很使我感到兴奋的是，时间仅两年，你们竟能够恢复得这样快，这个成绩，不能不算惊人的。现在好了，全国除台湾、西藏

---

[1] 酉冬，即10月2日。
[2] 彭习，指彭德怀、习仲勋。
[3] 刘永宽、郝思睿，均为郝家桥村村民。郝家桥村村民于1950年国庆节写信给习仲勋，汇报该村生产情况。

外，全部解放了，中华人民共和国真的出现了，这是多么值得庆幸的事！今后的中心任务只有一条：搞好生产，过好光景。再不会有敌人来骚扰，请大家安心罢。眼前虽是剩下一个敌人，叫做美帝国主义，近日来张牙舞爪，向我挑衅，但这个敌人，不过是一只"纸老虎"，没有什么可怕的。祝你们好！

10月24日 在西安群众堂出席西北军政委员会举行的晚会，欢迎参加国庆典礼返回新疆途经西安的中国人民解放军第五军（原新疆民族军）代表参观团。二十七日上午，到机场欢送代表团返回迪化[1]。

10月31日 出席中共中央西北局在西安举行的任弼时[2]追悼大会。任弼时于十月二十七日在北京逝世，享年四十六岁。

同日 在《人民日报》发表《悼任弼时同志》一文。文章说：弼时同志从一九四〇年以来，就直接领导西北党的工作。一九四三年，在弼时同志亲切领导下，开了有重大历史意义的边区高干会议。这个会议不仅解决了西北党的历史问题，最重要的，还解决了当时在全国范围内都需要加以解决的如何建设根据地的问题。他谆谆告诫我们必须紧紧抓住经济建设这个中心环节，围绕这个中心环节，进行各种工作。这样，才有了一九四三年以后的大生产运动和各项建设工作，使陕甘宁边区成为模范的抗日民主根据地。弼时同志十分重视端正和贯彻党的政策，经常密切注视实际执行的状况，及时地指导我们纠正偏向和作出新的适应发展情况的规定。弼时同志在领导工作中，充满原则性和实际精神。他对于方针、政策性和思想性的原则问题，十分严肃，一丝

---

[1] 迪化，今新疆乌鲁木齐市。
[2] 任弼时，逝世前任中共中央政治局委员、中共中央书记处书记、中共中央秘书长。

不苟。他在指导实际工作时，又善于深入到每一细节中去。弼时同志对西北党的工作长期亲切的指导，是我们永远怀念的。我们要将悲恸化为力量，在党中央和毛主席领导下，把西北的事情办好，把全中国的事情办好。

11月2日 主持召开西北军政委员会第二十七次行政会议，作《关于目前时事问题的报告》。会议听取西北粮食局关于全国第二次粮食会议及对西北今后粮食工作意见的报告，听取全国出版会议精神的传达，修正通过西北区行政人员退职待遇暂行办法。

11月7日 出席西安各界庆祝苏联十月革命三十三周年纪念大会，作题为《加强中苏人民团结，反对美帝侵略》的演说。晚上，在新城大楼主持宴会，招待在西安的苏联友人。

11月9日 出席西北军政委员会土地改革委员会第四次会议。在讲话中说：土地改革工作的关键，在于如何把广大农民群众发动起来，这就是农民翻身、农民当权的实质。我们对于各地土改工作之检查标准，不只看是否分了地，而是要看是否发动了群众。我们部分同志对于发动群众的意义并不是完全了解。他们不懂得土地改革有两种工作方法：一种是群众路线的工作方法，另一种是包办代替的工作方法。前者是正确的，后者是错误的。只有做深入的艰苦的群众工作，把广大农民群众发动起来组织起来，在他们自觉自愿自动的基础上，土地改革工作才有可能做好。土地改革不仅包括经济内容，而且包括丰富的政治内容，要是真正地把农民群众发动起来，他们的迫切要求就不只限于土地，而是会联系地要求解决农村内一切不合理现象。如剿匪、肃特、反恶霸、减租、债务纠纷、改造政权、建立民兵以及生产中若干具体困难等等，都应在土改中求得基本上解决。

同日 中共中央就解放西藏准备工作有关问题向西北局、西南局发出指示。指示指出：（一）因在解放西藏的整个作战中，西北人民解放军担负进军后藏和阿里地区的任务，又因后藏为班禅集团历史关系最深而现在仍保有相当影响的地区，而班禅集团的工作则属于西北局，故刘伯承同志提议由西北局同时担负接管后藏和阿里地区的政治任务。如此，则西北局应即积极进行各种有关的准备工作，如政策、人员、统战工作等等。你们意见如何望告。（二）西藏全部解放后实行民族的区域自治，将涉及到许多复杂问题，如整个自治区的疆域，自治区内部行政区划，前后藏及阿里间的关系，达赖、班禅两集团的关系，宗教派别（黄、红、花），政教关系，藏民族与其他民族的关系等等。这些问题又影响到自治机关的形式、人员配备、民族武装、政策指导等等。均须事先加以调查研究，有所准备。请你们两个中央局就有关将来决策时应该了解而现在尚未了解的问题，一一开出，通知前线党政军负责同志协力调查研究，并提出意见报告中央局和中央。两中央局亦应随时研究向中央提出建议。

11月10日 同彭德怀、张治中联名发布西北军政委员会《关于土地改革区建立人民法庭的指示》。《指示》指出：各地土地改革工作已开始进行，为了保证土地改革政策法令的贯彻实行与社会秩序安定，土地改革区各县应依照中央人民政府政务院公布的《人民法庭组织通则》，迅速建立人民法庭。

同日 为《土改通讯》撰写发刊词。发刊词说：正当西北地区土地改革运动按照既定计划普遍展开的时候，西北军政委员会土地改革委员会和陕西省人民政府土地改革委员会合刊《土改通讯》，以便交流经验，指导工作，是很必要的。藉着这个机会，我号召同志们要有面向真理、面向科学的优良工作作风。学会了土改文件，只能说学会做土改工作的开始；老区内土改工作经验，也绝不可能全搬到新区来应用；历史在不断地发展，许多新鲜事物，在千百万劳苦大众的实践中不断获得反映。因此，要求大家要有全心全意为人民服务的热情和甘愿在群众面前当小学生的决心，虚怀若谷，苦心钻研，那我们就能够不仅在反封建斗争中，体会到群众生活是如何丰富，如何渊博，即在其他所有工作中，同样体会到群众生活是如何丰富，如何渊博。我们部分同志由于没打通这个门窍，老老实实埋头工作倒是好的，但不善于总结和分析自己所做过的事情，哪条对，哪条不对，为什么对，为什么不对，做过多少次，仍然不懂规律，不知改进，始终保持老一套，阻碍着工作和个人进一步的提高。这种风气在今天必须改变过来。大家打开脑筋，人多智广，知识贫血病就可能终止，盲目性就可能减少，少走弯路，少发生偏向，稳步前进，完成土改伟大任务。

同日 下午二时，带领西北军政委员会、陕西省人民政府、西安市人民政府和西北民盟总支领导及各界群众两百余人，到西安机场迎送沈钧儒[1]率领的中央西北民族访问团。该访问团在结束对甘肃、新疆和青海等省的访问后，由兰州返回北京，在西安机场作短暂停留。

11月14日 同彭德怀、张治中联名发布西北军政委员会《为下半年房地产税征收问题命令》《关于加强秋征的命令》。

11月15日 主持召开西北军政委员会第二十八次行政会议。会议听取西北公安部关于《坚决镇压特务反革命活动，巩固人民民主专政》的报告以及西北交通部《关于西北铁路干线修筑工程的报告》；修正通过西北军政委员会《惩治不法地主暂行条例》和《筹备西北民族学院计划草案》。

同日 同彭德怀、张治中联名致电马明方、邓宝珊、方仲

---

[1] 沈钧儒，时任中央人民政府委员会委员、中央人民政府最高人民法院院长、全国政协副主席、中国民主同盟中央副主席。

如〔1〕、张邦英〔2〕。电文说：为提早完成天兰铁路工程，本会〔3〕特决定十二月一日召开会议，希陕、甘两省主席，甘肃省王世泰〔4〕副主席到会，西安市长、陕南行署民政处吴处长〔5〕，陕西之渭南、商洛、咸阳、宝鸡、绥德，甘肃之天水、平凉、庆阳、定西等专员及陕西之长安、咸阳、华阴、宝鸡市，甘肃之天水、甘谷、武山、陇西、定西、榆中、皋兰等县（市）长（正副只来一人），务于本月二十九日到达本会，并带如下材料：（一）你区之人口及劳动力统计。（二）按劳动力抽调百分之五，服工一年，是否会影响农业生产，希调查带来一个典型乡或一个行政村的材料。（三）了解你区一个普通长工一年的实物工资。（四）根据以上任务，采取什么方法进行组织动员。

11月18日 同彭德怀、张治中联名发布西北军政委员会《惩治不法地主暂行条例》。

同日 出席西北妇女第一届代表大会开幕式并讲话。

11月20日 致电张宗逊、甘泗淇并邓宝珊、王世泰等。电文说：为商讨修筑天兰铁路及动员民工等问题，请王副主席〔6〕偕同王国瑞同志，务于二十五日（星期六）乘机来陕。前经甘副政委〔7〕面允给西干工程局抽派卫生处处长或副处长一人，亦请王副主席就近商决派妥为盼。

---

〔1〕 方仲如，时任中共西安市委常委、西安市市长。
〔2〕 张邦英，时任中共陕西省委副书记、陕西省人民政府副主席、陕南区行政主任公署主任。
〔3〕 指西北军政委员会。
〔4〕 王世泰，时任甘肃省人民政府副主席。
〔5〕 吴处长，指吴思宏。
〔6〕 王副主席，指王世泰。
〔7〕 甘副政委，指甘泗淇。

11月中旬 主持召开中共中央西北局会议。会议遵照中共中央十一月九日指示,决定组建中共(西北)西藏工作委员会,负责团结争取班禅的工作,并为下一步开辟后藏工作作准备;确定由范明〔1〕任驻班禅行辕代表,牙含章〔2〕协助担任联络及领导工作。十七日,西北局将有关情况报告中共中央。二十四日,中共中央复电同意。翌年二月二十七日,西北军政委员会正式任命范明为驻班禅行辕代表,牙含章为助理代表。

11月21日 主持召开西北军政委员会第二十九次行政会议。会议讨论并通过《西北区禁烟禁毒暂行办法》《西北区查缉违禁及走私物品暂行办法》《西北军政委员会工业部试行组织条例》等。

11月24日 中共中央告知西北局关于周恩来同计晋美的谈话要点。主要内容有:(一)中央同班禅间的合作是建立在互相信任与互相依靠的基础上;(二)必须尽一切可能争取达赖,主要是为了宗教关系与西藏内部的团结;(三)解放拉萨的进军还有一段时间,在此时间内大家积极作必要的准备,十世班禅方面主要是在中共中央西北局和青海省人民政府帮助下努力训练干部。

11月25日 同彭德怀、张治中联名发布西北军政委员会《西北区查缉违禁及走私物品暂行办法》。

11月26日 就十世班禅何时进藏复电李维汉〔3〕并转汪锋〔4〕、张仲良〔5〕。电文说:"班禅集团进藏心切这是很自然

---

〔1〕 范明,时任西北军区政治部联络部部长。
〔2〕 牙含章,时任中共甘肃省委统战部副部长。
〔3〕 李维汉,时任中共中央统战部部长、中央人民政府政务院秘书长、中央人民政府民族事务委员会主任委员、全国政协秘书长。
〔4〕 汪锋,时任中共中央西北局统战部副部长、西北军政委员会民族事务委员会主任委员。
〔5〕 张仲良,时任中共青海省委书记、青海省人民政府副主席。

的",但"在目前情况下,班禅集团只有在全藏解放后或我中央政府与达赖政府谈判协议成立后,回藏才正合时机,过早对我解放西藏决策及团结全藏的方针都会有影响。这种精神已托汪锋同志赴兰〔1〕向他们就便反复说明,要他们等待时机并将入藏工作进行充分准备"。"以往中央指示各项已分别拟订具体步骤帮助积极进行。"

同日 同彭德怀、张治中联名发布西北军政委员会《西北国道公路雨后动员群众整修路基及运沙办法》。

11月27日 致电周恩来。电文说：据铁道部通知：西北铁路明年国家投资中财委只给六亿七千万斤〔2〕,按明年通车陇西,后年兰州的工程计划,则明年度非十三亿不能完成任务,请中央考虑增加西北铁路投资以便按时完成任务。十二月十六日,周恩来复电习仲勋并报毛泽东："(一)根据铁道部报告,本年宝天、天兰两线工程,因事前勘测、设计、计划及材料准备工作很差,人员组织工作亦缺乏经验,至本年年底,年度计划完成难及半数。此项未完工程,一九五一年必须继续进行,如一九五一年仍拟铺轨至陇西,连同今年未完工程,则任务太大,铁道部难以担负。近又据滕代远〔3〕部长视察西北工程电话报告,今年西北工程因准备工作不足,浪费不少,教训颇多。特提议,一九五一年的工程,应根据铁道部的力量,稳步前进,不重复一九五〇年的毛病等情。我们同意铁道部及滕部长的以上意见。(二)因此,原定一九五一年通车陇西,一九五二年通车兰州之计划,不得不推迟一年。明年除改善宝天工程外,天兰铺轨至甘谷(六十五公

---

〔1〕 兰,指甘肃兰州。
〔2〕 此处以粮食为计算单位。
〔3〕 滕代远,时任中央人民政府铁道部部长。

里)、甘谷陇西间全面开工,陇西以西重点开工,预计投资人民币六千零六十亿元,并责成铁道部切实进行调查、设计,提出施工计划,及切实的财务计划,经批准后稳步进行。(三)关于西北铁路领导关系、组织机关、人事配备等问题,同意中财委的意见。"

12月5日　主持召开西北军政委员会第三十次行政会议。会议听取关于报告制度执行情况的检查及今后改进意见的报告、关于第一届全国卫生会议传达报告、关于全国文物处长会议的传达及西北文物工作要点的报告、关于全国电影局第二次会议传达及西北电影工作问题的报告等。

12月9日　出席陕、甘两省专员县长动员民工修筑天兰铁路大会。在讲话中说:"修铁路是工业化的先决条件。天兰路,现在要动员民工代替军队修筑,动员民工比动员军队修路更难。我们要有意识地准备把动员民工变成为长期的铁路员工,更主要的是借此动员民工机会,把这批民工训练成农村的骨干,要动员民工五万人,三年任务,两年完成。""时间三月开工,三月以前要做好充分准备,工地的调查,工具的准备,干部的集中训练,民工的动员组织,供应的准备,动员区域在沿铁路附近,由近及远,即甘肃天水、定西,陕西宝鸡、咸阳、渭南、商洛,其他分区不动员,集中开展,集中动员。动员民工要将道理讲清,不能平均分配摊活,要做到自觉自愿。"讲话要求,每个民工大队要配备得力干部,"由西北局通知商办。大队以下一般干部要吸收农村的积极分子和知识分子,并抽调一部分民大训练的学员参加"。

12月10日　同彭德怀、张治中联名发布西北军政委员会《关于加紧公粮征收入仓工作的指示》。《指示》要求:为了完成国家公粮收入计划,保证供给,各级领导必须高度重视公粮入仓工作,切实认真执行政策,坚决按条例、按税率办事。要按照不同地区的情形,有计划地密切配合土地改革或减租、反霸、剿匪、肃特等工作,完成公粮入仓任务。

12月20日 出席西安工商联合会首届会员代表大会。在讲话中说:一年来西安工商界的工作有很大成绩,很多工商业者在政治上也有很大的进步,这表现在工商业者在统一财经工作和调整工商业中作了很多的努力,协助政府稳定物价,促使工商业有了好转。今后工商业的发展较今年要好,但还有困难,人民在购买力上还没有提高,西北地区土地改革还没有完成。因此,工商业者要积极支援农民这一伟大的斗争,只有土地改革完成后,农业生产的发展和广大农民的购买力提高,才能给工商业的迅速发展创造基本的条件。工商业者要坚守自己的工作岗位,维护市场秩序,巩固物价稳定,在促进工商业发展、抗美援朝和协助农村发展上贡献力量。

同日 同彭德怀、张治中联名向周恩来并毛泽东报告西北军政委员会第二次会议以来的主要工作情况。

12月22日 出席西北区财经干部会议,作题为《目前工作中的几个问题》的讲话。在谈到财经工作时说:办各种建设事业要有重点。我们现在仍处于摸索阶段,要稳步、精细,作长期打算。凡动手办的,就切实做好。反对眼高手低,实际工作中的效率要高,但领导的意图、计划,不能脱离客观现实。反对急性病,搞建设,光靠勇气不行,还要加上智慧和技术。计划不切合实际就容易流产,必须实事求是。此点,在党内外要有意识地做教育工作。财经机关要做群众工作。我们做的都是和群众生活直接有关的事情,要靠发动群众起来去做才能做好。全党都要熟悉财经工作,学习做财经工作。做财经工作的干部,更要学习政策,学习马列主义。在谈到工作方法时说:各个部门要多派干部到群众中做工作,光坐在机关里,办不好事情。有些机关不知下情,作出许多空洞的、不切实际的指示、统计调查表格等,反给下边造成许多麻烦。还要看到,今天机关工作做好,不等于把一切主要工作都做好了。有些非当急之务,可少做、缓做,才能抓紧做好主要的事情。我们今天的工作方法,不能抽象地强调科学,凡合乎今天的实际,能办了群众的事情,就是好的。"请各省都总结一下这一年多的工作经验。我们这一年多的工作,内容很丰富,经验很珍贵,哪怕一点一滴都不要抛弃。各地党委负责同志,亲自动手,多想一想,先交谈、酝酿,等胸有成竹,再下笔。要精炼,不在多,真正的经验只几条。"

12月25日 中共中央西北局讨论护送十世班禅入藏问题,形成若干实施意见,决定派专人赴京向中央汇报和请示。翌年一月三十日,汪锋、范明和牙含章到达北京,向中共中央统战部汇报工作。

12月26日 主持召开西北军政委员会第三十一次行政会议。会议修正通过西安市人民政府《关于城市郊区土地改革条例实施办法》,通过西北民政部《关于一九五一年动员民工修建铁路实施方案》《关于轮训留用招聘和新参加工作人员的计划》《关于寒衣劝募工作总结报告》等。

同日 向毛泽东并中共中央作《关于西北几项重要工作的报告》。《报告》说:(一)朝战[1]起后,我们最注意的是地方安定,尤其是民族安定问题。稳住各民族,把关系搞好,这是第一步。第二步就要深入各民族劳动群众中,建立直接联系,逐渐把他们发动起来。大的社会改革仍不能急,但必须着手一点一滴地帮助群众去解决需要和可能解决的切身问题。经过这些具体工作和各种各样的方式,吸引各民族劳动群众中积极分子出来参加工作。这一步更艰苦,时间也长,绝不能放松。争取团结上层人物

---

[1] 朝战,指朝鲜战争。

的工作需要十分坚定,十分耐心。至于乌斯满[1]等部,凡持有武装活动者,必须坚决消灭。(二)解放后一个时期不过早强调镇压是对的,我们要求的是统统安定下来,以便自己站稳脚铺开去,现在看来收到很大效果。但今年三月以后各地大体安定,就应该有计划地清理反革命分子,我们未曾抓紧是有错误的。几月来虽有转变,仍必须有计划地抓紧清理现存反革命案件,步骤拟是先办现行犯和惯匪头子,再来处理特务首要,然后陆续清理过去处置不合适的一般旧案。(三)我们决定在明年内发展地方武装。分两期进行,春耕前完成一半,秋收后再完成一半。(四)今冬西北有七百六十万人口地区土改,一千万人口地区减租,这个计划不变,务必按时完成。目前土改区约有一小半乡村展开工作,其余一半在明年一月中开始,三月底至四月可全部完成。(五)目前我们根本弱的一环还是群众工作。我们确定今冬明春集中一切力量做群众工作。机关必须精简,把人力抽出来下去帮助群众工作。今年整风运动收到很大成绩,官僚主义、命令主义大大减少。但如不使大多数干部都经过群众工作锻炼,整风成绩仍不会巩固。现在许多问题都是不善于适应由简单环境转到复杂环境的条件,要有一套适应新的环境的新制度、新形式、新办法,但我们还摸索不多,领导工作适应不了新情况。(六)我们十二月召集各省委书记来此讨论中央财经会议决定。开会十天,情况后报。前日并专门座谈交换关于一年工作总结的意见,也要各省同样把工作总结一下。解放后一年来的情况和工作,是过去从未经过的,完全是摸索前进的,总结一下有很大好处。哪怕一点经验也宝贵,对我们走以后的路很有帮助,盲目性可以逐渐减

---

[1] 乌斯满,曾任国民党新疆省政府委员兼阿山专员。新中国成立后,组织匪帮进行武装叛乱,1951年2月被人民解放军俘获。

少。翌年一月三日，毛泽东批转该报告。

12月28日 出席陕西省农业生产会议，作题为《如何做好一九五一年的农业生产工作》的讲话。在讲话中说：一年来，我们领导群众生产是有很大成绩的。在战争刚结束、社会秩序还未完全安定的情况下，我们做了许多工作，如兴修水利、活跃借贷、改良种子、改进作物、防虫防旱，更重要的是动员和组织了广大群众参加到生产战线上来。而群众对我们最满意的也是这一件事，这在国民党统治时期是看不到的，在几千年的历史上也是没有见过的。我们今天能获得广大群众的拥护，主要的原因也就在这里。革命就是要办好群众的生产事业，而领导群众生产又是最实际最具体的为人民服务的工作，但做不好时便会事与愿违。我们必须注意纠正强迫命令与包办作风，防止急性病。特别是在领导群众生产问题上，过分的急躁是有害的。"我们对阶级敌人要用强力制服，对农民生产就不能采用强力。过去凡是采用强力去动员群众生产的，都遭到了惨痛失败，这一点应为在农村工作的同志深切记取的。"必须经常注意不同地区不同情况的特点，制订切合实际的计划，避免行不通及产生形式主义的毛病，反对以一种死板公式，千篇一律，到处去套。在谈到做好一九五一年生产工作应注意的问题时说：（一）进行充分的生产准备。发展生产就是我们今天最主要的政治内容和政治工作。要发动广大农民由过去"没心劲"好好生产，走向有组织有计划的努力生产。（二）明年的农业生产可能还有不少困难，特别是春荒问题，我们应提早注意，组织农民入伙买农具、耕畜及生产必需品，用合作互助的办法，大力解决这些问题。（三）继续活跃借贷关系，展开借贷运动，是现阶段发展农村经济的一个重大问题。在开展借贷运动中一定要按政策办事，今年借出的一定要还。（四）生产技术要与农民生产相结合。要将可行的技术使农民普遍地懂得，使生产者掌握起来，才能发挥伟大力量。若是技术光在我们的实验所和农场里兜圈子，这种不出门的技术，就不会发生作用。要虚心研究农民生产中的好经验，把它综合起来，科学化，再来提高和推广到农民中去。"我们领导机关的责任，就是要用群众的经验，去教育群众，提高群众。"（五）在开展生产运动中，以具体事例动员和组织群众，推进生产工作，经验证明是最好的办法。应在群众中发现和推崇生产模范和劳动英雄人物，以他们的典型成就，推动和组织生产。应该大批培养成千成万的生产积极分子，团结和教育他们成为生产战线上的核心，实际也就是农村建设的骨干。这就是一种新的组织形式和领导方法，希望大家学会这种领导方法。（六）组织变工，开展合作运动。不管多少人的、长短性的组织，一条重要原则：是由农民本身自愿结合，它的益处已由农民本身实际考验过的联合，才是有价值的。凡是违背这个自愿原则的变工组织都是形式的，不稳固的。我们必须牢记，对个体经济的组合，不能采取强力制服，而是以事实来说服。

12月29日 同彭德怀、张治中联名致电邓宝珊、王世泰、张德生〔1〕、马鸿宾〔2〕。电文说：为了保证按期完成修建宝天及天陇段〔3〕铁路计划和不影响关中地区之土改任务，决定原分配渭南、咸阳、宝鸡三专区及长安县动员修建铁路之民工，暂缓延至一九五一年夏收后再进行动员；再分配你省平凉专区动员三千民工，于一九五一年三月一日前到达指定开工地，修建铁路三个月。希即电告平凉专区立即进行动员准备，其动员方案及指定

---

〔1〕 张德生，时任中共甘肃省委书记、甘肃省人民政府副主席。
〔2〕 马鸿宾，时任甘肃省人民政府副主席。
〔3〕 天陇段，指甘肃天水至陇西间的铁路，为天兰铁路的一部分。

开工地段随后另告。

12月30日 出席中共中央西北局统战部举行的西安各民主党派和各界人士迎接新年联欢大会。在讲话中说：一九五〇年我们做了许多大事情。新的一年，我们要在更加团结、更加进步的基础上，继续深入开展抗美援朝爱国运动，巩固人民民主政权，巩固国家财政经济的好转，特别是巩固人民民主统一战线。

12月 视察西北农学院，看望和慰问长期从事农业科学研究的专家教授，并向师生们介绍国内情况和朝鲜战争的形势，介绍西北地区建设取得的成就和今后的方针任务。在讲话中说：一九五一年西北的主要任务是发展农业，先解决群众的吃饭问题，再有计划有重点地发展工业，繁荣经济；继续巩固财政与物价，发展国内市场；正确地有步骤地发展合作事业，搞好城乡物资交流，特别是收购和运销农村土产。在讲话中勉励学生努力学好农业科学知识，指出：西北是广大的农业地区，将来要很大发展，其正确方向就是与科学技术相结合，就要依靠我们的农学院来解决。科学技术之所以可贵，是因为人民群众需要它。科学技术要实现它的伟大作用，又必须与群众结合，交给群众，经过群众的实践去实现它、证明它、充实它、发展它。因此，科学技术人员与群众结合，是坚定不移的方向。同学们在学习时就要注意这个结合，如到农村帮助群众选种、除害，吸取群众中的生产经验等。将来到实际工作中去，更要全心全意为人民群众服务。

本年 批准黄正清[1]提出的关于按藏传佛教程序寻访转世灵童来继承为六世嘉木样的意见。此前，甘肃拉卜楞寺五世嘉木样·丹贝坚赞（即黄正清之弟黄正光）于一九四七年四月十四日圆寂，未来得及寻访转世灵童。

---

[1] 黄正清，时任西北军政委员会委员。

1951年　三十八岁

1月1日　晚上，在西安解放电影院出席西北党政军民干部及民主党派代表元旦团拜会，代表中共中央西北局和西北军政委员会致词。在致词中说：一九五一年西北区的具体任务是：普遍、深入与持久地开展抗美援朝保家卫国运动，巩固人民民主统一战线，配合人民解放军解放西藏、台湾；加强地方武装建设，继续剿灭土匪，肃清特务，严厉镇压反革命活动；充分做好发动群众工作，完成现已开始的土地改革运动；加强财政经济工作的统一管理和统一领导；在少数民族地区，用更多的力量去帮助各兄弟民族发展经济和文化教育事业，大量培养当地民族干部，积极推行民族区域自治；加强干部学习。我们正确地提出这些任务并不困难，要正确地实现这些任务，就不是那么容易了。过去我们一年多的工作，多半是自上而下地搭架子。我们开了很多的会议，组织了各级领导机关，配备了干部和安置工作人员，制定了许多决议、指示和条例，等等，这在当时情况下是必要的，这些事情是非做不行的。但如果认为我们人民政府的领导工作，只是开会，做决议，写指示、条例，源源不绝地发到下边去，就会自然而然地获得一个胜利又一个胜利，直到把新民主主义社会建设成功，那就陷于荒谬了。我们现在要做打基础的工作，即做群众工作。我们的一切工作都是为了群众，又都是只有发动广大群众起来去做，才能做好。不管决议、指示、条例写得怎样好，怎样符合群众的利益和要求，但如果群众根本不知道它，不懂得它，那么，就只有少数干部在发号施令，群众里边还是冷冷淡淡，哪里能谈到贯彻实行呢？今年各方面工作中，都要用百分之九十的力量去做群众工作。只要坚决这样去做，党和人民政府与群众的联系就更加巩固、更加密切起来，一九五一年就会成为我们群众工作大进步的一年。

1月2日 同彭德怀、张治中联名发布西北军政委员会《关于轮训留用、招聘及新参加工作人员的计划》。

1月5日 主持召开西北军政委员会第三十二次行政会议。会议讨论并批准西北财经委员会关于《西北区财经会议决议》的报告。在讲话中说：此次西北区财经会议开得很好，总结一九五〇年的工作，确定一九五一年的工作方针和具体任务，解决了财经工作中的不少问题。我们必须坚持在全局观点下，做好本单位工作，这是贯彻统一财经的重要关键。十三日，同彭德怀、张治中联名发布西北军政委员会《关于财经问题的决议》。

同日 同彭德怀、张治中联名发布西北军政委员会《关于实行进一步的货币管理令》。

1月7日 毛泽东将陶铸关于广西剿匪工作的报告转发给陈毅、饶漱石、邓小平、贺龙、习仲勋、张宗逊参考，并请他们转发所属剿匪尚处严重情况的地方和军队阅看。毛泽东在对这份报告的批语中肯定广西最近时期的经验是很好的，值得研究。陶铸的报告总结了两条基本经验：首先是做到更大地集中兵力与更好地组织党、政、民、财力量的配合；其次是镇压、收枪、反霸、地方武装建设等几项剿匪的主要政策更加明确，执行得更好。

1月9日 主持召开西北军政委员会第三十三次行政会议。会议听取中央财经委员会对一九五〇年年终基本建设及事业未完成部分剩余资金的处理决定和全国戏曲工作会议的报告，原则通过西北公安部关于建警工作的指示。

1月10日 周恩来以中央人民政府人民革命军事委员会名义致电张宗逊、习仲勋并告西北、新疆、西南军区。电文说：（一）由新疆出兵西藏及修新疆公路问题，王震〔1〕同志来京时已谈妥，新疆公路就原有五十五万白洋以军工修筑，不再拨款。所需汽油一百四十万加仑，除已取用了五十万加仑外，中财委允照数拨给，但需新疆自己解决运输问题。五千骑兵不是一次都去，今年只拟先去千余。（二）为配合西南入藏作战，今春在必要时，可由玉树向黑河〔2〕方向出动少数骑兵。但为准备将来护送班禅入藏，则仍应以青海八百骑兵，再招收若干青海藏人，作为班禅卫队，入藏后并准备长期留下，成为干部。关于此项任务，望你们责成青海军区特别注意完成。（三）青藏公路，现时虽已停修，但据西南军区电告〔3〕，玉树黑河拉萨线，较昌都拉萨线好修，西南拟先修成甘孜昌都线，随后修哪条为好，有待于进一步调查。望你们根据西宁到黄河沿的修路经验，计算一下由黄河沿经玉树、黑河到拉萨线，如修公路，需时需人需款多少，工程条件如何，电告。

同日 同彭德怀、张治中联名向周恩来报送并转呈毛泽东《关于一九五〇年下半年工作综合报告》。报告说：（一）第一期土改工作，目前一般的已进入没收、征收或分配土地阶段，将在一九五一年一月中旬完毕；第二期将在四月底全部完成。工作中存在的主要问题是不注意发动群众，干部包办代替或束手束脚，拘泥在一些法令细则里。本月初土改区各级领导机关已普遍进行

---

〔1〕 王震，时任中共中央新疆分局第一书记、新疆军区第一副司令员。
〔2〕 黑河，今西藏那曲市。
〔3〕 指1950年12月9日西南军区给中央人民政府人民革命军事委员会的电报，电报提出修筑入藏公路的建议。

检查，并抽调西北区及省级一批主要负责同志下乡巡视或参加工作，加强具体指导，现已开始有了转变。（二）在民族杂居和聚居地区，经过一年工作，民族关系起了基本变化，少数民族人民对于人民政府和民族政策有了初步认识，我们在这些区域也站住了足，和人民建立了初步联系。现在仍应以民族团结、剿匪肃特、搞好生产，以及兴办各种必需与可能的经济、文化及其他福利事业为主要内容，逐渐把工作深入到各族劳动人民中去，注意一点一滴地帮助群众去解决需要和可能解决的切身问题，架起今后进一步开展群众工作的桥梁。（三）城市工人运动，自七月西北工人代表大会以来已有显著成绩，广大职工的政治觉悟普遍提高，工会组织基本上组织起来，生产有很大提高，绝大多数公营工业有盈余和完成任务。但工人运动中仍存在着严重的脱离群众现象，对工人的利益和要求照顾关心不够，不能把面向生产和劳保福利工作适当结合起来，当引起今后严重注意和改正。（四）认真执行调整工商业政策，工商业开始趋向好转，市场交易和金融日见活跃，工商业者经营信心随之提高。目前存在的重要问题是城乡交流关系还需力求改进。（五）从去年三月开始，西北军政委员会各部门进行反铺张浪费和贪污腐化运动，获得相当成绩；六月进入全面整风学习，已于十月结束。我们下了最大决心，于今冬明春尽量抽调各级机关干部陆续下乡参加土改、减租等工作，经过群众运动，改造基层政权和乡村干部的工作作风，克服官僚主义和命令主义，不断提高干部能力和改进工作。报告还汇报了西北区一九五〇年工农业生产的完成情况和一九五一年的各项经济指标。

1月上旬 出席西北军政委员会召开的第一次畜牧兽医会议。在讲话中说：西北有好几个民族的广大人民群众以畜牧业为生。发展经济，必须在发展工业和农业的同时，注重发展畜牧业。人民政府要把发展畜牧业作为重点，要使这些地方人旺畜旺，人财两旺，牛羊成群，槽头兴旺。这也是我们的政治任务。

1月12日 出席第二届西北工业会议闭幕会，作题为《依靠职工，把工业提高一步》的讲话。在谈到工业方面的经验时说：解放后一年多，我们在工业方面成绩不少，恢复了生产，接近或达到甚至有的还超过了战前水平。管理工业，我们都是在学习。新的管理工业方法，我们学到了一些，摸到了一些规矩，但还很少。总结过去的经验，取得成绩靠两条：一是学习，一是依靠职工群众。这两条又是统一的，即向广大职工群众学习，依靠职工群众搞好生产，确实集中群众的智慧，发挥他们的创造性。我们要进一步学习的，首先是群众观点。我们必须十分关心职工群众的切身利益和问题，哪怕是一些小问题，也要十分关心地去解决；一时不可能解决的，务必充分说明理由，好好解释。其次，学习"为人民服务"观点，更重要的是为人民负责。所谓负责，不能只有一片好心肠，必须按照实际情况办事，顾全大局，按规矩办事，准备不成熟的缓办，无把握的宁可不办，要办就办到底、办好。工厂的工作方法，不能以农村观点，搬用农村作风，弄去很多人访问调查，到处要统计，乱发表格，结果麻烦多，误生产。急躁要不得，粗枝大叶更要不得，必须建立科学的工作作风。在谈到团结问题时说：一是要在共同进步的基础上团结。大家都进步，都提高，这样团结才有基础。二是在非原则问题上要善于合作，原则问题要坚持。共产党员在团结非党同志时，更要大力克服简单作风，虚心倾听和考虑党外同志每一个意见，赞助党外同志每一个有益的建议，积极热情地帮助党外同志进步，并坦诚接受党外同志的批评，严格改正自己的缺点。革命纪律要严肃，一切太平享乐、贪污腐化现象，我们必须时刻警惕。在谈到私营工业问题时说：私人资本主义经济是中国新民主主义经济的一个组成部分。我们不仅要注意发展国营工业,还要帮助、指导和发展一切有利于国计民生的私营工业。

1月17日 毛泽东致电张宗逊并告习仲勋、贺龙、邓小平。电文说:同意你的提议,用青海骑兵支队携带一个半月的粮食配合西南军队入藏,到拉萨及日喀则后由西南负责解决给养问题。请即照此作准备,并请注意:(一)从青海藏人中招收少数志愿兵,例如二三百人马,给以训练武装,加入骑兵支队;(二)班禅集团随军入藏的各项准备工作;(三)该支队受十八军指挥,并编入十八军序列。

1月23日 主持召开西北军政委员会第三十四次行政会议。会议听取全国水利会议及召开西北区水利工作会议的报告,通过西北军政委员会《关于一九五一年农贷工作指示》和《关于实施西北区汽油管理的决定》,批准西北文化部试行组织条例,修正批准新疆省《惩治贪污暂行条例》等。

1月24日 毛泽东致电饶漱石、邓子恢、叶剑英、习仲勋、薄一波[1]、高岗。电文说:"兹将邓小平同志一月八日的报告转给你们,可以看出西南工作的概况。其中提到西南已开了一次城市工作会议,着重地批判了党内较为普遍的看不起工人的思想,明确依靠工人阶级应成为党的指导思想,应把它贯彻到各项工作各个部门中去等语。现在华东、中南、西北各区正处土改和镇压反革命等项工作的高潮,许多同志当然很忙,但请你们考虑,腾出一段时间,在五月一日以前,召开一次城市工作会议,着重地研究和解决依靠工人阶级的思想问题,工厂管理问题,工会工作问题,为四中全会讨论这个问题准备意见。四中全会拟在

---

[1] 薄一波,时任中共中央华北局第一书记、政务院政务委员、政务院财政经济委员会副主任、中央人民政府财政部部长。

五月召开,请你们按照这个时间部署工作。"

1月26日 同彭德怀、张治中联名发布西北军政委员会《关于一九五一年农贷工作指示》。《指示》说:一九五一年农贷工作的任务,是有重点有计划地扶助发展农业,兴修水利,增产粮棉,繁殖牲畜,以实现国家农业生产计划,保证国防建设的需要。农贷工作应结合政府农业生产计划来进行,保证将贷款用于指定的农业生产,务使本年农贷方针政策贯彻到干部及群众中。

1月27日 出席西北区报纸工作会议。在总结讲话中说:目前报纸和新闻工作存在的共同缺点,主要是群众性不够。怎样实现报纸的群众化呢?最重要的,就是靠新闻工作者改进工作方法和工作作风。首先必须使新闻工作者的工作方法群众化。新闻工作就是群众工作,新闻工作者就是群众工作者。编辑人员要轮流到群众中去,记者要经常到群众中去,在某些农村、工厂、学校中多联系、多了解、多熟悉,到处都要交几个知心朋友,特别是要同工人、农民多交朋友。只有这样,才有可能写出好的报道和评论,才能团结更多的写稿积极分子。要大力开展读者来信和通讯网工作。群众运动中一点一滴的新创造,都要及时反映;大的运动,要经常地有计划地报道,不要繁琐,不要中断;要不断发现和报道新的动态、新的问题和解决问题的办法,以推动运动前进。新闻工作者应当主要依靠通讯、报道典型事例实现指导工作。目前应先求多写好的通讯,要提倡对群众负责任的作风,要多看一看,多了解一下,多研究研究,然后再写。任何地方,任何时候,写任何文章,只能遵循党的统一方针。工作作风获得正确解决之后,群众的、通俗的语言、文字就是重要问题了。有人说,我们的报纸,"群众看了面目生疏,很难亲近"。这是一个大问题,必须学习群众中、干部中那些富有智慧的生动的语言,来充实我们的作品。也就是说,用群众的语言写群众的东西,群众的报纸就要用群众的语言去办，那样群众就会欢迎了。

2月2日 主持召开西北军政委员会第三十五次行政会议。会议通过关于西北工业部第二届工业会议的报告，修正通过《西北区颁发土地、房产所有证暂行办法》，修正通过《处理一贯道道产办法》，通过《西安市建设使用土地暂行办法》，批准西北文化教育委员会《关于接受美帝津贴的文化教育机构团体问题的初步意见》，并决定成立西北工资委员会。

2月9日 收到周恩来为中共中央起草致高岗、饶漱石、陈毅、邓子恢、叶剑英、邓小平、习仲勋的电报通知。通知说：请于二月十三日晚，赶到北京开会。望准时到达。

2月10日 同彭德怀、张治中联名发布西北军政委员会《为在土改期间保留苗圃地及河流两岸造林地带希认真执行并具报》命令。

2月12日 抵达北京。同邓小平、邓子恢住北京饭店。下午五时，朱德、杨尚昆〔1〕前来看望。

同日 收到王震致周恩来、陈云〔2〕并习仲勋、贾拓夫电。电文说：（一）中苏石油、有色金属两公司业已成立，中国政府方面应派出干部约一千余。两合股公司必须有中国党的干部形成骨干。否则，将影响公司业务进行和中苏人员关系。军队方面，调不出大批干部，故请中央调来干部骨干。（二）两公司创建伊始，问题复杂。我建议并请求中央派遣有能力的党员干部专员驻迪化，确定该员与新疆财委及分局的关系。十三日，周恩来批

---

〔1〕 杨尚昆，时任中共中央副秘书长、中共中央办公厅主任、中共中央直属机关临时委员会书记。

〔2〕 陈云，时任中共中央政治局委员、中共中央书记处书记、政务院副总理、政务院财政经济委员会主任。

示：请安〔1〕与陈〔2〕、李〔3〕及习仲勋同志（驻北京饭店）面商解决办法。

2月13日 中央人民政府人民革命军事委员会致电西北局、西南局。电文说：关于西北方面参加解放西藏的准备工作，经恩来、罗迈〔4〕同志与汪锋、范明、含章〔5〕同志面谈过，除由汪等面达外，特作如下通知：（一）今年必须全部解放西藏，西北入藏工作必须于三月底以前完成一切必要准备，不得延误。（二）确定西北入藏工委〔6〕一千五百人（包括警卫部队在内），家属一千人（这一千人准备明年入藏），班禅集团一千五百人（包括警卫部队在内），共四千人，骡马八千匹，准备两年内分梯队进入西藏。（三）所有中央允许班禅集团之条件，必须迅速完满地予以实现，给班禅卫队配备干部及配备一个医务所和电台等，责成西北军区迅速解决。（四）西藏工委干部配备，除由西北局负责解决外，军区联络部干部应尽先配备。警卫部队确定由军区抽调两个加强连（数约三百人）组成之。所有被服装具、马匹、给养、文化教育、宣传用品、医药器材、卫生人员、通讯器材等，除武器弹药、通讯器材由军区负责解决外，其余统由西北局负责审核解决，向中央财委报销。（五）以上各项准备工作，责成西北局、西北军区如期完成，并将准备情况电报。其他详情，由汪

---

〔1〕 安，指安子文，时任中共中央组织部副部长、中央人民政府人事部部长。
〔2〕 陈，指陈云。
〔3〕 李，指李富春，时任中共中央副秘书长、政务院政务委员、政务院财政经济委员会副主任兼中央人民政府重工业部部长。
〔4〕 罗迈，指李维汉。
〔5〕 含章，指牙含章。
〔6〕 本条目提及的"西北入藏工委"和"西藏工委"，以后正式定名为中共（西北）西藏工委。

锋面达。

2月14日、15日、16日、18日 出席毛泽东主持召开的有各中央局负责人参加的中共中央政治局扩大会议。会议通过毛泽东起草的《中共中央政治局扩大会议决议要点》,内容涉及"三年准备、十年计划经济建设"思想及抗美援朝宣传教育运动、土改、镇压反革命、城市工作、整党及建党、统一战线、整风等八个方面的工作。

2月16日 同彭德怀、张治中联名发布西北军政委员会《关于加强禁烟禁毒工作的指示》。《指示》说:目前禁烟禁毒工作的重点,首应注意禁种、禁贩。吸食或注射烟毒者,应向当地人民政府登记,令其自动戒除,并可发动成立群众性的小型戒烟所,互助互劝,以达戒除目的。各级人民政府必须切实加强禁烟禁毒委员会的领导,通过各种群众会议,利用多种多样的方式方法进行宣传动员。

同日 同彭德怀、张治中联名发布西北军政委员会《关于西北区一九五一年农业生产的指示》和《展开大规模春季植树造林的指示》。

2月20日 下午三时,出席刘少奇主持召开的中央人民政府委员会第十一次会议,同高岗、饶漱石、邓子恢、邓小平分别汇报本地区的工作。在汇报中说:西北地区的工作,经过中央去年一年来在统一财经、调整工商业以及整风等方面采取一系列措施后,已有很大进步,情况比较稳定,土匪基本肃清。目前西北地区的主要工作,一是抗美援朝,二是镇压反革命,三是土地改革,四是民族工作。会议最后通过《中华人民共和国惩治反革命条例》。

同日 同彭德怀、张治中联名发布西北军政委员会《关于发展工农速成中学与举办工农干部文化补习学校的补充指示》。

2月28日 飞抵兰州,出席中共西北军区第一次代表大会,作《关于目前形势与任务》的报告。大会于二月二十一日至三月九日召开。在会上当选为中共西北军区党委委员、常委、第二书记。

2月 出席郑州铁路管理局西安分局干部扩大会议。在讲话中说：西安铁路分局这一年来各方面的工作都有进步、有成绩，有很多新创造、新纪录，涌现出很多新的模范人物。这些成绩，是由于全体职工的政治觉悟提高和积极努力所得来的。这是必须肯定的。但是，依靠职工办好铁路工作的思想还没有完全解决。现在要求我们领导上要做的一件很重要的事情，就是要多做群众工作，要学会更科学、更细致的领导方法，从领导的各个环节上首先求得改进。爱国主义的生产竞赛，是以生产为内容的群众运动。我们不能光在劳动的强度上去要求，而必须在管理上、制度上和技术上去改进，也就是在职工劳动热情的基础上再加智慧，才会有更多的创造。必须注意启发多数职工的觉悟，才不至于发生模范孤立、光荣孤立、积极分子孤立和领导上软弱无力的现象。"技术人员在今天更为重要，技术就是本钱，没有技术，就不能很好地去建设。那些有技术的职工，就是今天工人阶级中的优秀分子，我们对他们，不仅要尊重和爱护，而且要向他们学习。""要提高政治觉悟，与政治相结合的技术，才是最有价值的技术，才能成为有创造性的技术，才能发挥高度的作用，才能更好地为人民服务。这又是一切已经掌握一定技术的职工所应注意的问题。"党和行政、工会、青年团的工作，应该在党组织的统一领导下分工合作，而不是相互掣肘，平分秋色。我们还要更好地团结，才能创造出更好的成绩。

3月3日 出席中共甘肃省委委员会议并讲话。在谈到群众工作时说：甘肃工作有很多成绩，但情况仅仅是安定下来了，还没有扎下根。我们在主观上需要非常慎重，努力去做打基础的工作，一切工作都须从此出发。现在的工作是怎样把群众工作做好的问题,所谓打下基础也就是把群众发动起来,甘肃在这方面的做法基本上是对的。从减租与庆阳的土改来看,工作似乎还不大够大刀阔斧地放手去干。对问题采取慎重的态度是必要的,但是方针一决定下来,领导上即应给下边撑腰,大胆、放手地去搞,这个问题省委应注意一下。甘肃计划秋后在五十三县、市六百万人口地区进行土改,我看可以搞。这里有一批老干部作骨干,又有地下党员,是很大的力量。土改是农村反封建斗争的最后一仗,减租、反霸是土改前一系列的战斗,在土改前必须把群众组织发动起来,为土改准备好条件。工作的重点应该是减租,发动群众应着重在今年上半年。要开好县的农代会,以县为单位开办训练班。在谈到统一战线应注意的问题时说:要帮助各民主党派把组织建立起来,工商联的工作要搞好。在党内应很好地进行统战教育,和党外人士合作共事。讲话还说:城市工作应提到我们的议事日程上,过去面向农村兼顾城市是对的,但农村安定下了即应照顾到城市。每个地委应搞好一个城市,省委应经常报告。工厂要搞典型,省委也要搞一个工厂,研究工人工资福利等问题。城市私营企业、商店中要进行反对封建的斗争。采取什么办法把抗美援朝运动深入到农村中去,是一个重要问题。可以在人口集中的地区以乡为单位举行检阅大会,目前这样的大会开得太少了。

3月4日 出席甘肃省第一届农业劳模和第二届农业生产会议。在讲话中说:要知道革命只有一个目的,就是发展人民生产,改善人民生活。这次大会是生产动员大会,干部和劳模要把政策、办法弄清楚,带回全甘肃各个乡村,动员人民,掀起大生产运动,争取在生产战线上打胜仗,夺取今年丰收,这是巩固胜利的重要保证。

同日 下午一时,出席中共甘肃省委统战部、甘肃省政协及民盟甘肃省支部主办的兰州市各族各界社会人士座谈会。在讲话中说：（一）中国人民志愿军与朝鲜人民在战场上取得的辉煌胜利，使中国人民在国际的地位大大提高，使人民坚定了胜利信心。（二）从剿匪、反霸、减租到土改，是反封建群众运动的整个发展过程，在这伟大运动中，我们应经常注意，一有偏差，立即纠正，在实践中不断地提高群众运动。（三）中央人民政府已公布《惩治反革命条例》，对于反革命分子要坚决镇压，对于应该宽大的人仍然要宽大。（四）民族工作目前主要抓紧做好三件大事：培养当地民族干部；发展农牧业生产，提高文化、医疗卫生工作水平；积极推行民族区域自治。

3月5日 出席甘肃省、市两级干部会议。在讲话中说：国内目前有两个浪潮，即反封建的土地改革运动和抗美援朝反帝爱国运动。甘肃应继续开展抗美援朝运动，通过这个运动，在党内、党外提高政治觉悟。"我们不应低估了自己的力量，中国人民确确实实地站起来了。"讲话并对甘肃省开展土地改革、剿匪肃特、城市工作、民族工作、统战工作、整党建党工作和整风工作谈了具体意见。

3月8日 签发西北军政委员会《关于防治口蹄疫的紧急指示》。《指示》于十一日发出。《指示》要求，西北各省必须重视防治工作，大力宣传发动群众，利用口头、文字、漫画、集会等方式，提高群众对口蹄疫的认识和警惕。要划分疫区实施管制，组织情报网掌握疫情动态，设立检疫防治站，实行隔离封锁，加强消毒卫生和疫户处理，争取在最短时间内缩小疫区范围，逐步扑灭。《指示》还决定成立西北口蹄疫防治委员会。

3月10日 出席中共中央西北局召开的西北统战民族工作会议并讲话。在谈到会议的任务时说：这次会议是西北五省在解放后召开的第一次统战民族工作会议，要研究革命胜利后、人民民主政权建立后的统一战线工作。一切都是新的环境和新的内容，因此必须采取新的方针。中央规定今年开两次统战工作会议：一次大的，一次小的。我们这次算小型的会议，准备在九十月间召集一次大型的统一战线工作会议。只有把这些会议开好，才能把每个人的思想打通，把方针明确起来，办法研究清楚，统一战线工作就会做得更好一些。在谈到各级各界人民代表会议问题时说：从一年来各界人民代表会议的经验看出：（一）所选代表要有代表性和广泛性，政策要同广大群众见面。（二）既要有领导又要有民主。建设新中国要由工人阶级领导，特别是党的领导，这不仅是形式，要老老实实商量问题，解决问题。事情是大家的事情，人民的事情，就要同人民商量，由人民提出办法来解决。（三）要团结和提高这些代表一道来进行工作。他们从群众中来，和群众有联系，能把大会精神带到群众中去，这就一定要靠我们培养和领导。要教育他们，提高他们，才能依靠他们进行工作。代表会议决议的事项要兑现，要一条一条去执行。还要有准备地开会，按期开会。只有这样做，才是名副其实的人民民主专政。讲话并对积极争取知识分子、工商界、宗教界、民主党派和民主人士，加强工商业联合会的组织，帮助各民主党派进行工作，加强同政权机关和协商机关中党外人士的合作，宗教问题和民族工作等问题，提出了系统的意见。

同日 同彭德怀、张治中联名发布西北军政委员会《西北区统一采伐林区木材及其分配供应暂行办法》。

3月12日 中共中央西北局接到西南局关于西南只能提供一千人进藏给养的电报后，召开临时会议。会议决定，压缩西北进藏人员，（西北）西藏工委为七百人，班禅方面为八百人，总计一千五百人，其中五百人的给养由西北局供给。

3月13日 中共中央西北局就"北京教授土地改革参观团"

的活动情况向中共中央作专题报告。报告在谈到朱光潜[1]、吴景超[2]等教授及民主人士对土改发生的思想变化时说：他们"从群众运动中和农民通感情，由袖手旁观到伸手，以至动手参加，打破了超阶级观点，从实践中才深刻了解了政策，感到我们的干部是好的，改变了知识分子的优越感，认识本身不足，尤其是劳动群众的伟大力量和深厚感情，对他们感动更大，觉悟只有和群众站在一起才有出路。他们说：解放前常说人家共产党，昨天还说你们共产党，现在要说咱们共产党了。"十八日，毛泽东致电饶漱石、邓子恢、邓小平、习仲勋：民主人士及大学教授愿意去看土改的，应放手让他们去看，不要事先布置，让他们随意去看，不要只让他们看好的，也要让他们看些坏的，这样来教育他们。吴景超、朱光潜等去西安附近看土改，影响很好。要将这样的事例教育我们的干部，打破关门主义的思想。

3月16日 同彭德怀、张治中联名向周恩来报送《关于西北区土改、减租工作简况》。报告说：（一）关于土改工作。据一般情形看，土改工作遵循正轨向前发展，未发生什么大的偏差。各土改过的地区，多表现有三种不同类型，即是做得好的，中间状态的和很不好的。好的和很不好的占少数，中间状态的占多数。第一类型地区的特征是：比较充分地发动了群众，农会组织扩大了，树立了贫雇农的核心骨干，中贫农巩固地团结一致，地主威风彻底打垮，农民阶级觉悟大大提高，有了当主人翁的态度，能够按照政策自己办自己的事，土改后增强农民生产积极性，农村确实有了新的气象和面貌。第二类型地区的特征是：基本上发动了群众，也一般完成了各项工作，无大偏差，但对地主

---

[1] 朱光潜，美学家、文艺理论家，时任北京大学西方语言文学系教授。
[2] 吴景超，社会学家，时任清华大学社会学系教授。

阶级和反革命分子镇压得不够彻底，部分群众尚站在运动外面，农村领导核心仅是初步形成，某些问题尚待继续解决。第三类型地区的特征是：群众未发动起来，干部包办代替多，地主阶级威风未打垮，乡村农会、政权仍为不纯分子把持，群众不满意。发生上述不平衡现象的原因，乃由于干部质量与工作方法问题。经过第一期土改和农历年关总结会议，对所有参加土改干部实际上是一次整顿教育和提高，今后情况已有改变，弯路可能减少。
（二）关于减租工作。陕西、甘肃、青海、宁夏四省新区农业区内，共有一百一十个县市约一千二百余万人口的地区，于去秋至今春进行减租和重点反恶霸工作。发动群众反封建斗争是一个整体的过程，这个斗争，从当地解放那天起，已经开始了，由低级发展到高级，剿匪、肃特、反恶霸都属于这个整体发展的过程中的一部分。因此，许多事要在土改前逐步做好，土改时便不会拖时过长。这是西北从这一时期土改减租中深深体验到的一条重要经验。

3月17日 主持召开西北军政委员会第三十九次行政会议。会议听取召开西北军政委员会第三次会议准备工作的报告，讨论《关于西北区土改减租工作报告》《西北区抗美援朝保家卫国运动的报告》《西北区镇压反革命情况综合报告》。

3月19日 下午四时，主持召开西北军政委员会第三次会议预备会议，通过西北军政委员会第三次会议的日程安排和组织等事项。

3月24日—31日 主持召开西北军政委员会第三次会议。二十四日，在会上作题为《为继续开展土地改革运动而斗争》的报告。在谈到群众运动的经验时说：（一）在新区农村中消灭封建剥削制度，是一场系统的激烈的斗争。这个斗争，从解放之日起就已经开始了，中间经过剿匪、反特务、反恶霸、减租直到土地改革,都是发动群众开展反封建斗争的互相衔接的发展过程。要在做好剿匪、反特务、反恶霸、减租等工作中发动群众,进入土地改革,而不是等到土地改革时才去发动群众。(二)发动群众,要提高广大农民的阶级觉悟。要开好县、区、乡的农民代表会议,结合本地区的事情、群众最开心和最熟悉的事情,讲解政策、法令,做到讲清楚,听得懂;要帮助农民群众组织起来,整顿农会,扩大组织;要有领导地开展反对地主阶级的斗争;要注意培养群众中的积极分子,依靠他们去健全和改造乡村政权,建立和加强地方民兵组织。这一系列的工作,都要在提高农民群众阶级觉悟的基础上,交给群众自己去做,又在实际工作中去不断加深群众中的阶级教育,任何包办代替的做法,都是不对的。(三)必须建立广泛的农村反封建的统一战线。在农村反封建斗争中,贫、雇农民是骨干,贫、雇、中农的巩固团结是基本队伍,为了打倒敌人,必须联合一切可能联合的反封建力量,中立一切可能中立的人们。这些必须在干部思想中、在领导群众斗争中明确起来。(四)要争取各方面的配合。特别是要在城市的工人、学生、职员、工商业界及各民主党派中,广泛解释农村反封建斗争的必要性与正义性,使他们了解、同情农民,帮助农民。大行政区曾经组织各民主党派和一些民主人士到乡下去,参加和参观实际的农民运动,交一批农民朋友,听一听他们的话,和他们建立了感情,很多问题都自然而然地获得解决,并更加确信封建剥削制度的极端黑暗,极不合理,必须彻底改革,对群众运动中存在的缺点,也能够提出正确意见。这是个成功的经验,各省、市、县都可照此去办。(五)加强领导。要组织和动员大量的干部下乡工作;掌握经过重点乡村带动周围乡村的工作方法;派强的干部巡视检查工作,随时发现问题,解决问题,交流经验;善于利用农闲和工作间隙,采取总结工作的方法,组织干部进行整风学习。

3月25日 上午九时半，主持召开西北军政委员会第三次会议第三次大会。会上，白如冰作一九五一年西北财政收支预算案编制情况报告，杨明轩作西北区文教工作报告，张宗逊作西北区军事工作报告，汪锋作西北区民族工作报告。

同日 下午，参加西北军政委员会第三次会议的分组讨论，讨论《为继续开展土地改革运动而斗争》报告。

3月27日 十世班禅额尔德尼·确吉坚赞致电毛泽东，希望"入藏前到北京谒见毛主席"，并表示："最近西北军政委员会派员协助本辕积极准备入藏事宜，深信西藏人民解放军与班禅光荣入藏，不久即可实现"。四月二日，中共中央复电同意十世班禅进京，并指示西北局"派妥人妥为护送"。

3月28日 上午九时半，主持召开西北军政委员会第三次会议第五次大会。会议听取中国人民志愿军回国代表嵇炳前的报告、方仲如关于西安市人民政府一九五〇年工作总结。

3月29日 上午九时半，出席西北军政委员会第三次会议第六次大会。

3月30日 上午九时半，主持召开西北军政委员会第三次会议第七次大会。会议听取喜饶嘉措[1]、杨慎之[2]、高桂滋[3]、包尔汉等委员的发言。

同日 下午三时半，参加西北军政委员会第三次会议第一小组第五次会议讨论。在发言中说：在文教方面，过去我们做了不少工作，但仍有缺点，急需整顿。今后教育方针要提得全面、明

---

[1] 喜饶嘉措，时任青海省人民政府副主席。
[2] 杨慎之，时任西北军政委员会人民监察委员会副主任。
[3] 高桂滋，时任西北军政委员会委员。

确。目前教师人才缺乏,应有重点地培养,帮助他们进步。

3月31日 上午九时半,出席西北军政委员会第三次会议第八次大会。

同日 下午二时半,主持召开西北军政委员会第三次会议第九次大会,讨论并通过大会决议。

同日 出席西北军政委员会第三次会议闭幕会并讲话。在谈到对会议的评价时说:这次会议是西北军政委员会成立以后几次会议中内容最丰富的一次会议,没有一个人不在进步,并且进步很大、很快。人民政府这一年来的工作在历史上是空前的,过去几十年没有做好的事情,我们在很短的时间内就做好了。今后的奋斗方向是巩固成绩,克服缺点,争取更大的胜利。在谈到一九五一年经济建设的重点时说:抗美援朝、镇压反革命、土地改革三大运动,其目的都是为经济建设扫除障碍,铺平道路。经济建设是我们建设新民主主义国家最根本的工作,必须引起所有人的重视。今年在经济建设方面应掌握三个重点:发展农业生产,争取丰收;组织物资交流,大力运销土产;进一步做好现有各公私工厂、企业的工作,开展马恒昌〔1〕式小组生产竞赛,完成生产计划。在谈到完成今后工作应注意的问题时说:我们懂得的东西还不够多,经验还有限,而形势正不断向前发展,我们必须努力学习,多总结经验,不断提高自己,一步一步把工作做好。(一)要贯彻毛主席的思想方法:当我们愈胜利的时候,应愈加谨慎,不骄不躁,稳步前进。做对了越多越好,弄错了哪怕是一件事也

---

〔1〕 马恒昌,全国劳动模范。1949年4月28日,马恒昌任组长的小组获沈阳第五机器厂"生产竞赛模范班"红旗,并被正式命名为"马恒昌小组"。抗美援朝运动开始后,该小组向全国职工发出开展爱国主义劳动竞赛的倡议,得到广泛响应。

要不得。一切事先要准备妥当了再去办，不办则已，一办就要办好。要教育我们全体干部都有这样实事求是的精神。（二）要继续重视在职干部学习，各机关、各部门今后都应利用一定时间进行整风，结合学习政策文件，开展批评与自我批评。反铺张浪费要从大处着眼，不是纠缠于或斤斤计较于生活细节。乡间有句俗话说："吃不穷，穿不穷，计划不到，一世穷。"计划不对头，核算不精确，损失数目往往不可计算。（三）建立合理的工作制度，统一领导与分工负责，是极其必要的。今天的毛病是上面头多不统一，乱发指示，意见不一致。一个中心，往往一到下面变成了几个中心，闹得下面喘不过气来，这也是官僚主义领导的一种甚为普遍的现象。填塞这个漏洞的有效办法，就是减少那些不必要的指示和命令；确实需要的，亦应抱着谨慎负责的态度，考虑下面是否能做到，估计能收到什么效果，再同有关部门酝酿成熟，然后发下去。要在工作过程中勤检查，勤督促，多给下边交办法，多表扬底下好的创造，推广好的办法，多解决底下的实际问题，这就是具体指导。这是今天最需要的。

4月3日 毛泽东为转发关于广东军区党委派遣工作组检查和帮助镇反工作的指示，起草给陈毅、饶漱石、邓小平、贺龙、习仲勋、张宗逊的批语。批语说："请你们检查所属各省各分区有无广东那样的情况[1]，如有这种情况，请你们仿照广东办法，由各省军区派遣工作组分赴各分区各县加以检查和帮助当地的镇反工作，坚决而正确地执行镇反任务。地方镇反工作亦须由省级机关派遣工作组，分赴各专区和各县检查和帮助当地的镇反工作。此事甚为重要，请加注意为盼。"

---

[1] 指中国人民解放军广东军区党委派赴珠江、北江一带的工作组发现某些县在镇压反革命中存在的严重右倾现象。

4月5日 出席西北军政委员会民族事务委员会第二次委员会议,作题为《关于民族区域自治和少数民族地区工作问题》的讲话。在讲话中说:实行民族区域自治是《共同纲领》规定了的政策,我们已经把积极地推行这个政策作为当前一个重要任务。实行民族区域自治就是为在国内各民族之间确立一种真正平等和巩固团结的关系。因此,巩固各民族团结便成为实行民族区域自治的主要原则。各民族的繁荣和发展,只有在巩固的中华人民共和国的大家庭内紧密团结合作,方能够实现。实行民族区域自治,必须更有利于中国革命的整体利益,更有利于中华人民共和国这个各民族联合的大家庭的巩固和统一。帝国主义和国内反动派希望我们边疆各民族分裂,和中央人民政府隔离,制造什么"独立"口号。对敌人这个阴谋,必须坚决打击,严厉镇压。目前,在兄弟民族地区有三件重大任务。第一,深入进行抗美援朝、保家卫国的爱国主义教育运动,同时开展镇压反革命工作。第二,集中一切可能使用的力量,发展兄弟民族地区的贸易和医疗工作。"这些工作,是有关兄弟民族人旺、财旺两件最迫切、最重要的大事。做好了,就给实行民族区域自治充实了真正的内容。"第三,有计划地培养兄弟民族的干部,培养各种人才。

4月7日 主持召开西北军政委员会第四十次行政会议。会议批准《西北区第二次粮食会议的报告》,下发西北各省(市)人民政府遵照执行;对《一九五一年干部工作大纲》提出修改意见等。

4月9日 向中共中央和毛泽东、彭德怀报送西北军政委员会第三次会议向中央的报告。关于统一战线工作,报告说:从这次会议可以看到,一年来党内党外都有进步。党内的进步主要是干部的政策思想提高了,群众工作经验多起来了。党外人士的进步,是逐渐去掉做客思想,有了主人翁的感情和气派,更加靠拢党,这就大大便利了我们继续做好巩固统一战线的工作。今天和党外人士的合作,在方针政策上的问题是不大的,在实际工作中的问题还很多。最突出的是:第一,大多数地区部门自己包揽过多,给党外人士工作太少,使人家感到有职而权不够。更普遍的是对党外人士只看见短处,看不到长处。第二,党员干部中存有以功臣自居的现象。我们已决定四月份内,各党组都召开一次专门检讨团结非党人士工作的会议,着重检讨党内干部思想作风。经过一年多的工作,我们对大行政区吸收参加工作的这一批党外人士,已有较多了解。虽然他们会有各种各样的缺点,但确实各有所长。他们有事业心,有做事热情;有一定的办事经验和办事才能,有的人且系专家;有一定的正义感和进步思想;一般地尊重党的领导,对工作兢兢业业;都联系着一定范围、一定数量的群众,有一定的社会影响。正由于人家有这些长处,我们必须和人家很好地合作,也能够合作得很好,有很多人是可以争取和我们合作到底的。党外人士与我们共事中都会有一段做客思想,这是难免的。只有我们坚决克服关门主义思想,放手给人家工作做,人家才能产生当主人的感情和思想。这些观点,拟在干部中进行教育,并实行起来。

4月10日 向毛泽东和中共中央报送《关于中共中央西北局三月份工作的综合报告》。关于土地改革,报告说:土地改革在原定计划的七百三十万人口的地区内,今年夏收前可以全部结束。工作一般循正轨进行。减租在陕南和青海约四百多万人口的地区已经结束,甘肃、宁夏约七百多万人口的地区正在普遍展开。近来结合镇压反革命工作和强调注重发动群众,各地减租已形成广泛的群众运动。我们计划凡是已经开展减租运动的地区,今年冬天即实行土地改革。大体陕南和甘肃、宁夏以及青海农业地区,今冬进行土地改革。新疆需要稍迟些。甘肃临夏从去年五月骚乱平息以后,民族关系稳定了而且改善了,群众对我党已有认识,开始信任。这无疑是我们坚持谨慎稳进方针的结果。我主张临夏今年可以列入土地改革计划之内。只要加强那里的领导力量,多派一些干部,更讲究策略,一样能办好。关于民族工作,报告说:帮助各民族人民改善生活,各民族的事务也尽可能地吸收大批当地民族干部在我们领导下自己去管理。这是取得各民族广大人民对我党和人民政府无限爱戴和信任的原因。民族区域自治,必须有充分准备,要积极创造好条件再去办,要办就办好。关于在新疆实施民族区域自治的原则,报告提出:不建立等于大行政区的自治区,而仍然设省的民族民主联合政府;应当有准备地由小而大、由下而上逐步推行区域自治,争取在减租土改运动中做好;一个民族聚居的地区,等于县的成立县的自治机关,等于分区的成立分区的自治机关,等于行署范围的成立行署自治机关,几个民族杂居地区的自治机关应当是各民族民主联合组成;实行区域自治,应当按各民族经济、文化状况的发展,在改革或改进的基础上进行。

4月12日 邀请西安市五个公营工厂和两个私营工厂的工会主席、委员和小组长进行座谈,了解各工厂生产和向马恒昌小组应战情况,以及工会开展工人学习、抗美援朝爱国主义教育、工会法和劳动保险条例执行等情况。在讲话中勉励大家继续努力,团结与教育广大职工群众,好好学习,提高觉悟,开展马恒昌小组生产竞赛运动,做好工会工作;各级党委要经常和工会同志与工人们座谈,向大家学习。

4月15日 就做好十世班禅进京的有关工作致电范明。电文说:"班禅到兰[1]时,兰市党政军民机关应派代表前赴机场

---

[1] 兰,指甘肃兰州。

欢迎"，"班禅代表益喜楚臣所提各项要求，均可同意"。

4月17日 主持召开西北军政委员会第四十一次行政会议。会议听取全国文化行政会议的情况汇报，通过《西北区森林管理暂行办法》和《西北区颁发土地、房产所有证收费实施办法》等。

4月22日 上午，率有关方面负责人到西安机场迎接赴京途经西安的十世班禅及堪布会议厅各负责官员。班禅一行于四月十八日由塔尔寺到西宁，十九日抵达兰州，二十二日由兰州乘专机抵达西安。

4月23日 下午六时，在西安新城大楼举行宴会，招待十世班禅及堪布会议厅各负责官员。晚八时半，在易俗社〔1〕剧场举行欢迎晚会，代表西北军政委员会和中共中央西北局致欢迎词。在欢迎词中说：西藏班禅额尔德尼先生及随行官员，赴京谒见毛主席，路过西安，我代表西北军政委员会和中共中央西北局特表示热烈的欢迎和慰问。你们是为反抗帝国主义侵略西藏，遭到反动派的迫害而离开西藏的。几十年来，你们是一贯为反对外国侵略，为祖国的团结和统一而奋斗的。西藏是中国的西藏，也是西藏人民的西藏，绝不能允许任何帝国主义强盗侵占和蹂躏。毛主席和中央人民政府早已决心解放西藏，要援助西藏同胞回到祖国怀抱中来，要援助西藏人民发展自己的政治、经济和文化教育事业。让西藏人民也和全国各民族人民一样过上幸福自由的生活。现在，西藏快要解放了，你们也快要回到西藏和西藏人民欢聚一处了，这是西藏人民和全国人民最高兴的一件事。祝贺你们在毛主席的领导下，团结西藏各方面的人士，为藏族人民的解放

---

〔1〕 易俗社，1912年由同盟会会员李桐轩、孙仁玉创办，以开发民智、补助社会教育、移风易俗为宗旨，致力于秦腔艺术的继承和发展。

和发展而奋斗，为巩固我们伟大的人民祖国而奋斗。二十五日下午，班禅一行与前来迎接他的中央人民政府民族事务委员会特派代表杨静仁，由西安启程，前往北京。

同日 同彭德怀、张治中联名发布西北军政委员会《西北区森林管理暂行办法》《土地房产所有证及收取土地房证费指示》《关于举办在职工农干部文化补习教育的指示》。

4月30日 致信张德生。信中说："省委给曹素人[1]同志关于债务问题的答复信，看了后，觉得恐不易说服本人，故着人改写了一下，删改颇多，特送上，请再加审阅。我意对这类在实际工作中的分歧思想，应当找出焦点，针锋相对，说理越集中、越具体、越透彻，就越好，既易使本人信服，一般教育意义也大。扯得过宽，有时反不易收效，未知以为然否？此件请再加斟酌后，可先在党内刊物上刊登（党讯亦拟转载）。又本人原信的末段，可删去，其中对统一战线工作看法，说得含混且显然有错，应专函本人注意。以免此段刊出时，有不良影响。"

5月1日 出席西安市各界五一抗美援朝爱国示威大会并讲话。

5月4日 出席中共中央西北局城市工作会议并作总结讲话。在谈到如何依靠工人阶级的问题时说：第一，把工人的最大多数组织到工会里来，经过工会去发动和教育工人；同时，注意吸收工人参加各方面工作，大批培养和提拔工人干部。第二，依靠工人的过程又是教育和提高工人的过程。必须有系统地去进行工人中的宣传教育工作，不断提高工人政治、文化水平。第三，时刻关心工人生活。不具体解决工人各种迫切问题就会脱离群众。不要忽略小事，这些小事往往是联系群众、吸引群众前进的

---

[1] 曹素人，时任中共定西地委宣传部部长。

重要问题。在谈到工厂管理问题时说：旧的一套管理机构、制度，很多不合理，非改革不可。经验是：只能逐渐改，必要的、有条件、有把握的就改，最不合理的先改。不可以乱改，也不可以一下子整个大改，但是又不要等待，而应当按本地本厂情形分别去改。目标是经济核算。基础是民主管理。方针是依靠工人、团结职员，提高生产。通过工厂管理委员会、职工代表会议和工会各级组织，把生产计划和关系职工群众的事情，经由群众讨论，变为群众自觉的行动。生产竞赛是发动职工群众搞好生产和改革工厂的最好方法，竞赛必须和完成生产计划相结合。我们必须有意识地经过竞赛去建立技术标准和定额，逐步建立和改善各种经营管理制度，并发现和提拔工人干部。奖励制度是必需的，奖励必须合理，反对平均主义，也反对单纯锦标主义。在谈到私营工商业问题时说：要坚持公私兼顾，劳资两利，发展生产，繁荣经济的政策。私营厂矿及其他工商业也要改革。法令督促，政府指导帮助，公营企业带头作用，这是一方面。由职工起来协商督促帮助又是一方面。不能全用行政命令，应当多用帮助、协商方式。组织职工搞好生产是帮助私营企业改革的有力办法。开劳资协商会议，订集体合同，是解决劳资关系问题、搞好生产的正当方式，应当切实推行。协商、合同都必须围绕生产中心，在提高生产基础上取得对工人利益必要的保证。劳动局仲裁、法院裁判，是解决劳资纠纷的必要方式。资方违法，严重侵害工人权利，必须交法院按法律处理。工商联合会是团结资产阶级的一种组织形式。公营企业应当参加进去，作为核心。工商联不要成为支差机关，而要确实采取群众组织的工作方法，团结和教育资本家。

5月8日 主持召开西北军政委员会第四十二次行政会议。会议听取第一次全国监察工作会议精神的传达，讨论一九五一年干部工作计划、关于西北区货币管理第一季度的初步总结与第二季度的任务的报告、西北荣誉军人教养院视察工作报告。

同日 同彭德怀、张治中联名向周恩来报送《西北军政委员会关于春耕情况的报告》。

5月15日 主持召开西北军政委员会第四十三次行政会议。会议讨论通过西北农林部第一季度农林生产工作报告，传达全国第一次中等教育会议精神，批准关于西北各省检察长联席会议的报告等。

5月19日 同彭德怀、张治中联名发布西北军政委员会《迅速准备进行本年度夏征夏借工作的指示》。

5月23日 中央人民政府和西藏地方政府在北京签订《关于和平解放西藏办法的协议》（"十七条协议"），规定："西藏人民团结起来，驱逐帝国主义侵略势力出西藏，西藏人民回到中华人民共和国祖国大家庭中来。"西藏和平解放。十月二十六日，人民解放军进藏部队进驻拉萨。

5月25日 毛泽东发布关于进军西藏的训令。训令指出："和平解放西藏的协议已于本月二十三日在北京签字，我人民解放军为了保证该协议的实现与巩固国防的需要，决定派必要的兵力进驻西藏。"训令并对西南军区、西北军区的进军部署与物资补给等作出安排。其中，"西北军区之骑兵支队应由玉树进驻囊谦地区，并仍属西北军区建制"。"西北军区由新疆准备入藏之部队，除先头部队继续侦察到达噶大克[1]的道路外，主力继续修通公路，以备随时入藏。""补给关系，除十八军与十四军入藏部队由西南军区负责补给外，骑兵支队仍由西北军区负责补给。""西宁—黄河沿—玉树—囊谦—类乌齐—丁青公路由西北军区负

---

[1] 噶大克，今噶尔雅沙，位于西藏噶尔县东南。

责修筑，并将黄河沿—玉树—囊谦段继续修通。""敦煌—柴达木—黑河—拉萨线为我对西藏将来油料补给的预定路线，应由西北军区派人进行实地勘测。""各部接此训令后，应立即进行各种准备工作，并随时将准备情况报告军委。"

5月27日 主持召开西北军政委员会第四十四次行政会议，讨论西北公安部关于镇压反革命工作中几个问题的报告，听取政务院文化教育委员会宗教事务处召开的处理接受美国津贴的基督教团体会议的传达报告等。

同日 向中共中央和毛泽东并陈云、薄一波、李富春报送《关于西北石油勘测研究结果和开采意见的报告》。《报告》说："在中央正确方针领导下，经过一年来石油地质的勘测，仅就甘、宁、青油田之已知部分，经过比较精密计算，肯定蕴藏量有十六亿吨。如以达到年产一千五百万吨原油的标准计算，也可开采一百年以上，实际我国年需量目前仅五十万吨（中央贸易部估计），而我们的开采量在一九五〇年尚不及十万吨。此外，除陕北四郎庙、枣园等已发现之油田不计外，仅延长储量亦达九百五十万吨，从而对我国发展石油业的方针和道路提供了可贵的科学根据。这是国防工业建设中的一项大事，提议中央把开发的方针首先确定下来，指定专门机关具体设计开发计划。"《报告》并提出："集中资金、人力开发西北天然石油，以期五年左右大部自给"。"望中央早日决定开发石油的方针，责成有关部门专门研究，拟出计划，以利早日着手筹办。如需详陈，请面询康世恩〔1〕同志为盼。"六月五日，陈云、薄一波、李富春复电习仲勋并报毛泽东和中共中央："现中财委计划局及中央燃料部正集中已有材料从事研究，并决定八月讨论明年生产计划时，提出西

---

〔1〕 康世恩，时任西北石油管理局局长。

北油田开发的方针与计划，然后再报中央批准，以便于明年起即能从事石油工业的发展。康世恩同志来京，中央燃料部及中财委自当与之详细研究。"

5月28日　下午六时，设宴招待在西安的喜饶嘉措等三十七位藏、蒙古、回、维吾尔、哈萨克、汉族人士，庆祝《关于和平解放西藏办法的协议》的签订。

5月30日　《人民日报》报道：西北军政委员会彭德怀主席，习仲勋、张治中副主席特代表西北各民族人民致电毛主席及中央人民政府，对《关于和平解放西藏办法的协议》表示拥护和祝贺。电文说：欣悉中央人民政府和西藏地方政府签订了关于和平解放西藏办法的协议，西北人民一致热烈庆祝，并表示坚决拥护。西北地区各民族人民解放以来，根据《共同纲领》民族平等团结的政策，在中央人民政府统一领导下，逐步实现了民族的区域自治，积极发展生产、贸易和文化建设事业，改善了各民族人民的生活，切实尊重了各民族人民的宗教信仰自由和风俗习惯，并在各民族人民自觉的原则下有步骤地进行了各项必要的改革，这些均已得到各民族人民的热烈拥护。此次和平解放西藏的问题获得协议后，西北各民族人民对贯彻中央人民政府民族政策的信心更为加强了。

5月　同彭德怀、张治中、张宗逊、甘泗淇联名发布西北军政委员会、西北军区《关于加强人民武装工作的联合指示》。

6月5日　主持召开西北军政委员会第四十五次行政会议，听取全国城市救济福利工作会议、全国处理接受美国津贴的救济团体会议精神的传达，讨论《西北军政委员会教育部试行组织条例》。在发言中说：西北各地解放后两年来，社会救济福利工作获得很大成绩。这次即将召开的西北区城市救济福利工作会议，应根据全国城市救济福利工作会议精神，结合西北具体情况，很好地总结经验，订出具体工作计划，进一步推动西北各地的救济福利工作。

6月7日　中共中央西北局决定在兰州成立中共（西北）西藏工作委员会，范明任书记，所率部队编入第二野战军第十八军独立支队序列。七月，十世班禅行辕入藏工作委员会正式成立，计晋美任主任委员。

6月8日　下午六时，代表西北区党、政、军看望抵达西安休养的中国人民志愿军伤病员。在讲话中说：各位伤病员同志，你们为保卫祖国的安全和世界的和平，英勇地走上朝鲜前线，援助友邦，打击美国侵略军，曾经取得多次光辉胜利，获得中朝两国人民和全世界爱好和平人民的一致称誉。希望大家静心休养，早日恢复健康。西北人民将尽一切力量，尽可能改进大家的医疗设备和物质生活条件。

6月11日　出席中共中央西北局机关工作人员大会，作题为《关于机关清查工作问题》的讲话。在讲话中说：对混进机关的反革命分子，要采取严肃的态度，采取与社会镇压反革命同样坚决的态度，实行镇压与宽大相结合的政策。隐藏在机关内部的反革命分子一定要肃清。要注意两种偏向：对于反革命的破坏活动，不坚决反对，是错误的；但对反革命分子的处理，不根据其罪恶大小、悔改程度分别对待，也是错误的。机关工作人员绝大多数是好人，不是反革命。看不清这一点，把所有不了解的人、或有问题的人，都当反革命看待，惊慌失措，采取简单急躁办法，工作必定做不好。清查运动是一件很复杂、很细致的思想教育工作，要对所有工作人员采取热情诚恳的态度，领导他们学习文件，提高思想，解除顾虑，争取绝大多数同志采取忠诚与老实的态度，把自己的问题向组织交代清楚，取得党和人民的信任。目前最要紧的，是加强组织领导，加强具体的思想领导，要时刻抓住本单位工作人员中存在的各种疑虑，做深入的思想教育工作，把有疑虑的人，迅速提高到明白政策，敢于正视自己的问题，敢于自觉自愿交代问题。这是目前开展清查运动的关键。交代运动，依靠我们领导上深入进行教育工作，依靠全体工作人员思想觉悟的提高。实行这一条，可以使我们不犯错误，保持运动正确、健康地向前发展。要经过清查运动，加强机关内部的团结。

6月16日 中午，同西北区、陕西省和西安市负责人到火车站迎接由南京乘专列抵达西安的十世班禅及堪布会议厅高级官员。

6月17日 上午，会见十世班禅及堪布会议厅高级官员。下午六时，在新城大楼设宴招待十世班禅一行。在讲话中说：西藏问题得到和平解决，这是全中国人民的要求，也是班禅额尔德尼先生长期的愿望。这是西藏和全国人民的胜利，也是我们抗美援朝、反对帝国主义的伟大胜利。我们各族人民要紧密团结起来，为和平解放西藏办法协议的全部实现而奋斗。十九日，同贾拓夫、汪锋等到机场欢送十世班禅及其随员离开西安，前往兰州。

6月19日 主持召开西北军政委员会第四十六次行政会议。会议听取杨明轩关于抗美援朝工作若干问题的报告，修正通过《西北各级人民法院审级管辖与刑事案件复核暂行办法》。

6月21日 十世班禅由西安返回青海塔尔寺。二十四日，致信习仲勋。信中说："此次来陕，晋谒崇阶，面聆教诲，蒙您特加青睐，热烈招待，既荷礼遇有加，复蒙惠赠厚贶，隆情雅谊，无微不至。返青时又蒙派员沿途照料，仰见关怀之殷切，益增衷诚之感谢"。"今后敬以至诚，愿在毛主席和您的领导下，为建设繁荣幸福的新西藏而努力。"

6月22日 出席西北区国营企业党委第一次扩大会议并讲话。在谈到国营工厂进行镇压反革命、清查工作和民主改革运动的具体方针和步骤时说：可以由学习镇压反革命文件开始，先进行镇压反革命和清查工作，接着进入民主改革，主要是反对封建官僚爪牙，分别处理各种坏分子。劳动保险卡片登记工作，应放在这些工作之后；已经登记过的单位准备进行复查。然后，再改选工会，改进制度。镇压反革命、清查工作和民主改革，在工厂里可以汇合成一个运动。在不同时期，选取不同的重心，各按自己的情况，具体研究和布置。领导运动应以党为核心，吸收工会、行政各方面的非党积极分子参加。运动中要形成广泛的统一战线。我们的口号是："团结全体职工，清查反革命。"因此，领导的组织也应符合统一战线的原则。工作步骤应根据总的方针作出具体计划，但不应拘泥于形式，特别要注意思想领导。对反动党团首要分子和会道门头子，必须命令他们登记。对一般参加过反动党团会道门组织的群众，应采取启发、诱导和教育的方式，使其自觉地脱离关系，不必强行登记。对反动党团首要分子和会道门头子也不能一律看待，他们里面有一些可能是特务，这才是我们打击的主要对象。对反革命的检举应有领导，有重点，绝不可以乱检举。否则，会弄得许多人有顾虑，有负担，不敢积极参加到运动中来。

6月26日 上午十时，致信常黎夫。信中说：今天行政会议上能将中央人民政府政务院发布之《各种军事干校招生的决定》及我区动员任务和办法报告讨论一下，很有必要，请考虑。各级人民政府保密委员会暂行组织通则，望你也在会上讲一下，并提出大区及各部委如何办。

同日 主持召开西北军政委员会第四十七次行政会议。会议讨论关于西北区招收军事干部学校学生计划的报告，决定成立西北区军事干部学校招生委员会；修正通过《西北区财政收支划分会议决议》《西北军政委员会关于一九五一年度西北区财政收支划分的决定》《西北军政委员会关于进一步整理乡财政的决定》等。

6月27日 陈云起草同李富春联名复习仲勋、贾拓夫、王达成〔1〕、吴生秀〔2〕等电。电文说："仲勋同志五月二十九日来电，经初步研究后中央认为石油工业为目前国家重工业建设的重点之一，故对西北天然石油必须采取积极的大力开发的方针。""西北河西地区交通不便，在铁道未修建前无法大量生产，而陕北地区交通便利，且经年余勘探工作及苏专家之证明，延长油矿及四郎庙构造都有大量产油之可能。因此，最近一两年内应首先开发陕北地区，使其早日增加产量，将原油运往上海、大连等地炼制成品，以应国家当前之急需"。"为了使得西北石油工业能迅速发展，我们除责成燃料工业部及有关部门进行准备外，有关西北之各项工作，特请你们注意，并望予以解决。"

6月30日 下午四时，出席西安各民主党派举行的庆祝中国共产党成立三十周年纪念大会。

6月 出席西北区城市救济福利工作会议及保育工作者代表会议并讲话。在谈到城市救济福利工作时说：新中国的救济福利事业，是整个社会建设事业的一部分，是人民大众自己的事情。因此，必须依靠和发动广大人民自己的力量，生产节约，劳动互助，才是解决问题的基本办法。这点，要深切地告诉我们所有干部，尤其在今天国家财政困难的情况下，人民政府还不可能拿出很多钱来办这个事业，更需要我们所有干部懂得这个道理。我们给群众办好事，心肠是很好的，可是方法不对头，仍然会引起群

---

〔1〕 王达成，时任西北军政委员会工业部部长。
〔2〕 吴生秀，时任西北军政委员会工业部副部长。

众反感。要号召同志们下决心克服强迫命令和包办代替作风,时时刻刻和群众一块,倾听群众呼声,任何困难,没有不可以克服的。办救济福利事业,应当是一个广泛的统一战线工作,必须发挥和团结各方面的社会力量共同来做。只要不是帝国主义和反革命分子,都要团结起来,通力合作。只有公办、私办、公私合办、群众办,大家都来办,我们的事业才能办好。社会救济福利工作,要和劳动改造结合起来。对小偷、乞丐或游民要实行劳动改造,帮助他们重新养成劳动习惯,自食其力,重新做人。封闭妓院,必须马上动手。一方面要把妓女集中起来,进行教育改造,使她们从事生产劳动;另一方面要进行广泛的社会教育,转变过去"笑贫不笑娼"的风气。在谈到儿童保育工作时说:在国家财政经济还有很多困难的情况下,不可能立即在所有工厂、机关、部队、学校和农村里开办托儿所,只能首先解决工厂女工和机关、学校、部队里的在职干部的孩子问题。农忙时期在条件许可和群众自愿的原则下,可以组织变工抱娃娃,有重点地试办农忙托儿所。有些同志一提到要办保育事业,就要求拨大批的款,建筑房子,购买设备,总想一下子办得很正规。我们要从各地的实际情况和可能条件出发,有多少钱办多少事,争取多办,并把事情办好。不要图形式,好高骛远,要能解决实际问题,先打基础,然后再求发展。

7月1日 晚七时半,在新城广场出席西安各界庆祝中国共产党成立三十周年大会,发表题为《跟着毛泽东走就是胜利》的讲话。在讲话中说:"我们中国共产党人,所以能够经过三十年艰苦卓绝的革命斗争,取得现在这样的伟大胜利,是由于有了毛泽东的英明领导,有了马克思列宁主义理论与中国革命实践相结合的毛泽东思想。毛泽东思想,不是别的,就是马克思列宁主义在中国革命中的新发展,它创造了世界殖民地半殖民地半封建国家马克思主义运动的典型。自从有了这个理论,中国革命便大放光彩,中国人民革命的车轮便一直沿着胜利的道路前进。这个理论,教育了中国共产党人,也教育了中国人民。跟着毛泽东走,就是胜利。"讲话在回顾总结马克思主义与西北具体实际相结合而取得西北地区革命胜利和建设成就的辉煌历程后说:现在,工作向前发展,群众进步很快,给我们提出了很多新的情况、新的问题,要求我们解决。党的领导责任更加重了。但是,我们大多数干部没有经过系统的理论教育,对毛泽东思想领会不深。思想方法上,经验主义倾向极为普遍。工作上官僚主义、命令主义的毛病时常出现。此种状态,是与客观工作的需要十分不相称的。并不是人民要求我们做的事情都做好了,要求我们解决的问题都解决了。而是还有很多事情没做好,有很多重要问题没有及时地加以解决。要使我们的工作不断地前进和提高,时刻认清前进的方向和道路,就必须努力提高全党的政治理论水平。提高的办法,就是学习,就是组织全党干部和所有革命积极分子系统地学习马克思列宁主义和毛泽东思想。各级党委应立即加强对干部教育工作的领导,推动全党的理论学习迅速高涨起来。四日,《人民日报》全文发表这一讲话。

7月4日 在西北军政委员会《关于加紧雨后抢种及锄草工作的指示》稿上批示:"明日见报。"《指示》说:各级人民政府应即抓紧时间,领导农民,发动变工队,突击抢种晚秋作物(谷子、糜子、荞麦、小豆和秋菜等)。已种早秋土地,因灾、旱缺苗者应即进行补种,这是当前农业生产工作的重点,务须集中力量,切实执行,并帮助农民解决种子、劳畜力等具体困难,争取迅速下种,不误天时。部分沿河低洼地带,尚须注意修堤防洪,开沟排水,以免水灾。

7月10日 主持召开西北军政委员会第四十八次行政会议。

会议听取政务院文化教育委员会第四次全体委员会议、全国中等技术教育会议的传达报告，并讨论西北区大、中专学校招生问题的报告。

同日 在《宁夏省春季羊只死亡问题的摘要》上批示："召集有关方面座谈有效办法彻底解决这些问题，并将此件通报各省市人民政府注意，也检查一次畜牧工作情况。"

7月13日 出席西安易俗社正式改为公营庆祝大会。当看到会场上"欢迎西安市政府接管易俗社"的横幅时，批评说：不能叫"接管"，"接管"只能用于那些敌伪资产。易俗社一直是进步的文艺团体，在西北有很大影响，应该叫"接办"，共产党接过来，把它办得更好！随后，在讲话中说：易俗社四十年来在西北人民中有着深刻影响，得到广大群众的拥护。秦腔是西北人民特别是陕西人民最喜爱的戏曲，因此在西北应当受到特别重视。在过去三十多年的反动统治下，演员生活没有保障，四处流散，秦腔艺术也无法提高，更不可能有很好的发展。解放后两年的进步超过了以往三十八年。秦腔工作者的政治觉悟提高了，都认识到要为人民服务，但是在艺术方面却进步比较慢，许多人对秦腔改革的信心不高。希望搞秦腔的老先生和全体同志，克服一切困难，创作更多的剧本，把新社会广大人民在土地改革、镇压反革命、抗美援朝以及各项生产建设中的丰富生活和爱国主义、国际主义精神，通过秦腔形式反映出来。庆祝大会后，又指示：易俗社只能办好，不能办坏。易俗社应做好秦腔界的统战工作，把流落在社会上、生活非常困难的著名秦腔老艺人接到易俗社来，请他们做力所能及的工作，对丧失生活能力的人接来养老，经费由政府拨给。此后，秦腔名须生王文鹏、名花旦安鸿印、名丑晋福长等人被接到易俗社奉养。

7月20日 出席中共中央西北局干部会议，作题为《为加强马克思列宁主义和毛泽东思想的宣传而斗争》的报告。报告说：我们的党，向来是重视宣传工作，重视思想政治工作的。中国革命从"星星之火"到全国胜利，就是马克思列宁主义理论的广泛传布并与中国人民的革命斗争相结合的发展过程，就是毛泽东思想发扬光大并取得了伟大胜利的发展过程。毛泽东思想，就是马列主义和中国革命相结合的思想。这种思想是中国共产党的指导思想，是中国人民革命运动的指针。在西北地区，最近时期，党的宣传教育、思想战线上的基本任务，是围绕抗美援朝和镇压反革命运动，继续开展土地改革运动、生产运动、宗教改革运动和继续巩固民族团结等项重大任务，继续向全体人民进行爱国主义与国际主义的教育、阶级斗争的教育、发展生产的教育，批判各种不利于人民民主事业的错误思想，继续提高全党的思想政治水平。抛弃或降低思想政治工作而盲目地进行实际工作的经验主义倾向，必须用大力加以纠正；但也要反对那种离开各种实际工作去进行空洞的思想政治工作的做法。"领导机关的首要任务，就是进行政治领导。各地方、各部门的领导干部，必须把自己看作是一个政治工作者。要教育一切工作人员都学会用宣传来推动工作的方法，使他们每个人都成为党的宣传员。要经常调查研究各阶层人民的思想动态，不断地经过各种具体工作，向人民进行思想教育，指出方向，并领导人民前进。"当日，毛泽东在审阅报告稿时，将原稿中"毛泽东思想，是中国共产党的指导思想，是中国人民革命运动的指针"一句改为："毛泽东思想，就是马列主义和中国革命相结合的思想。这种思想是中国共产党的指导思想，是中国人民革命运动的指针。"九月九日，《人民日报》全文发表这一报告。

7月24日 出席西北军政委员会第四十九次行政会议。会议讨论通过关于编拟一九五二年财政收支预算的指示、统一招收初中以上毕业学生的指示，批准西北民政部关于召开西北区处理接受美国津贴的救济机关会议、城市救济福利工作会议及保育工作者代表会议的报告、西北军政委员会各部门进行保密工作检查的计划，传达政务院文化教育委员会关于全国文工团工作会议的报告。在讲话中说：过去我们在财政支出上的主要缺点是，往往工作开始了才作预算，因此有些预算不精确，计划不周密，被动性很大，既浪费财力又影响工作。为了克服这种现象，今年提早编拟一九五二年的财政预算，以更多的时间来考虑计划，是十分必要和正确的。各级人民政府、各团体、各企业部门以及一切国家机关必须认真做好这一工作。各级首长要亲自领导，结合检查工作，发动干部进行讨论，以一九五一年预算执行结果为基础，在力求增收减支的原则下作出精确的预算、切合实际的计划，真正做到一个钱要办一个钱的事，减少浪费，提高工作。

7月 同彭德怀、张治中联名发布西北军政委员会《为切实贯彻统一招生命令的指示》。

8月1日 下午六时，出席西北军政委员会举行的庆祝八一建军节宴会并致词。

8月4日 出席中共中央西北局召集的西北区、陕西省、西安市级政府机关统一战线工作会议并作总结讲话。在谈到怎样改进政府机关内部的统一战线工作时说：要全党重视，逐级负责。"兵对兵，将对将。"部长级党员要负责做好非党员部长的工作，处长级党员负责做好非党员处长的工作，整个机关支部都要做统一战线工作。这样大体划分，与工作、生活相适应，是便利的、适当的。推动党外人士进步，抓紧一条，就是沟通政策思想，进行思想教育，要有意识地不要正面地去反对那些生活细节。统一战线工作中，有团结，有斗争。团结是有原则的，斗争是有分寸的，斗争是为了达到原则性的团结。光迁就，不斗争，是不对的。但对人家要求过高、过急，对人家已有的进步估计不足，也是不对的。要多从积极方面去鼓励教育，少作消极的批评。要照顾非党干部的特点，思想上抓紧一点，方式上婉转一点。要诚恳热情，生活上打成一片。团结和提高非党干部，要以身作则。各个部门的党员干部都要在非党干部中真正树立起威信来，要保持无产阶级的坚定立场和正确的工作作风，去影响和带动广大非党干部不断前进。在谈到党的领导问题时说：党领导政府机关工作，靠正确的政策和路线，靠正确的指导方针。政府机关中的党组，应负起党的思想政治领导的责任。党组会议，是做思想政治工作的，不是事务机关。党组会议决定以后，要分头向党外人士交换意见，进行酝酿。这些工作，一般地要在行政会议以外、以前就做好，以便在行政会议上顺利通过。必须反对会前不做工作，不给非党干部以考虑问题的机会，光在会上征求人家"同意"。凡是重大问题，既要党组讨论，又要行政会议讨论。区别之处，是党组会议先讨论，在党内做工作，先求得一致，作出决定，然后向党外做工作，经行政会议通过。如果重大问题不在行政会议上讨论，那就是取消了党的领导作用。已经决定的政策、任务，其具体进行办法，应该放在行政会议上多研究，展开讨论，不怕有争议。"各级党的委员会必须加强对政府工作的领导。各党组必须接受同级党委会的统一领导，遵守请示、报告制度，主动地争取党委多管、多领导。这是非常重要的。"

8月7日 主持召开西北军政委员会第五十次行政会议。会议讨论中央人民政府北方老革命根据地访问团陕甘宁分团的组织及筹备工作，听取西北教育部关于第三期动员青年学生参加军事干部学校的报告和西北公安部关于镇压反革命情况的报告等。

8月9日 下午，出席西北五省少数民族贸易会议，并作关于进一步开展西北民族地区的贸易工作的讲话。在讲话中说：解放以来，西北各级人民政府和贸易部门积极主动地在民族地区认真推行公平合理与自由的贸易政策，民族地区的贸易空前活跃起来，大大增加了农牧民的收入，提高了农牧民的购买力，初步改善了农牧民的生活，刺激了农牧民的生产积极性，促进了各民族之间的团结。各族人民从切身的体验中增强了对党和人民政府的拥护和爱戴。从事民族地区贸易工作的同志，不仅要懂得贸易上的一套业务政策，而且要懂得党和人民政府在民族地区的各项政策，成为党的民族政策的贯彻执行者。开展民族地区的贸易工作，还必须广泛地、积极地团结和组织私商的力量，在国营经济的领导下，为少数民族广大人民服务。

8月10日—11日 主持召开西北军政委员会党组扩大会议。会议决定，把加强党的思想政治工作作为西北区区级机关干部整风学习的主要内容。

8月11日 陈云、薄一波复电习仲勋、贾拓夫，同意来电所提抓紧购棉储棉，并降低百货和工业器材价格的意见，但强调指出，当前关键的问题是提高纱布价格，纱布提价的好处主要不在增加回笼力量，而在使纱布与其他物资相比显得昂贵，因而减少消费，并使投机商人对囤积纱布增加顾虑。

8月14日 主持召开西北军政委员会第五十一次行政会议。会议听取西北公安部关于西北区一级机关清查工作的报告，西北民政部关于甘肃、青海两省民政工作的巡视报告，西北水利部关于甘肃、青海两省水利工作的检查报告，讨论通过《西北区棉纱管理暂行办法》《西北区棉纱配售暂行办法》。在讲话中说：各部门应即依据《共同纲领》，检查工作中是否存在忽视政治的倾向，并切实注意克服纠正。

8月20日 在兰州出席西北民族学院开学典礼。在讲话中说：今天西北民族学院开学，这在我们西北是一件很大的事情，是人民革命胜利的结果,是各少数民族获得解放的结果。民族学院是在共产党和人民政府领导之下,为各少数民族培养干部,培养各种建设人才,为各族人民服务,为建设各少数民族的团结和民主幸福的生活而斗争。西北地区的各民族,已经在共产党和中央人民政府的领导下,实现了在民族平等基础上的民主大团结。今后的任务,是要继续巩固和发展各民族的大团结,并争取各民族在政治、经济、文化各方面的共同发展和进步。"目前,大量培养民族干部,用中国革命经验,用马列主义、毛泽东思想,去教育各地民族干部,积极地为各少数民族的彻底解放,为各民族的共同发展和进步,创造一个最基本的条件,即干部条件,是各地共产党和人民政府的迫切任务,是西北民族学院长期的奋斗目标。应当说:在民族工作方面,没有别的事比这件事情更为重要的了。"

8月22日 出席中共甘肃省第二次代表会议,作题为《动员一切力量,为完成甘肃全省土地改革而斗争》的讲话。在谈到充分发动群众开展土地改革运动时说:首先,坚持放手发动群众的方针。放手发动群众,就是要不断提高群众的思想觉悟,依靠有了阶级觉悟的和团结起来的劳动人民的力量,作为进行一切民主改革和建设新社会的根本力量。放手就是放正确之手,是在正确的路线和政策指导之下的放手。不能放错误之手,乱打人,乱斗争,乱没收,降低或提高成分等。凡属错误的东西,都不能发动群众去干。领导干部要有防止和纠正偏向的观点。"群众运动开展起来,就好像一渠河水放下来,必须紧张地注意着两旁堤岸,随时随地堵塞漏洞,勿使决口,才能保证河水向着正确的方向奔流。纠偏是教育和提高干部,而不是打击干部。"其次,贯彻党和人民政府在土地改革中的总路线和总政策:"依靠贫农、雇农,团结中农,中立富农,有步骤地有分别地消灭封建剥削制度,发展农业生产。"这是一条完整的路线,不能加以割裂。最根本的，是要多做教育工作，提高贫农、雇农的思想觉悟，并须紧接着去团结中农。中立富农，保存富农经济，不仅为了孤立地主，更重要的是为了稳定和保护中农，保护中农的积极生产情绪。必须注意联合农村中其他一切反封建分子，组织广泛的统一战线。革命阵线是越扩大越好，不是越纯粹越好。对地主斗争也要区别对待。再次，要开好三级干部会议、农民代表会议和各界人民代表会议，把政策交代清楚。在进入土地改革之前，整顿和教育干部，作用很大，必须重视。在谈到临夏地区的土地改革问题时说：临夏地区是回、汉杂居地区，在进行工作的步骤和方法上要更加谨慎，更加细致。要耐心地做好教育群众、组织群众的工作，一切均按群众的觉悟程度办事，反对简单急躁和包办代替的做法。这个地区的土地改革，是在民族团结的基础上去开展反封建土地剥削制度的阶级斗争，又从深入反封建的阶级斗争中去提高回、汉广大劳动人民的政治觉悟，以加强和巩固民族团结。凡与此相违反的政策和办法，都不能采用。报告还提出，在土地改革中继续做好政府机关中的统一战线工作，改善领导工作，提高干部的思想政治水平。

8月27日 下午三时，出席甘肃省第一届各界人民代表会议第二次全体会议暨甘肃省第二届农民代表会议开幕会，作题为《各族人民团结起来，再前进一步！》的讲话。在谈到怎样在土地改革中做好群众工作时说：（一）要坚决贯彻土地改革总路线。必须认识这是一条完整的有战斗性的路线，任何盲目的乱干和企图把它割裂开来的行为都是错误的。（二）要注意建立农村反封建统一战线。贫农、雇农、中农都是反封建斗争中的基本队伍，但仅有这个基本队伍还不足以孤立地主，必须把一切愿意反封建的人，如农村手工业工人、知识分子、小商贩以及地主阶级中分裂出来的开明士绅等，都尽可能地联合或使其中立起来，有利于壮大农民的声势，争取斗争的胜利。（三）提高政策观点、策略观点，采取正确的斗争方法。我们的政策就是代表最大多数人民的最高利益，把政策与群众利益对立起来看是错误的。既要放手发动群众，又要严格地按照政策办事，这就是领导与群众相结合。（四）民族聚居或民族杂居地区土地改革工作与汉族地区土地改革工作，应有不同步骤。要从民族团结出发，在民族团结的基础上进行土地改革，而土地改革的结果又巩固了民族团结。不同步骤，不是不同政策，政策是一样的，只是在执行政策时，更应谨慎，一切均应按群众的觉悟办事。切忌乱斗一气，应集中力量斗争群众最痛恨的恶霸地主，争取多数，打击少数，务须把斗争面缩小到最小限度。（五）善于把土地改革工作同其他各项工作配合进行。任何时候、任何地区不可能孤立地做土改工作。企图把一项工作做完，另项工作从头做起，这在实际运动中是不可能的，必然要走弯路。（六）土地改革完成后，下一步就是开展生产运动。在土地改革运动中，必须处处想到下一步的事情。分配土地应尽可能地做到便利群众的生产。斗争果实一点也不要浪费，多注意解决群众生产上的困难。（七）希望各民主党派、民主人士，以及在城市的朋友，在机关工作的同志，大家都去援助农民这一正义行动。我们不是站在运动之外，而是参加到反封建的队伍中去，我们不是进去看看，而是和农民一起坚决地向地主阶级斗争。"土地改革既是战场，又是考场，也是千载难逢的机会。一个革命者在人民起来变革社会的时候，决不是躲避，而是勇敢地参加这种变革工作。任何实际斗争对我们来说，都是很好的教育，我们今天所缺少的也就是这方面的锻炼，望大家努力。"

8月 青海贵德县尖扎滩地区（今尖扎县）昂拉部落千户项谦同马步芳残匪勾结，组织"反共救国军"第二军，自任军长，武装侵扰当地和邻县的人民政府与群众，袭扰人民解放军。

9月1日、7日 中共青海省委和西北军区分别向西北局和中共中央请示，主张用军事手段解决项谦问题。十八日，中共中央电示习仲勋和中共青海省委："应该推迟进剿时间，而加紧政治上和军事上的充分准备。"

9月4日 主持召开西北军政委员会第五十二次行政会议。会议讨论如何贯彻政务院及最高人民法院八月二十七日关于继续清理积案的指示，听取西北公安部关于西北区各地清理积案情况的报告、关于西北军政委员会所属各部门进行保密学习和检查工作的总结报告。

9月11日 主持召开西北军政委员会第五十三次行政会议。会议讨论修改《西北区麻风病防治方案（草案）》，听取西北财政部关于一九五一年上半年财政工作总结报告、人民银行西北区行一九五一年上半年工作总结及下半年工作任务报告。

9月18日 主持召开西北军政委员会第五十四次行政会议。会议听取方仲如关于西安市一九五一年一月至八月工作报告，马锡五[1]关于视察甘、宁、青、新及陕西部分地区法院工作的报告，李赋都[2]关于西北水利部一九五一年上半年工作报告。

9月21日 致电张仲良和赵寿山，要求继续说服项谦，同时组织藏族上层人士给项谦写信，加强政治争取工作。

9月22日 出席西北区第一次文化行政会议开幕式并讲话。在谈到文化行政部门如何开展工作时说：各级的文化工作领导机关应该经常给各方面的文化活动指出正确的方向。现在大的方向只有一个，就是努力提高广大人民的爱国主义思想，用一切方法对广大人民进行爱国主义教育，要揭露帝国主义、封建主义、官

---

[1] 马锡五，时任最高人民法院西北分院院长。
[2] 李赋都，时任西北军政委员会水利部部长。

僚资本主义的罪恶，要宣传新中国建立以来的伟大成就，要歌唱人民的胜利。我们检验文化工作成绩的大小，就看他们是否与群众相结合，为群众服务。在谈到各民族文化的共同发展、互相交流问题时说：要帮助各少数民族发展他们本民族的文化。少数民族也应该吸收其他民族的精华，来充实自己民族的文化。各民族文化的交流并不是原盘端过来，而是在原有的基础上，充实新的内容，把原有的水平加以提高和发挥，这就是创造。一个民族接受另一个民族的文化，要批判地吸收精华，去掉糟粕。在谈到文物保护工作时说：西北是我国古代文化的发源地，延安是全中国的民主圣地，革命文物也非常丰富，我们要用很大力量做保护文物古迹的工作。如果过几年再抓，损失就大了。文物搜集在西北各地都应该有个组织，组织个委员会，负责这项工作。在谈到文化统一战线问题时说：文化统一战线工作的主要内容，就是团结改造和提高旧有文化界、文艺界的一切人物和文化工作者，帮助他们前进，组成浩浩荡荡的文化大军。对旧的艺术形式，不能够取否定的态度，而是要研究，要改进。现在我们对旧的戏剧指责太多，这也有毛病，那也有毛病，一切都不要演，那是错误的。对于旧艺人来说，这就是把他们的馍笼子挂到二梁上去了。对有些老作家，应当引导他们用正确的观点方法去看待事物，改进作品。应当在整个文化战线里开展思想批评。批评为的是去掉不利于人民的部分，使得文艺更加有利于教育人民，提高人民爱国主义的觉悟。批评要有分析，要区别被批评事物的性质，要对每一个批评对象全面地去看，要使人心悦诚服。在谈到学习问题时说：文化工作者要不断提高自己的文化，解决好如何为人民服务的问题，也就是人生观的问题，立场、观点的问题。只有解决好这一条，才能有坚固的团结，才能使文化工作获得迅速的发展和进步，才能改进我们文化战线今天的状况，这支队伍才能够更有力量。

9月24日 主持召开西北军政委员会第五十五次行政会议。会议听取刘景范[1]关于访问陕甘宁老区人民的报告,通过一九五一年上半年西北区合作社工作的总结报告。晚九时,前往火车站,欢送以刘景范为团长,蔡廷锴[2]、黄琪翔[3]、王子宜为副团长的中央人民政府北方老根据地访问团返京。

9月25日 中共青海省委再次致电西北局、西北军区和中共中央,详陈军事进剿项谦的理由。

9月27日 主持召开西北军政委员会第五十六次行政会议。会议听取并讨论西安市各界庆祝国庆节筹备工作的报告,批准通过关于召开西北文教委员会全体委员会议的报告。

9月30日 中共中央西北局复电中共青海省委。电文说:九月二十五日电悉。请务必按照中央九月十八日电示:首先做好政治进攻工作。赵张[4]信件是否写好发去?其他藏族人士写信是否也办好了?中央指示此项办法必须补做;做了,而未曾做得很好,必须重新做好。现时争取和平解决于我政治上甚有利,万一和平解决不成,这样做好了才给军事进剿造成必要的条件。喜饶嘉措还主张继续争取,这点很值得注意。我们以为还应当仔细向喜饶嘉措、班禅行辕等许多藏族人士征求如何争取昂拉千户和如何提出适当条件,以及如何驳斥项谦无理的意见。过去历次所做争取工作(还有其他工作)是否都完全适当,也可以稍加总结,以便这次政治进攻办得更好。对昂拉问题,西北局一直主张

---

[1] 刘景范,时任政务院人民监察委员会副主任、党组书记。
[2] 蔡廷锴,时任中央人民政府委员会委员、中央人民政府人民革命军事委员会委员。
[3] 黄琪翔,时任中南军政委员会政法委员会副主任、中南军政委员会司法部部长。
[4] 赵张,指赵寿山、张仲良。

政治瓦解，无效之后应当军事进剿，只是考虑到怎样才对我政治上、军事上都有利。慎重考虑问题并不等于不打项谦，而是打不打、怎样打才对我完全有利，急躁情绪是要时刻防止的。我们对牧区藏族各部工作，应当说并非已经做好了，说我们已经站稳脚也似乎过早，不但川、康[1]、甘、青边境藏区许多地方，就是青海各地藏民部落我们也还有不少未曾走进去，甚至未拉上手的。我们顾虑的就是对这些庞大藏区的影响问题，如果我们的工夫不到，且不说军事上打不好，致令流窜所生的麻烦，即使打好了，对其他藏区工作仍会有诸多不好影响，给以后增加许多困难。我们在严格警惕防范、积极准备进剿之外，从以上方面再加考虑也是十分必要的。因此，我们如果政治方面工作还未做得周到（当然还有军事上的准备），军事进剿仍不妨甚至可以肯定应当推迟。项谦等即使嚣张一下，恰恰使他们更加孤立。

9月底10月初 收到常香玉[2]九月二十八日来信。来信汇报香玉剧社为抗美援朝捐献运动义演的情况后说："这些光荣，都是党和你教育和帮助我的结果，当此国庆节的前夕，我特向你致诚恳的感谢，并向你保证我们一定加倍努力，完成我们光荣的捐献任务，争取使'香玉剧社号'战斗机早日飞临朝鲜前线，把美国侵略强盗消灭干净！"在抗美援朝捐献运动中，常香玉决定用香玉剧社义演收入捐献一架飞机。习仲勋得知后予以支持。香玉剧社从八月上旬开始前往河南、湖北、广东、湖南等地巡演，受到广泛欢迎。

10月1日 出席西安市各界七十三万人庆祝中华人民共和

---

[1] 康，指西康省，1955年撤销省建制。
[2] 常香玉，著名豫剧表演艺术家，1948年在西安创办香玉剧校，新中国成立后该剧校改为香玉剧社。

国成立两周年大会并讲话。

同日 下午六时半,同张治中在西安群众堂举行宴会,招待陕甘宁老根据地烈军属、工人代表、战斗英雄、劳动模范、各民主党派人士、大学教师代表和文艺、科学、医务工作者代表以及在西安的苏联友人,庆祝中华人民共和国成立两周年。

10月5日 晚上,在中南海颐年堂出席毛泽东主持召开的中共中央政治局扩大会议。会议听取陈云报告财政问题,周恩来报告关于节约兵力、整编队伍、减少机关、精减人员、收缩开支、清查家底,提倡节约、严禁浪费等问题。毛泽东提出,"战争必须胜利,物价不许波动,生产仍须发展"。出席会议的除习仲勋外,有刘少奇、朱德、高岗、彭真[1]、董必武[2]、林伯渠[3]、饶漱石、陈毅、薄一波、邓小平、邓子恢、刘伯承、贺龙、李立三[4]、叶剑英、聂荣臻[5]、王稼祥[6]、粟裕、王震、

---

[1] 彭真,时任中共中央政治局委员、中共中央书记处候补书记、中共中央组织部部长,政务院政治法律委员会副主任,中共北京市委书记、北京市市长。

[2] 董必武,时任中共中央政治局委员、政务院副总理兼政治法律委员会主任。

[3] 林伯渠,时任中共中央政治局委员、中央人民政府委员会秘书长。

[4] 李立三,时任中央人民政府劳动部部长,中华全国总工会副主席、党组书记。

[5] 聂荣臻,时任中央人民政府人民革命军事委员会代总参谋长,中共中央华北局第二书记、华北军区司令员。

[6] 王稼祥,时任中共中央对外联络部部长、中央人民政府外交部副部长。

邓颖超[1]、陈伯达[2]、罗瑞卿[3]、杨尚昆、胡乔木[4]、安子文、李维汉、杨立三[5]、冯文彬[6]、赵尔陆。

同日 接到当日中共青海省委要求军事进剿项谦致西北局电后，当即给张仲良打电话："决不能打，万万不可擅自兴兵，只有在政治瓦解无效以后，才能考虑军事进剿"。同时，把中共青海省委和西北局前后四封电报一并上报中共中央。十三日，中共中央发出《关于对青海昂拉部落斗争方针问题的指示》，指出："青海省委九月二十五日电对昂拉部落不提中央九月十八日指示电所强调的进一步采取政治斗争的办法，而只要求立即实行军事进攻，是与中央指示电的精神不符合的"，"望青海省委即与喜饶嘉措等商定适当条件。第一步先将紧张局面缓和下来"。根据中共中央和西北局指示，中共青海省委派周仁山[7]和喜饶嘉措及许多藏族知名人士到昂拉，多次与项谦谈判，但项谦一意孤行。

10月6日 同张治中发布西北军政委员会《一九五一年冬学工作的指示》。《指示》说：冬学工作是一个广泛的群众工作，必须使它真正成为推动农林工作及群众活动的最好宣传场所。冬学的教学方针是：已经完成土地改革的地区，应以文化学习为

---

[1] 邓颖超，时任中共中央妇女工作委员会副书记、全国政协常务委员、中华全国民主妇女联合会副主席。
[2] 陈伯达，时任中共中央宣传部副部长、政务院文化教育委员会副主任、中国科学院副院长。
[3] 罗瑞卿，时任中央人民政府人民革命军事委员会委员，中央人民政府公安部部长，中国人民解放军公安部队司令员、政治委员。
[4] 胡乔木，时任中共中央宣传部副部长。
[5] 杨立三，时任中央人民政府人民革命军事委员会总后勤部部长。
[6] 冯文彬，时任中共中央青年工作委员会书记、全国政协常务委员、中国新民主主义青年团中央书记。
[7] 周仁山，时任中共青海省委统战部部长、青海省民族事务委员会主任。

主,同时进行一定的政治教育,适当配合生产、卫生教育;正在进行或尚未进行土改的地区,应以政治教育为主,同时进行一定的文化教育。

10月9日 致信毛泽东,提出希望到东北参观的意见。十九日,毛泽东复信:"十月九日给我的信收到了。我同意你去东北参观及回西北开两个会的计划。"下旬,赴东北参观考察。

10月 女儿习安安出生。

11月11日 中共中央致电西北局并转青海省委。电文说:"对班禅入藏事宜,请你们负责检查督促,帮助其克服困难,不可疏忽"。"请仲勋同志于班禅起程前代表毛主席和中央人民政府前去向班禅致欢送之意并向随同入藏的藏汉人员讲解政策。"根据中央指示,习仲勋多次召集会议,进行部署,要求有关人员从维护祖国统一的高度来认识和完成好这一光荣而艰巨的政治任务,要看到有利条件,更要看到困难,要把困难估计充分。

11月12日 同彭德怀、张治中联名发布西北军政委员会《关于冬季生产的指示》。《指示》要求:(一)冬季生产工作除抓紧冬耕、冬灌、铲除杂草外,应着重发动群众采取各种办法,大量积肥沤粪。在无积肥习惯地区,应提倡安厕所、圈牲畜、勤垫圈。在燃料困难地区,应积极组织煤炭下乡,提倡柴草沤粪,并尽可能做到少烧粪或不烧粪,以保存肥料。在城市近郊,应大力组织城市里的粪下乡。注意提倡饲养猪羊积粪,组织民间油房增产油渣。(二)抓紧进行修渠打井、兴修小型水利的检查指导与准备工作。(三)有计划有领导地开好各级农业生产工作会议、劳模会及合作互助代表会,总结与交流农业生产经验。(四)提倡节约,反对浪费,大力组织冬季副业生产。(五)加强森林的保护与防火工作,严禁滥伐破坏与浪费木材行为。在气候适宜条件下,进行植树造林,推广合作造林,做好采种和育苗准备等工作。

同日 同彭德怀、张治中联名发布西北军政委员会《关于认真贯彻执行婚姻法的指示》。

11月13日 主持召开西北军政委员会第六十次行政会议。会议讨论通过关于西北军政委员会第四次会议准备工作的报告，批准西北文教委员会《关于开展爱国主义的文教工作竞赛决定》。

同日 同彭德怀、张治中联名向周恩来呈报《西北区一九五一年十个月来财经工作的主要情况简报》。

11月14日 同彭德怀、张治中联名发布西北军政委员会《为加强秋征，及时完成任务命令》。

11月22日—29日 出席西北军政委员会第四次会议。会议检查和总结西北军政委员会第三次会议以来八个月的主要工作，听取张治中关于全国政协一届三次会议的传达报告，听取和通过习仲勋关于土地改革和减租工作的报告、贾拓夫关于西北区经济和财政工作及开展增产节约运动的报告、杨明轩关于西北一年来抗美援朝运动的报告、李启明〔1〕关于八个月来镇压反革命工作概况及今后任务的报告、张稼夫〔2〕关于一年来西北文化教育工作的报告。

11月22日 上午九时半，出席西北军政委员会第四次会议并致开幕词。下午，在会上作《目前西北地区的土地改革工作和减租工作》的报告。报告说：在土改工作中，我们必须力戒急躁，更加谨慎，以有利于民族团结为原则，并力求扩大各民族反封建统一战线。以下一些问题应当提起各地注意：第一，怀疑放手发动群众的想法是不必要的、错误的。干部包办代替、束手束

---

〔1〕 李启明，时任西北军政委员会公安部副部长。
〔2〕 张稼夫，时任中共中央西北局宣传部部长、西北军政委员会文化教育委员会副主任，1952年5月又任中共中央西北局常委。

脚的现象，必须坚决改正。只图表面轰轰烈烈，实行强迫命令的做法也是脱离群众的，同样必须纠正。放手发动群众，不等于放弃领导。任由运动自流，有偏不纠，也是错误的。在民族地区，依然必须坚持放手发动群众方针，同时采取慎重态度，事先向上级报告请示，不许有无政府或无纪律现象。第二，凡发现反革命分子和恶霸分子活动严重的地区，首先进行镇压反革命的工作，把土地改革和减租工作暂时放后一步。第三，不论进行土地改革或减租工作，必须首先整顿当地农村基层组织。第四，对地主阶级斗争越坚决、越彻底，群众觉悟越提高，积极情绪越能持久和巩固。对地主斗争，应当采取说理斗争和人民法庭判处相结合的方法，禁止肉刑，不许乱斗乱打。对地主要分别对待，并给一般地主指出改造的出路。第五，土地改革的总路线必须完整地正确地贯彻。第六，必须充分重视发现和培养积极分子。有了当地生长起来的积极分子，工作就生下了根。此外，有几项具体政策，拟提请会议审议：（一）甘肃、青海藏族聚居地区，不论是农业区或半农半牧区，暂不实行土地改革。（二）对甘、青、宁三省在今年进行土地改革的汉族及回族地区内的喇嘛寺土地，一律不予征收，不接收寺方献地。（三）在甘、青、宁三省今年进行土改的汉族及回族地区内零星的藏族及蒙古族的农业人口，可与汉、回族一起进行土改。（四）在土改和减租中对畜牧业应坚决保护。（五）土改中对农民私有山林应加以保护，没收或征收来的某些浅山林地，宜于农民经营者，也可分配给农民所有，鼓励他们经营。对农业试验场，不得没收分配。

11月29日 出席西北军政委员会第四次会议闭幕式，作题为《为开展增产节约运动而奋斗》的总结报告。报告说：我们要建设工业，就必须不断地积累大量的资金。资金的来源，主要依靠全体人民用增产节约的办法来解决。在西北地区开展增产节约运动,最主要的是实行以下六条:(一)各省人民政府应当把注意力转到领导工业生产及经济事业上,管好现有企业,更加积极地加强西北区资源勘察、调查统计并切实做好计划工作。(二)发展农业,增产粮食,发展畜牧业、林业生产,仍然是我们长期努力的重要方面。(三)金融贸易工作必须紧紧地与生产结合,为生产服务。(四)加强财政工作,保证公粮、税收任务完成。严格管理仓库,认真执行预算决算和各项财务制度。保证国防建设、稳定市场和经济建设方面的必需费用,其他各项事业量力举办,凡可不办或缓办的事,即应不办或缓办。坚决克服不分轻重缓急、百废俱兴的平均主义思想。(五)调整机构,提高工作效能。必须实行合理调整,精简上层,加强下层的原则。缩减下来的人员,尽量充实到基层组织,并保证陆续抽调足够的干部,切实加强经济建设方面的工作。(六)厉行节约,开展反对贪污浪费、反对官僚主义的斗争。对于各个方面发现的贪污案件,必须彻底查清,严肃处理。

同日 西北军政委员会第四次会议发出《给驻新疆人民解放军慰问电》。电文说:欣悉你们两年来,除和新疆各族人民亲密团结,巩固地捍卫着祖国的边疆外,同时以高度的爱国主义和集体英雄主义的精神,忘我地进行着大规模的劳动生产,为祖国创造和积蓄了大量财富,你们和新疆的人民一道正在为新疆的未来的经济建设开辟着光辉的道路。本会议全体与会人员,对你们的英勇精神和伟大成绩,感到异常兴奋,特向你们致以热烈的祝贺与慰问。希望你们不骄不躁,继续努力前进,为争取更大的新的胜利而不断奋斗!

11月30日 中共中央发出《关于在学校中进行思想改造和组织清理工作的指示》。知识分子思想改造运动广泛开展,到一九五二年秋基本结束。

12月1日 中共中央作出《关于实行精兵简政、增产节约、反对贪污、反对浪费和反对官僚主义的决定》。"三反"运动在全国展开,到一九五二年十月结束。运动中抓住重大典型案件严肃处理,先后任天津地委书记的刘青山、张子善被查处并判处死刑。

12月4日 上午,主持召开西北军政委员会第六十一次行政会议。会议讨论关于给西北区机关干部传达西北军政委员会第四次会议精神和决议的问题,听取西北财经委员会关于召开第四次财经委员会的筹备工作汇报,以及常黎夫关于西北军政委员会各部门检查机关内部统一战线工作的总结报告。在讲话中说:今后各专业会议应尽量少开,必须开的,均应报告主席批准,会前要作充分准备,会议时间要短(一般的不能超过三天),并能真正解决问题。各部门领导同志应抽出时间多到下边帮助和检查工作,这是很重要的领导方法。

同日 毛泽东为转发中共北京市委关于开展反贪污斗争的报告,起草中共中央指示。指示要求,所有中央和军委各部门,所有中央人民政府各党组、各中央局、各分局和各省市区,有计划地初步检查自己单位和所属下一级单位工作人员的贪污现象,并向中央作第一次关于检查和惩治贪污人员的报告。

12月7日 出席中共中央西北局召开的西北区、陕西省和西安市各直属机关党员干部增产节约动员大会,作题为《继续反对官僚主义、反对贪污、反对浪费,为开展增产节约运动而斗争》的报告。在谈到增产节约运动时说:开展增产节约运动,总的来说就是要挤出人来,挤出钱来,加强国防建设和经济建设。这是一个充满积极意义的方针,是我们国家建设中一个有经常重要性的基本政策。全区上下公私和各部门、各种工作中都要贯彻这一方针。各级党委必须学习西北铁路干线工程局局长王世泰领导修筑天兰路已经摸索出来的好的经验。王世泰并不是专家和工程师，但他有了马列主义，有正确的思想作风，就可领导技术，做好基本建设工作。由此可见，只要领导者勤于深入下层，开动脑筋机器，多想办法就可把事办好。我们过去就吃了不用脑筋的亏，走了许多弯路，谁要因为没有技术，不懂业务而不努力去钻研，就是一种落后的表现。对这些同志说，西北铁路干线工程局和王世泰同志是个很好的学习榜样。在谈到"三反"运动时说：我们各级党政机关的领导工作中，仍然存在着严重的官僚主义作风，必须引起全党的严重的警惕。我们去年曾进行反官僚主义、反铺张浪费的整风运动，得到很大成效。今天仍需要进行一次以反贪污、反浪费、反官僚主义为主要内容的整风运动，为开展增产节约运动开辟道路。整风中对贪污分子的政策是：自动坦白者减轻处分，自己不坦白被检举后加重处分。对多数有轻微贪污行为有悔改表现者采取教育改造方针，对严重损害国家财产的大贪污分子必须给以严厉惩处。

12月11日 向毛泽东并中共中央报送《关于彻底展开反贪污斗争的报告》。《报告》说：十一月间召开的西北局扩大会议和西北军政委员会第四次会议，均详细讨论了开展以反贪污、反浪费、反官僚主义为主要内容的整风运动，并在此基础上开展增产节约运动的问题。接到中央十二月四日指示后，我特于八日召集纪律检查委员会、监察署、法院、财委及人事部的负责干部座谈了一次，初步了解，贪污现象是极其严重的，也是很惊人的。党内享乐腐化思想确实增长起来，贪污蜕化已成为主要危险。依西北具体情况看，过去还很难抽出时间和力量开展大规模的反贪污斗争，半年来我们也处理了一些贪污案件，因宣传不够，力度不大。今天可说已到紧急关头，必须坚决执行中央指示，大张旗鼓，雷厉风行地开展大规模的反贪污斗争。准备抛弃少数蜕化分子，挽救多数犯错误分子，并在党内外进行普遍教育，为今后加强经济工作打下思想基础。如果再迟了，就必然会毁坏更大数量的干部，就要犯严重的错误。我们计划于本月下旬开始整风，各地都集中力量，在短时期内进行，最迟于明年二月中旬结束，准备即由开展反贪污斗争开头，紧接着检查各种浪费现象，最后联系具体实例，检查领导工作中的官僚主义作风。整风运动由西北局直接领导，军政委员会吸收各部主要的党外人士组成委员会，再以纪律检查委员会为中心，吸收各部门有关干部组成办事机构，党内外统一领导，统一行动。十三日，毛泽东为转发习仲勋的报告，起草给习仲勋并告各中央局负责人和彭德怀的批语。批语说："我认为你的分析、布置和其他意见，都是正确的。你于十二月八日召开的那次座谈会开得极好。只开一天会，已使你了解情况，抓住了问题的本质。以后动员群众，开展斗争，即将迎刃而解。""仲勋同志的报告，请你们转发到分局、省市区党委和各级军区去，并在党内刊物上发表。"

同日 上午，主持召开西北军政委员会第六十二次行政会议。会议讨论并原则通过西北教育部《关于西北区高等学校教师自我改造学习计划》，通过西北区增产节约委员会名单。在讲话中说：思想改造是一项十分细致的工作，必须有计划地稳步前进，充分吸取北京、天津各校院的经验，认真负责，把这一工作做好。任何简单、急躁的态度都是错误的，必须防止。必须认识到，西北区各级机关中存在的贪污浪费现象是很严重的，忽视了这一点，或者重视不够，都是错误的。从西北临委会和西北局纪律检查委员会受理的两千多案件中，发现贪污人民币达七十多亿元[1]，至于浪费情形就更严重。因此，我们必须开展一次整风运动，彻底进行检查，希望西北区一级机关首先展开并作出成绩来。

---

[1] 此处为旧人民币。

同日 下午五时半，出席中共中央西北局、西北军政委员会、陕西省和西安市以及各民主党派、群众团体联合举行的宴会，招待出席西北各族人民抗美援朝会议的全体代表。

12月12日 下午二时，乘飞机从西安前往兰州。下午四时许，抵达兰州东郊机场。晚上，住甘肃省委机关张德生处。

12月13日 上午八时，乘汽车前往青海。下午五时，抵达西宁。晚上，出席青海省属机关干部举行的欢迎晚会并发表简短讲话，肯定两年来青海省各项工作的成就，向各级干部表示慰问。会后，同张仲良谈话。在谈到中农问题时说：自从土地革命到现在，这么长的时期，我们党内有的同志在思想上还搞不通中农问题的重要性。为什么我们要坚定不移地团结中农，不能损害中农的丝毫利益，不仅是中农在农村所占比例很大，同时要看到，贫雇农在分得土地以后，以中农为目标发家致富。如果我们现在损害了中农利益，那么分得土地的贫雇农就不会积极生产。谈话还说：甘肃省委写了一个土改工作总结，以此作为土改工作的全面指导思想。但是，在这个总结中没有提反封建统一战线问题。土地改革不是单纯的土地制度的变更，更重要的是从根基上打垮封建势力。不将封建势力从根基上动摇，虽然土地改革了，但封建势力仍会浓重地存在于农村。

12月14日 在喜饶嘉措、黄正清陪同下，前往塔尔寺拜会十世班禅。在向班禅致意时说："我此次来西宁，是代表中国共产党中央和毛主席欢送佛爷返回西藏。"同班禅交谈，就其返藏事宜再次征求意见，并同僧院负责人座谈，了解情况，征询他们对人民政府的意见。之后，出席十世班禅举行的招待宴席。宴会结束后，返回西宁。十世班禅和堪布会议厅要员于翌日下午从塔尔寺前往西宁。

12月15日 同张仲良、廖汉生在西宁会见即将启程返回西藏的十世班禅，并同班禅及堪布会议厅要员举行辞别座谈。对堪布会议厅提出的拨给一定数量的枪支和银元并带一辆小轿车到日喀则的要求，表示同意，并说："佛爷的要求，我们可以完全满足。明日即全部兑现。""只要是佛爷需要的，我们千方百计，尽力满足。佛爷回藏是件大事，大喜事。"

12月16日 晚七时，出席青海省各族各界在省政府礼堂举行的欢送十世班禅返藏大会。在致词中说：我奉毛主席命令，代表毛主席和中央人民政府并代表西北军政委员会，前来欢送班禅额尔德尼先生回藏。我感到特别兴奋和愉快。班禅先生此次返回西藏，一定会受到西藏人民的热烈欢迎。这是中央人民政府对和平解放西藏取得了协议的必然结果，是接着和平解放西藏之后的又一件大喜事。西藏领土是祖国锦绣山河不可割裂的一部分，西藏人民是祖国人民血肉不可分离的一部分。"和平解放西藏办法的协议，是西藏人民开始摆脱黑暗和痛苦、走向光明和幸福的唯一正确道路。我希望并且相信：班禅额尔德尼先生回藏后，一定能够在毛主席和中央人民政府领导下，同达赖喇嘛更加紧密团结，并在人民解放军协助下，忠实地执行和平解放西藏办法的协议全部规定，为根除帝国主义影响，为巩固祖国边防，为促进西藏政治、经济、文化各方面不断获得发展和进步，为建设一个辉煌灿烂的新西藏而奋斗！"

12月17日 中午，同十世班禅及几位重要随员谈心，介绍西藏内部形势。在全面讲解中央对西藏工作的方针政策时提出，中心问题是认真贯彻执行十七条协议，要主动搞好同达赖和噶厦官员的团结，要估计可能遇到的困难，要有克服困难的信心和勇气，执行协议也要一步一步地去做。嘱咐他们回西藏后"不要急，要照顾全局，首先要做好藏族内部的团结，这样西藏各方面的工作才有希望"。

12月18日 同西北区护送十世班禅进藏干部牙含章、梁选贤和几位派往西藏工作的藏族干部谈话。在谈话中说：（一）在西藏做工作，要采取"稳进慎重"的方针，不能犯急性病。所谓"稳进"，不是不进，而是多用思想，多考虑应办不应办？办了以后，后果如何？这样做，办一步就有一步成绩，并且可以巩固起来。在西藏有些事情宁可迟办，不可急办，不怕慢，只要搞对，否则反而要走弯路。（二）西藏目前主要应搞好统一战线工作。以我们为主体，首先搞好达赖与班禅之间的团结，然后搞民族之间的，宗教界的上层和下层，喇嘛和俗人，农民和牧人之间的团结，组成一个爱国反帝的统一战线。爱祖国、反帝国主义，这是西藏搞统一战线的基础。要争取达赖、班禅到反帝统一战线中来。（三）调查研究，了解和熟悉西藏各方面的各种情况（政治、军事、经济、文化、宗教、风俗、历史等）。要造成一种风气，这就是学习。（四）开始一个时期，我们不要急于派工作组、干部下到"宗"[1]上去。应多开代表会、座谈会、联谊会等，多让各地区的上层分子上来，讲解政策，建立关系。军政委员会成立以后，多采取访问团、调查团、救济组、医疗队等名义，组织各方面的人下到各地去，搞完工作以后回来，采取反复的上来下去的工作方法。（五）对班禅集团要多帮助、多扶植，给他们出主意想办法，在合作中帮助他们进步。对他们落后的方面不要要求太高，只要"大同"就可以，"小异"是要有的。有"小异"又有"大同"，这就是统一战线。遇到重要问题要争，不能马虎；小的问题不要争，要马虎，这就是我们共产党人的原则性和灵活

---

[1] 宗，藏语，意为寨落或城堡，是原西藏地方政府的一级地方行政区划，相当于县。设宗本（县官）一至二人，僧俗并用，掌管全宗粮赋差税等行政事务。

性。(六)西北去的干部要和西南去的干部团结一致,同志间不要有丝毫隔阂,要特别亲密、特别团结才对。随班禅进藏的青海藏民同志还要注意,你们到日喀则后,应与西藏藏民团结一致,应该谦虚,不要骄傲。翌年五月十六日,中共西藏工委听取牙含章转达习仲勋关于西藏工作的谈话要点后,将其印发各分工委,并报告西南局和中共中央。

12月19日 中午,代表毛泽东和中央人民政府为十世班禅及其行辕全体人员送行。班禅一行自西宁启程返藏,于翌年四月二十八日抵达拉萨。

同日 同张仲良、周仁山等继续研究争取项谦归顺问题。

同日 同彭德怀、张治中联名发布西北军政委员会《关于举办中小学教师寒假学习会的指示》。

12月中下旬 收到彭德怀十二月十二日从朝鲜的来信。信中说:西北一年来的各项工作,在你们的领导下均有进步,三大运动成绩尤为显著且稳妥。身处邻邦,好音传来,不胜欣慰!根据现在的情况看,西北工业的发展中心,在三五年内,只能是棉毛纺织和石油,这两项在西北,不仅有充分条件,且有相当基础。纺织的发展,必将带动西北农业和畜牧业的发展。这是西北人民摆脱极端贫困现象的有效办法。因此我们必须克勤克俭,节约其他开支,积极地发展纺织业,并为推广植棉和牲畜做有效的准备。西北石油几乎是全国唯一富源,是国家工业化和国防建设上最重要的基本条件之一,对于开发石油之各项准备工作,特别是勘察钻探和建设新炼油厂,仍应有重点地进行。天宝、天兰铁路工程均极艰巨,唯关系西北工业建设和国防建设甚为重大,须克服困难,争取一九五二年至一九五三年火车通至兰州,并争取一九五五年至一九五六年通至玉门。只要修通了铁路,开发了石油,西北工业即将迅速蓬勃发展起来。新疆明秋冬似乎可开展土改,唯需有大批至少五百个干部学习维文语言,这是新疆少数民族与汉族团结起来最具体最重要的工作之一。今冬明春陕西境内完成土改后,须与明方〔1〕同志商量抽调一批有文化有经验的干部,加以短期训练,转向工业方面,准备迎接一九五二年全国大规模经济建设之需要。

同旬 收到中共(西北)西藏工委全体同志十二月十六日来电。电文说:"经过三个多月的长途行军,越过了千山万水,克服了重重困难,完成了进军任务,同西南兄弟部队胜利会师。现正值我们准备胜利会师大会之际,全体同志莫不万分高兴。我们一致向你保证,绝对遵照你的指示,在干部与战士中继续进行深入的团结教育,坚决在党委的统一领导下,同十八军兄弟部队亲密团结,彻底实现和平解放西藏的决议,共同为建设人民的新西藏而奋斗。"中共(西北)西藏工委到拉萨与中共西藏工委会合后,即行终止。

同旬 收到计晋美、纳旺金巴〔2〕十二月十八日来电。电文说:我们班禅行辕工作队,胜利地到达了拉萨。"我们深知这个胜利是你和光荣的党——共产党给予我们的,使我们真是感激不尽。我们谨以至诚向你保证,一定要同西藏政府地方官员亲密团结,并在这个基础上进而团结全体西藏僧俗人民,坚决彻底全部实现和平解放西藏办法的协议,共同为建设繁荣幸福的人民的新西藏而奋斗!"

同旬 在甘肃、青海两省检查"三反"运动开展情况。在听取两省的工作汇报后说:开展"三反"运动,最主要的是领导干部要有决心,发动群众,大张旗鼓、雷厉风行地进行。要发扬民

---

〔1〕 明方,指马明方。
〔2〕 纳旺金巴,当时为班禅行辕工作队成员。

主，开展批评与自我批评，在广大群众中造成对贪污、浪费、官僚主义现象的憎恨心理。发动群众上下检查，互相监督，表扬好的，检举坏的。贪污和浪费现象在西北一样是严重的。而贪污和浪费又是和官僚主义分不开的。官僚主义者往往只会满足成绩，不敢揭发缺点。在谈到如何处理这些危害人民利益的分子时说：情节严重的要严厉惩办，惩办少数，挽救多数。彻底坦白者，重罪轻处，轻罪免处。在运动中表现积极和检举有功的，给以表扬。自己没有贪污行为，但对贪污现象不采取严肃态度的人，也必须对他们进行严肃的批评。各级组织、各单位的负责人要认真地领导这一运动，使每个干部在运动中受教育，树立起廉洁、朴素、为人民服务的革命工作作风。

12月21日 在西北区中苏友好协会第一次代表大会上当选为西北中苏友好协会总会会长。

12月23日 上午十时，在兰州出席西北军区、第一野战军第一届英模代表大会闭幕会议并讲话。

同日 同彭德怀、张治中联名复信西北电业管理局及直属西安发电厂全体职工，祝贺他们提前超额完成第四季度增产节约计划。

12月24日 出席中共甘肃省委扩大会议，听取甘肃土改工作情况汇报并讲话。其中谈到：（一）土改的总路线是依靠贫雇农，团结中农，中立富农，有分别有步骤地消灭封建剥削制度。土改由谁来领导？毫无疑问地要由无产阶级的政党共产党来领导。这是个老问题，但是在工作中，往往被一些同志忘了。土改中依靠贫雇农，并不是贫雇农来领导这个运动，而是共产党来领导贫雇农，坚决团结中农，中立富农，去打倒地主阶级。这是一条完整的路线。（二）乡村政权确被恶霸、地主、不法分子、反革命及富农所把持的，就要先整顿基层政权，把给恶霸、地主等办事的人清洗出去,再去土改。(三)对地主阶级大、中、小应区别对待。要把一些政策问题更具体地作出规定,一定要明确。(四)反封建的统一战线问题。在甘肃,民族、宗教、阶级,三者有一个搞不好,就会出问题。宗教不完全反对土改,教主不完全是地主阶级。从青海来看,首先是民族问题,其次是宗教,在青海教主中百分之十才是地主,因此在其他百分之九十的教主中,有形成反封建统一战线的可能性。就是百分之十的地主,也要做他们的统战工作。凡在土改中抱中立,或暂不反对土改的人都要采取统战的态度,分化、瓦解地主阶级,扩大农村反封建力量。土改是推翻地主封建剥削制度,而地主阶级的个人,还存在着,思想影响仍然存在,这就需要我们更加谨慎,做更多的工作,简单急躁是会发生毛病的。(五)土改中一定要给农民进行民主教育,建立民主观念,提高觉悟,批判驳斥那些不民主的旧的风俗习惯。没收是对地主阶级的斗争,分配是农民内部问题,要用教育调解的方法解决。

12月26日 视察甘肃天水北道埠车站,到甘谷以西工地察看桥梁、隧道、路基,看望职工,对他们刻苦耐劳的精神表示勉慰,鼓励他们进一步发挥主人翁的劳动创造精神和爱国热忱,增加生产,厉行节约,完成一九五二年通车兰州的任务。

12月30日 同彭德怀、张治中联名发布《关于西北区财经系统增产节约一万五千亿元[1]的报告》。《报告》说:西北财经委员会提出的增产节约一万五千亿元的计划任务,是全西北的重要任务。各级人民政府必须加强对财经部门工作的领导,经常进行督促检查,为全部实现这个任务而奋斗。政法、文教系统各部门,亦应本此精神,提出所属范围内的精简节约计划和任务。

---

[1] 此处为旧人民币。

同日 致信中共中央并转彭德怀，报告西北地区工作。信中说：浦安修〔1〕同志带来的信敬悉。读后得到很大启示，决遵所嘱办理。兹再奉告下列数事：（一）我于本月十三日代表毛主席前赴青海欢送班禅返藏，顺便检查了甘、青两省工作。他们一年来工作均有很大成绩，以抗美援朝运动发动了群众，又以镇压反革命与土地改革运动巩固了群众基础。土改工作是在健康而正确地发展着。在发动群众的广度和深度来说，这在以往是没有过的。正由于这样，民族团结关系更加巩固了，各民族在思想感情上起了变化，都认识到天下劳动人民是一家的道理了。土改之后民族团结的基础是可以巩固地打下了。现在不是这类地区能改不能改的问题，而是谨慎掌握，继续稳步前进的问题。甘、青、宁三省的土改，新疆的减租，均将于明年春耕前全部结束。新疆的土改明年秋后开始，可望五三年春耕前基本结束。（二）我这回又到了天水，视察了一天铁路修筑情况。据我了解的情况看，明年九月即可通车兰州。天兰路的工程，给我们的教训太大了。官僚主义和旧的资产阶级的一套是会搞坏一切的。从这里得出经验，不论学校、工厂、企业、矿山，凡没有强的干部掌握，都搞得一团糟。这就提醒我们，凡是国家的重要事业都必须迅即有计划地派人去管，否则，都会浪费国家的财产，而且拖长了建设时间。（三）今年粮棉丰收，畜牧工作较差。现正召开水利、农林、畜牧劳模会议及这三方面的专业会议。由于有了经验，有了更多地区的土改，下手早，雨雪多，明年的大生产，预料是不会坏的。（四）"三反"正在各系统各机关普遍地深入开展，这不仅给国家积累了大批资金，而且在党内思想上来一次彻底整顿。没有这个整风运动，不仅快要到来的大规模经济建设无法进行，就是

---

〔1〕 浦安修，彭德怀妻子。

明年这一年的紧张工作也将大成问题。其他知识分子思想改造运动及加强文教工作，都正在拟订计划或进行中。有些报告已寄交您，有些报告随后寄上。有何指示，盼抽暇见复。祝您身体健康，并贺新年！

1952年　三十九岁

1月1日　上午十时，在西安解放电影院出席西北区、陕西省、西安市各级干部和劳动模范参加的元旦团拜会。在讲话中说：去年的工作很繁重、很紧张，各项工作一步紧跟一步。我们要建设一个新民主主义的社会（将来还要走向社会主义和共产主义社会），就要依靠发动群众进行不断向前发展的各种运动。我们的前程远大，停滞不前，是不会达到目的地的。各级党和人民政府必须用最大努力，积极领导群众开展一个普遍高涨的爱国主义的增产节约运动。全体国家机关的工作人员，必须抓紧时机，推进整风，反对贪污、浪费现象和官僚主义现象。

1月2日　出席西北首届农林、水利、畜牧劳动模范代表会议，作题为《为争取今年农业生产战线上的伟大胜利而斗争》的讲话。在讲话中说：这次劳动模范代表会议，就其规模之大，范围之广，在西北来说是第一次。过去陕甘宁边区曾经开过几次这样的会议，但从来没有能够像这次这样，聚集了这么多民族和各方面的代表。今后这样的会，还要召开。通过这样的会议，交流并推广好的生产经验，检查我们的生产情况，加强我们的领导方法，为今年的大生产运动创造有利的条件。劳动模范要关心政治，不仅要成为生产战线上的模范，同时要成为热爱国家的模范。埋头生产，不过问政治，是不对的。劳动模范要密切联系群众。没有群众，就没有劳动模范。如果劳动模范离开了群众，就不可能有带头、骨干和桥梁作用，也就谈不上什么模范了。每一位代表要去掉骄傲自满的情绪，加紧学习，学政治、学科学、学技术、学文化。在谈到一九五二年的农业生产时说：要更多地增加粮食，各方面都应集中力量围绕提高单位面积产量来开展工作。有效方法是增施肥料，用各种方法积肥，特别注意多养猪、羊和大牲畜。青海、甘肃、陕南等地农具奇缺，要继续采取增加贷款、群众互相调剂和相互合作的办法去解决。西北多山地区，应特别重视小型水利，有计划有重点地修建蓄水池。还要积极防治病虫害，继续贯彻"防重于治"的方针，推广优良品种，确保粮棉增产目标的实现。五日，出席闭幕会。在会上提出，要依据群众自愿互利原则，大力提倡农村合作互助运动。

1月4日 在办公室收听西安市宣判贪污罪犯大会实况录音广播，发现宣判的十四名罪犯中有七名是事先审核过的，另有吕成群〔1〕等七名罪犯未报经批准且定刑过重。大会结束后，即召集有关负责人开会研究。在讲话中说："共产党和人民政府的政策，是教育广大群众和广大干部起来清洗这些污毒，肃清贪污、严禁浪费、纠正官僚主义，提高干部，挽救干部，改进工作，建立优良的社会风气。因此要发动大家进行大胆的检举和真诚的坦白，坚决贯彻坦白者重罪轻办、轻罪免办的方针。只有对那些罪恶重大又坚不坦白改悔者才严厉惩办。""如果定刑过重，就违背了这一方针，就使群众不能正确了解政策，并会给贪污犯法的人增加顾虑，而阻塞真诚坦白和大胆检举的道路，对整风运动的开展是有妨害的。"我们不要以为运动来了，办重一点不要紧，这是对政策不严肃的表现。运动出了偏差，只要我们发现了，就应该坚决地立即纠正过来，不致一偏再偏，应使运动始终在党的正确领导下正确进行。认为已经宣判了，将错就错，也是对政策不

---

〔1〕 吕成群，原为中国人民银行西安分行北关办事处练习生。

严肃的表现。我们共产党和人民政府就是这样严肃地对待政策，不恰当就修改，使全体人民和全体干部更了解政策，更坚决地贯彻政策，我们的整风运动就会更健康地发展下去，旧社会遗留下来的污毒就会更彻底地清洗干净。

同日 同彭德怀、张治中联名发布西北军政委员会命令：本日所宣判的十四名罪犯，其中张怀武〔1〕等七人盗卖军用物资，贩卖毒品，扰乱金融一案，业经本会事先审核批准。吕成群等七犯案情，经本会审核后，认为科刑偏重，应作改判。

1月6日 上午，出席西北区一级机关处长以上干部大会，作题为《发动群众，深入开展反贪污反浪费反官僚主义斗争》的讲话。在讲话中说：从前一个时期运动中暴露出的问题来看，贪污、浪费现象和官僚主义现象，在西北地区是非常严重的。"对于贪污、浪费和官僚主义现象，如果不加以彻底肃清，它们就会腐蚀我们的党、腐蚀我们的政府、军队及一切财经机构和一切革命的群众组织，使我们许多干部身败名裂，给我们的国家造成极大的灾害，一句话，就有亡国、亡党、亡头的危险。"反对贪污、反对浪费、反对官僚主义的斗争必须在全区党政军民、内外上下、城市乡村以及全体人民中同时开展起来，必须普遍动员，并以财政经济机关和事业部门为重点进行检查。"只要我们坚决、彻底地把这个运动贯彻下去，就一定可以把我们身体里的病菌——即严重的贪污腐化分子，诊断出来，清除出去。""坚决地把侵蚀到我们肌体中的政治微生物来一次大清除、大洗涤，让阳光普晒一遍吧！""让我们大家努力，把革命的队伍整顿得更坚强，更有战斗力！"

1月8日 主持召开西北军政委员会第六十四次行政会议，

---

〔1〕 张怀武，原为解放军某部汽车队队长。

通报视察甘肃、青海两省土地改革，"三反"运动及天兰路工程情况。会议基本通过西北民政部关于西北区级一九五二年度编制案，批准西北财经委员会关于一九五二年度西北区国民经济计划编制暂行办法草案，通过常黎夫关于成立西北军政委员会政治法律委员会的意见。

同日 就西北军区党委开展"三反"运动的意见，复函张宗逊并西北军区党委并报中共中央。复函说：军区直属机关、部队决定从一月初起，花二十天时间，集中力量开展"三反"斗争，下定这个决心，做这种部署，是十分正确的。从最近中央通报的各大区经验看，军事机关特别是后勤系统，贪污浪费问题之多且严重，恐不下于地方财经系统，现已发现的，可能还是浮在表面的和较小的一部分，要彻底弄清情况，必须充分发动群众，先从领导上严格地检讨起。请注意依中央一月四日的指示，参照西南的经验，争取在"三反"斗争的战线上打一个歼灭性的大胜仗，这对于我们今后的军事建设和国家经济建设有重大意义。

1月10日 就护送十世班禅额尔德尼·确吉坚赞返藏经过和入藏干部应做好民族工作致电毛泽东。电文说：我去年十二月十二日遵命代表主席前往青海，欢送班禅返回藏，班禅十五日（卜定好的吉日）由塔尔寺出发，住西宁三天，十九日即由西宁出发，向香日德前进，现已抵达该地，正做长途行军准备。我十四日又用一天时间向行辕人员和随班禅入藏的汉族干部三百余人，做了一次报告，主要以彻底实现和平解决西藏办法的协议为题，并提到入藏后，应注意的一些问题。我入藏干部应根据实际情况做好民族工作，防止过急过高要求。内地藏族聚居地区暂不进行土地改革，喇嘛寺的土地不管在藏族或汉族地区，目前均应不动为好，特别是佛教寺院的土地过早征收于我不利；在游牧区亦不应提"反恶霸"口号，半农半牧区也要宣布一条，不进行土改。有了以上措施，才可大大地安定牧区人民和发展牧区经济。十三日，毛泽东批示："请李维汉、刘格平[1]二同志商复。习仲勋同志的意见值得注意。"

1月15日 复信罗毅[2]并中共中央新疆分局、西北区各省（市）委。信中说：在大、中、小学校学生中，一律不进行"三反"斗争，已进行者一律停止。在中学生中只进行"三反"教育、树立勤劳朴素及爱护国家和人民财物的观念就对了。至于坦白会、斗争会更加不应该在学生中随便举行。在学校行政上是否进行"三反"，如何领导，均请陕西省、西安市文教机关酌情解决。此复罗毅同志并告教育部、教育厅、文教局注意。

1月20日 出席西北区一级机关增产节约委员会召开的处长以上干部大会，作题为《将反对贪污、反对浪费、反对官僚主义运动再推进一步》的讲话。在讲话中说：现在仍有一些负责干部，当反贪污、反浪费、反官僚主义斗争猛烈开展后，表现出慌张和无能。有的对自己的缺点、错误，不肯老老实实地彻底检讨，像挤牛奶一般，一挤再挤，总不干净，陷于被动和困难的地位；或是将群众批评，一包袱揽起，给自己戴上许多帽子，大而无当，思想上并未解决问题。这都是由于无产阶级思想觉悟不高，马克思列宁主义和毛泽东思想太少，个人主义还很多的缘故。正确的道路，是在思想上深刻检讨，和大家一同前进。今后，必须抓紧时间彻底清查所有贪污浪费事件，在工商界中开展反不法行为的运动，罪大恶极的奸商必须严厉惩办。

---

[1] 刘格平，时任中共中央统战部副部长、中央人民政府民族事务委员会副主任委员。
[2] 罗毅，时任中共中央西北局青年工作委员会副书记、青年团西北工作委员会书记。

1月25日 致信《群众日报》。信中说：在"三反"运动中，我们已经收到很多群众来信，他们从爱国热情出发，积极检举机关工作人员中的贪污分子、浪费分子和官僚主义分子。这些信件，不论署名与否，都已立刻交付西北局纪律检查委员会、西北人民监察委员会或其他有关机关，并责成他们认真去查办。我希望各地党和人民政府的领导机关都能够以认真的负责的态度去处理群众的检举信件，多多听取群众的意见，使广大人民得以经过各种方式参加到反贪污、反浪费、反官僚主义的伟大运动中来。请将此信在报上刊出，我在这里，特向所有给我来信的人们致谢。翌日，这封信在《群众日报》刊出。

1月26日 中共中央发出《关于首先在大中城市开展"五反"斗争的指示》，要求在全国大中城市向违法的资本家开展反对行贿、反对偷税漏税、反对盗骗国家财产、反对偷工减料和反对盗窃经济情报的斗争。"五反"运动到本年十月结束。

2月1日 向毛泽东并中共中央报告西北地区"三反"斗争发展情况及组织打"老虎"战役的办法。报告说：（一）大区级机关的"三反"，从去年十二月中旬开始，今年一月六日重新动员后，开展了群众斗争，在春节前，一般做完民主检查和一般贪污现象大体普遍暴露的两个阶段。各省市到地委一级斗争都展开了，取得很多成绩。（二）西北局于昨日召开七十多人的高级干部会议，传达主席必须组织打"老虎"战役的指示，宣布不打完"老虎"不收兵的决心，提出找寻"老虎"线索六条。（三）为领导好战役，已派定几个主要战线的指挥官，从十几个非重点单位抽出五十多个骨干，增援重点单位督战，准备再抽第二批，组织预备队。（四）以打"老虎"作为"三反"斗争中的一个主要阶段，而后转入普遍处理问题，清算资产阶级思想，健全制度，改进工作，深入反官僚主义斗争的阶段。（五）城市工商界"五反"

斗争，已发一个指示，春节前西安、兰州已打了一些胜仗，决由西安市从今天起全线出击，与大区机关"打虎"战役紧密配合，并逐渐向中小城市扩展，拟于四月前结束战役。（六）各省县一级已动起来，"三反"运动影响已经到了下边。我们准备趁势将"三反"斗争推行到区、乡中去，于春耕前普遍进行一次民主运动，清除贪污，停止浪费，密切干群关系，改变风气。

同日 毛泽东致电张宗逊并告习仲勋。电文说：西北军区所属各级军区和各军二月全月应深入进行"三反"，着重反贪污，尤其着重"打老虎"，"老虎"不捉干净不许收兵，不许整编。

2月2日 下午五时，在西安新城大楼设宴招待中国人民志愿军归国代表团西北分团、朝鲜人民访华团西北分团全体代表。

2月6日 上午，主持召开西北军政委员会第六十五次行政会议。会议讨论并批准西北区开展"三反"运动目前情况和今后计划的报告，关于西安市机关"三反"运动和工商界开展"五反"运动目前情况和今后计划的报告，以及西北农林部关于开展春耕运动的意见。在讲话中说："三反"运动是为大规模经济建设作思想准备、政治准备和扫除腐朽传统影响的运动，是新民主主义社会的最基本的生活教育。如果这个运动搞不彻底，大规模的经济建设就难以顺利进行。

2月10日 同张治中向周恩来并毛泽东报送《西北军政委员会一九五二年春季工作综合报告》。报告说：（一）西北区级机关四十六个单位七万余人的"三反"运动，开始于一九五一年十二月中旬。同月下旬，运动进入民主检查和坦白检举阶段，暴露了不少问题。各省、市和专区级的"三反"运动于去年十二月和今年一月初先后进行。县级机关的贪污问题也很严重，区乡干部贪污钱物虽少，但面很广，群众极为不满，所以必须深入下去，在县、乡、区进行一次发动群众参加的"三反"运动。（二）西安、兰州、西宁、银川等主要城市工商界的"五反"运动于一月间先后开始进行，春节前尚停留在一般号召、思想酝酿、部分坦白检举、摸索试办和取得经验的过程。（三）根据主席和中央指示，去年十二月十一日第六十二次行政会议通过了西北区高等学校教职员思想改造的学习计划，成立了学习委员会。时间预定为六个月，大体分五个步骤。十二月二十九日召开了学习动员大会，即正式开始。目前结合机关"三反"运动与工商界"五反"运动深入学习。

2月11日 出席中共中央西北局召开的西北区、陕西省、西安市三级高干会议，听取"打虎"经验总结。在讲话中说：十天来取得这样的成绩，最主要的一条就是和右倾思想作了不断的斗争，当然还有中央和毛主席的督促，各级同志指挥正确以及全体战斗员的勇敢斗争。讲话又强调：要保持清醒头脑。第一要正确掌握方向，第二要抓住重点，第三方法、步骤要对头，克服群众中出现的简单急躁情绪和蛮干做法。

2月13日 致电毛泽东。电文说：中央一级二月一日审判七名大贪污犯的办法和一波[1]同志的讲演，影响很好，对我们攻取大贪污犯极为有利。西北大区可仿行中央办法在二月十五日后也开一次审判大会。但中央原拟在二月十六日再召开一次公审贪污犯大会，最好推迟到二月下旬，则更为有利。十五日，毛泽东复电："二月十三日电收到。（一）中央一级不准备对中小贪污犯举行审判；（二）西北大行政区准备在二月审判一批贪污犯是好的，应选择一亿元[2]以上的大贪污犯，暂时不要审判一亿元以下的。并请先以量刑要点电告。"

---

[1] 一波，指薄一波。
[2] 此处为旧人民币。

2月14日 向毛泽东报告西北区"打虎"工作。报告说：为实现西北全区"打虎"计划，务必：第一，和右倾思想不断作严格斗争。第二，党委统一领导，各系统各部门分工负责，两者配合，不可偏废。省军区、军分区一定要省委、地委管。各专业机关又一定要本系统负责具体帮助。第三，密切指导，严密控制。发通报，传经验，教办法，多做检查，以先进教落后，随时改正错误。坚持可疑错，不可打错，防止逼供信。撤职、逮捕、判徒刑，须经超两级批准。无期徒刑、死刑批准权概归军政委员会。第四，还要注意某些偏僻角落、小小单位也有"老虎"。穷乡僻壤无虎或虎少论，必须驳倒。资产阶级影响并不因高山深沟便隔绝的。十七日，毛泽东将习仲勋的报告转发各中央局、大军区、志愿军负责人。毛泽东批语说：各级军区的"打虎"工作，一定要受中央局、分局、省市区党委和地委的统一领导，否则不利，你们已经注意这点，很好。"可疑错，不可打错，防止逼供信"，提得很好，在运动到了高潮时期，必须唤起同志们注意这一点。你们规定判徒刑须经超两级批准，判无期徒刑和死刑概归大行政区军政委员会批准，这是适当的。但撤职逮捕只宜一般规定须超两级批准，在"打老虎"的紧张期间有些须迅速处理者，在证据确实的条件下，应给可靠的主持人及其组织以当场处理之权，然后再上报追认。

2月19日 上午，到陕西长安县检查指导"三反"工作，并召集县委和各区负责人开会。在讲话中说：三级干部会议是开展县、区和乡村中"三反"斗争最基本的工作方法。采用这个方法，有四个优点。第一，以县委为首脑，吸收各区干部参加，组成坚强的领导核心，可防止偏差，使运动循正规发展。第二，把全县主要干部集中到县上开会，特别是区、乡主要干部到县上来，等于暂时在工作地区实行回避，可以解除群众顾虑，便于发动群众大胆检举。第三，全县主要干部集中起来进行"三反"，可以在短时期内集中力量进行检查，经过发动坦白、检举运动与领导上的调查研究相结合，可以弄清绝大部分贪污分子的情况。第四，可以弄清大部分县、区干部的问题。讲话还说：在进行土改的地方，必须以首先完成土地改革为第一位的任务。到春耕时，任何地方必须以春耕为压倒一切的中心任务，春耕前的生产准备也要保证做好。土地改革是为了生产，"三反"斗争也是为了生产。

2月20日 主持召开西北军政委员会第六十六次行政会议。会议讨论开展防旱抗旱运动问题，并决定成立西北区生产防旱委员会。在讲话中说：在西北，争取农业丰收的关键问题，就在于和旱灾作斗争。防旱抗旱工作的重点，是开展群众性的兴修水利运动。各级人民政府必须贯彻执行政务院关于大力开展群众性的防旱抗旱运动的决定，做好今年的水利工作，改进现有渠道的管理，合理用水，扩大灌溉面积；必须大力发动并领导农民，因地制宜地、尽可能地利用各种水源兴修水利；各级政府应由行政首长亲自负责，以农林、水利、民政、银行、贸易、合作社等机关为主，成立生产防旱机构，区、乡也要成立生产防旱办事机构；在防旱抗旱中必须充分吸取和发扬群众的经验，研究和采用各种简易有效的利用水源的办法。目前，反贪污、反浪费、反官僚主义运动正处于紧张阶段，但不能因此放松了领导生产的工作。各级有关生产单位应抽出一定人力，进行防旱抗旱和春耕的监督和检查。二十五日，同彭德怀、张治中联名发布西北军政委员会《关于开展防旱抗旱和春耕运动的指示》。

2月23日 同彭德怀、张治中联名发布西北军政委员会《关于一九五二年农业生产贷款工作的指示》。指示说：一九五二年农贷工作的首要任务是贯彻中央关于大力开展群众性的防旱抗旱运动的决定，结合一九五二年西北区农业增产计划，依据组织群众、改进技术、提高单位面积产量的方针，按各地具体情况，有重点、有计划地扶助农民兴修水利、推广新式农具、供应肥料、防治病虫害及解决贫苦农民缺少耕畜的困难，以利农业丰收。

2月24日 毛泽东致电习仲勋。电文说："中央宣传部同志们根据他们检查《群众日报》二月五日和七日的言论，有一个电报给西北局宣传部，提出了批评。我不明了西安市'五反'斗争的实际情况，不知中央宣传部的批评是否适当。请你对西安市的工作加以检查，并以你的意见电告为盼。"此前，中共中央宣传部于二月二十三日就西安《群众日报》发生右倾错误给西北局宣传部发出指示，对《群众日报》二月五日刊载的西安市协商委员会扩大会议的报道等材料提出批评，认为报道和言论违背中央历次指示的方针，表现了严重的右倾思想：主张"五反"运动不是反击资产阶级进攻的一次阶级斗争，而是资产阶级内部的事情；主张这场斗争所依靠的力量不是工人阶级，而是资产阶级自己；主张这场斗争的领导权不属于工人阶级，而属于资产阶级；主张进行这一斗争的方针不是发动群众，而是由资产阶级的一部分去反对另一部分。

2月28日 向毛泽东报送检查西安市"五反"斗争的报告。报告说：中央宣传部对西安市《群众日报》的批评完全正确。《群众日报》二月五日和七日关于西安市两个会议的报道和言论以及西安市某些负责同志的发言，确有严重错误。在西北局的帮助指导下，西安市纠正了"五反"初期发生的右的倾向。

2月29日 主持召开西北军政委员会第六十七次行政会议。会议听取和研究西安市"五反"运动进展情况及意见的报告。

2月 在张稼夫报送的由陈宪章[1]起草的香玉剧社捐献义演的总结报告上批示:"爱国主义的典范。"并接见常香玉夫妇,询问他们的生活和剧社状况。对常香玉说:你和你的剧社,倾注全力,用自己演出的收入,捐献一架飞机,这对志愿军,对全国人民都起到了很大的鼓舞作用。香玉同志,你是当之无愧的爱国主义的典范。你们的爱国壮举,在全国乃至国际,都有很大的影响。

3月6日 甘肃省夏河县拉卜楞寺举行活佛嘉木样六世"坐床典礼"。同彭德怀、张治中向嘉木样六世赠送"加强民族团结,为建设人民祖国而奋斗"的锦旗。

3月上旬 就西北区反贪污斗争作出指示。指示说:要在克服松劲思想和简单急躁情绪的基础上,把资产阶级安在革命内部的堡垒扫荡净尽,不打彻底,不准收兵。我们的革命事业不但不会因为清除了这批贪污分子而减弱,恰好相反,大批优秀干部涌现出来了。各单位领导干部必须迅速从斗争中把大量的优秀分子物色出来,提拔到各个领导岗位上去。

3月14日 主持召开西北军政委员会第六十八次行政会议。会议批准召开西北区一级机关临时人民法庭宣判贪污分子大会计划的报告,批准关于财经系统"三反"运动及各项业务工作布置情况的报告,批准西安市开展"五反"运动最近情况的报告,通过成立西北区机关生产管理委员会及人选名单。

3月25日 主持召开西北军政委员会第六十九次行政会议。会议批准西北区高等学校开展"三反"运动情况的报告和防旱春耕工作情况的报告。在讲话中说:一个月来的防旱和春耕工作是有成绩的。目前,工作的中心问题在于加强具体领导,而具体领

---

[1] 陈宪章,常香玉丈夫。

导的关键，又在于深入检查，发现和适时解决生产中的困难问题，克服形式主义。各级人民政府必须继续抽派大批干部下乡工作，县级机关应将主要力量放在乡上。各级领导必须采取和推广各地成功经验，抓紧培养劳动模范、发展和提高互助组织、发动竞赛这三个环节，领导与推动防旱、春耕及全部农业生产工作。

3月28日 出席中共西安市委召开的"五反"斗争工作总结会。在讲话中说：西安市的"五反"斗争已取得基本胜利。"五反"只是反对资产阶级的不法行为，我们过去是现在还是保护正当的工商业。要加强对工人群众的教育，不但要使他们勇敢地起来斗争，而且要使他们学会斗争，懂得什么该斗，什么不该斗，并且懂得怎样斗法，既不为资本家的欺骗所迷惑，又善于正确地运用又团结又斗争的政策。我们的队伍必须纪律严明，行动统一，反对无纪律状态，反对一切逼供现象。

4月1日 主持召开西北军政委员会第七十次行政会议。会议听取西北卫生部关于西北区春季防疫工作情况的报告，通过西北人事部关于西北区各级人民政府、党委及人民团体编制意见的报告。

4月3日 下午五时，同张治中、马明方、方仲如在西安新城大楼设宴招待中国人民志愿军归国代表团西北分团团长李雪三和朝鲜人民访华团西北分团团长洪淳哲一行。

4月4日 周恩来就处理山西、陕西两省间滩地问题致电习仲勋并转陕西省委，并告山西省委。电文说：西北局三月二十日电及转来陕西省委电均悉。（一）山西、陕西两省间荣（河）、韩（城）、朝（邑）、永（济）一带的滩地问题，确须联系到治理黄河而谋根本解决的办法。但为解决目前的纠纷并照顾到农民当前的实际困难和农民现时的觉悟程度，不能不先行采取调剂土地的办法，再从长计议根本的解决办法。荣河、韩城间的滩地纠纷即本此精神处理,现已完全得到解决。朝邑[1]、永济间的滩地纠纷也应按同样原则处理,否则也无以说服山西的农民和干部,此点必须首先肯定。(二)陕西来电所提因春耕在即,来不及拨地,可暂不拨地,仍由朝邑农民耕种。但双方应积极继续进行协商,商定拨给永济农民的土地,可于秋收后交割,并按政务院一九五一年五月十六日电解决荣、韩农民抢种纠纷之原则,给得地户以适当的租额。(三)至于陕西提出的划一部分林场或拨一部分林场收益给永济农民的意见,以及山西过去提出的先拨一些可耕荒地给永济农民的意见,均请转嘱双方省府代表所组成之滩地委员会根据具体情况协商解决之。(四)你的意见如何,望告。

4月7日 晚十时,在《西北军政委员会关于开展农业爱国增产运动的指示》稿上批示:这些活动"大大地发挥了农民的生产积极性和爱国热情,有力地推动农业生产迅速恢复和发展","创造了各种主要作物的丰产纪录和全国小麦的最高丰产纪录"。

4月9日 中共青海省委就进剿昂拉项谦匪部致电中共中央西北局。电文说:"我们认为过去坚持争取是正确的,但在动员各族上层争取了十七次,依然无效,且使匪势渐大的今天,应速围剿比拖有利。"一九五一年九月至一九五二年四月,青海省委、省政府先后十七次派遣专人前往昂拉说服项谦,未有结果。一九五二年二三月间,项谦三次策动千余人进扰贵德等县边境地区,袭击人民解放军,又派人潜至同德、兴海、都兰等县策动煽惑,妄图扩大叛乱。

4月11日 中共中央西北局就进剿青海昂拉匪部请示中共中央。电文说:(一)在剿土匪名义下去打,项谦如被俘,带在西宁好好相待,对项谦等昂拉部落上层人物的财产一概不动;

---

[1] 朝邑,旧县名,1958年并入陕西大荔县。

(二)进剿同时召开青海协商委员会,召集各族各方面人士,"说明我们多次争取经过,解释政策外,还要对我们过去在统战工作上、牧区工作上的一些缺点,主动做自我检讨,使他们心服,安定下来";(三)进剿前后,不但要做好当地周围群众工作,而且必须做好争取上层的工作,应争取以前几次去昂拉谈判的头人随军进去工作。二十二日、二十五日,中共中央西北局两次致电青海省委,叮嘱做好各方面工作。二十五日电要求:"在进剿中仍应力争项谦与其他特务土匪分化,只要项谦到时能转守中立,就力争他中立,这样更有利。目前继续积极经过多方面进行政治争取,仍很必要,不可放松。"

4月14日 在中共宁夏省委四月十四日致西北局的"西吉匪情"和西吉叛乱分子杨枝云、马国瑗、马国琏的反动宣传材料上批示:"宣传部拟办:转发甘肃省委并要以此驳斥敌人,揭穿敌人叛乱阴谋,用向匪发传单及召开群众会办法宣传之。"

4月15日 主持召开西北军政委员会第七十一次行政会议。会议批准西北民族事务委员会关于筹备召开西北民族事务委员会第三次委员会议的报告,讨论通过西北军政委员会关于加强老根据地工作的指示,听取关于西北区开展防疫卫生运动情况的报告、关于西安市开展清洁卫生运动情况的报告,通过西北区防疫委员会名单。

4月18日 就陕西朝邑与山西永济间黄河滩地纠纷问题向周恩来报告。报告说:关于陕西朝邑与山西永济间滩地问题,有几点认识。(一)这一问题与永(济)韩(城)问题确有不同,因而似乎不能应用同一原则解决。其不同之点:韩城人民除日寇侵占山西期间未能耕种滩地外,在此以前以后均未脱离滩地,而朝邑滩地自民国十八年平民县[1]成立后，即为十余省难民价领耕种，距今已二十四年之久；永韩滩地有民国二十二年的划界，得据以解决问题，而朝邑滩地远自明初五百八十余年以来，代有纠纷，从无明确界线；二十四年以来滩地由豫鲁等十余省人民开垦种植，才使大部洪荒变为可耕之田。由此，可见今天提出永朝问题已不简单是两省争地，而当中有个第三者，且此第三者价领荒地辛苦垦殖已二十四年，无法着他们分让。（二）民国十六年黄河东迁，十八年设平民县治，在此以前，滩地荒芜，蒲草丛生，野兽土匪出没其间，设置平民县招人领荒开垦，豫鲁难民不畏艰苦，领地开垦。由此可见要从这些人民手中抽调土地，势不可能。（三）黄河出禹门入朝邑后，水势湍急，时常泛滥，现在河道约当明万历时故道，东岸地高，河道日深，水势较定，西岸地低沿河广大地区均在洪水位下，每遇河涨必遭漫没，平时冲刷拍荡，河岸经常崩溃，故沿河只宜植林，防洪护岸屏蔽风沙。土改后沿河宜林地带一律留为林区，正与人民合作造林，如若废林耕种，则为害太大，得地者亦不能解决长远问题，而且显与国家造林政策大相径庭。总之，这一问题必须妥善处理，倘有不慎，便为将来种下恶因。我于五月来京，希望到时约集山、陕有关同志到京，共同寻求解决办法。二十九日，周恩来复电习仲勋并转陕西省委、华北局转山西省委。电文说："四月十八日华北局转关于永、朝滩地问题来电悉。同意俟你五月来京时约集山、陕有关同志商量解决。望山、陕两省委即各指定一位负责同志准备有关材料，等候通知来京，并将现有材料先行寄送政务院。"九月二十三日，为解决陕西和山西两省黄河滩地纠纷问题，政务院发出指示："北自禹门口、南至风陵渡间，以黄河主流为界。主流

---

[1] 平民县，旧县名，1950年并入陕西朝邑县。

以东地权属山西,滩地归山西农民耕种;主流以西地权属陕西,滩地归陕西农民耕种。"一九五三年春,按照政务院上述指示,陕西和山西两省经会商达成《陕西省、山西省两省解决黄河滩地问题的协议》。协议除规定"北自禹门口、南至风陵渡间,以黄河主流为界"外,还规定:"此后,无论黄河主流有何变动,偏东偏西,均以主流为界,不得以任何借口越过主流争地。""双方在沿河两岸不得修筑堤坝,致使主流受其影响。"

4月20日—26日 主持召开中共中央西北局全体委员会议。会议研究"三反"运动、"五反"运动、土地改革运动和经济工作、统一战线和民族工作,以及军队整编和干部调整等问题,并讨论解决陇东叛乱和进剿昂拉匪部措施。

4月21日 同彭德怀、张治中联名发布西北军政委员会《加强老根据地工作的指示》。

同日 中央人民政府公布施行《中华人民共和国惩治贪污条例》。

4月26日 下午五时,同张治中在西安新城大楼设宴,欢送中国人民志愿军归国代表团西北分团和朝鲜人民访华代表团西北分团全体代表。

4月27日 下午五时,主持召开西北军政委员会第五次会议预备会议。在讲话中说:从西北军政委员会第四次会议到现在整五个月,做了三件事:"三反""五反"和生产,取得辉煌胜利。没有"三反",新民主主义国家建设搞不起来。"三反""五反"都是为了洗清旧社会的污毒。在运动中有些人尤其资本家不敢讲话,这次会议大家都讲一下,各方面都弄清楚。在土改中觉悟起来的人民向民主人士算旧账,如向大华公司经理算旧账,我们没有搞好,对这些人要把住,保护他们过关。这次会议要基本解决"三反""五反"中的问题和生产问题。

4月29日—5月2日 出席西北军政委员会第五次会议。会议检查和总结西北军政委员会第四次会议以来五个月的工作，确定以开展增产节约运动为中心的各项工作任务。二十九日上午，在会上作题为《五个月工作总结和当前任务》的报告。在谈到土地改革问题时说：陕西、甘肃、青海、宁夏四省一千五百多万农业人口地区的土地改革，新疆省四百万农业人口地区的减租运动，已基本完成。经验证明：只要依据当地民族人民群众的要求，取得各方面人士的赞同，有共产党的正确领导，由当地民族干部参加工作，并采取完全适合当地环境的工作方法，少数民族农业地区的土地改革是可以办好的。特别重要的，是尊重当地人民群众的宗教信仰和保护畜牧业。我们规定：清真寺、拱北〔1〕的土地，喇嘛寺的土地，一律不征收分配，半农半牧区暂不进行土地改革，农业区一般地主分子在牧区的畜群亦不没收分配，游牧区暂不进行土地改革。这些都是切合实际情况的。但我们工作中还有缺点，土地改革后遗留问题还很多，需要继续深入群众工作，严格按政策办事，做好复查，不可稍有松懈。在谈到"三反"问题时说：一、要迅速定案，依据《中华人民共和国惩治贪污条例》分别处理，要做得又快、又细、又好。除极少数违法乱纪的大贪污犯须严厉惩处以外，对所有诚心悔改的人，要指引他们退赃洗污，给工作做，耐心地教育改造他们，团结他们。二、深入检查浪费，检讨官僚主义作风，普遍提高工作干部的政治觉悟，健全制度，改进工作。"三反"是要反掉国家机关工作人员中的"三害"，而不是要同时反对群众中的一切陈俗旧规，不能

---

〔1〕拱北，阿拉伯语音译，意为圆拱形或八角形建筑。这里指中国西北地区伊斯兰教门宦在其教主的葬地和道堂建造的建筑物，是门宦的活动中心。

把两者混同起来。在谈到"五反"运动时说："五反"运动，是要反掉不法资产阶级分子的"五毒"，并不是反对私人工商业，不是消灭资产阶级。相反，是为了教育和团结民族资产阶级，在《共同纲领》的轨道上发展有利于国计民生的经济事业。讲话还对西北区本年度的农业生产、公营企业、私营工商业和民族工作提出要求，并指出：我们在游牧区的中心任务，是帮助少数民族恢复和发展畜牧业，发展各种副业生产，做好医疗、贸易工作，达到"人旺""畜旺"，逐步改善人民生活，更加促进民族团结。各个少数民族聚居地区应努力推行区域自治，于今年内作出显著的成绩来。

5月1日 出席西安市二十万人庆祝五一国际劳动节大会并检阅游行队伍。晚七时，同张治中设宴招待参加庆祝大会的劳动模范和战斗英雄。

5月2日—7日 出席西北军政委员会民族事务委员会第三次（扩大）会议。会议总结西北地区三年来民族工作的成绩和经验，着重讨论推行民族区域自治问题。

5月4日 向毛泽东并中共中央报告四月二十日至二十六日召开的中共中央西北局全体委员会议情况。关于土地改革，报告说：西北地区关内四省的土地改革现已基本完成。我们取得了一些经验，对民族问题的认识更深刻、丰富了。摘其要有以下三点：一、在民族团结基础上去进行土改。它包含五个方面的意思。第一，要通过当地民族大多数群众的自觉；第二，要有当地民族干部参加工作；第三，要由其本民族群众为主去向少数民族地主进行斗争；第四，要尊重各民族宗教信仰和风俗习惯；第五，一定要先做好争取各民族上层、争取宗教方面人物的统一战线工作，然后去发动群众，不可颠倒过来。二、一定要严格控制。必须筑几道防线：游牧区不宣传土改，也不提反恶霸，不清算；半农牧区暂不土改，靠近牧区的小块农业区也不土改以至不减租；严格保护牧畜业；喇嘛寺土地一律不动，也不提减租；清真寺、拱北、道堂土地暂时一律不动；必须排出各民族、各教派头人名单，坚决保护必须保护的人过关。三、继续放手发动群众。这些地区发动群众的工作，必须作为长期的、艰苦的工作，以为一经土改便万事大吉的想法是错误的。领导上必须不为群众一时的表现（特别是少数积极分子的过激意见）所迷惑，永远保持清醒的头脑。暂时行不通的事情都不要勉强去做，无益之举办了就是有害。这点在群众发动起来时十分重要。关于统一战线和民族工作，报告说：西北地区的统一战线工作，就是在民族与宗教问题上和敌人竞争。我们必须有意识地把各方面有代表性的人物再团结一批，把一切必须争取和安置的人争取和适当安置下来。两年来摸到一条可贵经验，就是保持谨慎，稳步前进。八日，中共中央转发这个报告。批语说："五月四日习仲勋同志的综合报告很好，发各中央局、分局参考。其中所提到的问题，望你们加以注意。"

5月5日　出席中共中央西北局常委会议，讨论新疆工作。

5月初　青海军区剿匪部队对盘踞于贵德县昂拉地区的项谦股匪进行军事进剿。经过多次战斗，股匪大部被歼，项谦带少数人马逃匿于尖扎西南的深山密林中。

5月14日　同彭德怀、张治中联名发布西北军政委员会《关于防治农作物害虫的紧急指示》。

5月17日　出席国营西北第一棉纺织厂开工剪彩典礼。在讲话中说：从今天起，我们就可以生产更多的棉纱和棉布，来满足人民特别是广大农民的生活需要。这显然是个大事情。国营企业今年还有一个重大任务，在年底以前完成一切必要的准备，实行经济核算制，以便明年实行更有计划的生产建设。我们面前摆着新的事物，工作发展要求我们去做从来不熟悉的事情，我们必须勇敢而又勤勉地学习。

5月20日 主持召开西北军政委员会第七十三次行政会议。会议听取西北卫生防疫工作情况的报告、西北劳动部关于《一九五二年一至四月份失业工人救济工作》的报告，批准关于《中国人民银行西北区行一九五二年的方针任务》的报告。在讲话中说：（一）西北各地应普遍开展一个群众性的卫生防疫运动，做到家喻户晓，深入人心。在这个运动的基础上，把卫生防疫工作贯彻下去，使之成为经常的工作，以不断提高群众的卫生防疫知识，增进人民健康。（二）西北文物古迹，应即切实进行整理、修葺，由西北文化部为主，在近几天内召集西安市、陕西省及有关机关，会商计划整理工作。目前还被机关部队占驻的一些名胜古迹，如文庙、大小雁塔等处，应从速迁出。西安市政府注意催办。

5月23日 上午，出席西北民族事务委员会召开的西安市各族代表各界人士庆祝《关于和平解放西藏办法的协议》签订一周年集会并讲话。

5月25日 出席西安市少年儿童积极分子大会。

5月26日 出席中共中央西北局常委会议。会议讨论召开宗教会议问题，听取苏明德〔1〕汇报海固〔2〕情况。

5月27日 主持召开西北军政委员会第七十四次行政会议。会议听取关于民政、保密等工作汇报，讨论通过西北民族事务委员会关于筹组甘南、青海藏区访问团的意见，听取西北文化部关于整理、保管西安市郊名胜古迹的意见。

---

〔1〕 苏明德，时任西北军政委员会公安部副部长。
〔2〕 海固，今宁夏海原县、固原市。

同日 刘少奇就新疆寺院土地和少数民族地区镇反问题复电习仲勋、王震。复电说：应"在你们的土改法令上明白规定保留清真寺、拱北和喇嘛寺的土地。在土改进行中，所有党和政府的工作人员及土改工作队均应向群众明白宣布这条法律，不许含糊或不予宣布，更不许宣布其他办法"。"因为今年要集中最大的力量去进行土地改革，在牧区和半农半牧区就不要同时进行改革。在土地法令上也应有一条规定：土改法令不适用于牧区或畜牧经济，并应在牧区和半农半牧区广泛宣传这条法令，以稳定牧区。""新疆在土地改革中，特别在镇压武装叛乱中是要杀一些人的，但是必须少杀。对于应该杀的人，也大部采取判刑监禁或判死刑缓期，只杀小部，这在少数民族地区是必须采取的政策。这就是镇反问题上对少数民族从宽的原则。"

5月29日 主持召开中共中央西北局农业互助合作工作会议预备会议。在讲话中说：在土地改革已经完成的地区，封建的地主经济已经摧毁，个体农民组织起来发展生产的新民主主义经济就成了农村经济发展的主要趋势。把个体农民逐渐组织起来集体生产的互助合作运动已成为土地改革后农村工作的重点，一切工作应适应这一新的形势而加以新的部署。

6月2日 同张治中向周恩来报送《西北军政委员会平凉慰问团工作报告》。报告说：关于匪乱波及地区的救济、治疗及领导群众复业生产等善后工作，当继续督促当地政府结合深入宣传政策，发动群众，大力进行。

6月3日 主持召开西北军政委员会第七十五次行政会议。会议听取并研究西北民族事务委员会《一九五二年下半年工作计划要点》、西北畜牧部《一九五二年的方针任务与主要工作》、西北民政部《关于目前灾情及救灾工作情况》。在讲话中说：今年西北地区的救灾工作，由于各地普遍认真执行了发动群众和依靠群众、救灾与生产工作密切结合的方针，适时地发放和调剂粮款，解决了灾区群众生产和生活中的困难问题，获得很大的胜利和成绩。今后必须吸取和发挥这些经验，继续和一切灾情作斗争；特别要注意对于一些人民生活向来贫困的地区（如甘肃省有些山区），予以适当照顾和救济，扶助他们恢复与发展生产。

6月6日 上午，出席中共中央西北局农业互助合作工作会议，作题为《关于西北地区农业互助合作运动》的总结报告。在谈到运动的实际情况和发展计划时说：土地改革后，我们一方面应当继续帮助农民个体经济的发展，另一方面又必须坚决引导个体经济经过劳动互助和生产合作逐步走向集体化。我们计划在两三年内，争取一般农业地区有百分之六十到七十的劳动力确实地组织起来；在互助组中，常年互助组争取占到百分之二十左右；每县都试办一个到两三个农业生产合作社。目前组织起来的六十多万个互助组，百分之八九十是小型的、临时性的、简单的劳动互助组。这是一种最初级的形式，适合农民原有的互助习惯，容易被最大多数的农民接受，便利大量发展。常年互助组在陕西多些，其他各省很少，在两年内以稳步发展为宜。农业生产合作社，一个时期还应当控制在试办范围内。在谈到农业互助合作运动的领导问题时说：互助组要办好，第一要有一个有力的、正确的核心；第二要有经常的政治工作，要有共产党和青年团进去工作，离开党的领导不行。党必须办好两件事：一件是在互助合作组织内注意发现积极分子，加以培养，作为骨干，并把一些优秀人物吸收作青年团员和共产党员；一件是对各地互助合作运动实行具体指导，深入群众，了解问题，帮助解决问题，只坐在机关指手画脚是不成的。开互助组代表会议也是训练干部、指导运动的一个办法。还有一个重要办法，叫做抓典型、推广开去。"农村的一切工作都要围绕发展农业生产、发展互助合作运动进行。

我们各项工作都要按照这个新情况，使自己变得适合于这个新任务。做农村工作的同志都要学会组织互助合作运动，做经济工作的同志都要学习这门知识，并且到群众中间认真地工作起来。"这次会议于五月三十日至六月六日召开。

6月8日 签发西北军政委员会《关于育苗采种工作的指示》。

6月9日 上午九时，同张稼夫、杨明轩、王子宜、赵占魁[1]等出席西北区首届工农教育会议并讲话。

6月12日 出席中共中央西北局宣传部召开的西北区高等学校教职员学习委员会党组扩大会议，就思想改造问题和今后工作发表讲话。

6月17日 晚上，出席毛泽东主持召开的中共中央书记处扩大会议。出席会议的除习仲勋外，有刘少奇、朱德、周恩来、陈云、高岗、彭德怀、邓子恢[2]。

6月19日 晚上，出席毛泽东主持召开的中共中央书记处扩大会议。出席会议的除习仲勋外，有刘少奇、朱德、周恩来、陈云、彭真、高岗、彭德怀、邓子恢、薄一波、李富春、李维汉、杨尚昆、安子文。

6月23日 中午，毛泽东同习仲勋谈话。

同日 复电李维汉，商讨民族区域自治方针在新疆推行问题。

6月27日 下午，在中南海颐年堂出席毛泽东主持召开的中共中央政治局扩大会议，讨论新疆问题。会议决定，王恩茂、

---

[1] 赵占魁，全国著名劳动英雄，时任西北军政委员会劳动部副部长。
[2] 邓子恢，时任中共中央中南局第二书记并代理第一书记、中南军政委员会副主席、中南军区第二政治委员。

徐立清〔1〕、张邦英、赛福鼎·艾则孜〔2〕分别担任中共中央新疆分局第一、第二、第三、第四书记。出席会议的除习仲勋外，有刘少奇、朱德、周恩来、陈云、彭真、董必武、林伯渠、彭德怀、薄一波、李维汉、李富春、王震、张宗逊、杨尚昆、安子文、徐立清、刘格平、汪锋〔3〕、包尔汉、王恩茂、张邦英、赛福鼎·艾则孜、高锦纯〔4〕、饶正锡〔5〕。

6月28日 出席刘少奇主持召开的中共中央新疆分局常委会议。会议批评新疆分局在牧区改革上所犯的错误，指出"把农业区的经验机械地搬到牧区是错误的"，同时提出新疆土地改革、宗教工作应当注意的问题，强调在新疆实行民主改革应当执行慎重稳进的方针。

6月—12月 西北军政委员会派出以黄正清为总团长的甘南藏族群众聚居区访问团，到夏河、卓尼、临潭等地宣传中国共产党和人民政府的政策，并协助成立甘南藏族自治区筹备委员会。临行前，习仲勋同黄正清谈话，嘱咐他大胆工作，不要有顾虑。

7月1日 出席中共中央西北局举行的庆祝中国共产党成立三十一周年大会。

7月2日 毛泽东审阅中共中央新疆分局《关于新疆农业区

---

〔1〕 徐立清，当时还任中央人民政府人民革命军事委员会总干部管理部第二副部长，1952年7月任中央人民政府人民革命军事委员会总干部部第二副部长。

〔2〕 赛福鼎·艾则孜，当时还任中央人民政府民族事务委员会副主任委员、新疆省人民政府副主席。

〔3〕 汪锋，时任中共中央西北局统战部部长、西北军政委员会民族事务委员会主任委员。

〔4〕 高锦纯，时任中共中央新疆分局常委、新疆省人民政府副主席、新疆省各族各界人民代表会议协商委员会副主席。

〔5〕 饶正锡，时任中共中央新疆分局常委、组织部部长。

实行土地改革的报告》和《关于在牧区工作的决定（草稿）》，分别将标题改为《关于在新疆农业区实行土地改革的决议（草案）》（一九五二年七月　日新疆党代表会议通过）和《关于在新疆牧区工作的决议（草稿）》。并批示："此两件请周总理今晚即阅，明三日或四日至迟五日由尚昆派人乘飞机直送迪化交习仲勋、王恩茂二同志收，务于七月六日或七日送到勿误。原件应抄存一份。"

7月3日　主持召开西北军政委员会第七十七次行政会议。会议听取西北工业部一九五一年工作总结与一九五二年计划的报告，西北教育部关于西北区一九五二年教育工作的方针任务及发展目标的报告，最高人民检察署西北分署关于西北区第二届各省、市检察长联席会议的报告。

同日　就青海省贵德县尖扎区成立藏族自治区问题，同彭德怀、张治中联名向政务院呈送报告。报告说：接青海省人民政府六月九日报告，贵德县原六区所属尖扎区，连接循化、化隆、同仁交界处，共约一万平方公里，人口二万左右，民族大部为藏族及一部分回、汉民族，因距离贵德县城太远（约二百华里），领导不便，且为民族聚居地区，拟设等于县的行政单位，并已着手逐步进行筹备建立藏族自治区工作。我们考虑同意。至于详细人口、土地、面积、区划图等，待工作进一步深入了解后呈报。

7月5日　中午，同张稼夫、汪锋等从西安出发，前往新疆迪化。

7月6日　上午，抵达迪化。

7月8日　主持召开中共中央新疆分局扩大会议，传达中共中央关于处理新疆问题的精神，并分组讨论。

同日　同张治中向周恩来报送西北军政委员会《关于西北区两月来卫生防疫情况报告》。

7月9日—13日 主持召开中共中央新疆分局扩大会议,听取情况汇报。

7月11日 同彭德怀、张治中联名发布西北军政委员会《关于西北区高等学校及高级中等学校一九五二年暑期招生工作并开展劝学运动的指示》。

同日 青海昂拉部落千户项谦重回尖扎区,放弃武装叛乱和与人民为敌的立场,向人民政府投诚。

7月12日 同彭德怀、张治中联名发布西北军政委员会《关于西北区一九五二年农业税收工作的指示》。

7月14日 中共中央西北局致电青海省委。电文说:"争取项谦归来,不但利于迅速安定昂拉及其周围地区,更重要的是确实地表现我党和人民政府的政策,对争取团结青海各少数民族部落以至对进入果洛区工作和开展甘青川康边工作,打击傅秉勋等匪部都很有益。目前应当首先不动摇地耐心地坚持这条方针。""我们过去十七次争取项谦,以至以后进剿项谦和现在又继续尽力争取项谦,都不是因项谦一人,而是为的争取更多更多的藏族头领,也就是争取更多的少数民族部落。"

7月15日—8月5日 中共中央新疆分局第二届党代表会议在新疆迪化召开,代表中共中央率西北局代表团出席。会议通过《关于新疆农业区实行土地改革的决议》《关于在新疆牧区工作的决议》《关于防止和克服大民族主义倾向的决议》。

7月15日 出席中共中央新疆分局第二届党代表会议并作报告。报告说:驻新疆的全体人民解放军是巩固国防、保卫各族人民利益的强大的可靠的力量,是建设新疆的一个重要的力量,是一支英勇的、顽强的、伟大的战斗队与工作队。新疆工作的成绩,是在新疆分局的领导下所取得的。中央和西北局认为:新疆党的全部工作中,成绩是基本的、主要的。这是十分肯定的。创造这样的成绩，外来干部有份，本地干部也有份，是大家正确体会和执行党中央的路线、政策，与各族人民团结努力的结果。关于牧区工作，报告指出：中央和西北局对牧区工作坚持慎重稳进方针，规定在目前以及今后一个长时期内的工作任务是：肃清土匪，镇压反革命现行犯，安定社会秩序，保护包括牧主经济在内的畜牧业，开展爱国主义教育和医疗、贸易工作，培养当地干部，逐步建设民主政权，团结和争取一切可以团结和争取的人们，努力发展畜牧业。在开展牧区工作的步骤上，首先抓紧安定秩序，开展医疗、贸易工作，培养干部三项基本任务，其他各项工作则依据情况，逐渐推进。有很多事情，明天办是好事，今天办就是坏事。如在今天尚无定牧的条件下，组织牧民定居，便害了牧民，害了畜牧业。所以，"一切决定于时间、地点和条件"，离开具体环境去观察和解决任何问题，都是没有准的。关于宗教问题，报告说："宗教是社会生产发展到一定阶段的必然产物，是群众面对他们所不能理解的、不可抗衡的自然法则与社会法则而求助于神秘现象的表现。封建阶级只是利用了宗教，而不是由他们制造了宗教。因此，宗教不会随着封建剥削制度的消灭而消灭。"关于统一战线问题，报告说："与汉族地区比较，新疆的统一战线工作更加广泛，除开帝国主义分子、反革命分子、地主阶级以外，各民族的各个阶级、阶层、集团、重要人物和地主阶级分化出来的开明人士，都是我们团结的对象。"九月九日，毛泽东审阅修改习仲勋的这个报告，并批示："习仲勋同志的报告很好。惟在说到宗教的时候，他说，'封建阶级及其他剥削阶级只是利用了宗教，而非由他们创造了宗教'，这和历史情况不全适合，故将这一段作了一些修改。其他地方，有一些小的修改。"

7月16日 致电中共中央西北局转张仲良。电文说："阅读青海省委来电，提出以下意见：（一）项谦势穷力孤，走投无路，又因我之正确政策的影响,争取项谦归来的可能性确是很大的。只要将昂拉区的工作做好,不犯错误,就可更快地解决项谦问题。(二)尽速派出项谦信任的汉、藏人员向项谦诚恳表示,只要他决心归来,一定对他负责到底。能将项谦问题尽快解决,则对我好处甚多。(三)也许项谦顾虑很大,用回来试探我们,不管真诚与否,均应以诚相待,以恩感化,我想总会收到效果的。但必须知道项谦已成惊弓之鸟,稍一不慎,即有跑掉可能。不管他在什么情况下采取何种形式逃跑,我都应提高警惕,准备再纵再擒。总要做到他完全信服了我们为止。(四)部队不可全撤,务必留下足够的防守兵力,以防意外。"

同日 晚上,致电毛泽东、中共中央并西北局,报告检查新疆分局工作和新疆分局扩大会议、新疆分局第二届党代表会议的有关情况。二十日,毛泽东复电习仲勋并告西北局:"你于七月十六日晚写的报告今天收到阅悉。我们认为你对新疆情况的分析和解决问题的方针是正确的,望即照此去做。"

7月17日 致电中共中央西北局转张仲良。电文说:"项接来电,项谦已经争取回来,这对安定藏区秩序及开展藏区工作均有重大意义,请青海省委十分妥善的稳定项谦情绪,并从多方面消除顾虑,争取长期靠我。项如目前怕去西宁,可不必勉强,就让住昂拉家中,一切听其自愿,这样也许会早点出来。喜饶嘉措、周仁山等可早去一见项谦。总之,我们的一切工作都是为的打消他的疑惑,不是增加他的顾虑,望严加注意。"

7月18日 中共中央复电东北局并各中央局、分局。电文说:由于经济建设即将成为我们国家的中心任务,党和政府的中央机构必须加强,为此,中央拟于明年初调各中央局书记及其他若干同志来中央工作,并拟逐步缩小各中央局和各大区政府的机构职权。今年六月间,高岗、邓子恢、习仲勋来中央时,中央曾就这个问题和他们交换意见并取得了他们的同意。

7月21日 中共中央西北局致电青海省委。电文说："请切实执行习仲勋同志七月十七日电示各点。务请喜饶嘉措副主席和周仁山等同志早去一见项谦，从多方面消除项的顾虑，争取他长期靠过来。"三十一日，项谦到达西宁，受到赵寿山和张仲良的接见。项谦归顺后，青海省人民政府委任其继续担任昂拉千户。

7月23日 同彭德怀、张治中联名发布西北军政委员会命令，公布西北区第二次民政会议通过的《关于今后民政工作问题的报告》。

7月25日 同彭德怀、张治中联名发布《关于颁发西北区农业税查田定产工作实施办法的指示》。

7月27日 上午十时，前往迪化陈潭秋[1]、毛泽民[2]、林基路[3]、乔国桢[4]墓地祭拜并献花圈。

7月28日 在赛福鼎·艾则孜陪同下，同刘格平飞抵新疆伊宁市，视察民族工作。在机场发表演讲说：新疆解放三年来，

---

[1] 陈潭秋，中国共产党的创始人之一。1939年任中共驻新疆代表、八路军驻新疆办事处主任。1943年9月在迪化（今乌鲁木齐市）被军阀盛世才杀害。

[2] 毛泽民，中国共产党早期党员。1938年到新疆做统战工作，曾任新疆省政府财政厅代理厅长、民政厅厅长。1943年9月在迪化（今乌鲁木齐市）被军阀盛世才杀害。

[3] 林基路，中国共产党党员。1938年到新疆做统战工作，曾任库车县、乌什县县长。1943年9月在迪化（今乌鲁木齐市）被军阀盛世才杀害。

[4] 乔国桢，中国共产党党员。1926年赴广州农民运动讲习所学习，回陕后在关中从事农民运动。1928年后曾任中共井陉县委书记、唐山市委委员兼职工运动委员会书记、顺直省委职工委员会书记。多次被捕，越狱后去苏联治病。1941年回国，留在新疆协助八路军办事处工作。1942年遭军阀盛世才软禁，次年入狱。1945年在狱中逝世。

由于毛主席、中国共产党暨人民政府的正确领导，各民族人民已经摆脱了帝国主义、清代封建王朝特别是国民党反动政府长期的压迫、剥削和奴役，获得了政治上、经济上的平等和自由，成为中华人民共和国各民族友爱合作大家庭的主人之一。今后新疆各民族人民将更紧密地团结在毛主席、中国共产党暨人民政府的周围，把新疆建设得更加美满和幸福。我代表毛主席暨中央人民政府，向勇敢辛劳建设祖国边疆的各民族人民和党、政、军工作人员致以慰问之忱。

同日 下午，到阿合买提江·卡斯米[1]、伊斯哈克伯克·木奴诺夫[2]、阿不都克里木·阿巴索夫[3]、达力立汗·苏古尔巴也夫[4]、罗志[5]陵墓祭奠，并慰问阿合买提江的家属马伊努尔。一九四九年八月二十七日，阿合买提江等五人前往北平参加中国人民政治协商会议第一届全体会议，因飞机失事不幸遇难。

同日 在《新疆日报》发表《对人民来信处理的声明》。《声明》说：自到迪化后，接到各族各界人士及各机关工作干部来函多起，提出一些各地人民政府工作中的问题，已分别转交有关机关认真处理，将办理结果直接通知来信者本人，并报告省人民政府。我认为，这些来信都是很好的，对帮助改进各地人民政府的

---

[1] 阿合买提江·卡斯米，原任新疆省政府副主席、新疆保卫和平民主同盟中央委员会主席。

[2] 伊斯哈克伯克·木奴诺夫，原任新疆伊犁、塔城、阿山（今阿勒泰地区）三区民族军总指挥。

[3] 阿不都克里木·阿巴索夫，原任新疆保卫和平民主同盟中央委员。

[4] 达力立汗·苏古尔巴也夫，原任新疆伊犁、塔城、阿山（今阿勒泰地区）三区民族军副总指挥。

[5] 罗志，原为新疆中苏文化协会成员。

工作，是有益处的。因不及一一作复，特在报端声明，并致谢意。

7月29日 同刘格平在伊宁市召开各民族宗教首领、工商业者暨爱国开明人士座谈会。

8月3日 出席中共中央新疆分局第二届党代表会议本地干部会议。在讲话中说：我们绝不能满足已有的成绩，应该更进一步，团结得像钢铁一样，像一家人一样。这是我们的方向，应继续努力。大家必须了解，我们今天最重要的问题就是团结，只有团结才有力量。希望大家在今后工作中一定要坚持党的原则，只要是为了工作，有意见就讲，不要怕错。新疆各民族要团结。一切工作只有在民族巩固团结的基础上才能取得胜利。维吾尔族应该像兄弟般地与其他民族团结，这是很要紧的。

同日 出席中共中央新疆分局第二届党代表会议外来干部会议并讲话。在谈到团结问题时说：要搞好团结，我们自己要先来。我们不仅要任劳，也要任怨。我们对本地干部，不懂的要教育，有困难要帮助，要讲方式。在谈到土改问题时说：对于土改，应集中力量，一片一片地来搞。这不是慢，而是快。如果大搞，结果出了乱子，反过来再搞，就慢了。

8月5日 出席中共中央新疆分局第二届党代表会议闭幕会。在讲话中说："这次会议的特点，就是充分发扬民主，开展批评与自我批评，用耐心说服方法解决思想问题，不仅是讲求方法，更重要的是讲求效果。这次会议的效果很好。关内来的干部和本地干部都毫无拘束地讲了话，大家都把事实摆出来，大家都开动脑筋，分析问题，辨别是非。""这样，问题弄清楚了，基本政策思想都一致了，结论也就容易做出来了，大家都提高了。"在谈到土地改革问题时说：土地改革既是今冬明春的主要工作，又是今年和明年的中心工作。土改中要注意团结减租反霸运动中的积极分子；为照顾民族地区习惯，土改中不提"男女农民一起发动"的口号；土改既要消灭地主阶级，又要给地主以生活出路；土改是为了发展生产，刺激农民的生产情绪，私有制在今天还是有积极作用的。在领导方面，应贯彻慎重稳进方针，须做艰苦的努力。

8月6日 在王恩茂、包尔汉、赛福鼎·艾则孜陪同下到天山牧区慰问哈萨克族同胞。在讲话中说：哈萨克民族是勇敢、勤劳、优秀的民族，但哈萨克同胞历来是受压迫的。新疆的解放，结束了国民党反动统治者对新疆各族人民的压迫。三年来的各种事实说明：哈萨克人民只有在毛主席领导下，和各民族亲密团结，使社会秩序安定下来，生活才能过好，牛羊才能得到发展。祝哈萨克族牧民人畜两旺，祝哈萨克同胞的生活一天比一天过得更好。

8月7日 离开迪化，前往甘肃玉门油矿视察。晚上，出席玉门油矿举行的欢迎晚会。在讲话中说：在这样一个雪山草地荒凉的戈壁滩上，建设起这样一个规模宏大的石油工业，是一件了不起的事，这是祖国人民的一件伟大业绩。我们现在所做的工作，就是走向社会主义的准备。我们将在现有的基础上展开大规模的建设，希望每个职工发挥工人阶级的责任，加强团结，加强学习。

8月8日 飞抵兰州。

8月10日 同刘格平出席西北民族学院干部训练班第一期学员毕业典礼。在讲话中说：我们在少数民族地区的基本政策，就是《共同纲领》规定的民族平等与民族团结的政策。有平等才能有团结，有团结才能有发展。在平等的基础上求团结，在团结的基础上求进步。要尊重各民族人民群众的风俗习惯和宗教信仰。各级政权必须吸收各方面人士参加，特别是要吸收在群众中有影响的和较好的上层分子参加。团结的面要尽量宽，打击的面要尽量窄。要大量培养本地民族干部，并逐渐提拔到各级领导工作岗位上来，帮助他们提高觉悟和水平。目前我们在少数民族地区的工作任务是：继续争取和联合一切可以争取和联合的人们，努力巩固民族民主统一战线。同学们要好好领会党和人民政府对少数民族工作的基本政策，回到地方后，和当地民族干部团结好，和派去工作的外地干部团结好，努力学习各项政策，将在学校学得的东西与当地实际情况结合起来，将革命热情与慎重稳进的精神结合起来，把工作做好。

8月11日 致电中共中央西北局并中共中央。电文说："甘肃省委正开扩大会议，青海张仲良同志偕项谦亦来此，我打算同他们谈些问题后，于十四日即回西安，关于解决新疆问题的报告随后送上。"

同日 出席中共甘肃省委扩大会议，介绍赴新疆贯彻中共中央六月二十八日在北京召开的中共中央新疆分局常委会议精神的情况，并发表讲话。在谈到牧区镇反工作、统一战线工作和宗教工作时说：牧区镇反必须控制在现行犯与武装叛乱的首要分子。争取上层人士要十分耐心。在牧区有很多事是明天办就好，今天办就不好。统战工作不仅是团结，而且要在团结起来之后起作用，不是为统战而统战，不是团结起来只吃饭和坐冷板凳。"把宗教当成实际工作中的敌人是错误的。宗教能否为敌人利用，就看我们执行宗教政策如何，执行对了就成为我们反封建的力量，执行错了就成为敌人反击我们的力量。"

8月中旬 在兰州接见并设晚宴款待项谦。此前，项谦得知习仲勋因公抵达兰州后，请求谒见，并于八月十日由张仲良、周仁山陪同从西宁赴兰州。在同习仲勋见面时，项谦表示忏悔，并对人民政府长期内多次争取的宽大精神深表感激。项谦说：我过去受了反革命匪徒的欺骗，做了许多坏事，今后一定要为人民做些好事来立功赎罪。习仲勋根据《共同纲领》的民族政策，重申人民政府对待少数民族平等团结的精神，勉励项谦在青海省人民政府的领导下，做好尖扎区各项建设工作。项谦后任尖扎县县长、黄南藏族自治州副州长、青海省政协常务委员等职。习仲勋在一九八四年四月六日同胞弟习仲恺谈收服项谦的往事时说：对于青海项谦的问题，那时张仲良打电话来问我怎么办？我说不能打。项谦是游牧部落的头人，你来了他就跑了，你走了他又来了，他的整个部落又都是骑兵。张仲良说要用五个团的兵力来解决问题，我说五个团也解决不了。后来叫喜饶嘉措去做工作，历史上有七擒孟获嘛，我是八九次。后来毛主席见了我说："仲勋，你真厉害，诸葛亮七擒孟获，你比诸葛亮还厉害！"

8月13日 毛泽东批示同意周恩来八月十日关于改组政务院党组干事会给毛泽东并中共中央书记处的报告。报告提出：鉴于政务院及所属委、部最近进行了人事调整，同时，为了便于照顾整个政府部门的工作，拟扩大原有政务院党组的范围，并更名为中央人民政府党组干事会，直属中共中央政治局及书记处领导。新的政府党组干事会成员，除原政务院党组干事会书记周恩来，副书记董必武、陈云，干事罗瑞卿、刘景范、薄一波、陆定一[1]、胡乔木、李克农[2]、李维汉及齐燕铭[3]等外，拟再增加邓小平[4]、林伯渠、彭真、李富春、曾山[5]、贾拓夫、

---

[1] 陆定一，时任中共中央宣传部部长、政务院文化教育委员会副主任。
[2] 李克农，时任中共中央保密委员会主任、中央人民政府外交部副部长。
[3] 齐燕铭，时任中共中央统战部副部长、政务院副秘书长、中央人民政府委员会办公厅主任。
[4] 邓小平，时任政务院副总理、中共中央西南局第一书记、西南军政委员会副主席、西南军区政治委员。
[5] 曾山，时任中央人民政府商业部部长、华东军政委员会副主席。

习仲勋、钱俊瑞〔1〕、王稼祥、安子文、吴溉之〔2〕、李六如〔3〕、廖鲁言〔4〕等，共计二十四人。拟以周恩来任政府党组书记，陈云、邓小平分任第一和第二副书记，李维汉任党组秘书长，齐燕铭、廖鲁言分任第一和第二副秘书长。二十五日，政务院党组干事会改组并更名为中央人民政府党组干事会。一九五三年三月二十四日，中央人民政府党组干事会撤销。

8月14日 回到西安。

8月20日 主持召开西北军政委员会第八十一次行政会议。会议讨论并批准西北司法部《关于改造与整顿西北各级人民法院的意见》。在讨论中说：司法改革运动，必须是思想改造与组织整顿相结合，以坚决清除资产阶级的旧法观点及贪赃枉法等危害人民利益的恶劣作风，进一步提高人民司法工作在政治上、组织上和思想作风上的纯洁性。各省可依据具体条件，先集中一定地区的司法干部到省上或个别专区，进行一定时期的集体学习，划清新旧司法工作的界限，结合进行思想检查和组织审查，并选择典型事件，向人民进行广泛宣传，启发群众对违法司法人员提出检举，然后根据组织审查，结合检举材料分别进行处理。其中罪恶很大、不法办不足以平民愤的，依法惩办。新疆省只在省院及迪化市院作典型示范。各省专署以下，一般可不必成立司法改革委员会。对于司法干部问题，由西北分院及西北司法部提出具体的调整补充计划，商人事部解决。会议听取并讨论西北劳动部一九五二年上半年工作情况及下半年工作要点的报告，听取西北公

---

〔1〕 钱俊瑞，时任中央人民政府教育部副部长、党组书记。
〔2〕 吴溉之，时任政务院政治法律委员会副主任、最高人民法院副院长。
〔3〕 李六如，时任政务院政治法律委员会副主任、最高人民检察署副检察长。
〔4〕 廖鲁言，时任政务院副秘书长，1952年11月又任中共中央农村工作部副部长。

安部关于西北区禁毒工作情况及今后意见的报告,通过成立庆祝天兰路通车典礼筹备委员会的决定及筹备委员名单,通过干部任免案。

8月22日 致电毛泽东并中共中央,报告检查新疆工作的情况。关于民族工作,报告说:在少数民族地区的一切工作,均须根据民族特点及注意民族情感办事,否则党的政策是不易贯彻下去的。如果不考虑具体情况,详细规定切合实际的政策,工作中就会发生极大偏差。各少数民族发展历史不同,阶级关系不同,民族情感不同,风俗习惯不同,党的政策只有结合这些具体情况,才能把事情办好;否则,就办不好。这已是多次经验证明了的。解决这个问题的基本办法是靠学习,最重要的是学习《共同纲领》,认真研究中央指示文件,学习毛主席的《实践论》《矛盾论》,坚持长期努力,并且抓紧时机,结合实际工作,经常认真地总结经验。今后,中央局应时常派得力人员到底下检查工作,帮助总结经验,多给具体指导;同时严格执行请示报告制度,贯彻中央的方针和政策,才能保证工作中不断有进步,而避免犯大的错误。

8月26日 上午,出席西北军政委员会机关党委召开的第二次党员代表大会,并就加强机关党的建设工作作出指示。

8月 任中央人民政府党组干事会成员、政务院文化教育委员会副主任。九月,任政务院文化教育委员会分党组干事会书记。

9月2日 主持召开西北军政委员会第八十二次行政会议。会议听取方仲如关于西安市"三反"运动总结报告、蔡子伟[1]关于西北区一九五二年上半年农林工作的综合报告、江隆基关于全国中小学教育行政会议的传达报告。

---

[1] 蔡子伟,时任西北军政委员会农林部部长。

9月3日 出席西北区首届林业工作会议，作题为《为绿化西北而努力》的讲话。在讲话中说：我们现在做的事情，不仅要认识中国，而且要改造中国，建设一个更好更美丽的中国。西北的林业工作者，不仅要认识西北的自然环境，还要用森林作武器来改造西北的自然环境，把荒沙地变成森林，使没有树的地方能长起树来。绿化西北，就是西北林业工作者的理想、愿望和方向！西北是黄河之源，也是黄灾之源。水旱风沙的灾害，主要是由于草原和森林的破坏。要消灭这一切灾害，就要恢复并且逐步发展森林。各级人民政府及林业工作者应该多动脑筋考虑这个重要问题，依靠广大的劳动群众，在西北地区开展一个大规模的逐年发展的植树造林运动。我们的老先人从来是很喜欢种树的。汉中有汉桂，唐槐汉柏好些地方都有。这些树木是由于人民的爱护，经历了千百年才被保留下来。林业工作的同志要懂得我们祖先优秀的传统，在应该造林的地方都培植森林，让森林发挥它重大积极的作用。讲话还说：林业工作不仅是经济任务，而且也是政治任务。就西北来说，森林多分布在少数民族地区，需要通过林业工作来进一步密切民族团结。少数民族地区的林业工作，正像少数民族地区的贸易、医疗工作一样，具有重要的政治意义。由于少数民族对于森林和他们生活上的相依关系，就必须重视他们在森林上的利益。

9月6日 在西北人民广播电台发表《普遍深入开展爱国卫生运动》广播词。广播词说：西北地区的爱国卫生运动在四个多月来取得很大成绩，成千上万的群众动起手来，清除了国民党反动统治时期遗留下来的污秽，许多城市和乡村出现了清洁卫生的新气象。这是新中国建设事业中又一个巨大的胜利。各地各单位的负责同志、全体干部和各族各界人民要共同努力，按照"广泛开展、普遍深入、长期巩固"的方针，积极行动起来。要注意建立和健全群众卫生组织和卫生工作制度，并经常由上而下又结合群众由下而上的检查督促。一切有条件的城市，可以先把每个星期六定为"爱国卫生日"，做好清洁检查和卫生宣传教育工作，争取做到"家家卫生，人人清洁"，将来再推广各地。

9月7日 同彭德怀、张治中联名发布西北军政委员会《关于小麦播种工作的指示》。

9月9日 上午九时半，主持召开西北军政委员会第八十三次行政会议。会议听取并讨论西北区增产节约委员会《关于西北区一级机关"三反"运动基本总结》的报告和西北文化教育委员会、司法改革委员会等工作。在讲话中说："三反"运动的收获很大，应该加以很好地总结，特别要注意总结群众活动经验。今后各项工作的总结，都应注意这一点。目前运动已经胜利结束，对一些遗留下来的问题，西北监委会及西北区增产节约委员会要切实帮助和督促各机关以实事求是的精神，审慎妥善地处理。重大问题，应指派专人负责查处。只有妥善解决了这些遗留问题，才能巩固"三反"运动的全面胜利。

9月14日 主持召开西北军政委员会第八十四次行政会议。会议总结半个月来卫生运动开展情况，决定召开西北地区第一届爱国卫生模范代表大会。

9月23日 毛泽东致电高岗。电文说："请你早日来中央着手建立由你担负的工作，何时可来，盼告。习仲勋同志明日可到北京担负中宣及文委会工作。"

9月24日 晚上，在中南海颐年堂列席毛泽东主持召开的中共中央书记处会议。会议听取周恩来关于"一五"计划轮廓问题同苏联商谈情况的汇报，讨论"一五"计划的方针和任务。毛泽东在讲话中提出：我们现在就要开始用十年到十五年的时间基本上完成到社会主义的过渡，而不是十年或者以后才开始过渡。

出席会议的有刘少奇、陈云、彭真，列席会议的除习仲勋外，有彭德怀、邓小平、饶漱石、陈毅、薄一波、聂荣臻、粟裕、罗瑞卿、杨尚昆、安子文。

9月26日 毛泽东审阅修改中共中央关于习仲勋任中央宣传部部长给各中央局、分局的电报，修改后的电文为（加写和改写的文字用着重号标明）："中央决定习仲勋同志为中央宣传部部长，陆定一同志为副部长，并增加凯丰同志为副部长，其他原有各副部长照旧不变。"此时，习仲勋仍担任中共中央西北局第二书记、西北军政委员会（一九五三年一月改为西北行政委员会）副主席、西北军区政治委员。一九五四年十二月，中共中央西北局、西北行政委员会撤销；次年五月，西北军区机关一部与甘肃军区合并，改编为兰州军区。随着西北大区一级党、政、军机构撤销或合并，习仲勋不再担任西北党、政、军领导职务。

同日 晚上，在中南海颐年堂出席毛泽东主持召开的会议。出席会议的除习仲勋外，有刘少奇、朱德、周恩来、陈云、彭真、薄一波、曾山、贾拓夫和各大区财政部门负责人。

9月29日 同彭德怀、张治中联名颁布西北军政委员会令，嘉奖西北铁路干线工程局全体职工。嘉奖令说：你们在修筑天兰铁路工程中，不避艰险，积极努力，提前完成了天兰铁路全线通车的任务，并为国家节约了巨额财富。这不仅为今后西北铁路建设工作奠定了巩固基础，而且对于发展经济建设，巩固国防建设，以及改善人民生活，将起重大的推动作用。这是在毛主席和中央人民政府领导下，伟大祖国建设事业中又一光辉的范例，是全体职工的光荣，也是全西北人民的光荣。希望你们巩固成绩，总结经验，再接再厉，为争取早日修通兰新铁路而奋斗。

9月30日 向杨尚昆书面报告卫生部党组报请中共中央讨论的《中央卫生部党组关于四年来卫生工作的检讨和今后方针任

务的报告》，以及《中共中央关于加强中医工作的指示（草案）》和附件。并提出：因为各大区卫生部门同志来京时间已久，请考虑争取提前安排讨论。

10月1日 参加国庆节观礼。

同日 宝天铁路英烈纪念碑在陕西宝鸡落成。此前，为纪念碑题词：功在西北，永志不忘。

10月3日 为天兰铁路通车题词：庆祝修成天兰铁路的伟大胜利！西北各族人民多年的愿望，解放后三年就实现了，这是一件大喜事。我们必须继续努力，为完成西北铁路干线及一切必须修筑的铁路工作而斗争。

10月6日 下午三时半，毛泽东同习仲勋谈话。

10月8日 下午，出席赴京参加国庆观礼的西藏致敬团和昌都地区僧俗人民代表向毛泽东、朱德、周恩来献旗、献礼仪式，并出席毛泽东、朱德、周恩来同西藏致敬团代表和昌都致敬代表的会见。

10月9日 在中共中央华南分局宣传部《第三季度宣传工作报告》上批示：是否拟复，请熊复[1]同志考虑。

10月10日 晚上，在中南海颐年堂出席毛泽东主持召开的会议。出席会议的除习仲勋外，有朱德、周恩来、高岗、彭德怀、邓小平、薄一波、罗瑞卿、杨尚昆、安子文。

10月13日 晚上，在中南海颐年堂出席毛泽东主持召开的会议。出席会议的除习仲勋外，有朱德、周恩来、高岗、彭德怀、邓小平、薄一波、罗瑞卿、杨尚昆、安子文。

10月15日 下午，毛泽东同习仲勋、包尔汉谈话。

---

〔1〕 熊复，时任中共中央宣传部副秘书长，中共中央中南局文艺工作委员会书记、新华社中南总分社社长。

10月17日 中共中央西北局致电新疆分局、彭德怀、习仲勋并报中共中央。电文说：根据周总理指示，由西北财委组织一工作组到新疆，协助分局具体检查和解决新疆经济工作中的问题。

10月20日 晚上，在中南海颐年堂出席毛泽东主持召开的中共中央政治局扩大会议，讨论贸易问题和农业问题。出席会议的除习仲勋外，有朱德、周恩来、陈云、高岗、彭真、林伯渠、彭德怀、邓小平、薄一波、邓子恢、刘澜涛[1]、罗瑞卿、杨尚昆、安子文、黄克诚[2]、叶季壮[3]、陈正人[4]。二十三日晚，会议继续进行。会议决定一九五二年度农业税为三百三十亿斤小米及其他事项。

10月23日 同沈雁冰[5]、周扬[6]、邵荃麟[7]、王阑西[8]、蔡楚生[9]出席周恩来召集的会议，座谈电影事业的建设问题。

10月下旬 收到钱俊瑞来信，报告苏联对外文化协会代表团和文工团来华情况。

---

[1] 刘澜涛，时任中共中央华北局第三书记、政务院华北行政委员会主任。
[2] 黄克诚，时任中央人民政府人民革命军事委员会第三副总参谋长、总后勤部部长。
[3] 叶季壮，时任政务院财政经济委员会副主任、中央人民政府对外贸易部部长。
[4] 陈正人，时任中共江西省委书记、江西军区政治委员，1952年11月任中央人民政府建筑工程部部长。
[5] 沈雁冰，时任政务院文化教育委员会副主任、中央人民政府文化部部长。
[6] 周扬，时任中共中央宣传部副部长、中央人民政府文化部副部长。
[7] 邵荃麟，时任中共中央宣传部副秘书长兼教育处处长。
[8] 王阑西，时任中央人民政府文化部电影局副局长。
[9] 蔡楚生，时任中央人民政府文化部电影局艺术委员会主任委员、电影工作者协会主席。

10月 同彭德怀、张治中、马明方联名向周恩来并毛泽东报送西北军政委员会《关于一九五二年第三季度工作综合报告》。

11月1日 就"中国新闻社"编制和经费等问题给周恩来并中共中央写报告。报告说：今年五月，中央曾批准成立"中国新闻社"。这个通讯社于九月十五日开始建立机构，二十二日开始试播，十月一日正式开始向海外广播。至今该社编制、开办费和经常费尚未经中央批准，业务上发生极大困难。该社现有干部四十五人，按工作需要共需工作人员一百四十六人。按此编制及工作需要，一九五三年度经常费预算为十四亿九千七百万元〔1〕。该社开办费共需四十二亿五千万元〔2〕。上述开办费、经常费我们认为尚属合理，应请中央批准并由中央财政部核发，至该社费用应在国家预算何种项目内开支，并由何处上级机关审核，请决定，并通知有关部门执行。该社干部尚需补充，请中央组织部审查调配。八日，周恩来批示："即送主席、陈〔3〕、习阅。拟予原则同意，即请仲勋同志邀集安子文、李维汉、李初梨〔4〕、胡乔木、廖承志〔5〕、熊复六同志一谈，看'中国新闻社'的组织、编制、人选及工作方针是否合适，是否大了一些。商定后，即以其开办费和经常预算列入文教概算内交中央财政部审核批发。"

11月3日 出席政务院文化教育委员会分党组会议。七日，向周恩来、毛泽东并中共中央报告会议讨论情况。报告说：（一）会议着重研究一九五三年扫盲工作方针和教育部原拟在明年全面

---

〔1〕 此处为旧人民币。
〔2〕 此处为旧人民币。
〔3〕 陈，指陈云。
〔4〕 李初梨，时任中共中央对外联络部副部长。
〔5〕 廖承志，时任中共中央对外联络部副部长。

展开扫除文盲运动问题。我们详加研究后，认为这样做是有困难的，也是不适当的。明年的扫盲方针只能是：准备干部，重点试办。其理由有以下几点：第一是明年开始五年计划，不管城市或农村都集中力量搞经济建设。第二是干部问题。教育部计划扫除一千五百六十万文盲，需要六十万师资。其中十五万专任师资，依靠吸收失业知识分子解决，其余四十五万则拟抽调区乡干部兼任。这样一个庞大数目，再加上这些人的成分复杂，撒出去如无党政方面的有力领导和控制，是会出大乱子的。第三是明年一年都是很忙迫的，即到冬季也不会有很多时间来搞扫盲工作。基于以上原因，明年应以大力准备干部，只在城市厂矿开展扫盲工作，并选择经济发展，交通便利，人烟稠密的地区重点试办。（二）关于准备召开宗教工作汇报会议问题。拟于十二月上旬召开一次党内的宗教工作汇报会议，约各地宗教工作负责人来京汇报，并研究一九五三年工作计划和对策。（三）加强文委的干部配备问题。

同日 晚上，在中南海颐年堂列席毛泽东主持召开的中共中央政治局会议。毛泽东在讲话中提出：消灭资本主义工商业要分步骤，一是要消灭，一是还要扶持一下。出席会议的有朱德、周恩来、陈云、高岗、彭真、林伯渠，列席会议的除习仲勋外，有邓小平、邓子恢、薄一波、谭震林[1]、罗瑞卿、刘澜涛、杨尚昆、安子文。

11月4日 出席中共中央宣传部会议。会议讨论中国文联全国委员会扩大会议的准备工作及斯大林文章的学习问题。

11月5日 《群众日报》刊登习仲勋为中苏友好月"苏联

---

[1] 谭震林，时任中共中央华东局第三书记、华东军政委员会副主席、华东军区副政治委员。

影片展览"的题词：为加强中苏友谊及推进我国建设而奋斗！

11月6日 在青年团中央书记处的信及报送的团华北工委关于华北中等学校的基本情况和学校青年团的工作方针报告上批示：可刊《宣传通讯》或整理摘要刊《宣教简报》。

11月7日 下午五时，同周恩来等出席苏联驻华大使馆临时代办顾德夫举行的庆祝十月社会主义革命三十五周年招待会。

11月9日 在刘良模[1]报送的《出席德国基督教民主同盟第六届代表大会的报告》上批示：送乔木[2]同志阅，退何成湘[3]，似可用通报方式传各地宗教事务处知道这些消息。

11月10日 在范长江[4]十一月八日报送的赴东欧文化教育考察团关于波兰文化教育考察简报和请示上批示：此件很有参考价值，可刊宣传通讯。另抄一份先送总理阅。范长江在请示中说："仲勋同志：东欧文化教育考察团的第一个简报，主要报告了波兰在教育方面的一些情况，其中关于开展技术教育和思想改造的经验，有些参考价值。此件可否在宣传通讯上发表。"简报说：波兰已于一九五一年扫除文盲，学龄儿童全部入学，幼儿园相当发达；波兰的高等教育依据国家经济建设计划来制定发展计划、培养建设干部；波兰很注意保存和整理民族文化的遗产。

同日 主持召开政务院文化教育委员会分党组会议，讨论一九五三年一二月间准备召开文教工作会议、高等学校招生名额及调整报刊等问题。十三日，致信周恩来、毛泽东并中共中央，报告会议情况。信中说：会议议题主要是总结一九五二年文教工作

---

〔1〕 刘良模，时任中国基督教抗美援朝"三自"革新运动委员会筹备委员会书记。
〔2〕 乔木，指胡乔木。
〔3〕 何成湘，时任政务院文化教育委员会办公厅主任、宗教事务处处长。
〔4〕 范长江，时任政务院文化教育委员会副秘书长。

和讨论通过一九五三年文教工作计划，并着重讨论教育、卫生两方面的任务方针，另外还准备组织一些典型报告，表扬好的，批评坏的，以资策励。关于教育部计划一九五三年从高中毕业生、工农速成中学毕业生、高中二年级提早毕业的学生以及高中程度的产业工人、店员、机关干部和失学青年、失业知识分子中招收高等学校学生十一万一千五百五十人的问题，我们认为，这样会把高等学校的学生质量降低，非根本计，同时师资来源和校舍建筑等都有困难。此事应量力而行，稳步前进，把招生名额缩小到九万至九万五千人。全国高等学校在院系调整和思想改造后，一般的反映是好的，有成绩的，但我们党如何进一步加强高等院校的教育工作，目前仍是一个问题。

同日 晚上，在中南海颐年堂出席毛泽东主持召开的中共中央政治局扩大会议。出席会议的除习仲勋外，有朱德、周恩来、陈云、高岗、邓小平、薄一波、邓子恢、谭震林、刘澜涛、罗瑞卿、杨尚昆、安子文。十二日晚，会议继续进行，与会人员增加彭德怀、黄克诚。

11月上旬 收到周扬十一月三日报送的《关于第一届全国戏曲观摩演出大会的报告》《演出节目初步评奖意见》。

11月11日 在中央人民政府铁道部《关于大连铁路医院对地方诊疗问题处理意见》上批示：大连铁路医院问题可由卫生部、铁道部商定办法后，派员到大连商市委处理。我同意今后凡属此类文件均由总理办公室处理。

11月13日 在中国人民大学关于聘用苏联专家工作情况简报上批示："可作编刊宣教动态。"简报说：人民大学在创办之初，根据"教学与实际联系、苏联经验与中国情况相结合"的教育方针，决定聘请大批苏联专家，接受苏联高等教育建设经验，培养新中国的各种建设干部。专家们在学校工作中发挥了高度的国际主义精神，但也存在一些问题，须引起注意。

同日 在中共江苏省委宣传部《天主教情况报告》上批示：成湘[1]同志研复。

11月15日 向周恩来报告十一月八日政务院文化教育委员会第四次常务会议情况。报告说：会议讨论了卫生部召开第二届全国卫生会议的问题。全国卫生会议的主要目的是总结三年来的卫生工作；总结今年的爱国卫生运动，评选模范工作者和模范单位，举行爱国卫生运动展览会；研究一九五三年工作计划；讨论医药教育问题；大会预定十二月初开。二十六日，毛泽东在贺诚[2]十一月六日关于将在十二月上旬召开第二届全国卫生会议的报告上批示："此次会议准备工作甚为重要，应和习仲勋、胡乔木同志商酌，并在文委党组加以讨论。"

同日 下午，出席中央人民政府委员会第十九次会议。会议通过《中央人民政府关于改变大行政区人民政府（军政委员会）机构与任务的决定》《关于调整省、区建制的决议》《关于增设中央人民政府机构的决议》。在会上被任命为中央人民政府国家计划委员会委员。

11月16日 复信胡锡奎[3]。信中说："关于人民大学办学方针问题，经请示周总理，提出以下意见，即：以现有财经、政法系科为基础，再求巩固和发展，暂不办自然科学和文学艺术部分，本此制订明年的工作计划。以后，财经学院可考虑并入人民大学。至于是否与北京大学合并？需等两三年后看情况再定。请考

---

[1] 成湘，指何成湘。
[2] 贺诚，时任中央人民政府卫生部副部长、中央人民政府革命军事委员会总后勤部副部长。
[3] 胡锡奎，时任中国人民大学副校长、党组书记。

虑这个意见。我于今晚赴西安，需半月至廿天方回，那时再面谈。"

11月20日 向周恩来、中共中央报送《对卫生部党组关于召开第三届全国卫生行政会议报告的意见》。《意见》说：会议应贯彻今春主席对军委卫生部工作批示的精神，在最近文委党组检查卫生部工作的基础上，对过去几年的卫生工作作进一步的检查和总结；就今后卫生工作的方针任务，特别对工矿卫生、中医问题、城市医疗、爱国卫生运动、医学教育等的具体方针任务作充分讨论，再在此基础上讨论一九五四年工作计划，安排明年工作；会议可分两步进行，第一步开党内会议，第二步开行政会议。

11月26日 致信周恩来。信中说：中苏友好月宣传要点及口号，已经多次修改，现在大体可用。请审阅。因为时间紧迫，这两个文件可否以中苏友好协会总会的名义交新华社发出。登在报上，不用中宣部名义内部打电报，这样好处多。请批示。

11月下旬 在西安主持召开中共中央西北局扩大会议。

12月1日—6日 西北军政委员会文化教育委员会第四次全体会议召开。会议期间，发表讲话。在讲话中说：今天国家建设工作中最大的困难就是人才不足，文教部门的任务就是为国家培养大量的建设人才，任何轻视文教工作的倾向都是极其落后的思想。制订文教计划，首先必须把过去的工作来一番大检查，发现问题，解决问题。要把基数搞清楚，一切数字的提出都要有根据，对各项工作要求都要有一定的标准和规格，必须讲求质量，不许盲目发展，反对多多益善的铺摊子思想。一切部门的领导人都必须自己动手制订计划，掌握重点。文教工作的重点首先是教育工作和卫生工作，教育工作首先又应以办好大学教育和中学教育为重点；卫生工作以继续开展爱国卫生运动、培养干部和办好门诊为重点；扫除文盲工作以"准备干部、典型试办"为重点。要加强对旧剧改革的领导，对于大量存在的为广大群众所喜闻乐见的民族艺术形式，必须予以充分的注意。

12月4日 致电毛泽东、周恩来并中共中央。电文说：我回西北已经十五天了，原拟月初返京，事后接子文[1]电话，遵主席指示将中央十二月一日电示各项问题安排后再回中央。西北局扩大会议有各省、市委书记参加，此次会议虽中心议题只有一个调整商业，但涉及的方面很广，不能就调整商业而调整商业，必须与调整商业同时将全盘工作加以考虑和安排，不然，中央调整商业的精神仍无法贯彻。在讨论中，大家一致认为中央关于调整商业的指示很正确很及时。目前在商业问题上所犯的"左"的倾向，和全国一样是存在的，只是在地区上有若干程度的差别，不及时纠正，则有盲目发展下去的趋势，其结果会造成国家经济建设中的很大困难。中央指示的正确性就在于停止了这些冒进，将走向社会主义的远大前途与具体步骤结合起来了，将脱轨的经济发展扭转过来，稳步前进，这在全党说来是十分重要的一个问题。我认为真正结束"五反"就是这次调整商业。关于改变大区机构问题，我拟于六七日两天召开一次军政委员会会议，从组织到人事作一通盘安排，我十日后即可返京。七日，中共中央致电习仲勋并告各中央局负责同志：十二月四日来电收到。我们认为你们意见是正确的，并将此电发给各中央局参考。

12月7日—8日 主持召开西北军政委员会第六次会议，作关于改变大行政区人民政府（军政委员会）机构与任务问题的报告。报告说：为了适应即将开始的全国大规模的统一的有计划的经济建设和文化建设，改变大行政区人民政府（军政委员会）机构与任务的措施，是完全正确和必要的，也是符合于实际工作情况和国家利益、人民利益的。按照中央人民政府的决定，军政委

---

[1] 子文，指安子文。

员会改为行政委员会，宣布了军事管制时期的结束，标志着建设工作的开始。这次机构改革不是减轻了我们的责任，而是加强了我们的责任，以后的工作要做得更好更细致。报告还提出关于改变西北军政委员会机构与任务的实施方案（草案）及各部门主要干部配备的意见。

12月8日 出席中共中央西北局和西北各省负责人举行的欢送座谈会。在讲话中说：从内心讲，我和西北人民是有深厚感情的，确实不想离开西北人民，不想离开多年相处相知的你们。我理解毛主席要我到新的工作岗位上去锻炼，希望同志们特别是五省的人民能谅解我，我一定按毛主席的教导虚心向内行学习，争取尽快熟悉新的工作。希望大家在今后的工作中，不忘西北五省的特点，要联系多民族地区的实际，尊重民族风俗习惯、宗教信仰，与各民族和宗教头领搞好关系，实事求是，坦诚相见；尊重民主人士，爱护他们，搞好团结，虚心听取他们的意见，使他们感到有职有权。我们是多年的战友，你们都了解我，我是一个直人，不会转弯，不论是党内还是党外，都是实事求是，坦诚相见，相互之间心中有什么话都可以讲，我有错误你批评，你有错误我批评，这就是我和大家相处的原则。

同日 晚上，同张治中、马明方设宴招待中国人民第二届赴朝慰问团第二分团全体团员。

12月16日 回到北京。

12月18日—26日 主持召开天主教工作汇报会，讨论《关于天主教今后方针任务的指示（草案）》。在讲话中说：这次会议主要是要搞清情况，总结经验及确定明年的方针与任务。宗教工作我们摸了一年多，但还未摸到门，还缺经验。宗教问题很多、很复杂，很值得研究。二十六日，出席闭幕会。在讲话中说：做宗教工作的同志要善于争取党委对宗教工作的领导。今后天主教的工作大体分三个阶段：发动群众驱逐帝国主义分子；筹组全国天主教革新机构；考虑召开全国性神长会议，推选全国总主教。

12月20日 在胡乔木转来的朱穆之〔1〕就新华社对外新闻编辑部聘请外国顾问的请示上批示：我同意。送总理核示。

12月21日 向毛泽东报告中共中央西北局扩大会议、西北军政委员会第六次会议情况和西北地区工作。报告说：第一，两个会议主要讨论调整商业问题和改变大行政区机构与任务等问题，概括总结了三年准备工作，并着重研究了在进入经济建设时期的领导作风问题，这对各省市的领导同志很有益处。全党三年来着重完成社会改革任务，一般的习惯于"大刀阔斧"的工作方式，而不习惯于"精雕细刻"的工作作风，但在进入经济建设时期，领导思想上必须来个转变。特别在党内有一部分人满足于过去的成绩，看不见工作的缺点，更意识不到今后建设任务的繁重和艰苦，这是很危险的。目前工作中的主要缺点是形式主义很多，追求数量，不讲质量，计划性很差，粗打冒算，盲目办事，形成到处紧张，疲惫不堪，浪费很大。为此，必须明确中心任务，要有重点，有先后缓急地去办。今后的中心任务就是经济建设，即城市以工业建设特别是重工业建设为主，农村以农业生产互助合作运动为主，并须稳步前进，讲究质量。第二，关于调整商业问题。根据中央的指导精神，我们提出了调整商业的办法和步骤，取缔某些地方对私商不适当的限制，并鼓励和组织私商经营工业品，特别是手工业品和土特产品。但是，必须注意，不要在调整商业中过分加重消费者，特别是农民消费者的负担。在纠正"盲目冒进"的倾向时，也须防止"盲目冒退"。公营的发展必须给予适当控制，零售营业额的比重，在西北主要城市一般不

---

〔1〕 朱穆之，时任新华社副总编辑。

突破百分之二十五是适合的。此外，报告还汇报了西北人民生活和公粮负担以及民族工作情况。

12月22日 晚上，在中南海颐年堂列席毛泽东主持召开的中共中央政治局会议，讨论修建福建铁路问题。出席会议的有朱德、周恩来、彭真、林伯渠，列席会议的除习仲勋外，有薄一波、李富春、李维汉、刘澜涛、杨尚昆、谢觉哉[1]、安子文、陈伯达、胡乔木。

12月25日 出席中央人民政府高等教育部成立大会暨中央人民政府高等教育部与中央人民政府教育部联合举行的部长就职典礼大会。在讲话中说：过去三年，教育部在完成恢复工作方面有很大成绩，提前完成了发展教育事业的准备工作。今后国家要开始进行大规模有计划的建设，过去的教育领导机构已不能适应新形势的需要，必须分成两个部来管理国家的教育事业。新的任务要求有计划地进行，要分清缓急，集中力量办好重点教育事业，不要单纯追求数量，要着重注意质量。目前的中心工作是订计划。计划要订得好，必须一方面反对保守主义；另一方面要防止把计划订得太大，不切合实际。

12月29日 晚上，在中南海颐年堂出席毛泽东主持召开的中共中央书记处扩大会议。出席会议的除习仲勋外，有朱德、周恩来、陈云、彭真、高岗、彭德怀、邓小平、薄一波、罗瑞卿、杨尚昆、安子文、陈伯达、胡乔木。

---

[1] 谢觉哉，时任中央人民政府内务部部长。

1953年　四十岁

1月1日　下午六时，在中南海怀仁堂出席中央人民政府举行的元旦团拜会。

1月5日　中共中央发出《关于反对官僚主义、反对命令主义、反对违法乱纪[1]的指示》。

同日　下午，在中南海颐年堂出席毛泽东主持召开的中共中央书记处扩大会议。出席会议的除习仲勋外，有朱德、周恩来、陈云、彭真、高岗、彭德怀、邓小平、陈毅、薄一波、安子文、罗瑞卿、杨尚昆、陈伯达、胡乔木、李维汉、赖若愚[2]等人。

1月8日　周恩来就各大行政区行政委员名单报告毛泽东并朱德、陈云、彭德怀。报告说："关于各大行政区行政委员会名单，经与各大区再次商酌，昨夜又与小平[3]、维汉[4]两同志审核，业经确定。其中各大区副主席因许多区均在增加，故西北区最后亦增加了四人，内中三个少数民族，据习仲勋同志认为是恰当的。全部名单均与各大区通了电话商量，又经过在京各中央局书记的考虑，已可最后定案。"

1月13日　下午，中央人民政府委员会第二十次会议召开。

---

[1]　反对官僚主义、反对命令主义、反对违法乱纪，当时称为"新三反"。
[2]　赖若愚，时任全国总工会秘书长兼政策研究室主任，1953年5月任全国总工会主席、书记处书记、党组书记。
[3]　小平，指邓小平。
[4]　维汉，指李维汉。

会议一致通过《关于召开全国人民代表大会及地方各级人民代表大会的决议》，决定成立以毛泽东为主席的中华人民共和国宪法起草委员会，成立以周恩来为主席的中华人民共和国选举法起草委员会。朱德、宋庆龄〔1〕、李济深〔2〕、李维汉、习仲勋等三十二人为宪法起草委员会委员。

同日 毛泽东为送阅中共中央山东分局纪律检查委员会《关于反对官僚主义、反对命令主义、反对违法乱纪的意见的报告》，致信刘少奇、周恩来、朱德、陈云、高岗、彭德怀、邓小平、邓子恢〔3〕、董必武、林伯渠、习仲勋、彭真、薄一波、安子文、陈伯达、胡乔木、杨尚昆。信中说："关于领导责任和领导方法问题——领导的集中或分散的问题，在山东表现得颇严重，在向明〔4〕这个报告中算是解决了。此问题，不但在山东有，在各地也是有的，在中央也是有的。在过去的中央会议上，我曾几次提出过这个问题。向明的报告请你们一看。中央一月五日的指示附后，请少奇、子恢二同志一阅。"

同日 晚八时半至十二时，主持召开中共中央宣传部部务会议。会议讨论决定以下事项：一、建立部务会议制度。确定每星期二上午九时开部务会议，每次会议时间两小时；吸收各处处长参加的传达和讨论重要政策的会议，每月两次。二、确定在每年

---

〔1〕 宋庆龄，时任中央人民政府副主席。

〔2〕 李济深，时任中央人民政府副主席、全国政协副主席、中国国民党革命委员会中央主席。

〔3〕 邓子恢，时任中共中央农村工作部部长、中共中央中南局第二书记并代理第一书记、国家计划委员会副主席（副主任）、政务院财政经济委员会副主任、中南军政委员会副主席、中南军区第二政治委员。

〔4〕 向明，时任中共中央山东分局第二书记并代理第一书记、山东省人民政府副主席、山东军区副政治委员。

六月至八月之间,召集一次全国宣传工作会议。三、宣传部的机构和干部配备。决定撤销电影处,出版处分为报纸处和出版处。四、对中苏友协工作提出初步意见。中苏友协以各人民团体为会员,一般不吸收个人会员,也不收会费。五、贯彻《中华人民共和国婚姻法》的宣传。会上,习仲勋还通报了正在召开的各大行政区文委主任会议情况。

同日 出席政务院文化教育委员会召开的各大行政区文化教育委员会主任会议,作一九五三年文教工作计划的报告。报告说:如何制订正确的计划,是文教工作所面临的新课题。订计划必须对过去的工作进行全面系统的检查,使今后文教工作分清主次,区别先后缓急,有计划按比例地发展。要反对本位主义、局部观点,也要反对不合乎国家的根本长远利益的片面的"群众观点"。全部文教工作必须与经济建设密切结合,为经济建设服务。总的方针是:整顿巩固,重点发展,保证质量,稳步前进。一九五三年文教工作的主要任务是:大力整顿和办好高等教育与重点专业教育,适应培养经济建设人才的需要;继续开展群众性的爱国卫生运动,研究改进公费医疗卫生工作中的缺点,加强城市、工厂、交通线、农林种植场的医疗卫生机构工作队;调整和加强科学研究机构和科学工作者队伍,发展有关国家工业农业建设与国防建设的勘测研究工作;提高劳动人民、特别是工矿区人民的文化艺术生活和文化水平;大力整顿和充实文教基础组织,控制数量,提高质量,克服混乱和不巩固现象;加强对外宣传及联络工作;继续进行文教工作人员的改造运动;加强文教工作中的政治思想领导,切实改进领导作风和工作方法。二十一日,出席会议并发言。二十四日,出席会议并作总结报告。会议于一月十三日至二十四日召开,着重讨论一九五三年全国文教工作计划,讨论各大行政区、省(市)文委的工作任务和机构编制问题,并对五年文教建设计划的轮廓初步交换意见。

1月14日 中央人民政府委员会第二十一次会议召开。根据会议决定，彭德怀任西北行政委员会主席，习仲勋、张治中、马明方、杨明轩、赛福鼎·艾则孜、马鸿宾、黄正清为副主席；同时免去彭德怀西北军政委员会主席，习仲勋、张治中西北军政委员会副主席的职务。二十七日，西北行政委员会在西安正式成立，西北军政委员会同时撤销。

1月16日 晚上，在中南海颐年堂出席毛泽东主持召开的中共中央政治局扩大会议。出席会议的除习仲勋外，有刘少奇、朱德、周恩来、陈云、高岗、彭真、董必武、林伯渠、彭德怀、邓小平、邓子恢、薄一波、曾山、聂荣臻、黄克诚、张宗逊[1]、罗瑞卿、陈伯达、胡乔木、李维汉、安子文、赖若愚、邓颖超、胡耀邦[2]。

1月19日 下午，在中南海颐年堂出席毛泽东主持召开的中共中央政治局扩大会议。出席会议的除习仲勋外，有刘少奇、朱德、周恩来、陈云、高岗、彭真、董必武、林伯渠、彭德怀、邓小平、邓子恢、薄一波、罗瑞卿、陈伯达、胡乔木、李维汉、刘澜涛、胡耀邦、赖若愚、安子文、曾山。晚上，继续开会，讨论兵工问题。出席人增加聂荣臻、黄克诚、张宗逊、赵尔陆[3]、黄敬[4]、王鹤寿[5]、杨立三[6]。

---

[1] 张宗逊，时任中央人民政府人民革命军事委员会第四副总参谋长。
[2] 胡耀邦，时任中国新民主主义青年团中央书记。
[3] 赵尔陆，时任中央人民政府第二机械工业部部长。
[4] 黄敬，时任中央人民政府第一机械工业部部长。
[5] 王鹤寿，时任中央人民政府重工业部部长。
[6] 杨立三，时任中央人民政府人民革命军事委员会总后勤部副部长，1953年10月任中央人民政府人民革命军事委员会财务部部长。

1月20日 上午九时至十时，主持召开中共中央宣传部部务会议。会议讨论中央宣传部各处与政府文教机关所属重要事业单位建立政治上的联系，以及民主人士的学习等问题。

1月22日 下午，在中南海颐年堂出席毛泽东主持召开的中共中央政治局扩大会议，讨论李富春提出的关于兵工生产与建设的五年计划。出席会议的除习仲勋外，有刘少奇、朱德、周恩来、陈云、高岗、彭真、彭德怀、邓小平、邓子恢、薄一波、聂荣臻、黄克诚、张宗逊、曾山、赵尔陆、黄敬、王鹤寿、杨立三、萧向荣、陈锡联[1]。

同日 将宗教工作汇报会议给中共中央的报告及关于天主教工作的请示报送周恩来、毛泽东并刘少奇、朱德、高岗、邓小平。

同日 在陈克寒[2]关于中共鞍山市委要求增加报纸份数的请示报告上批示："请之静[3]同志商克寒拟一原则，以便以后统一掌握及答复要求增加报纸份数者。"

1月27日 上午九时至下午一时，主持召开中共中央宣传部部务会议。会议讨论中共中央马恩列斯著作编译局的工作、中国人民大学的办学方针、中央宣传部的干部配备和组织检查工作组的问题。会议认为，中国人民大学的主体是财经各系，依照中央指示和国家建设的需要，该校应以办好财经各系，建设成为一个综合性的财经大学作为今后长期工作的方针。其余政法部分，应并入北京大学，并尽速办理。这个大学办好了，即可经常为财经系统各部门训练比较专门性的干部，甚为重要。请凯丰[4]再

---

[1] 陈锡联，时任中国人民解放军炮兵司令员。
[2] 陈克寒，时任中央人民政府出版总署副署长、党组书记。
[3] 之静，指包之静，时任政务院文化教育委员会计划局新闻出版处处长。
[4] 凯丰，指何凯丰，又名何克全，时任中共中央宣传部副部长，1953年3月又任中共中央马列学院院长。

召集该校党组开会，打通思想，作出决定，呈中央批准后实行。会议同意中央人民政府文化部党组提出的意见，调张庚任中国戏曲研究院副院长；沙可夫任中央戏剧学院第一副院长，李伯钊任第二副院长。

1月29日 下午，在中南海颐年堂出席毛泽东主持召开的中共中央政治局扩大会议，听取刘少奇关于率领中共中央代表团出席联共（布）十九大情况的报告。出席会议的除习仲勋外，有周恩来、朱德、陈云、彭真、高岗、董必武、林伯渠、邓小平、邓子恢、饶漱石、薄一波、罗瑞卿、胡乔木、陈伯达、刘澜涛、曾山、安子文、杨尚昆、胡耀邦、赖若愚、黄克诚、张宗逊、李维汉、刘晓[1]、萧华[2]、凯丰、贾拓夫。

2月1日 晚上，在中南海颐年堂列席毛泽东主持召开的中共中央书记处会议。出席会议的有刘少奇、朱德、周恩来、陈云、彭真，列席会议的除习仲勋外，有高岗、邓小平、薄一波、李维汉、胡乔木。

2月3日 上午九时至十二时半，主持召开中共中央宣传部部务会议。会议决定：（一）批准张稼夫的报告，中国科学院访苏代表团预定二月中旬出发，五月底回来。（二）党委宣传部的来信，由乔木批复，熊复协助；报社的来信，由邓拓[3]答复，报纸处协助；文教机关党组的来信，由习仲勋批复，钱俊瑞[4]协助。来信应随到随处理，做到及时答复。（三）今后文委各单位的报告，应同时送文委党组、政务院总党组、中宣部、中央各

---

〔1〕 刘晓，时任中共中央华东局组织部部长、纪律检查委员会书记，中共上海市委第二书记兼市委党校校长。

〔2〕 萧华，时任中央人民政府人民革命军事委员会总政治部副主任。

〔3〕 邓拓，时任人民日报社社长。

〔4〕 钱俊瑞，时任政务院文化教育委员会秘书长。

一份。文委系统有些部门长期不向中央作报告的情况必须坚决改变过来。中宣部办公室和各处负责督办,各处更应负责就重大政治性、政策性问题向中央写报告。文委各部门向下发的指示,也应抄送各省、市以上宣传部一份,便于检查工作执行情况。

同日 下午,在中南海颐年堂列席毛泽东主持召开的中共中央政治局会议。会议讨论《中华人民共和国全国人民代表大会及地方各级人民代表大会选举法(草案)》、周恩来准备在全国政协一届四次会议上作的政治报告稿。出席会议的有刘少奇、朱德、周恩来、陈云、高岗、彭真、董必武、林伯渠,列席会议的除习仲勋外,有邓小平、薄一波、陈伯达、李维汉、胡乔木。

2月4日 在李昌[1]来信上批示:"训练班的干部,最好结业后调配。送乔木同志阅处。"来信建议,应从中共中央宣传部干部训练班中抽调干部,解决识字教材的编辑问题。

2月5日 下午,在中南海颐年堂出席毛泽东主持召开的中共中央政治局扩大会议,讨论一九五三年国家财政预算。出席会议的除习仲勋外,有刘少奇、朱德、周恩来、陈云、高岗、彭真、董必武、林伯渠、邓小平、薄一波、曾山、陈伯达、黄克诚、罗瑞卿、张宗逊、刘澜涛、杨尚昆、贾拓夫、安子文、胡乔木、赖若愚、胡耀邦。

同日 在乌兰夫[2]、刘格平、刘春[3]的来信上批示:"请熊复同志商处。或到各大区报社干部中调配。"来信提出,希望从察哈尔、平原两省的报纸编辑部中解决民族出版社的编辑干部

---

[1] 李昌,时任中央人民政府扫盲工作委员会副主任。
[2] 乌兰夫,时任中共中央华北局副书记、中共中央蒙绥分局书记、中央人民政府民族事务委员会副主任委员、内蒙古自治区人民政府主席、绥远军政委员会副主席、绥远省人民政府主席。
[3] 刘春,时任中央人民政府民族事务委员会副主任。

问题。

2月6日 在胡昭衡[1]来信上批示："确有召开一次民族宣传会议的必要，三年来这方面有很多变化，工作前进了一大步，也有内容可谈，总结一下以往经验也属必要。请宣传处先商民委，拟出召开这个会议的办法，再商量决定。"来信反映，内蒙古自治区党政领导机关驻地远离基本地区，仅靠电报和铁路联络。建议中宣部召开一次专门研究少数民族地区党的宣传工作会议，为少数民族地区在大规模国家经济、文化建设时期党的宣传工作规定明确的任务。

2月7日 在钱俊瑞二月五日报送的关于处理接受美国津贴及其他外国津贴的文教救济机关的报告上批示："此件改得很好，请抄清送呈中央、总理阅示。"

2月8日 晚上至翌日凌晨二时半，在中南海颐年堂列席毛泽东主持召开的中共中央书记处会议，讨论薄一波《关于一九五二年国家预算执行情况及一九五三年国家预算编成的报告（草案）》。出席会议的有刘少奇、朱德、周恩来、陈云、彭真，列席会议的除习仲勋外，有高岗、邓小平、薄一波、陈伯达、胡乔木。

2月9日 向毛泽东并中共中央报告一月十三日至二十四日召开的各大行政区文委主任会议情况、关于全国文教工作计划的制订情况。报告说：制订计划，对大家都是新课题。两月以前，文委拟出一九五三年文教计划草案。当草案同大家见面时，上下口径相差甚远。各地区虽也拟了计划，但所提数字多从本地区、本单位出发，一般偏高，盲目性很大。如果完全按照各地要求，对中央所订计划势必大大突破。因此，会议批判了盲目性、自发

---

[1] 胡昭衡，时任中共中央蒙绥分局宣传部第一副部长。

性、地方主义、本位主义、保守主义的思想倾向，特别批判了"舍不得""丢不开""样样都想办"的思想，大家在认识方面基本趋于一致。今天国家进入有计划的建设，就必须按过去的基础，当发展的发展，当停止的停止，需要发展多少就发展多少，不需要的必须收缩，而不是已有的一切东西都包办起来。因此，今年制订文教计划，必须采取自上而下的办法，有领导地提出控制数字，经过此次会议之后，分别召开地区会议或专业会议进行讨论，从而订出地区和专业计划，使中央文教计划真正成为全国人民的奋斗目标。关于文教系统工作中的缺点，报告说：首先，我们从上到下，有一种共同病，就是对情况不能完全掌握。许多工作做了，但做了多少，做的好坏，情况常常有出入，有些只有概数没有确数，有些甚至连概数都没有。其次，文教系统中思想、政治领导一般比较薄弱，各自为政，各地文教部门对各地党委关系不密切，中央各文教部门对中央的关系也很不密切，今后当即以大力改变过来。关于如何保证本年文教计划的贯彻执行，报告说：关键是领导问题。一要加强党在文教系统中的思想、政治领导，强调集中，反对分散；二要深入检查，反对官僚主义，大力改变领导作风。为此，特提出两项具体要求：第一，中央各文教单位，应尽力争取在二月内，从传达和讨论本年文教计划中，结合检查工作，检查领导作风，端正干部思想，明确任务，解决能够解决的现存问题。第二，各大行政区及各省（市）文委，一面要在思想上弄明白，提倡哪些，反对哪些，哪些多办，哪些少办，哪些不办；一面在服从国家统一计划下，核实各项数字，编制地方具体计划，调整机构，配备干部，整顿作风，使各项工作逐步纳入正轨。三月三日，中央同意并转发了这份报告。

2月11日 中央人民政府委员会第二十二次会议召开。会议通过《中华人民共和国全国人民代表大会及地方各级人民代表大会选举法》和中央选举委员会名单。刘少奇任中央选举委员会主席,朱德、宋庆龄、李济深、李维汉、习仲勋等为委员。三月一日,《选举法》公布施行。

2月12日 同胡乔木向刘少奇报送《关于中央宣传部工作任务的具体规定和一九五三年的工作计划要点(草案)》,请刘少奇审核后报毛泽东和中共中央批准。草案提出:中央宣传部的基本任务是保证执行和贯彻中央关于思想文化教育工作的各项决议和指示,检查各级党委和国家机关(特别是文化教育机关)、人民团体中的党组织执行中央指示的状况并给以帮助。一九五三年的主要工作任务是:一、在宣传战线上保证党和政府一九五三年工作计划的完成。二、加强干部教育,使干部教育经常化,并着重为经济建设需要服务。三、办好中共中央马列学院和中共中央马恩列斯著作编译局,争取成立社会科学研究所。四、研究党的支部教育,拟定关于加强支部教育的办法并加以实施。五、拟定关于加强工业农业生产宣传的办法并加以实施。六、改善文学艺术工作的领导,整顿全国文联所属各个协会的组织工作。七、保证一九五三年文教工作计划的正确完成。此外,为健全中央宣传部的日常工作,决定实行部务会议制度、请示报告制度、订计划制度、检查工作制度和办公制度。十九日,刘少奇批示:"仲勋、乔木同志:此件已印发给中央各同志,在中央会议上讨论一下为好。"

同日 在中共中央西南局给西南各省、市委并报中共中央的关于提高区级以上工农干部文化水平的指示电上批示:"此电可转发各中央局、省、市党委参考。"

2月13日 毛泽东在安子文二月十二日关于中国人民银行总

行工作中存在的问题的报告上批示:"刘[1]、周[2]、朱[3]、高[4]、小平、邓子恢、薄一波、曾山、贾拓夫、彭真、习仲勋、罗瑞卿、胡乔木各同志阅,退安子文。政府大多数部门的主要缺点是缺乏思想和政治领导,有些部门达到了惊人的程度。这种情况必须改变。中央将在今年对各部逐一加以检讨。请安子文同志领导政府党委抓住几个部门先作检讨。"

2月17日、23日 出席周恩来召集的会议,讨论苏联国家计委对中国五年计划方案所提的意见。会议一致认为,苏方的意见对我们制定五年计划有巨大的帮助,同意将五年计划中的工业生产增长速度定为百分之十三点五至百分之十五,年度计划则根据实际可能情况再定为百分之二十左右,以保证五年计划的提前完成。出席会议的除习仲勋外,有朱德、曾山、贾拓夫及有关各部部长、国家计委委员和各局局长。

2月19日 出席周恩来主持召开的关于加强政府各部门向党中央请示报告和做好分工的座谈会。出席会议的除习仲勋外,有邓小平、李维汉、董必武、彭真、刘景范、薄一波、曾山、贾拓夫、安子文、钱俊瑞、齐燕铭、孙志远[5]等。根据会议所确定的原则,周恩来随后主持起草中共中央《关于加强中央人民政府系统各部门向中央请示报告制度及加强中央对政府工作领导的决定(草案)》。

2月20日 同李维汉、刘格平出席邓小平召集的研究新疆民族区域自治实施计划问题会议。会议认为,建立新疆维吾尔自

---

[1] 刘,指刘少奇。
[2] 周,指周恩来。
[3] 朱,指朱德。
[4] 高,指高岗。
[5] 孙志远,时任政务院副秘书长。

治区的方案是可以同意的。实施步骤，先帮助境内其他聚居区的少数民族逐步实行区域自治，最后建立新疆维族自治区。在具体进行中要真正做到各民族人民充分酝酿成熟，不必太急。完成期限，以规定为一九五四年底为宜。

2月24日 上午九时半至十二时，主持召开中共中央宣传部部务会议，传达中共中央关于反官僚主义问题的指示。在讲话中说：宣传文教部门也有官僚主义，有的甚至很严重，必须执行毛主席指示，开展反官僚主义的斗争。但不要用暴风骤雨的方式去反，而是用和风细雨的方式去反，认真检查工作，改进工作。此点在报纸宣传上应特别注意。会议决定，宣传部各处主要是帮助政府各文教部门检查工作；宣传部本身的问题，由熊复主持，召集各处负责同志及其他有关同志开一两次座谈会，找出存在的主要问题，提出改进的意见来。

2月27日 在武衡〔1〕二月二十三日关于中国科学院东北分院长春综合研究所对资本主义国家期刊审查情况的来信上批示：此件请秦川〔2〕同志阅后研究出一个办法。特别是科学院、文委系统，可规定订购哪些外国期刊，很有必要。

同日 晚上至翌日凌晨，在中南海颐年堂列席毛泽东主持召开的中共中央政治局会议。毛泽东介绍在湖北视察时同孝感地委负责人谈过渡时期所说的话。又说：要防止急躁情绪。基本上是什么倾向？是盲目积极性，太急了。斯大林讲的政权到了我们手里不要急。现在要泼半瓢冷水，不要一瓢。出席会议的有刘少奇、朱德、周恩来、高岗、彭真、彭德怀，列席会议的除习仲勋外，有邓小平、饶漱石、邓子恢、薄一波、陈伯达、罗瑞卿、胡

---

〔1〕 武衡，时任中国科学院东北分院秘书长。
〔2〕 秦川，时任中共中央宣传部科学卫生处副处长。

乔木、李维汉、安子文。

2月28日 向刘少奇并中共中央报送《关于中国人民大学工作的报告》。《报告》提出：为了使该校教学工作与国家经济建设密切结合，除由高等教育部统一领导外，尚须考虑由中财委和国家计划委员会在业务上加以指导，建立正式指导关系。

2月下旬 在《西北文教机关反官僚主义摸底的报告》上批示："请商乔木，此件可通报各地，并要各地在此次反官僚主义斗争中，系统地检查一下文教工作方面的问题，提出办法改进。"三月四日，中共中央宣传部向各中央局、分局并各省、市委宣传部转发这份报告。

2月底3月初 在邵荃麟报送的中国科学院党组的三件报告上批示："钱[1]并秦川：邵批意见很好，可否发件送中央，似可商要综合报告一次。这些委员会今后的工作，必须由科文委加强领导，否则可能流于形式主义。"

3月2日 向中共中央和毛泽东报送《关于政务院文委分党组布置反官僚主义斗争的报告》。《报告》说：政务院文化教育委员会分党组已于二月九日至十日两次党的会议上，具体布置了如何在中央一级各文教机关和领导干部中开展反对官僚主义斗争，并进行了初步检查。首先，把过去的决议和指示审查一遍。它们可分为三类：一类是做得对的；一类是完全弄错的；另一类是主观愿望很好，办法也对，就是目前不易办，不能办，实际上也是不对的。发生这些现象，是由于领导机关不重视了解全面的真实情况，不是严格地从客观实际出发，而往往从主观愿望出发，布置多，检查少，只问完成多少数目，不问这些数目如何完成。这样形成一种不好的风气，贪多图快，到处铺摊子，好大喜功，不

---

[1] 钱，指钱俊瑞。

讲究实际工作效果，不可避免地要迫使下面发生强迫命令、形式主义，甚至把许多好事办成坏事。其次，有些地方的组织机构和人员急需调整。在文委直接领导下有几个委员会，多是形同虚设，长期没有工作，领导上觉得是负担，党外人士意见又多得很，应逐渐加以整顿。再次，各机关内工作忙乱、效率很低。原因是领导人不善于"打开脑筋"组织大家做事；好些人陷在文牍主义圈子内拔不出来；机关内有些应该减少的会议没有减少，浪费好多人力和时间。报告提出：我们反对官僚主义的基本要求就是加强政治思想工作，改变工作作风，提高工作效率。具体做法是：第一，要把反官僚主义与当前各项实际工作相结合。不采取"暴风骤雨"的方式，而是采取"和风细雨"的方式。方法应是自上而下，先从领导上检查起，再自下而上开展群众性的批评。第二，要正确认识官僚主义的实际，加以分析，对具体事、具体人，抓住关键问题，实事求是地加以解决，避免轰轰烈烈而又空空洞洞地乱戴帽子，乱找岔子，或"眉毛胡子一把抓"的做法。第三，重点放在党内。党员干部应多作检讨，不要将做错事的责任推在别人身上。第四，一面反对官僚主义，一面提倡和推行钻研实际、联系群众的工作作风。第五，在领导干部和领导机关内集中力量反对官僚主义。不能在反官僚主义的同时，提出很多口号，提出很多要解决的问题，这是办不到的。三日，毛泽东为转发习仲勋的报告，起草中共中央给中央和军委各部门、中央人民政府各党组的批语："习仲勋同志这个报告很好。现发给你们，供你们在反对官僚主义斗争中作参考。"

3月4日 毛泽东审阅梅益[1]二月十二日关于第一次全国广播工作会议情况的报告后批示习仲勋："似可先将梅益报告由

---

[1] 梅益，时任政务院文化教育委员会广播事业局局长。

中宣部发给各中央局、分局、省市委及其宣传部，然后再发你所说的中央指示[1]，请加酌定。"梅益的报告说：三年来，全国广播工作有很大成绩，但还存在许多弱点：力量太分散；干部奇缺；广播节目一般是量多而质不高；广播收音网不够健全和巩固；广播工业没有统一的管理和统一的生产计划。报告提出了一九五三年广播工作的主要任务。

3月5日 晚上，在中南海颐年堂列席毛泽东主持召开的中共中央政治局会议，讨论政府工作问题。出席会议的有朱德、周恩来、高岗、彭真、林伯渠、彭德怀，列席会议的除习仲勋外，有邓小平、饶漱石、邓子恢、薄一波、曾山、罗瑞卿、杨尚昆、李维汉、安子文。

同日 在中共中央宣传部《办理第一次党内通信的工作总结》上批示："此件有登《宣教动态》之必要，请熊复酌处。"

3月6日 晚上，同毛泽东、朱德、周恩来等前往苏联驻中国大使馆吊唁斯大林逝世。九日下午，在天安门广场出席首都各界追悼斯大林大会。

3月10日 中共中央作出《关于加强中央人民政府系统各部门向中央请示报告制度及加强中央对于政府工作领导的决定（草案）》。《决定（草案）》指出：为了使政府工作避免脱离党中央领导的危险，今后政府工作中一切主要的和重要的方针、政策、计划和重大事项，均须事先请示中央，并经过中央讨论和决定或批准以后，始得执行。政府各部门的党组工作直接接受中央的领导，中央人民政府党组干事会应即撤销。《决定（草案）》还明确政府工作中各领导同志的分工：国家计划工作，由高岗负

---

[1] 指中共中央宣传部报送梅益报告时提出准备为中共中央起草的关于加强对广播工作领导的指示。

责；政法工作（包括公安、检察和法院工作），由董必武、彭真、罗瑞卿负责；财经工作，由陈云、薄一波、邓子恢、李富春、曾山、贾拓夫、叶季壮负责；文教工作，由习仲勋负责；外交工作（包括对外贸易、对外经济、文化联络和侨务工作），由周恩来负责；其他不属于前述五个范围的工作（包括监察、民族、人事工作等），由邓小平负责。

同日 收到舒同〔1〕来信。信中说：根据华东情况及各地反映，宣传部门的机构和干部情况普遍落后于目前工作发展的需要，其中省、市以上的问题，主要是事多人少，要管管不过来。有些有工作，无机构。十八日，中共中央宣传部向各中央局宣传部批转舒同的来信。批语说：现在中央局、分局和省（市）宣传部的机构和编制问题，地委和县、区宣传干部的培养、训练问题，是急需解决的问题，是宣传部门的基本建设问题。中央宣传部拟于最近时间加以研究，提出一个初步的意见，请将各自的情况和意见迅速报来。

3月11日 上午十时至下午一时半，主持召开中共中央宣传部部务会议，讨论《中共中央关于干部理论学习的指示（草稿）》。会议提出，《指示（草稿）》要尽快修改好，争取于本月内送中央审阅后发出。所有高级干部一律编入高级组，加强组织领导和学习辅导。高级组每周六小时集体学习制应坚持下去。大区及省（市）级高级干部的学习，由各中央局宣传部领导，学习必须贯彻理论与实际联系的精神。

3月12日 下午，在中南海颐年堂出席毛泽东主持召开的会议，讨论第一机械工业部工作。出席会议的除习仲勋外，有朱德、高岗、彭真、林伯渠、彭德怀、邓小平、饶漱石、邓子恢、

---

〔1〕 舒同，时任中共中央华东局宣传部部长。

薄一波、曾山、陈伯达、杨尚昆、安子文、黄敬、陈正人、王鹤寿、贾拓夫。

同日 收到柳湜[1]关于中央人民政府教育部党组一九五三年一、二月份工作情况向习仲勋、文委分党组并毛泽东和中共中央的书面报告。报告说：普通教育存在四个方面的问题。一是普通教育的发展缺乏控制，特别是小学教育的摊子铺得太大；二是普通教育能否办好决定于师资条件；三是教材还没有得到有效解决；四是教育行政领导薄弱。

3月13日 出席全国第一届电影艺术工作会议并作报告。在谈到对文艺工作的领导时说：对文艺工作的领导，不是依靠行政命令，不能用简单粗暴的办法。我们提倡社会主义现实主义是对的，但并不是要求所有作品都符合一个标准。任何一个作品，不能要求作家一气呵成，总要给以耐心帮助，反复修改，而不是乱找茬子，夸大缺点，使作家无所适从。要求作家提供作品，也不能像工厂加工订货那样，限期交货，总要给予充分的时间。在谈到文艺批评时说：文艺批评也要有高度的批评艺术，善于运用批评武器，恰到好处，而不是倾盆大雨，狗血淋头，结果弄得不欢而散。并不是作家难以领导，而是批评者要懂得批评的方法和目的。批评尖锐也要实事求是，不是越尖锐越好。上纲上线，扣大帽子，不实事求是，怎能让人心悦诚服？批评家要像园丁培植果树那样，细心耐心，认真负责，把批评的动机和效果求得一致，才能达到批评的目的。我们要用对党对人民负责的态度，反对那种夸大缺点、乱找岔子的文艺批评家。要从作家的具体水平出发，给作家指明出路，善于引导作家前进。不仅批评作品中的缺点，更要鼓励作品中哪怕是百分之十的正确的部分。任何最好

---

[1] 柳湜，时任中央人民政府教育部副部长。

的作品，也要指出其中百分之十的缺点，但不是泼冷水，而是要鼓动作家旺盛的士气，激发作家创作的热情。只要我们领导方法对头，新中国的文艺战线一定能够创作出新的更好的作品来。

3月14日 在中共中央统战部办公室报送的关于钱端升[1]、吴晗[2]谈政法学院存在一些问题的来信上批示："此件送刘皑风[3]研究，或约钱端升好好谈一次，将所提问题一一作彻底解决，请将结果告我。"

3月15日 毛泽东在中央人民政府第二机械工业部二月二十日关于开展反对官僚主义斗争情况的报告上批示："黄克诚、德怀[4]、子恢[5]、小平、仲勋同志阅，退薄一波同志办。此件请你们一看，教训很大。请黄克诚同志指导总后勤部及各大军区后勤部、志愿军后勤部、各特种兵后勤部，仿照第二机械部办法，彻底检查仓库物资，反对官僚主义。请仲勋指导中央卫生部及各有物资的部门（如电影局），检查官僚主义情形。请子恢指导农、林、水三部检查自己的官僚主义。请一波指导财委所属其他各部仿机械二部办法彻底检查自己的官僚主义。"

3月16日 上午，在中南海颐年堂出席毛泽东召开的会议。出席会议的除习仲勋外，有朱德、陈云、高岗、彭真、彭德怀、邓小平、饶漱石、邓子恢、薄一波、曾山、杨尚昆、贾拓夫和各大区负责人。

3月17日 上午，同李维汉、刘格平、汪锋、赛福鼎·艾

---

[1] 钱端升，时任北京市各界人民代表会议协商委员会副主席、北京政法学院院长、中国人民外交学会副会长。
[2] 吴晗，时任北京市人民政府副市长。
[3] 刘皑风，时任中央人民政府高等教育部副部长。
[4] 德怀，指彭德怀。
[5] 子恢，指邓子恢。

则孜、包尔汉等出席邓小平召集的会议，研究《新疆民族区域自治实施计划（草案）》。二十七日，同邓小平、李维汉书面报告毛泽东并中共中央：第一，基本同意《新疆民族区域自治实施计划（草案）》。第二，在新疆推行民族区域自治，是一件极为重大的事情。因此，必须加强党的领导，充分做好准备工作。可在土改基本结束后，先从维吾尔族以外的其他少数民族聚居区着手推行，取得经验，而后逐步完成全省范围的区域自治。第三，在进行民族区域自治及有关民族政策的宣传教育过程中，必须强调贯彻爱国主义教育。务使干部和群众对伟大祖国能有正确的认识，对毛主席的民族政策能有更深刻的体会。第四，必须教育维吾尔族干部，团结、帮助和照顾新疆境内的其他少数民族。第五，新疆自治区仍应相当于省级，与内蒙古自治区和西藏一样均直接受中央领导，并受大行政区行政委员会的督导。第六，新疆改名"天山"不完全切合实际，以不改为妥，全称为新疆自治区。

3月20日 上午十时至下午一时半，主持召开中共中央宣传部部务会议。会议传达中央讨论物价问题的精神和若干具体决定，传达《中共中央关于解决区乡工作中"五多"问题的指示》，并讨论对外文化联络中的问题。会议决定，由范长江协同对外文化联络事务局再加研究，将情况和改进工作的意见写一报告，同时将一九五三年对外文化联络工作的计划做好，一并报告中央，请中央审查批准后贯彻实行。

3月21日 在中共中央宣传部起草的《关于巩固和发展宣传网的指示》上批示：在指示内亦应注意乱凑数现象，要有控制地使用宣传员，免得误工太多。不注意防止这一问题，会造成将来工作中很大困难。如能改变这种办法，人财两省，预算还可大加紧缩。四月八日，再次批示：我希望宣传部能专门讨论一次，然后修正送中央审查。中共中央宣传部起草的《指示》说：过去两年多，各地党组织在建立宣传网工作上取得很大成绩。当前全国大部分的党支部已设立宣传员，全国区以上的党委大部分也设立了报告员。广泛的宣传活动，对于密切党和群众的联系，提高人民群众的政治觉悟和生产热情，推动各项工作的开展，起到了积极作用。

同日 致信熊复。信中说："普选指示（选举指示由中央选委发）可以现在形式拟发，请你将各审阅同志的意见收集改正后，能于今晚即交办公厅印送主席及中央同志以便下星期一中央讨论。如发出这个文件，即不另发宣传提纲了。可拟发关于基层选举宣传材料，供宣传员进行宣传之用。"

3月22日 在荣高棠[1]关于中央体育运动委员会所属中央国防体育俱乐部筹备建部及开展活动的简况及一九五三年工作计划报告上批示：同意这一计划。

3月26日 在中共中央宣传部《关于群众宣传工作汇报会议给中央的报告》上批示：送中央审发。原件太长，可以挑送。

3月31日 上午九时半至下午一时，主持召开中共中央宣传部部务会议。会议讨论并批准全国文协党组提出的《关于改组全国文协和加强领导文学创作的工作方案》，决定由邵荃麟任《人民文学》主编。

3月下旬 收到周扬报送的《中央文化部关于全国民间音乐舞蹈会演筹备情况的报告》。报告说：在下乡调查中发现，许多民间艺术已经失传，或虽有个别老艺人尚能表演，如不及早发掘与保护，部分极宝贵的民族遗产将继续丧失。另一严重问题是，

---

[1] 荣高棠，时任中央人民政府体育运动委员会秘书长、中华全国体育总会副主席、中国新民主主义青年团中央书记处书记。

有些区乡干部认为民间艺术是封建落后的东西,或简单地强调生产任务,抹煞群众的文娱要求,对民间艺术采取粗暴的禁演办法。会演定于四月一日到十日举行,除一般鼓励外,不拟进行正式的评奖,对少数个别突出的优秀的节目及艺人,可以考虑给予奖状或其他奖品。

4月2日 毛泽东阅中南行政委员会三月三十一日关于整顿小学若干问题的指示,并作批示:"周总理、习仲勋同志:此件你们觉得如何,我看很好,请习交教育部加以研究,有不妥当处酌加修改,由政务院转发各大区、省市仿照施行。"二十二日,政务院转发修改后的中南行政委员会指示。指示说:整顿巩固、保证质量,是中央对目前整个文教工作的总的方针。中南区的小学教育,过去三年来有很大发展,但由于领导上缺乏计划性,工作带有很大盲目性,目前情况相当混乱,质量多数低劣。因此,必须加以认真的整顿。指示并提出六项具体整顿措施。

同日 在桂林栖[1]、陆学斌[2]《关于安徽省第一次文教工作会议的报告》上批示:这是检查较深入的一个报告,就是文字长了一些,请胡[3]考虑转发各地参考,或刊登《宣传通讯》。

4月3日 毛泽东阅白学光[4]三月二十七日关于中央军委总后勤部卫生部领导工作中的几个主要问题的报告,致信周恩来、习仲勋、胡乔木、彭德怀、黄克诚、贺诚。信中说:白学光同志这个报告,深刻地揭露了军委卫生部的领导方面所犯的极端严重的官僚主义。根据白学光的报告看来,军委卫生部对全军卫

---

[1] 桂林栖,时任中共安徽省委宣传部部长。
[2] 陆学斌,时任中共安徽省委宣传部副部长。
[3] 胡,指胡乔木。
[4] 白学光,时任中央人民政府人民革命军事委员会总后勤部卫生部政治部主任。

生工作可以说是根本没有什么领导，这是完全不能容忍的，必须立刻着手解决。提议：（一）请彭、黄主持，在军委例会上讨论一次，邀军委卫生部部长、副部长及白学光同志到会，决定解决方案，付诸施行。（二）政府卫生部与军委卫生部的部长、副部长不要兼任，另物色适宜的同志充任军委卫生部部长、副部长。请习、乔参考白学光的报告，严肃地检查一次政府卫生部的工作，看和军委卫生部好得多少？并对存在的问题决定解决方案，付诸施行。

同日 审阅修改中共中央宣传部给华北局宣传部并转山西省委宣传部的复电。复电说：山西省委宣传部请示在各专区设立宗教科配备专职干部问题，全国编制委员会很难同意。我们意见，仍按过去规定，在党内即由宣传部，在政府即由文教机关指定一定人员负责管理，专区以下无须另设专门组织为好。

同日 致信秦川。信中说：北京医院送来的材料，我大概翻了一下，问题仍很多，请你们先摸清情况，提出今后加强领导意见，在部务会议上讨论一次。

4月7日 上午九时半至下午一时，主持召开中共中央宣传部部务会议。会议讨论中共中央马恩列斯著作编译局一九五三年的工作计划和高等学校政治辅导处的工作。在讲话中说：就现在知道的情况看，华东未做典型实验即普遍推行的办法，是过急了。许多学校的政治辅导处，代替行政，脱离教学，又削弱了党、团的工作，是不妥当的。但政治辅导处在巩固教师思想改造的成果、整顿学生学习纪律等方面，是起了很大作用的。因此，政治辅导处的组织肯定是要的，它可作为加强党在高等学校政治思想工作的过渡性组织形式。但各学校中的具体情况很不相同，不一定普遍设立此种组织。此事由学校教育处和高等教育部党组继续研究，待后再作具体决定。

4月8日 审改中共中央宣传部转发出版总署党组关于反官僚主义的报告的通知。

4月11日 在中共中央宣传部出版处《关于中央财经机关出版社、杂志社的状况》上批示：调查出这些材料是很好的，但必须与有关方面研究解决。想其他出版机关也或多或少地有这些问题，请出版处一步一步地深入了解情况，一个一个地提出解决办法，结合反官僚主义切实改进工作。摘登《宣教动态》。

4月14日 致信周恩来并报毛泽东。信中说：关于纪念屈原问题，九日晚我曾约郭老[1]、周扬和范文澜[2]等同志加以讨论。我们的意见如下：一、对于屈原的看法问题，大家认为只能先说他是"爱国诗人"，肯定他在文学上有非常伟大的成就；但在其他方面则暂时采取保留的态度。二、纪念屈原的年代，议定今年是二千二百三十年。三、世界和大[3]决定的哥白尼等三位外国名人的纪念，在我国拟与屈原同时举行。此外，费德林[4]曾电问我党对秦始皇的看法，我们初步意见，应肯定秦始皇在历史上是起进步作用的。九月二十七日，中国人民保卫世界和平委员会等五个团体在中南海怀仁堂举行纪念屈原、哥白尼、拉伯雷、何塞·马蒂四位世界文化名人大会。

4月15日 在熊复本日报送的关于学习杂志社拟成立管理委员会等问题的报告上批示：同意学习杂志社成立管理委员会。拟留资金、上报款项及本部拨用经费的意见均可照行。此事已取

---

[1] 郭老，指郭沫若，时任全国政协副主席、政务院副总理兼文化教育委员会主任、中国科学院院长、中华全国文学艺术界联合会主席。
[2] 范文澜，时任中国科学院历史研究所第三所所长，中国科学院哲学社会科学部委员、常务委员。
[3] 世界和大，指世界人民和平大会。
[4] 费德林，时任苏联外交部第一远东司司长。

得薄一波同意，如本部留款太少，尚可考虑多留一些。请乔木同志核定。

4月16日 在周扬四月十四日来信上批示："请刘、周、饶〔1〕、安〔2〕、伯达〔3〕、乔木阅示后退熊复，拟于下次部务会议上讨论一次。"来信说：建立革命博物馆是一项重要的政治任务。目前迫切需要解决的是加强对这一工作的具体政治思想领导及配备适当力量。来信建议：一、在党内成立一个革命博物馆指导委员会，由习仲勋同志负责；二、从中宣部宣传干部训练班或马列学院抽调三四个水平较高的学员参加革命博物馆，做研究党史工作；三、革命博物馆建设地点须速确定，以便及早设计图样。

4月24日 在政务院文化教育委员会报送的中央人民政府高等教育部、教育部《直属高等学校学生人民助学金试行办法（草案）》上批示：此件审核后另报政务院核准。

同日 在何成湘四月九日报送的《文委宗教事务处一至三月工作报告》上批示："这个报告还好。请以中宣部名义转报主席和中央审阅。"《报告》说：目前全国宗教工作是以天主教为重点。在日常工作方面，我们也逐渐注意抓住宗教工作中有关方针政策及其他重大的问题，及时处理或事前研究提出意见或方案。基督教工作，正在帮助北京三个神学院（燕京宗教学院、北京神学院、北京联合女子圣道学院）进行合并工作，不久即可实现。下半年准备有重点地开展基督教爱国革新运动，通过爱国主义的学习去建立若干大公会爱国革新运动的基础，并加强基督教的

---

〔1〕 饶，指饶漱石，时任中共中央组织部部长、中共中央华东局第一书记、华东军区政治委员。

〔2〕 安，指安子文。

〔3〕 伯达，指陈伯达。

"三自"革新[1]筹委会的机构和工作。

4月27日 主持召开政务院文化教育委员会扩大会议。会议认为，当前文委及其所属各部、会、院、署的各级领导干部，每天需用很多时间办理公文，致使不能腾出手来集中主要力量经常地研究重大问题。会议分析了四个月来文委收到公文的情况，认为产生公文中不合理的现象，是因为工作中还存在着严重的官僚主义，缺乏明确的按级负责的工作责任制。会议对此讨论了改进办法，提出了初步意见。

4月28日 就政务院文化教育委员会检查文教系统各部门物资积压问题，向毛泽东并中共中央作书面报告。报告说：根据毛泽东三月十五日对第二机械工业部关于积压物资问题报告的批示，文委已着手检查文教系统各部门的物资积压问题，先从在京单位开始。初步检查结果，证明问题是严重的。就已检查出来的材料来看，积压物资（包括机器、材料、成品、资金等）总值共计二千零三十八亿[2]。以上情形，固然有些是由于缺少计划、缺少经验造成的，但更主要的是文教系统各部门领导上存在着对国家财政不负责任的官僚主义作风。文委准备通过这次彻底检查，教育干部深刻认识官僚主义的危害性，树立经济核算思想，学会管理家务，从而推动全国文教部门结合工作检查，更深入地开展反对官僚主义的斗争。对于已经清理出来的积压物资，责成各主管部门追查根源，分析造成积压的原因，提出处理意见并确切建立今后物资方面的计划管理与各部门负责制度。在文教企业

---

[1] "三自"革新，1950年7月和11月，中国基督教、天主教的爱国人士分别发表宣言，谴责美国侵略朝鲜的行径，号召全国基督教、天主教教徒发扬爱国主义精神，摆脱外国教会控制，建立中国人民自治、自养、自传的新教会。这个主张得到了广大教徒的广泛响应。

[2] 此处为旧人民币。

中，必须通过这次积压物资的检查，克服企业单位的无人负责现象，进而从根本上改善企业管理的领导工作。

同日 同高岗、邓子恢向毛泽东并中共中央报送《关于工业、运输技术人员的现况和培养办法的报告》。《报告》说：一九五二年全国国营工业、运输及地质、建筑工程系统的职工总数为三百三十万人，见习技术员以上技术人员为十四万八千二百人，技术人员占职工的百分之四点四八。根据国家五年建设的需要初步计算，在五年内应增加工业、运输、地质及建筑方面的各级技术人员约三十万名。其中，高级技术人员三万名，中级技术人员十万名，初级技术人员十七万名。五年内技术人员的增加，主要依靠学校培养来解决。大量派遣留学生和实习生去苏联及德意志民主共和国、捷克斯洛伐克共和国等国家学习，对提高我国工业技术水平有重要意义。

同日 向周恩来报送《一九五三年运动员训练及各级运动会运动员之伙食营养补助标准规定（草案）》。

同日 主持召开中共中央宣传部部务会议。会议讨论一九五三年的工作重点问题，一致同意胡乔木提出的中央宣传部工作的主要缺点是不了解下情，存在着自以为是的主观主义倾向。胡乔木提出，改进的办法，一是有计划地派人下去作调查研究；二是将一九五三年的工作重点定下来。

5月3日 同高岗、杨秀峰[1]、刘皑风到清华大学参观校庆展览、图书馆和各系实验室。

5月4日 在青年团中央统战部反映福建省教会工作人员生活、教会房产等问题的来信上批示：成湘[2]同志：此件请你好

---

[1] 杨秀峰，时任中央人民政府高等教育部副部长、党组书记。
[2] 成湘，指何成湘。

好研究一下，特别是教会工作人员生活问题必须解决。教会房产问题请先提出方案，可交五月政务院召开的会上解决。

5月6日 主持召开政务院文化教育委员会第二十四次常务会议。会议讨论电影局一九五三年的制片计划，听取关于苏联专家协助制订电影事业五年计划的简要汇报。会议认为，一九五三年摄制十三部影片（故事片十二部、艺术性纪录片一部）的计划，大体可以定下来。在会上发言说：目前人民的生活内容是很丰富的，但电影事业还远远落在客观形势发展的后面，未能满足人民的要求，今后需大大努力。对作家们的要求，不能过急过高，有些剧本只要不违背大原则，虽有缺点，亦应争取拍摄。对作家们的具体帮助，主要是帮助他们对国家各项方针、政策的领会，这样才能发挥他们的积极性和创造性。一九五四年的电影剧本创作计划，现在即须着手进行。

5月7日 在中共中央宣传部综合调查小组成员葛叔华自山西来信反映的情况上批示：超龄学生一律不准退学，仍应照常在校编班学习。过去决定安置在民校是因为小学校膨胀，现在在查实后已经没有这个问题，而仍然这样办就是错误的。请转今吾〔1〕、纯才〔2〕同志阅办。

同日 在中共中央华东局宣传部五月七日给山东分局宣传部的复电上批示："这个批示很好，应予同意。"此前，山东分局就山东省文委工作会议关于文教工作的几个问题于四月十八日致电华东局宣传部。华东局宣传部复电说：（一）整顿小学的主要目的在于控制数量，提高质量，而不是单纯地消极地处理多余师生。（二）以"速成识字法"在农村进行扫盲，不是推广，而是

---

〔1〕 今吾，指程今吾，时任中共中央宣传部学校教育处副处长。
〔2〕 纯才，指董纯才，时任中央人民政府教育部副部长。

收缩。目前农村的扫盲工作应在不妨碍生产的条件下，仍以常年民校等为主要方法。（三）今年山东的卫生工作，主要从摸清底细、整顿基层组织着手，同时切实加强康复医院的工作。（四）关于剧院、影院等民主改革，同意你们先在城市进行典型试验、农村暂不进行的意见。

5月8日 在中共中央宣传部《三、四月份党内通信的情况》上批示：此件可抄发各中央局并报中央。

5月10日 晚七时，出席周恩来为中国工会第七次全国代表大会的全体代表和各国工会代表举行的欢迎宴会。

5月13日 致信毛泽东并中央几位负责同志，请求中央在最近讨论一次文教工作，并送上《一九五三年全国文教工作计划》《关于高等教育的情况及今后意见的报告》《中央教育部党组关于检讨官僚主义和对今后普通教育方针的报告》《关于整顿小学教育的决定（草案）》《关于中、小学教育中几个问题的资料》《关于扫除文盲工作情况和今后意见的报告》，请中央审阅。信中说："此次送去的文件虽多了些，但为了集中地反映情况，使中央能够了解文教工作的全貌，似又不可减少。其中（二）、（三）、（四）、（六）是主要文件，可详审，其余仅供参考。我觉得这些文件还好看，不大费力，只需占中央一次会议时间就够了；其中很多方针问题，都已写在文件上，如经中央审核同意，只办一下批准手续就行了。"十八日、二十一日，中共中央政治局召开会议讨论教育工作，在会上作关于全国高等教育、中小学教育、扫除文盲工作的报告。会议决定，由周恩来、习仲勋、钱俊瑞三人对上述三个报告的文件加以修改，由习仲勋负责（讨论经费问题时，薄一波应参加），提交中央批准。

5月19日 周恩来在中央爱国卫生运动委员会下发的《关于各地应严加注意鼠疫流行问题的通知》上批示：请习批。

5月21日 在中央人民政府教育部、高等教育部、华侨事务委员会《关于今后处理归国华侨学生工作方针与方案呈总理批示的报告》上批示："关于处理归国华侨学生问题，我同意来件中拟提方案。请最后审批。"《报告》说：国外侨民处境已较前更趋困难，归国学生必然增加，每年归国人数估计约六七千人。因此，处理归国华侨学生问题，应采取有准备、有计划、大量收容的方针。此外，还必须办好华侨学生的补习教育。八月，周恩来批准了中央人民政府教育部、高等教育部、华侨事务委员会的报告。

5月22日 晚上，在中南海西楼会议室出席毛泽东主持召开的中共中央书记处扩大会议。会议通过关于六月十一日召开全国财经会议的通知，通过《中共中央关于中央一级各部门派人下去检查工作的几项规定》。会议决定，今后凡用中央和军委名义发出的电报、文件，由分工负责的同志审阅核定后，必须再送主席看过后方能发出，否则无效。主席因病、因事请假或出行时，由代理人负责阅看。今后各部门在工作中必须严格遵守"一切主要的和重要的方针、政策、计划和重大事项必须经过党中央的讨论和决定或批准"的原则，克服分散主义的倾向。出席会议的除习仲勋外，有刘少奇、周恩来、朱德、高岗、彭德怀、张闻天〔1〕、邓小平、饶漱石、薄一波、贺龙、杨尚昆、安子文。

5月25日 毛泽东审阅修改中共中央关于彻底做好农业税征收工作给各级党委的指示稿并批示："速送刘、周、朱、高、彭、饶、习阅，尚昆办。用电报发各中央局、分局，并转各级党委，另在北京印发如前示。"

同日 晚上，在中南海西楼会议室出席毛泽东主持召开的中

---

〔1〕 张闻天，时任中共中央政治局委员、中国驻苏联大使。

共中央政治局扩大会议。会议批准中央人民政府第一机械工业部关于目前机械工业的情况和今后工作部署的指示（草稿），批准高岗提出的努力争取在三年内完成长春第一汽车制造厂建设的意见。会议决定：一、今后三个月内将所有各财经部门的工作，提交中央讨论一次，并作出适当的指示。二、关于中央办公制度及文电处理的改善办法，指定周恩来（负责）、刘少奇、邓小平、饶漱石、杨尚昆提出意见，交中央决定。出席会议的除习仲勋外，有刘少奇、周恩来、朱德、高岗、彭真、林伯渠、张闻天、彭德怀、邓小平、饶漱石、邓子恢、薄一波、陈伯达、罗瑞卿、杨尚昆、贾拓夫、张玺〔1〕、安子文、张有萱〔2〕、段君毅〔3〕、汪道涵〔4〕。

5月26日 晚上，在中南海西楼会议室出席毛泽东主持召开的中共中央书记处扩大会议。会议讨论中央人民政府公安部第二次全国基本建设保卫工作会议决议稿、罗瑞卿关于第二次全国基本建设保卫工作会议的报告以及彭真为中央起草的批语稿。会议决定：一、为了促进我国同苏联和各新民主主义国家的贸易，我国对外贸易部门应经常了解其需要，提出确实的计划。在我国生产方面，应为苏联和各新民主主义国家生产一部分必需的产品。此事应由国家计委加以注意。二、鉴于一九五三年变化甚大，为保证国家预算的平衡，应注意增加收入和紧缩支出。六月十一日召开的全国财经工作会议应将此问题列入议程进行讨论，提出意见报告中央。出席会议的除习仲勋外，有刘少奇、周恩

---

〔1〕 张玺，时任国家计划委员会委员。
〔2〕 张有萱，时任国家计划委员会机械局局长。
〔3〕 段君毅，时任中央人民政府第一机械工业部副部长。
〔4〕 汪道涵，时任中央人民政府第一机械工业部副部长。

来、朱德、彭真、高岗、张闻天、邓小平、饶漱石、邓子恢、薄一波、刘澜涛、罗瑞卿、杨尚昆、安子文、李维汉。

同日 收到周扬报送习仲勋并周恩来转毛泽东和中共中央的《关于送请中央审查电影、戏曲、话剧节目的报告》。《报告》说：为了使中央能够经常了解我们的艺术活动状况，并得到中央随时的指示，我们拟把新出的电影及戏曲歌舞等演出节目，大体每月报告一次，希望中央审阅。

5月27日 主持召开政务院文化教育委员会常务会议。会议听取梅益关于出席国际广播组织会议及签订中捷广播协定的报告，讨论检查文教部门三年来所发指示、决定、条例、报表的情况。会议决定：一、各部门应将三年来自己制定颁布的及代政务院草拟的文件加以认真检查，这是反对官僚主义、主观主义、分散主义的一项重要措施。二、各部、会、院、署均应成立检查文件的工作组，在本机关负责同志亲自领导下，进行检查。

5月28日 晚上，在中南海西楼会议室出席毛泽东主持召开的中共中央政治局扩大会议。会议听取安子文关于五月四日召开的第二次编制工作准备会议讨论编制方案所提意见的报告，决定将编制问题列入全国财经工作会议议程。会议批准对外贸易部向日本出口食盐三十万吨，并减低税收及利润的意见。出席会议的除习仲勋外，有刘少奇、周恩来、朱德、高岗、彭真、林伯渠、张闻天、彭德怀、邓小平、饶漱石、薄一波、刘澜涛、陈伯达、罗瑞卿、杨尚昆、安子文、刘景范。

5月30日 在舒同五月十四日关于华东直属卫生机关和医院情况的来信上批示："舒同同志的信，请秦川拟一复信，并将原件一并转发各中央局宣传部和大区文委参考，希望在六月内都将这方面的问题摸一下，以将提交中央讨论。余同意熊复同志的批办意见。"六月六日，中共中央宣传部向各中央局宣传部并各大区文委党组转发了舒同来信和中宣部给舒同的复信，要求各地在六月份内把卫生医务机关的情况摸一下，并及时上报，以便提交中央讨论。

6月1日 在蒋南翔[1]五月三十一日报送习仲勋、杨秀峰并转中共中央的《关于学校情况及解决师资和学制问题向中央的报告》上批示："尚昆同志：此件拟请提交六月二日中央会议讨论，烦安排。"《报告》说：现在工作中存在的比较严重的问题，是教师和学生的负担较重，请求允许学校保留必要数量的助教，使学校能在比较稳定的条件下完成培养师资的计划。报告还提出急需请求中央批准解决的两个问题："清华大学的学制从今年起即改为五年制"；"清华大学从今年起即停止招收专科学生"。不久，政务院文教委员会和中央人民政府高教部批准清华大学本科先改为五年制，并自一九五三年起不招收专科学生。

同日 主持召开政务院文化教育委员会分党组会议。会议讨论卫生部、文化部向中央报告的准备工作，讨论文教系统机构的编制问题，研究了卫生部生物制品研究所改进工作的问题。

6月4日 在中共中央宣传部就华东全区县学工作的复电上批示："这个复电涉及到每县要增加三至五人的编制问题。华东提出了这一问题，其他地区有无此事，尚不得知，全国皆加将是一个很大数目，华东能否批准，亦先请饶[2]、安[3]审核。"

同日 在中共中央宣传部《关于宣传增产粮食和救灾工作的通知》上批示：该件写的好，同意。望打出送刘、周、小平、伯达审阅后发。

---

[1] 蒋南翔，时任清华大学校长。
[2] 饶，指饶漱石。
[3] 安，指安子文。

6月5日—22日 中央人民政府教育部在北京召开第二次全国教育工作会议，讨论第一个五年计划期间普通教育和师范教育的工作方针及任务，以及整顿和改进小学教育的问题。会议期间，同郭沫若到会讲话。

6月9日 下午，同高岗、邓小平、饶漱石、彭真、薄一波、李维汉、曾山、贾拓夫、齐燕铭等出席周恩来主持的会议，研究召开全国财经会议有关事宜。会议议定了财经会议的宗旨、议程和组织领导等问题，并决定：（一）由周恩来、高岗、邓小平、饶漱石、薄一波、邓子恢、彭真、习仲勋、李维汉、曾山、贾拓夫和各中央局、分局书记组成会议领导小组。（二）由周恩来、高岗、邓小平作会议的总的经常主持人。

6月10日 主持召开政务院文化教育委员会常务会议，听取荣高棠《关于加强体育工作问题的报告》。《报告》提出，当前开展体育运动的方针是开展群众性的体育运动，使体育运动普及和经常化，以增进人民健康，为经济建设、国防建设服务。

6月11日 晚上，在中南海西楼会议室列席毛泽东主持召开的中共中央政治局会议。会议讨论新疆民族自治区成立时的称谓问题，名称定为新疆维吾尔自治区；听取姚依林[1]关于一九五三年春季国营商业工作的检查及下半年工作部署的报告。出席会议的有刘少奇、周恩来、朱德、高岗、彭真、林伯渠、张闻天，列席会议的除习仲勋外，有邓小平、饶漱石、薄一波、邓子恢、刘澜涛、陈伯达、胡乔木、杨尚昆、曾山、陈希云[2]、程

---

[1] 姚依林，时任中央人民政府商业部副部长。
[2] 陈希云，时任中央人民政府粮食部副部长。

子华[1]、戎子和[2]、李哲人[3]。

同日 在梅益六月八日报送的关于出席国际广播组织会议和签订中国和捷克斯洛伐克广播协定及准备继续与苏联、匈牙利、罗马尼亚、波兰、民主德国商订广播协定等问题的报告上批示:"拟予同意,请总理审阅。"十七日,周恩来批示:"尚昆同志:提中央会议讨论批准。"

6月15日 上午九时半,主持召开中共中央宣传部部务会议,讨论《高等学校教师政治理论学习的指示(草案)》。会议认为,草案须根据以下几点进行修改后送中央讨论:一、为使教师不致因参加学习成为负担,原定必修的四门课程改为选修。二、学习领导问题应具体明确,各地区高等学校的政治理论学习应分别由学校所在地的市委、省委、中央局、中央分局负责领导,由各中央局根据实际情况具体规定。三、学习时间须照顾到教师的实际情况,不应过多,每周以三至四小时为宜。此外,教师的理论学习目前只能在高等学校中施行,待取得经验后,再考虑推行到中小学教师。会议还研究了干部任免问题。

6月17日 晚上,在中南海西楼会议室出席毛泽东主持召开的中共中央书记处扩大会议。会议议程有十八项。会议讨论并原则同意习仲勋关于开展上海天主教工作的几点意见,提出目前对天主教的工作,可不提"三自"革新口号,只提爱国运动。会议责成由萧华召集军委卫生部、中央人民政府卫生部和内务部及东北、华北和华东各一人开会,研究改进康复医院工作问题,并

---

[1] 程子华,时任中华全国供销合作总社代理主任。
[2] 戎子和,时任中央人民政府财政部代理部长、党组书记。
[3] 李哲人,时任中央人民政府对外贸易部副部长。

起草一指示交中央批准〔1〕。出席会议的除习仲勋外，有刘少奇、周恩来、朱德、彭真、高岗、林伯渠、张闻天、彭德怀、邓小平、饶漱石、李富春、薄一波、邓子恢、黄克诚、刘澜涛、胡乔木、杨尚昆、萧华、刘景范。

6月19日 签发中共中央宣传部对华南分局《关于整顿小学问题的指示》的批复，并批示："复电只发中南局，别处不发。原件及复电刊《宣传通讯》。"批复说：华南分局《关于整顿小学问题的指示》及中南局批示基本上是正确的，有几点不妥的地方，需加以改正：一、关于整顿对象：属于镇反方面的问题，不应和整顿小学工作混在一起进行，以免影响全盘整顿工作。二、广东小学数量很多，教师队伍庞大复杂，全省整顿小学工作，规定在今年秋收前基本完成，时间不够充裕。为了把工作做得细致稳妥，不妨根据实际情况，酌量放宽时限。三、师范学校毕业生是我们自己培养出来的新师资，质量较好，应分配到小学工作代替原不称职的小学教师或使升入中等、高等师范学校。另外，是否可调剂一些去补充大区范围内缺乏小学教师的省份。今年师范学校毕业的一○七一五人，不应列入编余教师数字以内。

6月20日 出席全国政协学习委员会主持的报告会，在会上作关于文化教育政策的报告。

6月22日 主持召开政务院文化教育委员会分党组会议。会议讨论文教事业五年计划纲要编制问题、召开高等工业学校会议和书店发行工作中的若干问题。会议要求，各部、委、会、院、署党组负责人亲自抓纲要的编制工作，并在八月底前将五年计划纲要正式编制出来。会议认为，召开高等工业学校会议是必

---

〔1〕 1953年7月14日，中共中央、政务院、中央人民政府人民革命军事委员会发出《关于改进康复医院工作的指示》。

要的,并对会议内容作了初步安排。

6月24日 主持召开政务院文化教育委员会常务会议,听取钱三强〔1〕关于中国科学院访苏代表团访苏工作的报告。会议认为,中国科学院代表团在苏访问的收获很大,认真研究和运用这些收获,将极大地推进我国的科学研究工作。

同日 晚上,出席毛泽东在中南海西楼会议室主持召开的中共中央书记处扩大会议。会议议程有十五项。会议讨论并批准周恩来六月十三日关于聘请苏联专家的程序、统一管理专家工作及文教政法系统增聘专家等问题的报告;讨论并基本批准政务院关于发动群众开展造林、育林、护林运动的指示(草稿)和林业部党组关于私有林区木材经营管理方针、政策的报告。出席会议的除习仲勋外,有刘少奇、周恩来、朱德、高岗、张闻天、邓小平、饶漱石、李富春、薄一波、邓子恢、刘澜涛、杨尚昆、安子文、萧向荣等。

6月26日 晚上,在中南海西楼会议室列席毛泽东主持召开的中共中央政治局会议。会议听取并讨论邓子恢关于治理黄河的意见和王化云〔2〕关于根治黄河与防洪措施的意见,听取并批准李富春《关于在苏联商谈我国五年计划问题的几点体会》的报告、山东省关于山东政权机构编制情况的报告,批准成立中共中央马列学院管理委员会。出席会议的有刘少奇、周恩来、朱德、彭真、林伯渠、张闻天,列席会议的除习仲勋外,有邓小平、饶漱石、邓子恢、李富春、刘澜涛、陈伯达、杨尚昆、安子文、胡

---

〔1〕 钱三强,核物理学家。时任中国科学院秘书处秘书长、物理研究所所长。
〔2〕 王化云,时任黄河水利委员会主任。

乔木、马明方、潘复生〔1〕、李葆华〔2〕、向明。

6月29日 晚上,在中南海西楼会议室出席毛泽东主持召开的中共中央政治局扩大会议,讨论《关于利用、限制和改造资本主义工商业的若干问题(修改稿)》。出席会议的除习仲勋外,有刘少奇、周恩来、朱德、高岗、彭真、林伯渠、张闻天、邓小平、饶漱石、李富春、邓子恢、曾山、李立三、刘澜涛、陈伯达、程子华、宋任穷〔3〕、杨尚昆、胡乔木、李维汉、赖若愚、许涤新、陈希云、陈丕显〔4〕、陶铸〔5〕、王任重、李雪峰〔6〕、何伟〔7〕、王恩茂、李井泉〔8〕、曹荻秋〔9〕、乌兰夫、黄火青〔10〕、刘秀峰〔11〕、张明远〔12〕、胡景沄〔13〕等。

---

〔1〕 潘复生,时任中共河南省委第一书记、河南省各界人民代表会议协商委员会主席。
〔2〕 李葆华,时任中央人民政府水利部副部长。
〔3〕 宋任穷,时任中共中央西南局第一副书记、西南行政委员会副主席、西南军区副政治委员。
〔4〕 陈丕显,时任中共上海市委第四书记并代理第一书记。
〔5〕 陶铸,时任中共中央华南分局代理第一书记、广东省人民政府代理主席、中南军区政治部主任。
〔6〕 李雪峰,时任中共中央中南局第二副书记。
〔7〕 何伟,时任中共广州市委第一书记、广州市市长、广州市各界人民代表会议协商委员会主席。
〔8〕 李井泉,时任中共中央西南局第三副书记、中共四川省委书记、四川省人民政府主席、西南军区副政治委员、四川省军区政治委员。
〔9〕 曹荻秋,时任中共重庆市委第一书记、重庆市市长。
〔10〕 黄火青,时任中共天津市委书记。
〔11〕 刘秀峰,时任中共中央华北局副书记、华北行政委员会副主席兼财政经济计划委员会主任。
〔12〕 张明远,时任中共中央东北局第三副书记兼财经工作部部长、东北行政委员会副主席。
〔13〕 胡景沄,时任中国人民银行副行长。

6月30日 下午,同毛泽东、刘少奇、朱德、周恩来、彭真、高岗、林伯渠、邓小平、邓子恢、李富春、薄一波、刘澜涛在中南海怀仁堂接见中国新民主主义青年团第二次全国代表大会主席团成员。

6月 儿子习近平出生。

7月1日 主持召开政务院文化教育委员会分党组会议。会议传达毛泽东关于党在过渡时期的总路线、总任务的指示,讨论关于改进领导工作、学校医院的作息时间及教育部《关于整顿小学教育的决议》(草案)等。会议认为,文委各机关在进行反对主观主义、反对分散主义、反对官僚主义的斗争中,领导工作的状况已有所改变,干部有很大进步。但仍需注意:一、领导干部的忙乱现象并未基本改善;二、工作还有拖拉现象;三、各部门务必建立起领导核心来;四、领导干部对各项事情都要严肃对待,以身作则,对小事也要有严格要求,不可马虎。

同日 晚上,在中南海西楼会议室出席毛泽东主持召开的中共中央书记处扩大会议,讨论中央人民政府司法部关于执行第二届全国司法会议决议的指示等十三个文件。出席会议的除习仲勋外,有刘少奇、周恩来、朱德、彭真、高岗、林伯渠、张闻天、饶漱石、薄一波、邓子恢、王稼祥、刘澜涛、杨尚昆、安子文、胡乔木等。

7月2日 在中共中央华东局六月二十二日就安徽大、中、小学教职员中某些人的选民资格问题向中央的请示上批示:"这件事请钱[1]商杨[2]、董[3]后再与中央选委研究,代中央拟一复电。按安徽意见,这仍是一件大事,处理不当,会引起很大

---

〔1〕 钱,指钱俊瑞。
〔2〕 杨,指杨尚昆。
〔3〕 董,指董纯才。

波动。"十五日，在代中央草拟的指示上批示："乔木同志阅正后转尚昆同志：代中央草拟批复华东局关于审查大、中、小学教职员选民资格问题的指示一件及附文两件，均请印发中央各同志审查。"代中央草拟的指示提出：在普选工作中，对于选民资格的确定，各地应严格遵照中央人民政府颁布的《选举法》及中央选举委员会《关于选民资格若干问题的解答》办事，不得随便增添或更改。对于审查选民资格的工作，须与土改、镇反严格地区别开来。凡属嫌疑分子、思想改造和镇反运动中尚未作出结论者，以及五种反革命骨干分子中解放后已坦白或登记过，但未予判处而本人亦无现行反革命活动者，一般地均应该予以选举资格。对现在被管制分子，应根据中央选举委员会《关于选民资格若干问题的解答》第十一和十二条的规定，应由公安部门负责，予以严格甄别和清理后再作处理。

7月6日 主持召开政务院文化教育委员会分党组会议。会议讨论编制文教事业年度计划办法（草案）、出版总署职务范围和高等教育部机构调整等问题。

同日 晚上，在中南海西楼会议室列席毛泽东主持召开的中共中央政治局会议。会议批准中央人民政府劳动部党组七月四日关于国营企业中的工资、年终双薪、年休假问题的处理办法的报告，批准外交部党组关于一九五三年度外事会议的报告、外交部关于一九五三年至一九五四年内进一步基本肃清帝国主义国家在华残余经济势力的方案、中央人民政府公安部关于外侨基本情况及今后一年内外侨管理工作的意见。出席会议的有刘少奇、周恩来、朱德、高岗、彭真、林伯渠、张闻天，列席会议的除习仲勋外，有饶漱石、李富春、薄一波、刘澜涛、陈伯达、杨尚昆。

7月10日 在陈荒煤[1]七月九日关于《哈森与加米拉》[2]摄制组在新疆的领导问题的请示上批示:"同意。"陈荒煤在请示中说:该片为第一部反映新疆少数民族生活并用哈萨克民族演员参加表演的影片,但摄制组离中央甚远,不能经常与电影局取得联系,拟请中央致函新疆分局,在该组留新工作期间,由该局宣传部予以领导,并与省文化局商量代为物色一位熟悉哈萨克族生活同时政治上较强的同志担任该片顾问。

7月14日 上午九时半,主持召开中共中央宣传部部务会议。会议听取熊复汇报赴东北局宣传部参加会议的情况,讨论并决定中央人民政府高等教育部党组所提的任命事项,通过为中央起草的关于新华社记者采写内部参考资料的规定,批准全国文协党组关于《人民文学》编委会人选问题。

同日 晚上,在中南海颐年堂出席毛泽东主持召开的中共中央书记处扩大会议。出席会议的除习仲勋外,有刘少奇、朱德、周恩来、彭真、林伯渠、饶漱石、邓子恢、李富春。

同日 在中共中央华南分局宣传部关于反对官僚主义的检查报告上批示:此件除以代电转发各地参考外并刊《宣传通讯》。

7月15日 晚上,在中南海颐年堂出席毛泽东主持召开的中共中央书记处扩大会议。出席会议的除习仲勋外,有刘少奇、朱德、周恩来、彭真、林伯渠、饶漱石、邓子恢、李富春、陈伯达、杨尚昆、王稼祥、胡乔木、安子文。

7月15日—8月3日 中央人民政府高等教育部在北京召开

---

[1] 陈荒煤,时任中央人民政府文化部电影局副局长。
[2] 《哈森与加米拉》是由上海电影制片厂摄制的我国第一部描写哈萨克族人民生活的故事影片,1955年上映。影片通过哈森与加米拉的恋爱故事,描写了哈萨克族男女青年牧民在国民党统治时期,为了追求幸福生活而斗争的情形,表现了哈萨克族人民的勇敢和对自由的热爱。

全国高等工业学校行政会议。其间，到会发表讲话。

7月17日 上午九时半，主持召开中共中央宣传部部务会议。

同日 在荣高棠七月十五日关于印尼华侨回国球队归国访问情况的报告上批示："熊复同志：请将此件刊登《宣教动态》。"

7月20日 出席全国统战工作会议，作题为《如何做好文教统一战线工作》的报告。在谈到团结知识分子的问题时说：革命胜利以后，要进行大规模的经济建设和文教建设，需要大量有知识懂技术的干部。由于旧中国文化落后，知识分子太少，这就更需要广泛地团结知识分子。过去我们搞战争，搞群众运动，经验很多。今天我们领导国家各个方面的工作，领导方法必须转变。一些专门性的东西不能光由我们自己决定，必须同一部分真正有知识的人合作，经过他们的手，然后我们再来做决定。有很多共产党员确实是多年艰苦奋斗，这是好的，但不能把这个当作资本。今天我们必须重视知识，重视学问，重视专家。在谈到对知识分子的思想改造问题时说：思想工作是一个很细致的工作，要达到一个人的思想改造不是一个简单的事情。首先要靠个人的自觉，另外要靠长期的教育，长期的实际工作经验和学习。要有这两条，才能使一个人的思想真正有所提高，真正有所改造。今后对知识分子的改造不能当作突击任务来完成。思想改造形成运动，必须有党的正确领导。如果没有党的正确领导，一搞起来就出偏差。在谈到有职、有责、有权的问题时说：政治工作，一般是指党的政治工作、群众的政治工作。怎样使党外人士有职、有责、有权，这也是政治工作，也是党的领导的一个很重要的问题。加强党的领导，不等于包办一切，而是要同人家合作共事。党员要善于帮助人家，提高人家，发挥人家的积极性，真正叫人家有事做，是这一方面的负责人，要通力合作把事情做好。这样，"职、责、权"的问题就解决了。

7月21日 上午九时半，主持召开中共中央宣传部部务会议。会议原则通过党史资料室、学校教育处合拟的高等学校教师学习《中国革命史》的书目，并交北京市各大学先行采用，《宣传通讯》以通报方式向各地介绍。会议通过重印《苏联社会主义经济建设资料汇编》的计划，交人民出版社出版，新华书店内部发行。

7月22日 在傅连暲[1]向政务院文化教育委员会分党组报送的中华医学会三年来工作情况的报告上批示：请指定几位同志专门摸一个星期，系统地检查一次，提出对的和不对的，以及如何改进领导，写出书面报告，列入中央将要讨论卫生部工作的一个文件。

7月25日 在中共中央山东分局《关于召开宣传工作会议情况报告》上批示：请熊复召集有关同志将这一报告讨论一次，并提出处理办法。

7月28日 上午九时半，主持召开中共中央宣传部部务会议。会议通过《学习》杂志初级版的改进计划；提出中国历史、文字改革、语文教学三个研究委员会的名单，送中央批准。

7月31日 上午九时半，主持召开中共中央宣传部部务会议。会议听取熊复关于检查三年来文件的情况报告，并讨论有关人事问题。

8月4日 上午九时半，主持召开中共中央宣传部部务会议。会议讨论并通过《中央宣传部各处室七、八、九月份工作计划（草案）》和《关于改进〈宣传通讯〉的计划》。

同日 在中共中央华东局宣传部关于改进高级卫生技术人员

---

[1] 傅连暲，时任中央人民政府卫生部副部长、中央人民政府人民革命军事委员会卫生部副部长、中华医学会总会理事长。

的待遇问题及对困难者给予补助的意见的报告上批示：请秦川转告中央卫生部，把这一问题通盘研究一下并提出解决办法，报中央批准后复华东及指示全国各地执行。

8月7日　上午九时半，主持召开中共中央宣传部部务会议。

8月8日　在贺诚八月七日报送的中国红十字会赴越南医疗队的工作报告上批示：送总理审阅。

同日　签发中共中央宣传部给西北文委党组《关于传达和贯彻中央文委一九五三年文教工作方针的情况报告》的复电。复电说：这个报告是比较好的，可发各省市委参考。小学教育中关于五年一贯制、学生控制数、超龄生（包括山区及少数民族地区儿童入学年龄）、编制教师的处理及经费等问题，应依照本年六月中央人民政府教育部召开的第二次全国教育工作会议上所通过的对这些问题的原则处理。你们提出纠正乱用文教干部现象和纠正文教干部不做文教工作的现象，是很对的。

8月11日　上午十时，同邓小平、林伯渠、郭沫若等出席全国政协、中国人民抗美援朝总会、北京市抗美援朝分会联合举行的"欢迎中国人民志愿军彭德怀司令员胜利归国大会"。

8月12日　在中共中央宣传部给中南局宣传部《关于中南区三、四、五月份宗教工作情况及问题请示》的复信上批示：抄送定一[1]同志阅正后用代电发出。

8月15日　晚上，毛泽东同习仲勋、马明方、王恩茂谈话。

同日　致信张稼夫。信中说：张德生同志提议在兰州设立科学院分院的来信和你七月十三日的复函均阅悉。在西北设立科学院分院，是配合国家经济建设的一项重要措施，是很需要的。分院地址究应设在兰州或西安以及关于干部选定、经费核算、领导

---

[1]　定一，指陆定一。

关系等问题，均请你们和西北方面商量确定。并于一个月内提出具体方案，报请文委转呈政务院和中央核准。另外，新疆、西藏等地方的科学研究机构如何进行，均请你们考虑并提出方案。

同日 致信张德生。信中说：你七月一日来函提到的几件事，经过各方商量做如下答复：一、在兰州（或在西安）设立科学院分院，中央文委是同意的，已交由中国科学院拟订筹办的具体方案。二、在甘南建立一歌舞、电影、医疗等综合性的宣传队，请经由省人民政府转请西北行政委员会批准。其经费可在省或大区的机动费内解决。三、在天水、平凉、武威设宗教专职干部，因今年编制已完，未能批准，待明年再说。关于这一工作，我意暂时可由党委宣传部指定干部兼职。四、关于省文委是否成立计划财务处问题。我们的意见，省文委不须成立此机构。计划财务工作可由各业务部门负责进行，省文委工作综合审阅就可以了。五、小学教师编制人员的安置及经费开支，已在全国财经会议上解决。

8月18日 上午九时半，主持召开中共中央宣传部部务会议。会议讨论中央广播事业局的工作，基本同意中央广播事业局党组提出的关于检讨官僚主义和改进工作的报告。

8月19日 就解决一九五三年学龄儿童入学和小学毕业生升学问题向毛泽东并中央作请示报告。报告说：今年初中和小学招生，在全国确是一个严重问题，特别在几个大城市（上海、南京、天津、北京等）更为紧张，给我们的压力很大。我于日前已就这一问题，召集北京市和中央教育部同志开会讨论，想出了一些办法，如果认真做了，是可以大体解决问题的。送上中央教育部党组和北京市政府文委分党组的两个报告，如经中央审查批准后，请以中央名义批发各地党委参照办理。

8月25日 上午九时半，主持召开中共中央宣传部部务会议。会议讨论胡乔木在中国文学艺术工作者第二次代表大会上的报告草稿、江丰[1]关于美协工作在中华全国美术工作者协会全国委员会扩大会议上的报告草稿、吕骥[2]关于音协工作在中华全国音乐工作者协会全国委员会扩大会议上的报告草稿。

8月26日 就陈克寒本日来信一事致信胡乔木。信中说："你无时间时，我拟约他一谈。有何指示，请在电话上告克寒或我。"陈克寒在致习仲勋和胡乔木的信中说：自从提出要向中央作报告以来，我常考虑出版总署应做什么和如何做法问题，但在思想上得不到解决。这里存在着一个关键问题，就是出版总署的性质和任务究应如何。目前出版总署既管文教事业（新闻出版），又管工业（印刷），又管商业（发行），样样都管，样样都管不好，管不深，而且丧失重点，下面工作同志也感到很多困难。最近华东来信，他们已在改变做法，把印刷厂交给工商局管理。这更引起我研究这个问题。胡乔木随即回复习仲勋：已与克寒同志在电话中谈过一下。他希望把印刷交给工业部或各地地方工业局，把发行交给商业部。我告以：一、发行交商业部，不会接受，因现在任务已十分繁重，并且不合理。二、印刷交地方可考虑。

8月28日 上午九时半，主持召开中共中央宣传部部务会议。会议讨论并原则同意作家协会、美术家协会和音乐家协会的章程、机构及负责人名单（草案）以及戏剧工作者协会改组方案；决定：一、剧协继续存在；二、文联代表大会期间举行剧协全国委员会，改选常委。

8月30日 在中央电影局艺术委员会八月二十八日报送的

---

[1] 江丰，时任中华全国美术工作者协会副主席、中央美术学院副院长。
[2] 吕骥，时任中华全国音乐工作者协会主席、中央音乐学院副院长。

关于《丰收》电影剧本修改方案的报告上批示："我同意你们的修改意见。"

8月31日 中共中央政治局决定习仲勋兼任政务院秘书长。

9月1日 上午九时半，主持召开中共中央宣传部部务会议。会议讨论《关于高等学校试建政治辅导处进行政治工作情况的报告》和《关于中小学、师范学校教材编审工作计划的初步意见》。

9月2日 上午，毛泽东同习仲勋、陈伯达、杨尚昆、胡乔木谈话。

9月7日 主持召开政务院文化教育委员会分党组会议，传达国家计划委员会讨论一九五四年国家预算的情况。

9月8日 上午九时半，主持召开中共中央宣传部部务会议，讨论北京大学及有关综合大学的方针、任务问题。会议认为：综合大学的任务为培养科学研究人才和高等、中等学校师资；文、理各科原则上均应加强，过去强调以发展理科为重点的提法是不妥当的；综合大学应和科学院合作，进行科学研究工作，在教学和科学研究工作上密切联系。

9月10日—23日 中央人民政府高等教育部召开第一次全国综合大学会议。会议确定综合大学的方针任务和培养目标；讨论科系和专业的设置、各校的分工以及教学计划、培养师资、科学研究等问题。会议期间，同钱俊瑞到会讲话。

9月12日 晚上，毛泽东同罗瑞卿、习仲勋、胡乔木、汪东兴[1]谈话。

9月14日 主持召开政务院文化教育委员会分党组会议，讨论召开全国干部文化教育会议的有关问题。会议认为，全国干

---

[1] 汪东兴，时任中共中央办公厅警卫局局长、政务院秘书厅副主任。

部文化教育会议应摸清全国干部文化教育的基本情况，总结各地的工作经验，并着重解决有关工农干部文化教育的学制、课程、教材、经费和领导关系等问题。在职干部的文化教育必须循序渐进，不能求成过急。对工农同志投考工农速成中学或其他中等学校、高等学校的办法，应有更加具体的规定。

9月16日、17日 下午，在中南海怀仁堂出席中央人民政府委员会第二十七次会议。会议听取并批准彭真作的《关于政治法律工作的报告》、郭沫若作的《关于文化教育工作的报告》。

9月18日 下午，在中南海怀仁堂出席中央人民政府委员会第二十八次会议。会议听取邓小平关于全国人民代表大会及地方各级人民代表大会的选举问题的说明。在会上被任命为政务院秘书长。

同日 向周恩来并中共中央报送《中央文委党组关于加强教科书编审工作的建议》。《建议》说：接中央教育部党组和出版总署党组报告，为加强教科书的编审工作，并统一教科书的编辑和出版工作，建议将现有的人民教育出版社完全划归中央教育部领导，同时取消教育部的教学指导司，将其中能担任编写工作的干部集中到人民教育出版社编辑部去工作，建议将叶圣陶[1]调任中央教育部副部长，主管此事。

9月19日 主持召开政务院文化教育委员会分党组会议。会议确定一九五四年文教事业预算指标，要求各部门根据核定指标进行一九五四年文教事业计划编制工作，进一步精打细算，凡可以减低预算额的应切实核减。

9月21日 在中共中央华南分局九月十六日报送的《关于今夏高小及初中毕业生升学情况的报告》上批示：此电请今吾商

---

[1] 叶圣陶，时任中央人民政府出版总署副署长。

纯才同志拟复，并将解决这一问题大致方针写上转发各地，先使他们有一个底，好办事。中央随后再发详细指示。

9月27日 毛泽东就沈钧儒九月十六日来信建议加强并改进血吸虫病防治工作一事，写复信："血吸虫病危害甚大，必须着重防治。大函及附件已交习仲勋同志负责处理。"

9月28日 主持召开政务院文化教育委员会分党组会议，传达中共中央关于一九五四年预算控制数字的指示。会议指出：各部、会、院、署均应依照核定的一九五四年预算控制数字迅速准备下达，切实研究编制事业计划，认真审核哪些事业应进一步加以整顿甚至作必要的收缩。俟一九五四年计划草案大致编定后，文委将召开第二次大区文委主任会议，讨论和布置一九五四年工作，中央人民政府高等教育部、教育部、文化部等部门应准备就几个主要问题提出报告。过去九个月来，文委直接抓各部、会、院、署，制定各部门的具体方针和工作纲领，文教工作的状况有显著改进。今后必须进一步加强各部门独立解决问题的力量，加强工作的计划性，克服忙乱现象。领导同志必须常保持清醒的头脑，研究工作中的重大问题，加强领导的预见性。

9月28日—10月13日 中央人民政府教育部在北京召开全国高等师范教育会议，讨论高等师范教育的方针、任务，发展高等师范教育的原则，以及教学改革和加强领导等问题。会议期间，同钱俊瑞到会讲话。

9月下旬 收到张稼夫就中国科学院贯彻中央关于"增加生产、增加收入、厉行节约、紧缩开支"紧急指示向习仲勋和政务院文化教育委员会分党组并中共中央所作的报告。

10月5日 主持召开政务院文化教育委员会分党组会议，听取董纯才汇报正在北京召开的全国高等师范教育会议反映的问题和意见。会议认为，我国高等师范教育的现状与中等师资的需要还存在很大矛盾，不能满足供应中等师资的要求，必须根据实际情形，在办好现有高等师范院校的基础上，逐步力求发展，使高等师资的培养能力与中等师资的需要逐渐平衡。教育部应首先把中等师资的实际需要和培养可能加以切实地计算，据此确定高等师范教育的发展计划。为了适应小学生升学数日益增多而中等师资供应不足的状况，今后一定期间内中等学校可以考虑有多种类型。

10月8日 致信周恩来。信中说：中央人民政府体育运动委员会所属中央国防体育俱乐部为了培养军事体育骨干，决定利用假日及业余时间，举办跳伞、滑翔、航海、水上运动（包括舢舨在内）、摩托、电讯、航空模型、船舰模型、射击等九种训练班。其中跳伞、滑翔、航海、舢舨、摩托等五项运动消耗体力较大，故其教员及部分学员需要较平日为多的营养，才能弥补因从事该项运动所消耗的体力，并可减少或避免因体力不足而发生的意外事故。体委会已根据该五项运动的活动情况及国家经济情况，并参照军委有关兵种的伙食标准及军委意见，拟就《中央国防体育俱乐部跳伞、滑翔、航海、舢舨、摩托等五项运动教员及学员伙食标准及补助办法暂行规定（草案）》，经文委研究并分别与中央财政部及体委会联系，已取得一致意见。

同日 在李琦[1]转来的贺龙十月七日关于调总政文工团赴朝鲜一事给周恩来的电文上批示："可同意，请邓[2]核示后交李拟复。"贺龙来电说：我们已于五日抵沈。现正在加紧整顿队伍。中央文化部带来的合唱团人数不多，艺术水平亦差。已商陈

---

[1] 李琦，时任政务院总理办公室副主任。
[2] 邓，指邓小平。

沂[1]电调现在郑州演出的总政文工团二百八十人,以备在平壤演出时不致坍台。请予批准。九日,复电贺龙:"十月七日致总理电悉。邓副总理已同意调现在郑州的总政文工团赴朝演出,并由总政办理中。总理已入院,情况良好,祈释念。"

同日 在中共热河省委批转的团省委《关于省中等学校学生健康状况的检查报告》上批示:今吾同志:这是对学校工作一个很好的检查报告,希以中宣部名义,用代电转发各地参考,并盼各地凡没检查的都能在明年三月前进行这样一次检查,特别在今年招生多的情况下更有好处,请办。

10月10日 主持召开政务院文化教育委员会分党组会议,讨论一九五四年文教事业计划指标及分区事业、财务指标。会议决定:一、事业计划中,初中招生各区分配数字尚不尽妥善,东北区分配数字超过东北区需要数字,而西南等区分配数字按人口比例看却可能较少,应由教育部再加详细核算改订。二、事业计划及财务计划分区下达后,今后工作的主要环节在于领导各地区,帮助他们把计划订好,并加以督促检查。三、在指导各地区制订事业及财务计划时,应注意指导各地区将人力物力集中在主要事业上。四、此次拟订指标数字中各项有关中央归口问题及文教系统内部归口问题,应作为专门问题,由文委会同财政部及有关部门另行研究,决定办法。

10月上旬 先后收到中央人民政府出版总署党组、文化部党组关于传达并讨论中央"增加生产、增加收入、厉行节约、紧缩开支"紧急指示的情况汇报向习仲勋并转毛泽东和中共中央的信。随后即以中央文委党组名义将两份情况报告批转杨尚昆阅。

10月12日 在中央人民政府高等教育部党组《关于全国高

---

[1] 陈沂,时任中央人民政府人民革命军事委员会总政治部文化部部长。

等工业学校行政会议的报告》上批示："尚昆同志：将此件提交中央审批。"十二月四日，中共中央批转了这个报告。中央批语说：全国高等工业学校行政会议对于过去工作的估计和对今后工作的部署都是正确的。在培养技术人员的工作中，还应特别注意从工农干部和产业工人中挑选一些有培养前途的青年进入中等技术学校深造，使其将来成为团结广大技术人员的骨干，这是一项十分重大的任务。中央同意各大区已设的高等教育局在建制上依然划归大区行政委员会直辖。高等教育部党组报告中提出了高等教育改革应采取学习苏联先进经验并与中国实际相结合的方针，这样提法是正确的。各级党委和各有关部门，应切实注意在工作中贯彻这一方针。

10月13日 上午九时半，主持召开中共中央宣传部部务会议，讨论《关于一九五三年冬学工作的指示（草案）》。在讲话中说：根据过渡时期总路线和总任务教育农民，是一项重要任务。教育部和扫除文盲工作委员会应即着手编写新的冬学文化课本。乡村干部和农民积极分子，特别是互助组和合作社的骨干分子，应尽可能吸收入学。冬学的经费问题，可在区乡政府主持下，以农民自筹为主，必要与可能时从地方经费中设法补助。冬学工作应在党委统一领导下，组织以扫盲工作委员会或教育行政机关为主的青、妇等团体参加。

10月19日 主持召开政务院文化教育委员会分党组会议，讨论中国科学院党组给中共中央的报告（草案）。会议认为：团结现有科学家和培养新生力量是领导科学研究工作的重要问题。报告中关于改善领导机构和领导方法一节，应着重对党今后在如何领导科学研究工作加以补充修正。报告所提将科学院所属有关技术科学的各研究所改为由科学院及有关工业部门双重领导一节，应根据实际条件，再加以慎重考虑。

同日 晚上,出席毛泽东主持召开的中共中央书记处扩大会议。会议听取刘少奇汇报第二次全国组织工作会议领导小组会议本日开会情况和中央组织部内部的争论问题,并进行讨论。会议决定:(一)中组部内部争论问题,应本团结方针,在自我批评的基础上加以解决。(二)领导小组会停会两天,以便饶漱石、安子文、刘少奇准备结论性的发言。(三)大会上不再提组织部内部争论问题,而应强调团结。(四)在领导小组会和大会上刘少奇、饶漱石、安子文三同志的发言,均交书记处先阅。出席会议的除习仲勋外,有刘少奇、朱德、邓小平、饶漱石、杨尚昆、胡乔木。

10月20日 晚上,出席毛泽东主持召开的中共中央书记处扩大会议,讨论第二次全国组织工作会议问题。出席会议的除习仲勋外,有刘少奇、邓小平。至晚十时,又有朱德、杨尚昆、安子文、李楚离[1]、龚子荣[2]参加。

10月21日 在中共中央西北局九月二十四日转发的西北文化教育委员会党组关于一九五三年上半年文教工作情况和下半年工作安排的报告上批示:"熊复同志:此件可刊《宣传通讯》。"

同日 晚上,出席毛泽东主持召开的中共中央书记处扩大会议。会议传阅刘少奇、饶漱石、安子文准备在第二次全国组织工作会议领导小组会上的讲话草稿,并决定领导小组会于二十二日下午三时开会,请朱德、邓小平、李富春、习仲勋到会并作简要发言。出席会议的除习仲勋外,有刘少奇、朱德、陈云、邓小平、李富春、饶漱石、杨尚昆、安子文、胡乔木。

---

[1] 李楚离,时任中共中央组织部副部长、中央人民政府人事部副部长。
[2] 龚子荣,时任中共中央组织部副部长。

10月22日 下午，周恩来就黄华[1]赴朝鲜板门店参加政治会议等问题同章汉夫[2]、习仲勋、黄华、杨刚[3]谈话。

10月24日 上午，在中南海颐年堂出席毛泽东主持召开的中共中央书记处扩大会议。会议通过北京市面粉计划供应意见，同意北京市各界人民代表会议的召开。会议决定城市计划供应工作由陈云负责管理。会议听取李维汉汇报正在召开的中华全国工商联代表大会情况。会议提出，要大力宣传过渡时期总路线，要讲清道理，把握好分寸。出席会议的除习仲勋外，有刘少奇、朱德、周恩来、陈云、彭真、彭德怀、邓小平、饶漱石、李富春、罗瑞卿、陈伯达、杨尚昆、李维汉、胡乔木。

同日 在董纯才本日报送的新改拟的《一九五四年中小学、师范学校教材编辑工作计划要点（草案）》及调干名单上批示："熊复同志：请将此件印发有关同志先看，在下星期内宣传部召集会议讨论一次。"

10月26日 主持召开政务院文化教育委员会分党组会议，讨论一九五四年文教系统的劳动工资计划。会议认为，文委计划财务局所提的一九五四年文教系统职工人数控制数字，与中央指示的精神不尽符合，应由文委约各部门进一步会商核减。有关精简人员问题，应在最近结合传达第二次全国组织工作会议精神，召集各单位负责人和主管人事部门，切实研究存在的问题，提出解决方案，并指定钱俊瑞负责。会议还提出，目前一九五四年计划的主要指标已分别下达，各部门应分出一部分人力，根据过去

---

[1] 黄华，时任中央人民政府外交部参事。
[2] 章汉夫，时任中央人民政府外交部副部长。
[3] 杨刚，时任政务院总理办公室新闻秘书、中国人民抗美援朝总会宣传部部长。

多次草拟的基数，继续编制五年计划纲要。

10月29日 在杨尚昆十月二十五日转来的廖承志关于召开侨务扩大会议的请示和九月十五日结束的党内国外侨务工作会议总结报告上批示："尚昆同志：交来中央华侨事务委员会党组的一些文件，我看了一下，其中请示十一月一日召开的侨务扩大会议的报告紧迫，似有先处理的必要，已代中央拟一复电，请阅正后即送主席、刘、朱、邓〔1〕核批。其他几个文件，在我看来没有什么原则错误，因为情况不熟，未必尽有把握，提议这几个文件留待总理审阅和处理。"同日，将代中央草拟的给侨委党组的复电批送杨尚昆："侨委十一月一日开会，是很好的事，请先就此件送毛、刘、朱、邓审阅就行了，别的文件以后再传。"给侨委党组的复电说：廖承志并中央侨委党组，中央同意你们十一月一日开会及在这个会议上所提出的各项报告。会议中所准备的各项文件，中央无时间于会前审阅，请你们在会议结束后向中央作一详细报告。

11月1日 主持召开政务院文化教育委员会分党组会议，讨论并原则通过中央人民政府体育运动委员会党组关于加强人民体育运动给中央的报告（草稿）。会议指出：一、报告中应对中国人民的健康和体质状况从历史上作概括的分析，指出解放以来的改变情形和目前存在的主要问题。二、建议体委党组研究各级体委应如何做工作，基本任务是什么，工作方式如何，今后一定时期内应抓紧几件什么事，报告中央，经批准后发交各地，使有所遵循。三、学习苏联"准备劳动与保卫祖国"的体育制度，开展群众性的体育运动，是体委的重要工作。但对"劳卫制"〔2〕

---

〔1〕 邓，指邓小平。
〔2〕 劳卫制，即"准备劳动与保卫祖国"体育制度的简称。

应有步骤，需要有准备地推行。四、目前体育干部极端缺乏，现有体育干部的政治业务水平又都不高，除应有计划地运用各种方法训练新干部外，建议体委考虑在中央体育学院开办高级进修班，抽调现有体育干部进修，提高其政治和业务水平。

11月9日 批示同意荣高棠十一月八日关于中央体育学院主要干部配备情况的请示。

同日 晚上，在中南海颐年堂出席毛泽东主持召开的中共中央书记处扩大会议。会议批准政务院关于编制一九五四年预算草案的指示、中共中央关于省市自筹经费问题给各级党委的指示、政务院财政经济委员会关于发行新人民币问题的请示报告。会议决定：本年度粮食计划收购数字必须完成，同时又必须抓紧明年度的农业生产，保证农业增产计划的实现。出席会议的除习仲勋外，有刘少奇、周恩来、朱德、陈云、彭真、高岗、彭德怀、邓小平、李富春、饶漱石、罗瑞卿、杨尚昆。

11月13日 在中共中央华东局九月十二日《批复山东分局关于加强对省委工作及各部委工作领导的决定（草案）》上批示：送总理批发。

11月16日 将贺诚十一月十二日报送的《四年来血吸虫病防治情况和今后措施》的报告批送杨尚昆。批语说：请将贺诚关于防治血吸虫病的报告印发中央各同志。

11月19日 向毛泽东并中共中央报送政务院文化教育委员会召开第一次全国文教工作会议的请示。请示说：中央文委拟于一九五四年一月中旬召开一次全国文教工作会议，在使各级文教领导干部对党的过渡时期总路线、总任务有明确和一致认识的基础上，以讨论一九五三年文教工作基本总结和今后方针任务及一九五四年文教计划草案和五年计划控制数字草案为主要内容；同时由高教部、教育部、卫生部、文化部等部门作出几个辅助的报告，包括今年全国高等学校招生总结和明年全国中等学校招生计划等问题在内，以便将明年文教工作作一全盘安排。

同日 向毛泽东并中共中央报送《中央文委本年十个月来的工作概况和今冬明春工作部署的报告》。《报告》说：一九五三年主要做了两件大事：第一件是制订一九五三年计划；第二件是检查中央一级文教各部门的工作，使各主管部门真正地把文教工作管起来。经过这一时期，大家对文化教育要为经济建设服务、为国家工业服务这一总目标有了比较明确的认识，以极大努力克服了分散主义、本位主义、保守主义和盲目冒进等不正确的思想倾向。因为增强了全局观点和工作中的计划性，盲目冒进倾向基本上停止了。目前各地党委逐渐注意加强对文教工作的具体领导，不仅注意管方针政策，而且注意检查计划的执行，把文教工作列入党委议事日程。这是扭转过去文教部门中政治空气淡薄和乱发指示、乱铺摊子以至强迫命令、形式主义现象的关键。今冬明春的工作是：一、结合学习党在过渡时期的总路线、总任务，继续开展精简节约运动，检查总结一九五三年文教计划执行情况，完成一九五四年文教计划的编制工作及提出五年计划纲要草案。二、做好一九五四年二月召开全国文教工作会议〔1〕的准备工作。三、责成卫生部做好全国卫生工作会议的准备工作，并在会上作出卫生部检查工作的总结；责成中国科学院拟订改进工作计划并向中央报告；责成高等教育部拟订整顿改进中等技术学校和工农速成中学的计划；责成体育运动委员会作出一九五三年工作总结和今后方针任务的报告。四、责成教育部拟订一九五四年全国高小毕业生升学问题方案。五、总结本年的天主教、基督教工作，并拟在十一月二十六日召开一次全国宗教工作会议。《报告》

---

〔1〕 该会议于1954年3月召开。

还提出，今后工作中应注意：第一，要把精简节约看作党在过渡时期的一个长期性重要政策，常抓不懈。第二，要善于发挥底下同志的工作积极性和创造性，按计划办事。第三，派下去检查工作的同志不宜多，但要能看出问题和解决问题。第四，大力宣传党在过渡时期的总路线、总任务，宣传社会主义。毛泽东在《报告》上批示：印发中央各同志。

11月21日 将中央人民政府教育部党组《关于第二次全国教育会议和高等师范教育会议的报告》、高等教育部党组《关于当前全国高等学校未开课教师处理意见的报告》和代中央草拟的批示批送杨尚昆，请其印发中央负责同志审阅。

11月22日 在中共中央华东局十一月十四日批转华东区文教工作一九五四年度计划的报告上批示："俊瑞：此件很有参考价值，所提计划是正确的，请即与有关部门一商，如无意见，拟以批示，发全国各地参考。"

同日 晚上，在中南海颐年堂出席毛泽东主持召开的中共中央书记处扩大会议，讨论将于翌日签字的《中华人民共和国和朝鲜民主主义人民共和国经济及文化合作协定》等。出席会议的除习仲勋外，有刘少奇、周恩来、朱德、陈云、高岗、彭德怀、邓小平、饶漱石。晚九时半，与会者同由彭真、李维汉陪同来的民主党派、工商界代表李济深、章伯钧[1]、黄炎培[2]、陈叔

---

[1] 章伯钧，时任中央人民政府交通部部长、全国政协常务委员、中国民主同盟中央副主席、中国农工民主党中央主席。

[2] 黄炎培，时任政务院副总理兼中央人民政府轻工业部部长、全国政协常务委员、中国民主建国会总会委员会主任委员。

通[1]、章乃器[2]、郭沫若、傅作义[3]、李烛尘[4]、彭泽民[5]一起，继续讨论《中朝经济及文化合作协定》。

11月24日 就中共中央华东局宣传部关于县一级成立文教委员会的建议作出批示：视需要设立，也不可能一下子各县普遍设立，故不用政务院命令作统一规定为好。省委和省府批准了就可办。

11月27日 同钱俊瑞、范长江、伍修权[6]等出席周恩来召集的会议。会议审议《中德文化合作协定一九五四年执行计划》，一致同意按此计划与德意志民主共和国签字。同时议定：（一）一九五四年中国同各国文化合作和联络事宜，以文教委员会为主，拟出计划草案送中央国际活动指导委员会审查。（二）一九五四年中国同已建交各国的全部国际活动事宜，以中央国际活动指导委员会为主，各有关部门协同，拟出整个计划，以便加以统筹安排。

同日 在中央人民政府出版总署党组《关于一九五三年出版工作情况和今后方针任务的报告》上批示："尚昆同志：出版总署文件，请阅后印发中央各同志阅读讨论。"翌年一月五日，再次作出批示："出版总署工作报告，已经中央会议讨论通过，现

---

[1] 陈叔通，时任中央人民政府委员会委员、全国政协副主席、中华全国工商业联合会主任委员。
[2] 章乃器，时任中央人民政府粮食部部长、全国政协常务委员、中华全国工商业联合会副主任委员。
[3] 傅作义，时任中央人民政府水利部部长。
[4] 李烛尘，时任华北行政委员会副主席、中国民主建国会总会委员会副主任委员、中华全国工商业联合会副主任委员。
[5] 彭泽民，时任政务院政治法律委员会副主任、中国农工民主党中央副主席。
[6] 伍修权，时任中央人民政府外交部副部长。

将改过的报告及代中央草拟的批示送上,请刘〔1〕审处。"代中央草拟的批示指出:(一)中央同意出版总署党组关于一九五三年出版工作情况和今后方针任务的报告。(二)出版工作是党对人民群众进行社会主义教育的最重要的工作之一,各级党委和各部门党组必须注意加强领导,以充分发挥它在思想领导、国家经济建设和文化建设中的作用。(三)对于私营出版业、发行业和印刷业,必须积极地、有计划地、稳步地进行社会主义改造。(四)各级党委应将所属报社、杂志社、出版社、书店、印刷厂的经营管理系统明确起来,指定一定的机关负责领导,并经常进行监督和检查。

11月 在中共中央马列学院作题为《党在文化教育方面的任务》的报告。在谈到文教工作的盲目冒进问题时说:盲目冒进,并不能真正地前进。各方面都齐头冒进,这就容易失掉重点,重点事业不能真正走在前头,其他事业就不能互相配合,无法平衡,产生混乱。光追求数量,不顾质量,就产生许多形式主义、虚假现象,还得用大力整顿。总之,得返工、走弯路。在谈到文教工作的任务和文教工作的远景时说:学习、宣传过渡时期的总路线,并在实际行动中贯彻这条总路线,是文教工作当前的任务。(一)大力整顿和办好高等学校(特别是高等工业学校),继续完成全国高等学校的院系调整和中等技术学校的调整,稳步进行各类学校的教学改革。(二)适当发展初级中学,并在现有学校中充分发挥潜力(如二部制〔2〕、夜中学等),整顿和改进小学教育。(三)继续开展群众爱国卫生运动,防止与控制疫病的流行。(四)加强科学研究机构,着重培养科学工作干部和继

---

〔1〕 刘,指刘少奇。
〔2〕 二部制,指把学生分成两部分,轮流在学校上课的教学组织形式。

续教育团结科学工作者,有步骤地开展有关国家经济建设与国防建设的勘察与研究工作。(五)提高影片质量,发展国产影片和科学技术教育影片,积极组织电影剧本创作,改进电影企业管理,整顿和有重点地发展电影放映队。(六)加强报纸、杂志、书籍特别是通俗读物的编辑发行,加强马列主义理论书刊、各级各类学校教材及自然科学、生产技术书刊的出版工作,注重整顿巩固和改进现有的国营和地方国营新闻、出版、印刷、发行企业,对私营出版业有计划有步骤地进行社会主义改造。在谈到党的领导问题时说:(一)各地党委必须把文教工作管起来,而且要管好,真正地把文教工作列进党委的议事日程中去。(二)加强集中统一,发扬地方与群众的积极性。我们在集中统一的原则性下,并不取消因地制宜的灵活性。(三)加强文教队伍中的统一战线工作。继续团结非党的文教工作者,利用他们的积极作用,帮助他们改正缺点,经过教育,逐步地争取他们中的绝大部分服从或接受社会主义改造。(四)认真学习。我们对于建设国家的经验和知识太少了,必须老老实实地学习。我们要反对那些满足于眼前成绩不求前进的事务主义和经验主义,也要纠正那种脱离中国实际,形式主义地学习苏联的偏向。必须掌握"理论联系实际""学习苏联先进经验与中国实际相结合"的原则,深刻地了解:马列主义不是教条,而是行动的指南。

12月4日 晚上,在中南海西楼会议室出席毛泽东主持召开的中共中央政治局扩大会议。会议批准中央人民政府劳动部党组、体育运动委员会党组、出版总署党组、高等教育部党组的文件,讨论通过彭德怀十二月七日将在全国军事系统党的高级干部会议上作的报告。出席会议的除习仲勋外,有刘少奇、周恩来、朱德、陈云、高岗、董必武、林伯渠、彭德怀、邓小平、饶漱石、刘伯承、陈毅、叶剑英、李立三、陈伯达、黄克诚、罗瑞卿、刘澜涛、谭政[1]、张宗逊、萧劲光[2]、陈赓[3]、杨尚昆、胡乔木、刘亚楼[4]、凯丰、毛齐华[5]、刘亚雄[6]、宋平[7]、荣高棠、陈克寒。

12月6日 中共中央办公厅发出通知：经十一月二十七日中共中央政治局扩大会议决定，批准《中央卫生部党组关于四年来卫生工作的检讨和今后方针任务的报告》，委托习仲勋、钱俊瑞等同志，以习仲勋同志为主，代中央写一批准的文件，并对《关于加强中医工作的指示（草案）》加以修改，一并送中央审阅。

12月8日 上午九时半，出席中共中央宣传部部务会议。会议讨论一九五四年宣传工作会议议程的准备工作，并决定：关于党在人民群众中的宣传教育工作报告，由习仲勋、陆定一、凯丰、熊复、胡绳、许立群、秦川、廖盖隆、王宗一、郭小川等组成一个小组讨论拟定，并推举凯丰、熊复、胡绳为起草人。农村宣传工作决议与报纸工作决议分别由宣传处（郭小川参加）、报纸处（黎澍、庞季云、秦川参加）起草，张际春[8]、邓拓分别参与指导。

12月9日 下午，在中南海勤政殿出席中央人民政府委员

---

[1] 谭政，时任中共中央中南局第一副书记、中共中央华南分局第三书记、中南军区第三政治委员。
[2] 萧劲光，时任中国人民解放军海军司令员、海军党委书记。
[3] 陈赓，时任中国人民解放军军事工程学院院长、政治委员。
[4] 刘亚楼，时任中国人民解放军空军司令员、空军党委书记。
[5] 毛齐华，时任中央人民政府劳动部副部长。
[6] 刘亚雄，时任中央人民政府劳动部副部长。
[7] 宋平，时任中央人民政府劳动部副部长。
[8] 张际春，时任中共中央西南局第二副书记、西南局纪律检查委员会书记、西南局农村工作部部长，1954年1月又任中共中央宣传部副部长。

会第二十九次会议。会议批准《中华人民共和国和朝鲜民主主义人民共和国经济及文化合作协定》,通过《一九五四年国家经济建设公债条例》和各项任免案。

同日 晚上,在中南海颐年堂出席毛泽东主持召开的中共中央政治局扩大会议。会议讨论李维汉的汇报提纲《关于将资本主义工业纳入国家资本主义的轨道的意见》和关于民主人士安排问题的报告。出席会议的除习仲勋外,有刘少奇、周恩来、朱德、陈云、高岗、彭真、董必武、林伯渠、彭德怀、邓小平、邓子恢、饶漱石、刘伯承、陈毅、叶剑英、陈伯达、李维汉、杨尚昆、胡乔木。

同日 在陈煦[1]十二月八日的来信上批示:"同意你的意见,致华东电传阅后发。"来信提出,同意张稼夫关于"华东地区的科学研究单位的日常工作,由华东局宣传部和华东文委加以领导和监督"的建议。

12月10日 同李济深、张澜[2]、郭沫若、黄炎培、邓小平等在中南海紫光阁参加北京市西单区中南海选区人民代表大会代表选举。

同日 出席周恩来主持召开的政务院第一九七次政务会议。会议听取谢觉哉所作的《关于第二次全国民政会议的报告》,原则批准《第二次全国民政会议决议》。在讨论《决议》时说:《决议》中提到革命残废军人学校要达到初中文化程度是否高了,其实有就业能力就行了。周恩来最后指示:(一)关于复员转业军人的安置问题,由军委邀集内务部、卫生部、农村工作部、合作总社等有关单位研究并提出办法。(二)革命残废军人学校学员

---

[1] 陈煦,时任中共中央宣传部办公室主任。
[2] 张澜,时任中央人民政府委员会副主席、中国民主同盟中央主席。

毕业后的就业问题,由内务部提出具体办法,送习仲勋阅,并召集有关单位研究解决。(三)《第二次全国民政会议决议》中关于民政部门的业务范围一段中所提的移交其他部门去管的事情,由习仲勋召集有关单位具体商讨、研究确定,并在这一段文字中写清楚。(四)据反映,河北省安平县代耕有些问题,请内务部派小组到那里调查一下。一九五四年一月十三日,《人民日报》公布《第二次全国民政会议决议》。《决议》对政权建设工作、优抚工作、农村救灾和城市救济工作、贯彻婚姻法工作、人口调查登记工作、地政工作和民工动员工作、民政部门业务范围和组织建设等方面作出规定。其中提到:"对革命残废军人学校应加以整顿,要贯彻以提高文化与培养就业条件为主的教育方针。对在校的革命残废军人,一般应施以一定程度的文化教育和技术教育,毕业后统由人事部门分配工作;少数具有深造条件的学员,在学完小学课程后即可报考工农速成中学或其他技术学校。对学习有困难的及重残废人员,凡有家可归、本人自愿、家庭同意者可准其回家。"

12月14日 主持召开政务院文化教育委员会分党组会议。会议讨论工农速成中学存在的问题及改进办法,讨论中央人民政府出版总署党组《关于进一步改造商务印书馆和中华书局的请示报告》。会议认为:(一)工农速成中学创办三年来,已培养一批工农出身的知识分子升入大学,成绩很大。(二)教育"向工农开门"应该有各种不同的途径,工农速成中学是其中之一,目的在于培养优秀的产业工人和工农出身的机关工作人员,帮助他们升入大学。(三)根据三年来的经验,工农速成中学学制以明确规定三年制为好,其中一部分毕业生升入大学之后跟班有困难的,可在大学内根据需要设立预备班,予以补习。(四)工农速成中学凡已附设于高等学校的仍应附设,责成高等学校注意加强领导。（五）由于过去招生不严格及机关厂矿选送人员不慎重，工农速成中学存在一些迫切需要解决的问题。责成高等教育部党组向中央写一报告，以便请示中央并批转各地党委注意领导监督。会议还同意出版总署党组的《报告》，认为可照此方案着手进行，同时由出版总署党组修改拟提报告，送请中央批准。

12月20日 主持召开政务院文化教育委员会分党组会议。会议讨论一九五四年文教工作计划编制和中央人民政府教育部党组关于解决高小和初中毕业生出路问题的报告。会议决定，各单位应在一九五四年一月四日前完成一九五四年文教工作计划的编制并报文委，由文委于一月十日前审核汇编完成送国家计划委员会。关于解决高小和初中毕业生升学问题，仍应贯彻中央指示精神，一方面加强对学生的劳动生产教育，广泛宣传高小毕业生不可能完全升学的道理；一方面在可能条件下设法满足学生的升学要求。教育部应编辑加强劳动生产教育的补充教材，制定宣传大纲，修订课本。会议责成教育部党组重新修改关于解决高小和初中毕业生出路问题的报告，阐明小学教育的方针，会同有关方面切实拟定组织高小及初中毕业生参加工农业生产的办法，并报文委党组转请中央批准。

12月21日 主持召开政务院文化教育委员会分党组会议。会议讨论中央人民政府高等教育部、人事部、公安部《关于加强高等学校人事保卫工作的联合指示（草案）》。会议认为，加强高等学校的人事保卫工作非常必要，建议由各级党委和公安部门抽调坚强的干部担任高等学校保卫工作的骨干。高等学校不设公开的保卫工作机构，一般可附设在人事机构内。会议同意三个部门联合发布这个联合指示。

12月22日 上午九时半，出席中共中央宣传部部务会议。会议讨论《关于在第二次全国宣传工作会议上的总结报告纲要

（草案）》及新年宣传工作。会议决定，除发《关于工农联盟教育的指示》外，不另发新年宣传指示；各单位对于新年的宣传，可根据《人民日报》社论进行；会议并对社论内容交换了意见。

同日 在中央人民政府人民监察委员会党组十二月十九日报送周恩来并转中共中央的《青岛港与苏联"克里洛夫"轮船在卸货过程中产生争执事件的报告》上批示：此件似可通报有关机关注意检查纠正，请总理核批。

12月24日 下午，在中南海颐年堂出席毛泽东主持召开的中共中央政治局扩大会议。会议揭露高岗的问题，一致同意毛泽东的建议，决定起草关于增强党的团结的决议。会议决定，毛泽东外出期间，由刘少奇代理主持中央工作。出席会议的除习仲勋外，有刘少奇、周恩来、朱德、高岗、彭真、董必武、彭德怀、邓小平、饶漱石、邓子恢、李富春、薄一波、刘伯承、陈毅、贺龙、聂荣臻、叶剑英、王稼祥、黄克诚、陈伯达、罗瑞卿、刘澜涛、杨尚昆、李维汉、安子文、胡乔木、凯丰。

12月28日 出席第三届全国卫生行政会议并作报告。会议提出，卫生工作的基本任务是增进人民的健康，为国家的经济建设和国防建设服务。今后卫生工作必须更好地为实现总路线服务。目前的工作重点是：加强工矿卫生和城市医疗工作，使农村卫生工作和互助合作运动密切结合，继续开展爱国卫生运动，防治对人民危害性最大的疾病。会议于十二月二十四日至二十八日在北京召开。

同日 中共中央批准中共中央宣传部制发的《为动员一切力量把我国建设成为一个伟大的社会主义国家而斗争——关于党在过渡时期总路线的学习和宣传纲要》。《纲要》指出：从中华人民共和国成立，到社会主义改造基本完成，这是一个过渡时期。党在这个过渡时期的总路线和总任务，是要在一个相当长的时期内，逐步实现国家的社会主义工业化，并逐步实现国家对农业、对手工业和对资本主义工商业的社会主义改造。

12月29日 上午九时半，出席中共中央宣传部部务会议。会议讨论中央宣传部《一九五四年工作计划要点（草案）》和《一九五四年第一季度工作计划要点（草案）》，研究大学课本《中国现代革命史》的编写问题，决定由陆定一、胡绳、田家英[1]、廖盖隆、黎澍、杨甫、张如心等七人组成一个委员会，负责领导编写工作。

12月 出席第二次全国宗教工作会议。在讲话中说：目前宗教工作的基本关键是争取教徒和神职人员的问题。虔诚教徒的大多数是劳动人民。我们要有阶级观点和耐心诚恳的态度，适当地满足其宗教生活，解决其生产上、生活上的困难。这样做，虔诚教徒是可以为我们争取的。关于争取神职人员，在国内外有利形势下，正确掌握两面斗争的策略，尊重其在教会中的地位，照顾其生活及地位，神职人员也是可以为我们争取的。领导与组织神职人员学习，应采取自愿原则，以和风细雨的方式开展群众性的自我教育运动，学习内容要系统化，少而精，通过他们自觉的思想斗争来解决思想问题。在宗教工作中，必须反对简单急躁、企图采用行政命令来处理带有历史必然性、社会性和群众性的宗教问题。同时，也要反对不敢接触宗教问题，如某些地方对非法的宗教活动不加限制与打击的束手束脚的右的错误。宗教工作干部要钻进工作中去，努力提高马列主义思想水平和宗教工作的业务水平。会议于十一月二十七日至十二月十六日在北京召开。

同月 在《中共中央关于加强干部文化教育工作的指示》上批示："少奇同志：遵示将中共中央关于加强干部文化教育指示

---

[1] 田家英，时任毛泽东秘书、中共中央办公厅秘书室负责人。

的文件，又详细看了一遍，只将富春[1]同志提供的意见，写在原件第二页第（二）项内，已可说明原意，其他无改变，请审处。"

---

[1] 富春，指李富春。

1954年　四十一岁

1月1日　下午六时半，在中南海怀仁堂出席中央人民政府举行的一九五四年元旦团拜会。

1月7日　向刘少奇报送中国人民大学党组《关于人民大学的任务与要解决的问题的报告》。在附信中说：我觉得这个报告的内容基本上是对的。关于人民大学的发展方向问题，近来在高教部一部分同志和人大几位同志之间曾经有些争论，我曾找他们谈了一下，最近已取得了一致的意见。我们都认为：结合国家的需要和人大已有的基础来看，人民大学应该是一个以培养财经、政法干部为主，兼带培养一部分俄文人才的综合性大学，所招收的学员应以在职干部（尤其工农干部）和产业工人为主，同时吸收一部分青年学生。我提议中央在下周内讨论人民大学的这个报告。如果中央批准这个方针，剩下的具体问题，可由中宣部邀集有关方面加以讨论解决。

同日　签发中共中央批转山东分局办公厅《关于各地解决高小毕业生出路问题的情况报告》的指示。指示说：根据各地的经验，解决这一问题的办法是：一方面，应像山东省那样积极想各种有效办法，尽可能使高小毕业生能有更多的人得到学习的机会。另一方面，最主要的是应纠正过去在学校内片面宣传升学，当专家，忽视劳动教育的偏向。在今后对中小学教师的思想政治教育中，亦必须使中小学教师懂得向学生进行劳动教育的重要，经常向学生说明劳动的光荣。同时，在社会上亦应结合过渡时期总路线的宣传，广泛地向人民群众，特别是向教师和学生家长，讲清楚现阶段高小毕业生不可能全部升学的道理，并指出农村高小毕业生参加农业生产是一条光荣的出路。

1月9日 主持召开政务院文化教育委员会分党组会议，听取计划财务局关于一九五四年文教事业、财务、基建及劳动工资计划草案的报告和补充说明。会议认为：一、在计划草案中，有若干事项还不能平衡，现除对业已编制的数目送国家计划委员会审查外，各部、会、院、署应利用最近一些时间，在现有基础上，再加仔细研究，把情况摸透。二、一九五四年的文教事业费控制数字，不仅不得突破，并要在现有事业费内把能节省的尽量节省下来。三、劳动工资问题，牵连较广，应与各有关部门再作进一步的研究。文教系统的总人数，决不能超过一九五三年人数，能缩减时应尽量缩减。

1月11日 主持召开政务院文化教育委员会分党组会议，讨论将于二月召开的全国文教工作会议上习仲勋的总结报告。在讨论中提出：报告题目太大，谈得太宽太远，应着重谈一九五三年的文教工作情况、一九五四年的文教工作任务，并把五年计划的基本任务讲一讲，不要多讲大道理，而要高度地概括。

1月15日 主持召开政务院文化教育委员会分党组会议，讨论一九五四年文教事业计划的修改问题和劳动工资计划。在讲话中说：（一）这次计划大家都费了力气，比过去好，但是还可以算细账。（二）一九五四年经费为六万三千亿元[1]，文委虽然留有预备费机动，但是各单位都不要突破预算，不要想动这笔机动费。（三）人员不能超过三十万人，许少不许多。（四）师资问题有困难，但是困难并不如此大。不是全部教师都从师范来，

---

[1] 此处为旧人民币。

而是有的从综合大学来，从体育专科、艺术学校来。师范招生的数字太大了。会议决定：（一）高等学校招生总数不变，其中工科再增招五百二十五名（较国家计划委员会下达的数字增加了一千名）；高等师范学校再减招五百二十五名（较国家计划委员会下达的数字减少了一千零二十五名）。（二）中等师范学校招生数减少七千名，工农速成中学招生数增加七千名。（三）工矿卫生工作，应积极设法由卫生行政部门管过来，具体措施由卫生部再作缜密研究。（四）劳动工资计划，可以初步定下来，有些部门的人数还不确实，各部、会、院、署应再仔细核对。此外，同意工农速成中学以后计划归教育部领导。

1月18日 主持召开政务院文化教育委员会分党组会议，讨论一九五四年中央人民政府文化部深入检查所属各单位工作的问题。在会上传达周恩来对文化部检查北影工作的指示，介绍一九五三年在中央文教系统进行"新三反"的收获，以及一九五四年如何继续结合"新三反"对文化部和部属各单位的工作进行深入检查的问题。

同日 在陆定一一月六日来信上批示："定一同志：此件可经再次核阅后刊《宣传通讯》或以宣传通讯副件印成小册也好。"陆定一在来信中提议，将李何[1]一九五三年十二月二十五日向中央宣传部报送的由萧扬[2]执笔的《苏联宣传工作中的几个问题》等三篇报告在《宣传通讯》或《宣教动态》上刊出，并以中宣部名义回信给李何、萧扬。李何给中央宣传部的来信说：最近苏联宣传工作中有若干问题或问题的新提法，国内了解得不多，如：多联系实际、少引经据典；在社会发展中主观和客观因素的

---

[1] 李何，时为人民日报社驻莫斯科记者。
[2] 萧扬，当时在中国驻苏联大使馆研究室工作。

作用;进一步发展事业的政策宣传不是一时的运动,等等。所以,根据报刊材料整理出三篇东西以供参考。

1月19日 上午九时半,出席中共中央宣传部部务会议,研究中国人民大学的性质和任务等问题。(一)会议一致认为,中国人民大学应是培养财经、政法部门业务干部和高等学校马列主义师资的综合大学,其主要任务有三个:一是培养管理国家财经、政法方面的人才;二是培养高等学校马克思列宁主义政治课的师资;三是帮助办好其他财经、政法高等学校。学员对象,在财经政法方面应主要吸收在职干部。在马列主义师资方面应主要吸收在职教员和大学毕业生。(二)根据上述方针和任务,同意人民大学的各系科作适当调整:加强法律系,保留俄文系,在条件成熟时将对外贸易系与对外贸易专科学校合并成立对外贸易学院。至于政法学院有关的调整问题,由高教部同政法委员会解决。(三)关于培养高等学校师资,决定仍采取招收研究生而不招收高中毕业生的办法,故不需要设立政治系,而应加强马列主义各教研室。人民大学应拟制招收和培养研究生的办法,经批准后由高教部协同人事部负责办理。(四)高教部除对各高等院校进行一般的领导和管理外,并应以中国人民大学、北京大学、清华大学为工作重点,以期取得经验,推动全面。会议还同意中共中央马克思恩格斯列宁斯大林著作编译局提出的关于一九五四年留苏学生名额中分配三十名到莫斯科大学社会科学系学习的请示。

1月22日 收到周恩来本日批转的一月二十日下午周恩来同潘汉年[1]、吴克坚[2]、谷牧[3]关于城市消费合作社与国

---

[1] 潘汉年,时任中共上海市委第一副书记、上海市副市长。
[2] 吴克坚,时任中共中央华东局统战部部长、华东行政委员会秘书长。
[3] 谷牧,时任中共上海市委第二副书记。

营商店是否合并及上海工商企业公私合营等问题的谈话要点。

1月26日 出席中共中央宣传部部务扩大会议。在会上传达中共中央政治局《关于增强党的团结的决议（草案）》。会议还讨论中共中央东北局、中央人民政府文化部和新华社提请任命的名单等问题。

同日 将政务院人民监察委员会党组一九五三年十二月十五日《关于四年来人民监察工作情况和今后工作任务的报告》和一九五三年十二月九日《关于处理人民来信和接见人民工作的报告》报送刘少奇。在附信中说："中监委党组的两个报告，已遵指示作了修改，并代中央拟一批示，请审发。"三月三日，中共中央同意并批转这两个报告，要求各级党委党组切实执行，参照办理。

1月27日 出席全国中学教育会议闭幕会。在讲话中说：过去教育为新民主主义革命服务，现在是为社会主义革命服务。我们一切工作要更加适应总路线的要求，一九五四年的工作要根据总路线重新加以审查、重新作全盘安排。要以总路线的精神教育学生，这实质上和共产主义、社会主义精神是一致的。学校对学生品德、作风教育应注意，如劳动教育、阶级友爱、互助团结等内容，都应该进行。去年招生和分配工作充分暴露了学校政治思想教育薄弱，宣传工作有缺点，过分地片面地强调升学、当专家。不是升学、当专家不应当宣传，而是在这方面宣传得多了，宣传劳动、宣传服从国家分配、服从整体利益太少了。社会主义与劳动是分不开的。只有培养这样品质的人才，才能为总路线服务。此外，学生健康水平也应引起注意，应培养身体健康、生气勃勃的青年，否则不能担负祖国建设的重担。学校要重视体育运动，伙食上要注意，要按时作息。关于中学的发展问题，既要要求数量，又要要求质量，光数量不能解决问题，这两个问题不论哪一个走极端都不对。我们必须按比例发展，首先解决教育工作和国民经济发展的不平衡，同时解决教育工作内部的不平衡。

2月6日—10日　出席中共七届四中全会。刘少奇主持会议，代表中共中央政治局作工作报告。全会贯彻毛泽东的意见，对高岗、饶漱石采取"治病救人、等待觉悟"的方针，一致通过《关于增强党的团结的决议》。《决议》不点名地批评高岗、饶漱石的非组织活动，向全党特别是中央委员和高级干部强调增强和维护党的团结的极端重要性。

2月9日　出席中共七届四中全会并作发言。在发言中说：我完全同意少奇同志的报告，完全拥护《关于增强党的团结的决议（草案）》。我们的党，正如少奇同志报告中所讲的，基本上是团结的、巩固的、健全的，但仍然有问题，如果我们不注意的话，还会发生更多的问题。"《关于增强党的团结的决议（草案）》，是以党的高级干部为主要对象。这当然因为高级干部的团结，是全党团结的关键，而且还要看到，正是我们高级干部中间，是很容易发生问题的。""中央决议草案和少奇同志的报告中，都特别强调指出，骄傲情绪的危险性，这真是抓住问题的关键。""我建议根据增强党的团结的决议和四中全会精神，今年内，在高级干部中进行一次有计划的整风学习，以提高干部，巩固党的团结。"

2月11日　政务院发出《关于改变爱国卫生运动委员会〔1〕的组织机构及其领导关系的通知》。《通知》决定，由习仲勋担任

---

〔1〕 1952年3月14日，为组织和领导反对细菌战的工作，政务院决定成立中央防疫委员会，周恩来兼任主任委员。同年12月31日，政务院发布指示，规定1952年成立的各级领导爱国卫生运动的机构，今后统称为爱国卫生运动委员会。

中央爱国卫生运动委员会主任委员。今后各级爱卫会的工作，统归各级人民政府领导。爱卫会设办公室，处理日常工作。省、市、县不设专人，由同级卫生部门兼管。

2月12日 中共中央政治局扩大会议决定，由陈云（主持人）、高岗、李富春、邓小平、邓子恢、习仲勋、陈伯达、贾拓夫组成中央编制五年计划纲要八人工作小组。

2月15日 主持召开政务院文化教育委员会分党组会议，讨论陈克寒所作的中央人民政府出版总署党组关于检查领导工作的报告。会议基本同意这个报告，并指出：（一）出版总署今后应着重注意发扬民主，开展批评与自我批评；总署的工作应特别注意对出版社的领导。报告中关于批评与自我批评、与党外人士的关系等方面应再加以补充。（二）中央文教各单位的党组，可参照出版总署党组检查领导工作的经验，检查自己的领导工作。（三）关于中央文教各单位团结党外人士的情况，请范长江主持，阳翰笙[1]等参加，作一次全面的检查并提出改进意见。（四）请钱俊瑞主持，对文委党组一年来的领导工作作一番检查，并作出总结。

2月24日 主持召开政务院文化教育委员会分党组会议，讨论五年文教计划的主要指标问题。会议认为：（一）各部拟制五年计划指标时，应更好地照顾国家建设的全局，要更加发挥少用钱、多办事的精神，着重工作质量的提高。（二）今后三年（一九五五年至一九五七年）文教经费不能超出现在所核定的数目，一般维持在一九五四年的水平，或稍高于一九五四年的水平。（三）对高等工业教育、中等技术教育、工矿卫生等重点事业，必须很好保证。（四）制定五年计划纲要，必须经过十分周

---

[1] 阳翰笙，时任中国文学艺术界联合会秘书长。

密的考虑和讨论。

2月下旬 收到陈克寒二月二十二日报送的中央人民政府出版总署党组《关于财政经济出版社方针任务和组织机构的请示报告》。《报告》说：根据中央关于对中华书局实行全面公私合营、改组为财政经济出版社的指示，我们正在加紧财政经济出版社的筹备工作。在与中华书局资方谈判中，关于公私合营的各项原则已经基本谈妥，该社编辑部迟早需要改组，而我们又已集中了一批编译人员，因此，打算争取在三月十五日前，将已集中的人员迁入中华书局，把财政经济出版社编辑部先建立起来。为此，我们起拟了一个财政经济出版社的方针任务与组织机构草案，请审核批示。并望早日将出版社社长和总编辑调来，负责领导该社工作。三月十二日，中共中央宣传部召开部务会议，讨论批准了这个报告。

3月初 收到陈克寒三月一日关于建立古籍与汉文字典编辑机构的来信。信中说："我们同意仲勋同志对于成立古籍出版社的批示，为了保存与整理中国文化遗产，团结一部分学术研究工作者，建立这样一个出版社是很必要的。除此之外，我们还感到建立一个汉文字典、辞典的编辑机构放在古籍出版社之内，以解决各种汉文字典、辞典的供应问题也是很必要的。"十二日，中共中央宣传部召开部务会议，讨论陈克寒的来信。会议决定：（一）在中华书局内设编辑所，但用古籍出版社名义出书，由小到大，从影印古籍工作做起，整理古籍工作放在第二步。（二）《辞源》《辞海》可以把对当前政治不好的内容删掉，其他不动，然后再整理提高。不要做得很快，并与学术研究工作配合起来，搞一个委员会。

3月6日 致信刘少奇并中共中央。信中说：全国文教工作会议定于三月十二日召开。兹送上郭沫若主任的开幕词稿和我关于《一九五四年文化教育工作的方针和任务》的报告，请予审批。此外，关于高教、教育、文化、卫生等部门在这个会议上的几个报告稿，因时间短促，先由文委作初步审阅，待会后印发各地，再送中央正式核批。

3月8日 主持召开政务院文化教育委员会分党组会议，对中共七届四中全会文件的学习进行部署。在动员讲话中提出：这次检查，着重联系自己进行自我批评。对思想作风上问题比较典型的同志，应耐心善意地帮助。

3月12日 上午，出席郭沫若主持的政务院文化教育委员会第五次全体委员会议并发言。会议讨论和批准了关于召开全国文教工作会议事项。

3月13日 出席全国文教工作会议并作报告。报告提出，一九五四年文化教育工作的方针和任务，就是遵循党在过渡时期的总路线和第一个五年计划的基本任务，继续贯彻"整顿巩固、重点发展、提高质量、稳步前进"的工作方针，推进各项文化教育事业，大力培养国家建设所必需的各项人才，特别是有关工业建设的科学技术人才和管理人才，并积极地增进人民的健康，提高人民的社会主义觉悟和文化水平，以保障国家建设事业的胜利前进。报告要求，为了贯彻文教工作的方针并完成今年的文教事业计划，必须努力改进领导工作。首先，要加强政治思想领导，切实贯彻过渡时期总路线，认真地执行中共中央和中央人民政府的各项政策，加强整体思想，按计划办事。其次，要加强集体领导。各级文教部门都要逐步建立和健全集体领导制度，发扬民主作风，开展批评与自我批评。要坚决克服那种极端危险的个人居功自傲的情绪，防止和纠正破坏集体领导原则、个人决定一切的有害作风。第三，要加强具体领导。各级文教部门必须进一步提倡联系实际和调查研究作风。第四，要厉行精简节约，克服人浮于事和机构重叠的现象,提高工作效率。在财务管理上,要精打细算,减少浪费,花一定的钱,办更多的事。第五,要在加强集中统一领导的原则下,发挥地方与群众的积极性。对各项文教事业,应该实行分级管理和正确的分工。报告最后号召全国文化教育工作人员亲密团结起来,努力学习,改进工作,为建设伟大的社会主义国家而奋斗。全国文教工作会议于三月十二日至二十三日在北京召开。

3月中旬 向政务院总理办公室提出请周恩来为出席全国文教工作会议的人员作报告,并提供有关会议情况和相关材料。十九日,为报告内容提供六个方面的问题:(一)自大、骄傲问题。(二)不安心文教工作问题。很多同志总想搞经济建设,认为那才是轰轰烈烈的。对今天的工作不可能把一切条件都准备好,工作会有困难,即工作的不平衡性,认识不清;对文教方面的潜在力也不去很好发掘;对克服困难的坚韧性不够。(另据有的同志在下面了解的情况,下面有的党委对文教工作的关怀、支持不够,希望总理能就党委加强对文教工作的领导问题谈一谈)。(三)思想改造问题。过去在这方面的确是有巨大成绩的,但是否都学得那么好,是值得提醒的。希望能谈谈知识分子在过渡时期的作用,并对旧的观点加以批判,对学习苏联、学习先进经验再次加以提倡。(四)大、中、小学的教材如何贯彻劳动观点、群众观点、爱国主义和国际主义的问题。(五)对高级知识分子看法的问题。现在党员干部对他们从思想上看得多,从他们的学术、本事方面看得少。目前党与非党人士间的团结是个问题,许多大专学校均存在这个问题。对高级知识分子应该强调首先是团结,其次是改造。(六)如何提高学术与艺术的问题。每次兄弟国家的文艺代表团来表演,都是一个刺激。在这方面如何努力急起直追,改变现在那种落后状态是个迫切问题。二十日,周恩来出席全国文教工作会议并作《过渡时期的阶级斗争》的报告，强调过渡时期文教工作的主要任务是：加强社会主义的思想教育，反对资产阶级思想；提倡艰苦奋斗作风，反对享乐思想；要以谦虚为贵，骄傲为耻。"艰苦朴素是真快乐，谦虚才能有进步。"

3月22日 邀集赖传珠[1]、徐立清、萧华、钱俊瑞、安子文、范醒之[2]、王一夫[3]及中央人民政府高教部、教育部和各大区来京参加文教工作会议的负责同志开会，商讨一九五四年军队转业干部的问题。在讲话中说："这件事情很大，有困难，注意想办法是可以解决的。"会议决定：（一）由习仲勋、安子文、赖传珠、徐立清、萧华、钱俊瑞、范醒之、王一夫八人组成一个小组，负责解决这件工作中的一些重大问题。（二）由范醒之负责召集有关部门，就这批干部从接管到安置就绪所需经费预算及转业干部待遇问题，先研究一次，提出方案，然后经习仲勋考虑后报中央决定。（三）由安子文召集有关部门再进一步研究转业干部的工作出路，并将中央人民政府人民革命军事委员会总干部部所拟定的军委、政务院联合指示作些修改，经习仲勋阅后报中央批准下达。

3月23日 下午，在中南海勤政殿出席毛泽东主持召开的中华人民共和国宪法起草委员会第一次会议。毛泽东代表中国共产党提出《中华人民共和国宪法草案（初稿）》。陈伯达作关于《中华人民共和国宪法草案（初稿）》起草工作和主要内容的说明。会议决定，在两个月内完成对宪法草案初稿的讨论和修正，以便提请中央人民政府委员会作为草案批准公布。

---

[1] 赖传珠，时任中央人民政府人民革命军事委员会总干部部第一副部长。
[2] 范醒之，时任中央人民政府财政部副部长。
[3] 王一夫，时任中央人民政府内务部副部长。

3月25日 出席政务院文化教育委员会第六次全体委员会议。会议根据全国文教工作会议的意见，同意补充和修改《一九五四年文化教育工作的方针和任务》的报告、《全国文教工作会议的总结》以及《一九五四年度全国文化教育事业计划草案》，并一致通过将上述报告和计划草案呈请政务院审核和批准。会议还布置了传达全国文教工作会议的事项，并对进一步增强全国文教队伍的团结，充分交换了意见。

3月26日 在中央人民政府内务部党组二月二十六日报送习仲勋并周恩来、中共中央的《关于省、市、县首次人民代表大会是否选举各该级人民政府委员会的请示》上批示："请总理核示。"内务部党组的请示称：普选工作现已全面展开，地方各级人民代表大会将接着召开，对省、市、县首次人民代表大会是否选举各该级人民政府委员会的问题，因中央未明确规定，各地不断请示。我们遵照总理和习秘书长指示，经与选委、法委、统战部、民委等部门研究，并征求过东北等地的意见，认为省、市、县首次人民代表大会，一般应该选举各该级人民政府委员会。

4月1日 在胡愈之[1]三月下旬报送的中央人民政府出版总署《关于新闻纸产、供、销情况和改进意见的报告》上批示："拟同意出版总署所提纸张供需意见，请曾山副主任或指定专人召集有关同志商拟具体解决办法。"并在出版总署所提四条意见后批注："以上四条意见即应考虑。"出版总署的报告说：目前国产新闻纸的生产和需要尚不能平衡，一般新闻纸供、销有某些脱节现象；分配上不尽合理，有私营出版商用好纸，国家新闻、出版事业用次品的现象；轻工业部门和商业部门因有余纸积压，不能不积极推销，影响到新闻、出版系统内部的计划供应。为此建

---

[1] 胡愈之，时任中央人民政府出版总署署长。

议：（一）请轻工业部在新闻纸的生产上，尽力设法满足新闻出版部门所提出的纸张品种、规格的要求，尤其是对于平版纸，应做到如数供应，以免供需失调。（二）进口的新闻纸应尽先交由新闻出版部门采购，使国营新闻、出版系统在采取好纸上得到优先权。（三）书报印刷厂属于出版行政机关管理范围，轻工业部门不要直接向它们配纸。（四）由中财委领导，召集轻工业部、对外贸易部、商业部、出版总署四个单位，成立一个纸张小组，加强产、供、需三方面的联系，经常研究和解决出版用纸问题。

4月2日 将《一九五四年度中苏文化联络友好工作计划要点》报送刘少奇并中共中央。在附函中说：苏联方面正式向中苏友好协会提出，要求与我国商订一九五四年度的文化联络友好工作计划，并已由苏联大使馆和苏联对外文化协会向我方提出他们的方案。文委就苏方的意见和我方的需要与可能，与各有关单位进行研究，拟出了一九五四年度中苏文化联络友好工作计划要点，并已呈报总理批准。兹根据总理指示，对该计划要点略加修改上报，请予核示。

4月3日 主持召开政务院文化教育委员会分党组会议，讨论五年文化教育事业计划纲要草案。会议决定：（一）基本同意五年文化教育事业计划纲要草案，其中若干问题应再加以研究和核算，修改后再报计委。（二）从高等学校招生中抽调干部是完成一九五四年文教事业计划重要而迫切的问题之一，应由高等教育部提出计划，报请中央批示。

4月5日—20日 第三次全国监察工作会议在北京召开。会议期间，到会发表讲话。在讲话中说：今后应把监察工作的经验一滴一点地总结起来，成为系统的经验；监察工作人员要认真学习党在过渡时期的总路线和七届四中全会文件，使自己的思想作风和工作要求相适应；监察工作干部要警惕权威思想和骄傲自满情绪。

4月13日 在杨秀峰、陈克寒四月八日来信上批示："同意。"来信说：商务印书馆、中华书局公私合营并分别改组为高等教育出版社和财政经济出版社的筹备工作，本月底基本可以结束，月底或下月初即召开职工大会，宣布正式成立。

4月17日 在温济泽〔1〕四月十五日关于广播工作者访问团访问莫斯科有关学习计划的来信上批示："同意熊复同志召集一次会议解决这些问题。"

4月22日 在中共中央宣传部四月二十一日报送邓小平、习仲勋并中共中央关于党校工作人员赴苏联参观学习拟派名单上批示："拟予同意，请邓〔2〕核定后退中央宣传部凯丰办。"

同日 同李富春、邓小平、陈伯达、贾拓夫在中南海东花厅出席陈云主持召开的编制五年计划纲要草案工作小组第一次会议，听取陈云介绍五年计划纲要初稿的基本内容。

4月26日 下午，在中南海颐年堂出席毛泽东主持召开的中共中央书记处扩大会议。会议讨论撤销大区一级党政机构的有关具体问题。出席会议的除习仲勋外，有刘少奇、陈云、邓小平、陈毅、谭震林〔3〕、李雪峰、宋任穷、马明方、刘澜涛、邓子恢、杨尚昆、罗瑞卿。

5月3日 同李富春、邓子恢、陈伯达、贾拓夫等在中南海政务院东花厅出席陈云主持召开的编制五年计划纲要草案工作小组第二次会议。

---

〔1〕 温济泽，时任政务院文化教育委员会广播事业局副局长。
〔2〕 邓，指邓小平。
〔3〕 谭震林，时任中共中央副秘书长、中共中央华东局第三书记、华东行政委员会副主席、华东军区副政治委员。

同日　下午三时，主持召开第二次全国宣传工作会议领导小组第一次会议。会议宣布：中央批准由习仲勋、陆定一、张际春、凯丰、胡乔木、周扬、邓拓等人组成领导小组，习仲勋、张际春、凯丰为小组负责人，熊复为大会秘书长。会议讨论了大会议程，同意所拟原定议程，将小组讨论时间由五天减为四天；大会发言时间增加一天，请李卓然[1]专题报告东北地区过去宣传工作中的教训。会议还讨论了编组问题和其他事项。

　　同日　晚上，同刘少奇、朱德、陈云、董必武、林伯渠、彭真、邓小平[2]等与首都各界青年在中南海怀仁堂出席五四运动三十五周年纪念大会。

　　5月4日　将董纯才五月三日报送的中央人民政府教育部党组小组送中央审批的四个文件和代中央起草的批示修改稿批送杨尚昆。在附函中说：兹送上修改过的《关于解决高小和初中毕业生学习与生产劳动问题的请示报告》《关于全国中学教育会议的报告》《政务院关于改进与发展中学教育的指示》等报告，并代中央拟一批复的指示。这些文件改的比较多，请另印后与中央同志修阅。《关于全国普通教育与师范教育的报告》，改的不多，可以另印。

　　5月5日—27日　第二次全国宣传工作会议召开。会议总结一九五一年第一次全国宣传工作会议后三年来的经验，确定党的宣传工作在当前的主要任务是进一步以马克思列宁主义的社会主义思想来教育全党和人民群众，动员全党和全国人民为实现党在

---

[1] 李卓然，时任中共中央东北局常委、宣传部部长。
[2] 邓小平，时任中共中央秘书长、中共中央组织部部长、中共中央西南局第一书记、政务院副总理兼财政部部长、西南行政委员会副主席、西南军区政治委员。

过渡时期的总路线，完成国家建设的第一个五年计划而斗争。会议讨论了为中共中央起草的《关于改进报纸工作的决议》《关于加强党在农村中的宣传工作的指示》。这两个文件后经中共中央批准下发。

5月6日 下午，主持召开第二次全国宣传工作会议领导小组第二次会议。在讲话中说：大会必须把下面的意见集中起来，把文件、决议搞好，要多听取下面同志的意见，对每条意见都要很好地考虑。会议讨论通过以下事项：（一）增加领导小组组员，到会的宣传部长均参加领导小组。（二）会议的主持问题。除胡乔木因病及徐特立[1]因体力较差不主持会议外，由习仲勋、陆定一、张际春、凯丰、周扬、刘志坚[2]六人分别主持大会。（三）议定大会议程和领导小组会议时间。（四）再次研究修改总报告。会议认为，对几年来宣传工作的成绩要予以肯定，对缺点也要明确指出，但总报告第三部分对下级党委及其宣传部特别是县级党委及其宣传部的缺点批评过多过重，对上面的批评少了一些。会上还交换了华东、中南、西南各地代表对大会文件的一些反映。

5月7日 出席第二次全国宣传工作会议，作《党的宣传工作为贯彻党的总路线和党的四中全会决议而斗争》的报告。在谈到党的宣传工作为贯彻总路线而斗争这一问题时说：如果过去几年党在集中力量于各项民主改革工作和生产改革工作时，只能比较着重于民主任务的宣传，而对于社会主义思想的宣传，对于党内的和社会上的资产阶级思想所作的斗争在范围上和程度上都比较有限的话，那么，在党的总路线宣布和开始实施以后，情形就

---

[1] 徐特立，时任中共中央宣传部副部长。
[2] 刘志坚，时任中央人民政府人民革命军事委员会总政治部宣传部部长。

根本改变了。今后，党的宣传工作必须结合各项社会主义建设和社会主义改造事业的进行，结合国内和国际生活中的重大事件，向全党和全国人民有系统地、经常地、生动地、切合实际需要地灌输工人阶级的社会主义思想。党的各级组织必须根据总路线宣传的已有经验，来整顿和改进在人民群众中的宣传鼓动工作，使党的宣传鼓动工作在为社会主义的斗争中经常发挥巨大的力量。各级党委宣传部今后应经常讨论如何贯彻总路线的宣传问题，中央宣传部今后应当每年召集会议，讨论总路线宣传中的一般问题和各项具体问题，检查工作，总结经验。在谈到宣传工作必须为贯彻党的七届四中全会决议而斗争时说：党的七届四中全会决议的宣传，在目前党的宣传教育工作中占有特别重要的地位。党的巩固是实现党的总路线的前提。没有党的坚强的领导，没有党的钢铁一样的统一和团结，就没有党的总路线的实现，就没有社会主义。因此，加强党的领导，加强党的统一和团结，在现在比在过去任何时候更加重要。党的宣传工作应当在任何条件下为坚持党的原则而斗争，一切个人主义、分散主义、宗派主义的倾向，一切骄傲情绪，一切妨碍和破坏党的团结的言论和行动，都应当负责加以揭发和批判。在谈到加强党对宣传工作的领导时说：宣传工作不能是"无的放矢"，不能为宣传而宣传。各级党委应该经常了解和研究党员干部与群众中的思想状况，具体地布置切合实际需要的思想教育工作，统一领导和监督各个党组织所进行的宣传工作。

5月8日 下午四时，主持召开第二次全国宣传工作会议领导小组第三次会议。在讲话中说：（一）这次会议要放手让下面的同志多讲话，多提意见，对工作开展检查。上面被检查的重点单位是中央宣传部、人民日报，对其他中央机关如文委、高教部、教育部等也可提意见。提意见不光是找缺点，应实事求是，好的肯定，不好的提出，而且可以结合地方宣传业务来提，只谈上面不谈下面也是不全面的。（二）过去几年下面做了很多思想工作，不能估计过低。（三）两件决议文件，硬性规定过多，应切合实际再加斟酌。（四）在《关于改进报纸工作的决议（草案）》中，关于批评工作部分，应增加对于一般的群众性的批评所采取的原则，在国际宣传方面，应提到国际和平运动。

同日　中共中央办公厅就五月七日中共中央政治局扩大会议决定事项发出通知。通知指出：一、批准《中央教育部党组关于解决高小和初中毕业生学习与参加生产劳动问题的请示报告》《中央教育部党组关于全国中学教育会议的报告》《中央人民政府政务院关于改进和发展中学教育的指示（草稿）》《中央教育部关于全国普通教育与师范教育工作一九五三年的基本总结和一九五四年的方针任务》和中央宣传部《关于高小和初中毕业生参加劳动生产的宣传提纲》。政治局扩大会议指出：（一）关于中、小学教育的方针，过去没有明确提出，教育部应负主要责任；（二）在中小学教员中应加强政治工作和思想改造，并应注意吸收其中的优秀分子入党；（三）对于教科书的审查工作，应由中央宣传部和教育部负责；（四）工农速成中学今后的方针应由教育部重新考虑；（五）责成教育部对普及义务教育问题加以研究并具体加以计算；（六）关于抽调一批机关干部考大学的问题，由教育部提出具体方案报中央批准。教育部几个文件，应根据政治局扩大会议讨论的意见加以修改，由习仲勋同志办。二、批准《政务院文化教育委员会党组关于全国文化教育工作会议情况向中央的报告》《习仲勋同志关于一九五四年文化教育工作的方针和任务的报告》《全国文化教育工作会议的总结》《一九五四年度全国文化教育事业计划提要》。文字上的修改，由习仲勋同志办。三、批准《中央人民政府人民革命军事委员会和政务院关于处理军队干部转业建设的联合指示》，由习仲勋同志办。

5月10日 晚七时半，主持召开第二次全国宣传工作会议领导小组第四次会议。在讲话中说：关于对总报告的讨论，以报告文件为基础，着重以下范围，但亦可不限于这些范围：（一）对过去几年工作的估计；（二）总路线的宣传，包括经验和教训，着重那些涉及宣传方针的思想问题和当前一定时期的具体任务；（三）七届四中全会决议的宣传，包括对过去党的教育工作的检查、当前党内的思想状况和宣传上的主要任务、开展批评与自我批评；（四）一般政治思想工作和党对政治思想工作的领导问题。

5月12日 在陈克寒五月八日关于时代出版社工作讨论情况的来信上批示：拟予同意，请凯丰同志交出版处办理。来信说：时代出版社自一九五二年十二月由苏联政府无偿移交我国政府后，经过改组和摸索，工作有不少成绩，出版了一些介绍苏联社会科学理论及建设经验的书籍、苏联文艺名著和俄文语文书籍，其中有些书的质量比较好，也为读者所欢迎。但仍存在一些问题，亟需解决。一是出版的方针不明确；二是领导核心未建立，政治思想领导甚为薄弱。此外，该社工作制度也不健全，计划管理很差，特别是缺乏比较正规的编辑审校制度，已出版的书中不断发生不应该发生的错误。

5月15日 将政务院文化教育委员会分党组四月二十日向毛泽东并中共中央报送的《关于全国文化教育工作会议情况向中央的报告》批转杨尚昆："此件已经修改，请阅处。"十七日，中共中央批准全国文化教育工作会议的三个文件和政务院文化教育委员会分党组关于会议情况的报告。

5月27日 出席第二次全国宣传工作会议并作总结报告。在谈到怎样进一步深入宣传过渡时期总路线和中共七届四中全会决议时说：我们既要反对那种脱离实际的抽象的空洞的宣传，也要反对那种脱离总路线的言不及义的宣传。这种宣传必须是战斗性的，是密切联系实际的，是生动活泼的。关于四中全会决议的宣传，一般应当着重以下几点：第一，宣传党在国家建设中的领导作用，宣传增强党的团结的重要性，宣传党的统一领导的重要性，宣传巩固和提高中央的威信的重要性。第二，宣传党的集体领导的原则。第三，宣传扩大党的民主生活。第四，在党员中加强思想修养和革命品质的锻炼的教育。第五，在党员和人民群众中加强政治警惕性的教育。在谈到开展批评与自我批评时说：报纸是开展批评与自我批评最尖锐的武器，各级党委应充分、正确地利用这一武器，遵守三个原则：对报纸编辑部，必须坚持批评的事实是真实的，观点和态度是正确的；对被批评者，必须坚持有则改之无则加勉的精神，反对一切不欢迎批评、借口批评不完全符合事实而拒绝批评以及对批评者施行打击报复的行为；对来自劳动人民的自下而上的批评，必须坚持哪怕只有百分之五的正确，也要采取热烈欢迎的态度。这就是党对报纸上开展批评与自我批评的方针。

5月31日 主持召开政务院文化教育委员会分党组会议。会议听取并讨论徐运北[1]关于全国工业卫生会议情况的说明，认为：（一）这次会议的中心任务，就是要在整个卫生系统中具体确立卫生工作为贯彻过渡时期总路线服务的思想，并规定工业卫生工作的方针任务和必要的可行办法。（二）当前工业卫生的中心问题是卫生部门必须在党和政府的领导下，对工业卫生工作实行统一管理。

5月底6月初 收到邓小平五月二十八日批示。邓小平在邓颖超建议请国家卫生机关主动拟订办法，帮助干部解决避孕问题

---

[1] 徐运北，时任中央人民政府卫生部副部长。

的来信上批示习仲勋："我认为避孕是完全必要的和有益的。卫生部对此似乎是不很积极的，请文委同卫生部讨论一下，问问他们对此问题的意见，如他们同意，就应采取一些有效的措施。"

6月4日 主持召开政务院文化教育委员会分党组会议，讨论大区撤销后各项文教工作的交接问题。会议决定：（一）有关大区撤销后各项文教工作的交接问题必须在六七月之间安排就绪。为此，各部门必须在六月二十日以前妥善地研究出具体方案，经文委逐一审查之后，报请中央批准执行。（二）各部门应根据近几年来的经验及当前的新情况，拟定切实的今后三四年内大体可行的编制。制定这个编制的总原则应是尽可能不超过原有编制数字，使机构精干而更能做好工作。（三）随着大区的撤销，今后中央机关要直接领导省市，各部门必须进一步研究如何改进领导方法的问题，特别注意在统一集中领导的原则之下，使"条条"和"块块"正确结合起来。（四）文委成立专门的办公室，指定范长江负责，各部门派适当的负责干部参加。

6月8日 晚上，在中南海颐年堂出席毛泽东主持召开的中共中央书记处扩大会议。出席会议的除习仲勋外，有刘少奇、朱德、陈云、彭真、董必武、林伯渠、邓小平、陈毅、邓子恢、陈伯达。

6月9日 下午，在中南海颐年堂出席毛泽东主持召开的座谈会。出席会议的除习仲勋外，有刘少奇、朱德、陈云、邓小平、陈毅、邓子恢、刘澜涛、林枫[1]、李维汉和党外人士宋庆

---

[1] 林枫，时任中共中央副秘书长、中共中央东北局第一副书记。1954年9月又任全国人大常委会委员，同年11月又任国务院第二办公室主任。

龄、李济深、张澜、程潜[1]、张治中、邵力子[2]、沈钧儒、章伯钧、罗隆基[3]、高崇民[4]、陈叔通、黄炎培、李烛尘、章乃器、马叙伦[5]、许德珩[6]、张奚若[7]、陈嘉庚、庄明理[8]（陈嘉庚的翻译）、张难先[9]。

6月12日 上午，主持召开中共中央宣传部部务会议，讨论中宣部组织机构、人员编制、干部调配问题，以及各中央局宣传部正副部长工作安排的问题。会议决定：中宣部机构按现有九处二室暂不增设，但为了适应各中央局撤销后的工作需要，将现有办公室改为办公厅，下设两个办公室，第一办公室主要负责对下级党委宣传部工作的综合性研究和检查的工作，原来的办公室改为第二办公室。

---

[1] 程潜，时任中央人民政府人民革命军事委员会副主席、中南行政委员会副主席、湖南省人民政府主席、中国国民党革命委员会中央常务委员。

[2] 邵力子，时任政务院政务委员、全国政协常务委员、中国国民党革命委员会中央常务委员。

[3] 罗隆基，时任政务院政务委员、全国政协常务委员、中国民主同盟中央副主席。

[4] 高崇民，时任中央人民政府委员会委员、东北行政委员会副主席、最高人民法院东北分院院长、中国民主同盟中央副主席兼东北总支部主任委员。

[5] 马叙伦，时任中央人民政府委员会委员、政务院政务委员、政务院文化教育委员会副主任、中央人民政府高等教育部部长、全国政协常务委员。

[6] 许德珩，时任中央人民政府法制委员会副主任、全国政协常务委员、九三学社中央主席。

[7] 张奚若，时任中央人民政府委员会委员、全国政协常务委员、政务院政治法律委员会副主任、教育部部长、中国人民外交学会会长。

[8] 庄明理，时任全国政协委员、政务院华侨事务委员会委员、中华全国工商业联合会执行委员。

[9] 张难先，时任中央人民政府委员会委员、中南行政委员会副主席。

6月14日 下午三时半,在中南海菊香书屋出席毛泽东召集的会议。出席会议的除习仲勋外,有刘少奇、朱德、陈云、彭真、董必武、邓小平、邓子恢、陈伯达、李维汉、田家英。

同日 下午五时,在中南海勤政殿出席毛泽东主持召开的中央人民政府委员会第三十次会议。会议一致通过《中华人民共和国宪法草案》和关于公布《中华人民共和国宪法草案》的决议。

6月23日 主持召开政务院文化教育委员会分党组会议,讨论全国中等专业教育行政会议的报告及全国文教基建财务管理工作会议问题。会议认为,全国中等专业教育行政会议着重解决了中等专业学校的领导关系问题,是很大的收获。目前,中等专业学校的调整工作尚未全部完成,工作中还有不少的盲目性。中等专业学校的政治领导必须加强,各类学校均应配备党员校长或领导骨干。高等教育部党组应就中等专业教育中的主要情况及这次会议所解决的问题,写一报告请中央批示。

6月28日 主持召开政务院文化教育委员会分党组会议,讨论高等学校领导关系问题。

6月29日—7月2日 出席中共中央政治局扩大会议,讨论编制第一个五年计划问题。六月二十九日、三十日,陈云就计划编制情况向会议作了汇报。随后,李富春、邓子恢、薄一波、习仲勋分别汇报工业、农业、交通、文教方面的计划编制情况。

6月 收到中央人民政府出版总署《关于改造北京私营宝文堂书局为公私合营企业的请示报告》。《报告》说:北京私营宝文堂书局创办于一八六九年,出版唱本、曲艺等书籍,销行华北、东北、西北各地中小城市和农村,在群众中有一定影响。过渡时期总路线宣布后,该店资方即请求公私合营。我们拟接受该店的请求。具体的改造办法是:将该店改组为由通俗读物出版社领导的一个经营单位,在编辑业务上完全由通俗读物出版社加以领导和管理，目前暂仍保留"宝文堂"的牌号，出版一些不宜由通俗读物出版社出版而又为广大群众所需要的通俗出版物，并在经济上单独计算盈亏。六月，中共中央宣传部、政务院文化教育委员会批复同意出版总署的报告。

7月1日 主持召开政务院文化教育委员会分党组会议。会议讨论大区撤销过程中大区管理的各项文教事业的交接问题，中央各文教部门机构、编制的调整问题，以及文教部门新的党组名单。

7月8日 同陆定一就召开中国基督教全国会议事宜致信邓小平、刘少奇并报中共中央。信中说：基督教反帝爱国"三自"革新筹委会一九五一年成立以来，已三年未曾开会。三年来，基督教反帝爱国运动取得了一定成绩，但也存在很多问题需要解决。前经请示恩来同志，同意召开一次基督教会议，借以总结三年工作，确定今后方针，成立正式爱国组织。近两个月来，由中央文委宗教事务处与基督教"三自"筹委会分别进行了准备工作，拟于本月二十三日在北京由基督教"三自"革新筹委会出面，召开中国基督教全国会议[1]。这次会议的基本方针是进一步扩大基督教的反帝爱国统一战线，争取团结所有教派的善良教徒，进一步孤立少数反动分子。会议的主要精神是实现基督教各教派反帝爱国大团结。

同日 下午，出席第一届全国政协常委会第五十七次扩大会议。周恩来在会上作关于出席日内瓦会议以及访问印度、缅甸和举行中越会谈等项问题的报告。

7月14日 中央人民政府人民革命军事委员会办公厅向中共中央报告军队干部转业、复员问题。报告说：由于今年部队整

---

〔1〕 这次会议实际召开时间为1954年7月22日至8月6日。

编，需要转业的干部数目很大，估计今后每年均将有一定数目干部需要转业或复员。因此，处理军队干部转业将成为一项经常性工作。建议中央一级成立军队干部转业处理委员会，由习仲勋、安子文、萧华、赖传珠、周纯全〔1〕五位同志组成，以习仲勋为主任。今后凡有关处理军队干部转业的问题，均由该委员会讨论决定。其须报中央批准者，则由该委员会向中央请示批准后执行。

7月14日—17日 西安市第一届人民代表大会第一次会议举行。会议讨论继续深入宣传中华人民共和国宪法草案的问题，以及有关撤销西北区一级行政机构和西安市并入陕西省建制〔2〕问题的传达报告，并选举全国人民代表大会和陕西省人民代表大会的代表。习仲勋在会上当选为全国人民代表大会代表。

7月 不再担任中共中央宣传部部长职务，仍继续担任政务院文化教育委员会副主任、政务院秘书长。

8月5日—16日 教育部和扫除文盲工作委员会联合召开第一次全国农民业余文化教育会议。其间，在会上就农民业余文化教育如何为农业社会主义改造服务问题作指示。

8月上旬 收到邓小平八月七日批转的曾希圣〔3〕关于安徽凤台水灾情况的报告。邓小平批示："他们要求的三件事，请会有关部门酌情办理，并迅速答复。"曾希圣在报告中提出：第一，请在可能范围内送些帐篷或油布来，数量越多越好。第二，请赶

---

〔1〕 周纯全，时任中央人民政府人民革命军事委员会总后方勤务部副部长、副政治委员。

〔2〕 1953年2月，中央人民政府政务院决定将西安市改为中央直辖市。1954年6月，中央人民政府在撤销西北行政委员会的同时，决定将西安市并入陕西省建制，从8月25日起，西安市隶属陕西省建制。

〔3〕 曾希圣，时任中共安徽省委书记。

快派防疫队来，否则可能发生大瘟疫。第三，请派人来视察，帮助我们工作和帮助我们正确估计灾情，以便作出恰当的救灾预算。

8月11日 下午，出席中央人民政府委员会第三十三次扩大会议。会议听取周恩来所作的外交报告，并通过《关于召开中华人民共和国第一届全国人民代表大会第一次会议的决议》，决定一九五四年九月十五日召开第一届全国人民代表大会第一次会议。

8月14日 同周恩来、郭沫若等出席张奚若为以克莱门特·艾德礼[1]为首的英国工党代表团访华举行的酒会。十九日上午，同英国工党代表团人员进行座谈。二十四日晚，同周恩来、郭沫若等出席英国驻中国代办杜维廉为英国工党代表团举行的招待宴会。

8月20日—22日 列席第一届全国政协常委会第五十八次扩大会议。会议听取周恩来关于国际局势、外交政策和解放台湾的任务等问题的报告，一致通过《中华人民共和国各民主党派各人民团体为解放台湾联合宣言》。

8月21日 下午，在中南海颐年堂出席毛泽东主持召开的会议。出席会议的除习仲勋外，有刘少奇、周恩来、陈云、彭真、彭德怀、邓小平、邓子恢、陆定一、杨尚昆、李维汉。

8月22日 晚上，出席在北京举行的庆祝罗马尼亚解放十周年大会。以政务院秘书长身份发表讲话："以中华人民共和国中央人民政府和中国人民的名义，向罗马尼亚人民共和国政府和罗马尼亚人民致以热烈的兄弟的敬礼。"在讲话中说：中华人民共和国成立五年来，中罗两国人民的友好合作关系有了很大的发展，推进了两国社会主义的建设，逐步实现着共同进步和共同经

---

[1] 克莱门特·艾德礼，英国前首相，时任英国工党领袖，为下议院反对党领袖。

济高涨的愿望。祝罗马尼亚人民获得新的更大的胜利。

8月29日 下午二时半,同李济深、郭沫若、邓小平等在首都先农坛体育场出席欢迎苏联田径队来京友谊比赛大会。

8月底或9月初 同齐燕铭向邓小平报送准备公布的《中华人民共和国劳动改造条例》《劳动改造罪犯刑满释放及安置就业暂行处理办法》《关于中华人民共和国劳动改造条例草案的说明》。九月五日,邓小平批示：发表。

9月1日 在中央人民政府高等教育部党组小组八月二十四日报送政务院文化教育委员会分党组并转报中共中央的《关于部分国家留学生学习情况的报告》上批示："请尚昆同志处理。"《报告》说：在北京大学的外国留学生中国语文专修班及在桂林的中国语文专修学校学习中文的东欧、朝鲜、越南、蒙古等兄弟国家及芬兰兄弟党派来的留学生四十九名,已于今年暑期结业,应于一九五四年分别进入我高等学校及中等技术学校学习专业。关于他们入校入系学习专业的工作,从三月起着手进行,到现在已基本完成。报告还汇报了留学生的专业确定问题、留学生文化程度不整齐问题和留学生学校的分配问题等。

9月3日 下午,出席刘少奇主持召开的中央选举委员会第五次会议。会议批准邓小平作的关于中华人民共和国第一届全国人民代表大会代表选举工作完成的报告,并通过中央选举委员会关于公布中华人民共和国第一届全国人民代表大会代表名单的公告,审查和追认了代表当选证书的格式。

9月9日 下午,在中南海勤政殿出席毛泽东主持召开的中央人民政府委员会第三十四次会议。会议讨论并修正通过《中华人民共和国宪法草案》,决定提交即将召开的第一届全国人民代表大会第一次会议审议。

9月12日 下午,出席宪法起草委员会第九次会议。会议讨论并通过刘少奇代表宪法起草委员会向第一届全国人民代表大会第一次会议所作的关于中华人民共和国宪法草案的报告，修正通过《中华人民共和国全国人民代表大会组织法草案》《中华人民共和国国务院组织法草案》《中华人民共和国人民法院组织法草案》《中华人民共和国人民检察院组织法草案》《中华人民共和国地方各级人民代表大会和地方各级人民委员会组织法草案》。

9月15日 在中央人民政府教育部党组小组和扫除文盲工作委员会党组小组九月十一日就机构调整问题向政务院文化教育委员会分党组并中共中央的请示上批示："拟予同意。请刘、周、邓、子恢同志审阅。"该请示提出：国务院即将成立，中央各部机构将有调整。为此建议：（一）将中央扫盲工作委员会合并于中央教育部；（二）将中央文委干部文化教育局改为中央教育部的一个局；（三）及早成立扫盲协会，作为动员、组织社会力量和群众协助政府开展扫盲运动的群众团体。

9月15日—28日 出席第一届全国人民代表大会第一次会议。二十六日，在会上作一届全国人大一次会议提案审查委员会关于提案的审查报告。会议通过《中华人民共和国宪法》；通过全国人民代表大会、国务院、人民法院、人民检察院等组织法。选举毛泽东为中华人民共和国主席，朱德为副主席；刘少奇为全国人大常委会委员长，宋庆龄等十三人为副委员长；董必武为最高人民法院院长，张鼎丞为最高人民检察院检察长；决定周恩来为国务院总理；决定设立国防委员会和国防部，任命毛泽东兼任国防委员会主席，彭德怀任国防部部长。按照《宪法》规定，全国人民代表大会是中华人民共和国的最高权力机关；国务院即中央人民政府，是最高国家权力机关的执行机关，是最高国家行政机关。会议根据周恩来的提名，通过国务院组成人员人选，陈云、林彪、彭德怀、邓小平、邓子恢、贺龙、陈毅、乌兰夫、李富春、李先念为国务院副总理,习仲勋为国务院秘书长。

9月23日 在中央人民政府高等教育部、教育部《关于调整各级学校学生人民助学金的建议》上批示:"请钱[1]办。"该《建议》称:自一九五二年下半年在全国高等学校和中等技术学校实行全面的学生人民助学金制,并对中学的助学金略加调整后,解决了极大部分学生入学的困难,在保持学生健康上起了好的作用。但由于今年上半年全国调整物价,原定的伙食标准已不能维持应有的营养水平。同时中学学生享受人民助学金人数的比例,在大城市执行时,高中方面困难尚少,初中方面由于工农出身的学生较多,原定比例很难解决问题;中小城市以下则高、初中均有困难。为保证学生健康及解决产业工人入学的困难,拟对各级学校人民助学金标准及普通中学学生助学金的享受面分别略予调整。

9月26日 晚八时,到北京车站欢迎应邀前来参加中华人民共和国成立五周年庆典的越南民主共和国政府代表团。晚十时,同刘少奇、周恩来、陈云等参加毛泽东对越南政府代表团的接见。十月七日上午,到车站为代表团送行。

9月29日 出席周恩来主持召开的国务院常务会议,研究国务院总理和副总理的分工问题。

同日 下午三时,同刘少奇、周恩来、陈云等陪同毛泽东接见应邀前来参加中华人民共和国成立五周年庆典的阿尔巴尼亚人民共和国政府代表团。

10月2日 晚上,出席周恩来在北京饭店举行的宴会,招待应邀前来参加中华人民共和国成立五周年庆典的各国政府代表团。

---

[1] 钱,指钱俊瑞。

10月9日 同刘澜涛[1]、苏联专家顾问在中南海西楼会议室出席邓小平主持的会议。

10月15日 出席周恩来主持召开的国务院第一次全体会议，听取周恩来作《国务院的组织和工作问题》的报告。

10月16日 收到毛泽东关于《红楼梦》研究问题给刘少奇、周恩来、陈云、朱德、邓小平、习仲勋等二十八人的来信。信中说："驳俞平伯[2]的两篇文章[3]付上，请一阅。这是三十多年以来向所谓《红楼梦》研究权威作家的错误观点的第一次认真的开火。"

10月20日 在中南海西楼会议室出席邓小平主持的会议，讨论国务院各部副部长人选问题。

10月23日 下午，同周恩来、宋庆龄[4]、贺龙等在中山公园出席由彭真主持的北京市各界人民欢迎印度共和国总理尼赫鲁的集会。

10月24日 下午，接见罗马尼亚科学艺术代表团。

10月25日 下午，同周恩来、邓小平、乌兰夫、李维汉[5]、张经武[6]在中南海勤政殿陪同毛泽东接见西藏地方政府噶伦索康·旺清格勒、西藏地方政府代理机巧堪布洛桑三旦，西藏参观

---

[1] 刘澜涛，时任中共中央副秘书长、全国人大预算委员会主任委员。

[2] 俞平伯，红学家，著有《〈红楼梦〉简论》《〈红楼梦〉研究》等，时任中国文学艺术界联合委员会委员、中国科学院文学研究所研究员。

[3] 指李希凡、蓝翎写的《关于〈红楼梦简论〉及其他》和《评〈红楼梦研究〉》两篇文章。《关于〈红楼梦简论〉及其他》一文，原载山东大学《文史哲》1954年第9期，后在《文艺报》同年第18期转载。《评〈红楼梦研究〉》一文于1954年10月10日在《光明日报》发表。

[4] 宋庆龄，时任全国人大常委会副委员长。

[5] 李维汉，时任全国人大常委会副委员长、中共中央统战部部长。

[6] 张经武，时任中央人民政府驻西藏代表、中共西藏工委书记。

团团长然巴·囊吉旺堆、副团长何巴敦、拉加利·朗吉嘉措、欧协·土登桑却、森德班官，红教活佛墨竹林，花教活佛萨迦东色，班禅堪布会议厅代理却本堪布洛桑图丹等。

10月31日 下午二时，在中南海颐年堂出席毛泽东主持召开的中共中央政治局扩大会议。会议提出在十二月中旬召开党的全国代表会议〔1〕，讨论第一个五年计划，作出关于高饶问题的决议；考虑在一九五六年召开中共八大，确定三项议程：作政治报告，修改党章，选举中央委员会。会议批准毛泽东、刘少奇、周恩来请假离京一个月，这期间留京的以陈云为主，由朱德、陈云、彭真组成中央书记处，邓小平、彭德怀参加。会议还通过中央军委各部门负责人员名单。出席会议的除习仲勋外，有刘少奇、周恩来、朱德、陈云、彭真、董必武、林伯渠、彭德怀、邓小平、李富春、陆定一、杨尚昆、胡乔木、贺龙、聂荣臻、叶剑英、陈毅、李先念、薄一波、徐向前、罗荣桓、罗瑞卿、李维汉。

同日 出席周恩来主持召开的国务院第二次全体会议。周恩来作关于国务院办公机构设置和领导人员分工等问题的讲话。讲话说：经国务院常务会议研究，正式决定国务院办公机构设八个办公室，不属于这些办公室管理的部门将由总理、副总理、秘书长分工领导。具体分工是：周恩来管外交部和华侨事务委员会，陈云管六办和八办，彭德怀管国防部，贺龙除担负军队工作外，管体育运动委员会，乌兰夫管民族事务委员会，李先念管五办，邓子恢管七办，李富春管三办、四办、国家计划委员会、国家建设委员会、国家统计局和国家计量局，陈毅为常务副总理并管一办、二办和指导科学院，习仲勋管其余十二个国务院直属机构。

---

〔1〕 中国共产党全国代表会议后延期到1955年3月召开。

由于林彪还在养病,邓小平兼着中共中央秘书长,他们不担任国务院的具体工作。国务院机构的设置根据四条原则:一是加强各部,重点放在部;二是集中领导,大事集中到国务院全体会议和常务会议,有些事集中到周恩来、陈云、陈毅、习仲勋这里;三是分头管理;四是避免重复。

11月1日 同陈毅受到周恩来约见,听取周恩来交代自己离京后国务院日常工作的安排事宜。

11月3日 在中央人民政府内务部党组十一月一日向周恩来并中共中央报送的请示报告上批示:"同意,周办拟复。"报告说:内务部拟于十一月召开第三次全国民政会议,总结一年来的民政工作经验,布置下一年度的民政工作。会议着重解决以下几个问题:(一)如何贯彻地方各级人民代表大会和地方各级人民委员会组织法,研究如何使地方各级人民代表大会充分行使职权。(二)讨论生产救灾工作问题。(三)研究和加大民政工作的领导和改进工作方法问题。

11月9日 中共中央政治局召开会议。会议听取李先念关于粮食统购统销情况及今年统购工作方针的报告,同意李先念在报告中所提的意见;原则通过《中共中央批转中央文委关于改进中医工作问题的报告》,决定由习仲勋修改后交中央书记处审阅发出;批准中共中央组织部第六十六次、第六十七次提请中央任免的干部名单。

11月上旬 收到李先念十一月四日来信,来信并报陈云、陈毅。信中说:(一)中共中央决定在明年三月一日开始发行新币。在此之前,各机关特别是各经济机关,要秘密进行一系列的准备工作。人民银行已代中央起草了一个指示,希望中央早批准发出,好让各级党委加强对这个工作的领导和各有关部门提早准备。(二)人民银行已代国务院起草了一份命令,但这份命令是在发行时公布的,现送来请审阅。

同旬 收到李先念十一月十日对伍修权[1]报告的批示件,批示件并报陈云、陈毅。李先念的批语说:伍修权同志的报告,现送上,请审阅。阿尔巴尼亚今年灾荒,阿向徐大使[2]提出,要我国援助。除贷款限额不低于保加利亚外,赠送阿尔巴尼亚小麦二万吨。是否可行?批示后即复徐以新同志。

11月16日 主持召开国务院秘书长第一次会议。会议通过国务院机关办公制度,确定每周五召开秘书长办公会议;设立机要办公室,负责国务院总理、副总理、秘书长的电报文件收发、分办、传阅立卷及打印事宜。到一九五六年二月十七日,先后主持召开三十五次国务院秘书长会议,对国务院秘书厅、机关事务管理局、外国专家局、法制局、档案局、广播局、人事局、宗教事务局、计量局、测绘局、参事室、文史馆、机要交通局、对外文化联络局、文字改革委员会办公室、编制工资委员会办公室、出国工人管理局等十多个单位的职能范围、机构编制、干部配备、工作计划、检查与总结等,作出切实可行的规定,建立健全了各项规章制度。

11月24日 向中共中央报送对外文化联络局《关于一九五五年度我国同人民民主国家文化合作计划的报告》和《一九五五年度我国同十个人民民主国家文化合作计划要点草案》。在附函中说:《报告》和《草案》"已经陈毅同志核阅同意,现送上,请审批"。"过去几年,我国对东欧各人民民主国家文化合作协定的每年执行计划,常因我们没有及时提出草案而签订过迟,在政治上造成若干不好的影响。为改变这种情况,我建议中央在审定

---

[1] 伍修权,时任外交部副部长。
[2] 徐大使,指徐以新,时任中国驻阿尔巴尼亚大使。

《一九五五年度我国同十个人民民主国家文化合作计划要点草案》之后，除重大问题再个别向中央请示外，其余谈判、签订各国年度执行计划时即可交国务院核办，不必再送中央审批。"

同日 在出版总署党组《关于建议将出版总署党组予以撤销的请示报告》上批示："同意出版总署党组撤销，钱[1]、范[2]阅报小平同志核阅后退陈克寒同志。"《报告》说：出版总署已遵照国务院指示撤销。原出版总署改制为文化部出版事业管理局的工作也已完成。建议将出版总署党组予以撤销，今后有关出版方面的方针政策等问题即由文化部党组直接指导。二十八日，邓小平批示：同意。

11月28日 晚上，出席文化部举办的首都各界人民庆祝阿尔巴尼亚解放十周年大会，代表中国政府和人民向阿尔巴尼亚政府和人民致以节日祝贺。在讲话中说：阿尔巴尼亚的近代历史，是一部阿尔巴尼亚人民反抗帝国主义压迫和侵略的英勇斗争的历史。中国人民对于富有光荣革命斗争传统的英雄的阿尔巴尼亚人民一向表示关怀和敬佩。我们深信：随着我们两国社会主义建设事业的胜利进展，中阿两国人民的兄弟般的友谊和在政治、经济和文化方面的合作必将不断地巩固和发展。

11月下旬 圈阅邓小平批转的张经武、范明[3]十一月十九日报送的关于康藏公路剩余工人处理意见的请示。请示说：虑康藏公路剩余工人一万二千七百名，要其完全复员困难很多，浪费亦很大，同时要其在西藏安置生产，根据西藏目前政治、经济情况，也不可能。为了解决这一困难，并不浪费国家人力物力起

---

〔1〕 钱，指钱俊瑞。
〔2〕 范，指范长江，时任国务院第二办公室副主任。
〔3〕 范明，时任中共西藏工委第三副书记。

见，我们建议中央批准将这一批剩余工人继续修筑察隅公路支线（由然乌至察隅共约二百三十公里），对巩固国防和发展西藏经济都有很大好处。二十日，邓小平在"这一批剩余工人继续修筑察隅公路支线"一句旁批注："花钱太多，似不宜办。"并批示："陈毅、习阅交首道〔1〕同志商有关处理。"

12月2日 在中南海西楼出席邓小平主持的中央秘书长工作会议，讨论中南、华东地区各省市人民委员会各单位及政协名单等。

12月3日 在陶希晋〔2〕十二月二日报送总理办公室并习仲勋的《关于东北三省改建后拟重新选举省人民代表大会代表的意见》上批示："请小平同志核示后退我办。"十日，再次批示："已告林枫通知东三省提出改选要求、计划及名单，由国务院批后办。"陶希晋报送的《意见》称：东北撤销辽东、辽西和松江三省建制，改设辽宁、吉林、黑龙江三个省，并将原中央直辖的沈阳、旅大〔3〕、鞍山、抚顺、本溪、哈尔滨、长春等七市改为省辖市，省人民代表大会代表名额均超过选举法规定很多。因省代表名额过多，召开一次省人民代表大会就感困难，特别是辽宁省，加以各该省归并后的省代表中的成分比例、军队代表名额等，均有与实际需要或法律规定不符合的问题。辽宁、吉林省都已提出重新选举省代表的意见。我们与内务部研究，东北这三个省的省人民代表大会代表，按实际情况以重新选举为宜。《意见》还提出拟议的重新选举办法。

12月10日 致信杨尚昆。信中说：送上监委会党组关于人

---

〔1〕 首道，指王首道，时任国务院第六办公室主任。
〔2〕 陶希晋，时任国务院副秘书长兼国务院法制局局长、国务院参事室主任。
〔3〕 旅大，今辽宁大连市。

民来信工作的总结,可作为讨论监察工作的附件复印,请安排。

12月13日　下午,同来访的吴玉章[1]商谈中国文字改革委员会办公用房问题。

12月18日　同陈毅、齐燕铭[2]、常黎夫[3]、彭真[4]、陈家康[5]出席周恩来主持召开的国务院汇报会议。会议决定:(一)根据毛泽东关于可以释放一批在押国民党战俘的指示,由公安部、司法部、最高人民法院、最高人民检察院和人民解放军总政治部共同将在押战俘情况进行调查,做些释放的准备工作。可以考虑先释放一批小的(如尉官)战俘,对其他较大一些的战俘拟采用大赦的办法。由陈毅召集有关部门拟定办法。(二)为了提倡节约,在第一个五年计划期间,国务院、全国人大常委会大厦暂不修建。(三)批准国务院编制审查委员会名单,由贺龙任主任。

12月21日　同来访的吴玉章、胡愈之[6]商谈中国文字改革委员会办公用房问题。

12月24日　在杨尚昆十二月二十二日批转的张际春关于设立"中苏友好大厦"给中共中央的报告上批示:"请齐[7]约有关同志一谈。"张际春十二月十日的报告说:中苏友协总会党组建议,在苏联经济及文化建设展览会结束后,将该展览馆改为

---

[1]　吴玉章,时任中国文字改革委员会主任、中国人民大学校长。
[2]　齐燕铭,时任国务院副秘书长、国务院总理办公室主任。
[3]　常黎夫,时任国务院副秘书长。
[4]　彭真,时任中共中央政治局委员、中共中央书记处候补书记、全国人大常委会副委员长兼秘书长、中共北京市委书记、北京市市长。
[5]　陈家康,时任外交部长助理兼亚洲司司长。
[6]　胡愈之,时任全国人大常委会委员、中国文字改革委员会副主任。
[7]　齐,指齐燕铭。

"中苏友好大厦",由中苏友好协会总会管理,作为进行中苏友好活动的场所,其他方面较大规模的展览和文化活动亦可使用。我们认为,在首都确应有一所表现中苏友谊并进行中苏友好活动的场所。杨尚昆阅后批示:"仲勋同志:此事请你先与有关方面商量一下,提出意见,然后再报中央批示。"

12月30日 根据西北地区来信来访反映西北(主要是陕西)农村中的一些情况和问题,向毛泽东、周恩来作专题报告。报告说:(一)统购统销方面,主要是食油和煤油的问题。规定食油每人每月二两半至四两,煤油则按人、按灯每月四两至八两不等,配量少,且常脱销,费时误工,对于农民生产和生活上影响都很大。实行油料统购以后,所有油料都由合作社收购委托油坊加工,连油渣也一起收购。农民买不到牲畜饲料和肥料,喂养牲口只有"清水白麦糠"。供应工作中也存在许多问题,强迫农民搭配购货的怪现象相当普遍。如买白糖搭水烟,买红糖搭味精,买盐搭碱,买药搭地瓜,引起农民很大不满。(二)农业生产合作社方面,主要是有不少干部存在急躁情绪,认为建的农业社多就是领导重心转移得好,因而要求多建社、建大社(泾阳有以行政区为单位建立一个一百零九户的大社)。在建社中发生强迫命令,铺张浪费现象也很严重。(三)陕西由于连年粮棉丰收,特别是粮棉统购之后,农民手上存钱很多,唯恐低价入社而对生产资料不感兴趣,因此大量购买东西,主要是购买生活资料,甚至还有相当多的农民大量购买非生活必需品。农民对强制储蓄有抵触情绪。"我以为这些情况应该引起注意。建议中央有关部门,对农村工作和棉布、食油统购统销政策的执行情况,再作进一步的研究。加强县一级的领导,是加强农村工作的主要关键。"在草拟报告时,要求秘书把人民群众向党中央、毛泽东反映的真实事例和真实语言写进去,"要把真实情况报告毛泽东",认为这是农民敢于向人民政府讲真话、说实话的表现，说明人民群众对党、对政府的信赖。

1955年　四十二岁

1月1日　下午六时半，在中南海怀仁堂出席元旦团拜会。

1月3日　收到张经武、范明一月三日报送的西藏自治区筹备委员会筹备小组的工作报告。张经武、范明在附信中说：请分送毛泽东、朱德、刘少奇以及陈云、陈毅、彭德怀、贺龙、邓小平。总理已送。"此报告已经筹备小组于去年十二月三十日正式通过并由各小组负责人签了字，请国务院审核批示。"报告说：李维汉于去年十一月二日召集达赖、班禅及西藏主要官员和进藏干部会议，阐明毛泽东关于"在西藏不成立军政委员会而成立西藏自治区筹备委员会"的指示，会上表示一致同意。会议认为：（一）西藏自治区筹备委员会是在西藏自治区未成立前过渡期间的协商筹划的带政权性质的机关。（二）西藏自治区筹备委员会的组成应包括西藏地方政府、堪布会议厅、昌都地区等各方面的人员。（三）西藏自治区筹备委员会下设办公厅和两个委员会、十个处等办事机构。（四）西藏自治区筹备委员会是在国务院直接领导下的一个带政权性质的机关，除负责领导西藏地方政府、堪厅、昌都地区三个方面进行本文第一项所规定各项任务外，凡系西藏自治区筹备委员会尚未统一的各项行政事宜，均仍然由国务院直接领导。（五）关于西藏地方政府、堪厅、昌都地区三方面的地方财政开支在过渡期间如有困难时，由各该单位直接向国务院请求给予辅助，并同时向西藏自治区筹备委员会报告备案。三月九日，国务院全体会议第七次会议通过《关于成立西藏自治区筹备委员会的决定》。《决定》的主要内容同西藏自治区筹备委员会筹备小组工作报告基本一致。

1月6日 周恩来主持召开国务院常务会议。主要内容有：（一）讨论关于调整国家机关工作人员工资、包干费级别标准的问题。会议决定：第一，为了对国家机关的编制和工作人员的工资问题进行统一的考虑，决定将国务院编制审查委员会〔1〕扩大改组为编制工资委员会，贺龙为主任，习仲勋为副主任。第二，政府系统工作人员自一九五五年七月一日起，一律实行薪金制，废除工资分办法，改为固定的货币计算办法；另外增加地区补贴。第三，全国人民代表大会代表每人每月一律发五十万元〔2〕工作费。第四，政协全国委员会委员中，凡是没有工作职务而需要安置的，应个别予以安置。第五，对国家正副主席、全国人大常委会正副委员长和国务院正副总理、各部部长、各委员会主任等的行政级别与工资问题作出规定。（二）讨论关于集体参加经济建设的部队完成彻底转业的问题。会议决定：由贺龙、习仲勋召集有关部门开会研究，国务院的指示稿待研究后再行发布。

同日 下午，同来访的吴玉章交谈。

1月8日 下午，接见以基斯瓦林为团长、穆罕默德·阿雅尔为副团长的印度尼西亚共和国农业考察团。

1月11日 同贺龙、齐燕铭、常黎夫出席周恩来主持召开的国务院汇报会。汇报事项及决议要点有：（一）编制审查委员会改称编制工资委员会，报请中共中央批准。争取在二年内，有步骤地将政府系统中应该退休和转到企业、投考学校的各种人

---

〔1〕 1954年12月22日，国务院发布《关于成立国务院编制审查委员会的命令》，贺龙任委员会主任，刘澜涛、杨尚昆等12人为委员。

〔2〕 此处为旧人民币。

员，分别妥善处理完毕，初步做到政府系统中的定员定额。（二）鉴于国防部已经决定今年军事系统的人员一律停止休假，全国政府机关工作人员休假制度今年一年暂停执行。今后政府各部部长休假，须经过总理或常务副总理批准。十五日，周恩来将会议商定的编制工资委员会的人员组成情况报中共中央。二十二日，国务院发出《关于扩大编制审查委员会改为国务院编制工资委员会的通知》，编制工资委员会以贺龙为主任，习仲勋为副主任，钱瑛[1]等十九人为委员。二十七日，国务院发出《关于一九五五年国家机关工作人员停止休假的通知》。

1月13日 收到毛泽东批送刘少奇、周恩来、邓小平、李先念、陈毅、习仲勋、杨尚昆的财政部党组一月十一日关于目前税务干部中贪污盗窃国家税款情况给国务院并报中共中央的报告。毛泽东批示说："这是财政部党组写给国务院，请它'批转各省市党委'的一个报告。这种请政府命令党委的观点是错误的，并且不止一个部如此，请作纠正。"

1月15日 同齐燕铭、常黎夫、林枫、范长江、龚子荣[2]等出席周恩来主持召开的国务院汇报会。会议决定：（一）关于部队集体转业问题，由国务院通知各部门，根据实际情况分别处理。处理办法是：先由各部门将转业到本部门的部队的转业情况报国务院，再由贺龙和习仲勋分别以部为单位，个别解决。所有转业的部队，一律按照复员的办法发给转业费；部队转业后的工资标准另订。（二）对高等学校的教授、科学院的研究人员和卫生部的科学技术人员的工资标准，可再略予提高，最高者可超过行政人员的最高工资标准。中学教员的工资也可略予增加，特别

---

[1] 钱瑛，时任中共中央纪律检查委员会副书记、监察部部长。
[2] 龚子荣，时任国务院副秘书长。

是对那些表现进步、服务多年的中学教员，其工资更应提高，以示奖励。

1月17日 收到毛泽东批送刘少奇、周恩来、邓小平、李先念、陈毅、习仲勋、杨尚昆的国务院第五办公室一月十四日关于全国财经工作会议拟讨论的主要议题和初步意见给各省市党委、人民政府和国务院各有关部门并报中共中央的电报。毛泽东批示说："由国务院向各省市委下达命令的办法不妥，此类内部命令，似由国务院与党中央联名下达为宜。"

1月18日 上午十一时，同贺龙、彭真、薄一波〔1〕、齐燕铭、常黎夫出席周恩来主持召开的国务院汇报会，听取首都建设规划和一九五五年度北京建筑任务等问题的汇报。会议决定，成立北京都市建设委员会，将北京市今后的建筑设计、施工和房舍的分配与管理，逐步统一管起来。

1月22日 上午十一时，同陈毅〔2〕、齐燕铭、常黎夫、王首道等出席周恩来主持召开的国务院汇报会。

1月26日 晚上，同周恩来、宋庆龄等出席印度驻中国大使赖嘉文举行的庆祝印度共和国成立五周年招待会。

1月29日 向周恩来及各位副总理报送《关于成立出国工人管理局的请示报告》。报告说：根据一九五四年十月中苏会谈协议，我国将陆续动员青年农民赴苏联参加共产主义建设和学习生产技术。为做好这一工作，提议在国务院下设立"出国工人管理局"，掌管出国工人出国前的动员、组织、训练和在国外期间的政治教育，以及做工期满回国后的还乡等事项。出国工人管理局拟设置办公室、组织计划处、政治教育处、联络处、财务供应

---

〔1〕 薄一波，时任国务院第三办公室主任、国家建设委员会主任。
〔2〕 陈毅，时任国务院副总理、国防委员会副主席、上海市市长。

处等机构。编制暂定为七十四人。三十一日，周恩来主持召开国务院第四次全体会议，批准设立出国工人管理局，提请全国人大常委会审议。四月九日，全国人大常委会第十一次会议批准设立出国工人管理局。

1月下旬 收到邓小平一月二十一日对中共西藏工委《关于结束西藏运输总队的处理意见》的批示。批示说："此事请由国务院指定一同志与张〔1〕、范〔2〕商同处理，并为中央拟一复电。我看工委各项意见是可以的。"

1月 经中共中央批准，担任新成立的国务院机关党组书记，齐燕铭任党组副书记。两人任职至一九六三年六月。

2月1日 上午十一时，同常黎夫、张策〔3〕、曾一凡〔4〕、何成湘〔5〕、薄一波出席周恩来主持召开的国务院汇报会。

2月2日—22日 第三次全国宗教工作会议在北京召开。主持第一次会议，并在会议结束时作总结讲话。在讲话中说：宗教工作中是有许多复杂的斗争的，但绝不能孤立地进行，必须结合每个时期的中心工作和政治运动，才能使这些斗争带有群众性，才能比较容易取得胜利。各级宗教事务部门，凡遇有重大的政治运动和国家的重大措施，都应该在当地党和政府的领导下，根据教会的具体情况，进行深入的宣传教育，动员教徒积极参加，抓紧一切机会开展宗教工作。在谈到加强宗教工作的领导问题时说：各级干部要从实际情况出发，根据不同对象、不同情况进行具体分析，去确定对策。要随时了解变化着的情况而修改计划，

---

〔1〕 张，指张经武。
〔2〕 范，指范明。
〔3〕 张策，时任国务院副秘书长。
〔4〕 曾一凡，时任国务院副秘书长。
〔5〕 何成湘，时任国务院宗教事务局局长。

采取切合实际的措施。工作要深入细致，处理问题时应具有全面的观点，按照政策办事，不能片面地、简单地对待问题，以热情和感想代替政策。这就必须进行系统的、周密的调查研究工作。必须认真学习马列主义关于宗教问题的理论和党的宗教政策，学习宗教专门业务。必须认真总结经验，克服过去工作中的老一套、走弯路甚至走回头路的毛病；把工作经验条理化，并提高到理论层面，这是最有实际意义的学习，以此来指导工作，就能把工作提高一步。凡涉及政策和策略问题，宗教事务部门应向当地党委、政府或上级宗教事务部门请示，反对无组织无纪律现象。必须严守保密制度。必须彻底改变过去把工作面束缚得很小，完全限于党内的工作作风和小手小脚、拘拘束束的做法。

2月4日 在李先念报送的国务院第五办公室起草的对西藏工委《关于西藏金融贸易工作在公路通车后的几项措施》的批复上批示："请经武、范明同志阅正后再送总理核收。"李先念在致习仲勋并报周恩来的附信中说：西藏金融贸易的政策，叶季壮同志主持，经过研究，张经武等同志也已看过并报了意见之后，批了这一份电报。因为那里情况很复杂，请审核，是否可行。三月八日，习仲勋将张经武、范明修改后的批复稿报送邓小平审阅，并建议"改后以中央名义发出为妥"。十一日，中共中央发出《关于西藏金融贸易工作在公路通车后的几项措施给西藏工委的批复》，基本上同意西藏工委所提各项意见，同时要求注意以下各项：（一）西藏在目前情况下，贸易公司可暂不向群众直接收购土特产，也暂不向藏族人民直接零售，但须适当地注意到对土特产和内运货物价格加以间接的领导。（二）诱导私资投入工农业生产和公私合营工农业生产问题，现在还不宜多加提倡。（三）关于降低外汇牌价问题，同意目前暂不改变，但亦不必等待内货在西藏占百分之六七十后再变，而应在适当条件和时机下，逐年逐步地降低。（四）海关原则上可以设立，但须待西藏自治区筹备委员会成立后统筹办理。（五）目前在西藏以不设立粮食公司或其他类似机构为宜。（六）同意将一九五五年的运藏茶叶大部批发给藏商运输经营。

2月5日 上午十一时，同齐燕铭、常黎夫、陶希晋、王首道等出席周恩来主持召开的国务院秘书长汇报会议。汇报事项及决议要点有：（一）关于出版《中华人民共和国国务院公报》问题，决定：第一，公报的对象主要是机关干部，可以公开发行，一律不得赠送。第二，公报的内容限于可以公开的文件；编排采取分类、横排；用国务院秘书厅的名义出版。第三，有关外交的文件，如我国同外国签订的正式协议和政府的重要声明等，也都编入公报。用各部委名义同外国签订的带有技术性的协议，不在公报上发表。《国务院公报》出版后，各部委出版的公报应行停止或改换名称后出版，出版前须先经法制局审查批准。（二）决定修筑拉萨至日喀则公路。（三）关于复员军人安置问题，责成内务部进行典型调查，认真研究，拟订解决方案，一个月内报告国务院。十六日，国务院发布《关于出版〈中华人民共和国国务院公报〉的决定》。

2月9日 晚九时，在北京中山公园出席张澜[1]含殓仪式。张澜于二月九日在北京医院逝世，享年八十三岁。

2月14日 晚上，出席苏联驻中国大使馆临时代办罗迈进举行的庆祝中苏友好同盟互助条约签订五周年招待会。

2月15日 上午十一时，同薄一波、常黎夫、王首道、林

---

〔1〕 张澜，逝世前任全国人大常委会副委员长、全国政协副主席、中国民主同盟中央主席。

枫、梅益[1]、钟夫翔[2]等出席周恩来主持召开的国务院汇报会。

2月23日 下午四时,同毛泽东、刘少奇、周恩来、邓小平、李维汉、汪锋[3]等在中南海接见西康省理塘县理塘大喇嘛寺活佛罗桑土登·降央克珠和昂旺定吉·阿称·罗赛。

同日 同杨放之[4]、常黎夫等出席周恩来主持召开的国务院汇报会。汇报事项及决议要点有:(一)同意人民解放军总干部部所拟定的八一勋章、奖章的式样和大小,唯每枚勋章、奖章的含金量可稍加减轻。制作勋章、奖章所需的预算一千二百七十亿元[5]亦予批准。(二)同意将农业银行划归中国人民银行领导,并作为中国人民银行的一个直属机构。但该行所管的农村业务,则同时受国务院第七办公室的指导。(三)决定出国工人在蒙古工作的时间仍定为三年;同意蒙古政府在发给我国出国工人的工资中按一定的比例(百分之十五至百分之二十)扣除一部分存入蒙古国家银行。所扣除部分由我国政府以中国货币在国内支付给工人家属。

2月24日 收到民族事务委员会党组本日报送的《关于组织访问团到西藏进行访问的请示》。《请示》建议中央于本年第四季度组织访问团到西藏进行访问。

同日 在张友渔[6]关于匈牙利布达佩斯市会议执行委员会邀请北京市人民委员会参加"布达佩斯地方工业展览会"的请示

---

[1] 梅益,时任广播事业局局长。
[2] 钟夫翔,时任邮电部副部长。
[3] 汪锋,时任国家民族事务委员会副主任。
[4] 杨放之,时任国务院副秘书长、国务院专家工作局局长。
[5] 此处为旧人民币。
[6] 张友渔,时任北京市副市长。

上批示:"请总理核批。"四月二十九日,参加展览会的北京馆正式开幕。

3月4日 主持召开国务院秘书长第十三次会议。会议通过秘书厅"关于全国人民代表大会常务委员会举行会议时,人大常委会办公厅与总理办公室、秘书厅有关工作联系事项的规定",协调了三个办公机构之间的密切关系。会上,经中共中央批准,成立了以习仲勋、齐燕铭为正副书记的国务院机关党组,党组成员包括常黎夫、张策、龚子荣、陶希晋、曾一凡、杨放之、刘墉如[1]、李琦[2]等。

3月5日 上午十一时,同陈毅、常黎夫参加周恩来主持召开的国务院汇报会。陈毅谈中国科学院问题和援助越南问题,习仲勋谈西藏等问题。

3月10日 下午,在中南海出席周恩来为欢送十四世达赖喇嘛和十世班禅额尔德尼返藏举行的宴会。十二日下午,同彭德怀、邓小平、陈毅、乌兰夫等前往车站为十四世达赖喇嘛和十世班禅额尔德尼离京送行。

3月21日—31日 出席中国共产党全国代表会议。毛泽东致开幕词并为会议作结论。会议听取陈云作关于发展国民经济的第一个五年计划的报告,邓小平作关于高岗、饶漱石反党联盟的报告。会议通过《关于中华人民共和国发展国民经济的第一个五年计划草案的决议》;通过《关于高岗、饶漱石反党联盟的决议》;通过《关于成立党的中央和地方监察委员会的决议》,选出以董必武为书记的中央监察委员会,原有的中央及地方各级党的纪律检查委员会撤销。

---

[1] 刘墉如,时任国务院机关事务管理局局长。
[2] 李琦,时任国务院总理办公室副主任。

3月30日 在《第四次全国手工业生产合作会议的报告》修改稿上批示:"此件拟提中共中央讨论,送请尚昆〔1〕同志处理。"第四次全国手工业生产合作会议于一九五四年十二月八日至一九五五年一月六日召开。会议总结一九五四年手工业社会主义改造的工作,确定一九五五年的任务,讨论基层社的社章草案,并成立中华全国手工业生产合作社联合总社筹备委员会。五月十六日,中共中央批转《第四次全国手工业生产合作会议的报告》。批语说:各地在对手工业的某些行业进行社会主义改造和生产安排中,必须继续进行全面深入的调查研究,务期在今明两年内,把手工业重要行业的基本情况彻底摸清楚,以便于对手工业进行安排和改造。各地应迅速抓紧建立手工业管理机构和手工业生产合作社联合社(或筹委会)。

4月11日 向邓小平〔2〕并中共中央报送中国科学院党组《关于工作检查和改进工作给中央的报告》等三个文件及其附件。在附信中说:陈毅同志在京时,原打算请中央在四月中旬的会议上讨论这些文件,以便使科学院能按文件的决定召开科学院学部成立大会。苏联已决定派出以巴尔金院士为首的科学家代表团来参加大会。中国科学院党组在三月份认真地检查了工作。科学院党组检查工作报告是在陈毅同志亲自参加了他们的各次会议,"综合了党组其他成员和科学院郭沫若院长、柯夫达〔3〕顾问的意见写成的"。中国科学院党组四月五日《关于工作检查和改进工作给中央的报告》列举了工作中存在的问题;对中央团结科学

---

〔1〕 尚昆,指杨尚昆。
〔2〕 邓小平,时任中共中央政治局委员、中共中央秘书长、中共中央组织部部长、国务院副总理、国防委员会副主席、西南军区政治委员。
〔3〕 柯夫达,苏联科学院通讯院士,时任中国科学院院长顾问。

家的政策研究得不够，在执行中有偏差；培养新生力量的工作还没有得到真正的重视；忽视了对全国各地科学工作者的联系和组织工作问题。中国科学院党组四月二日《关于改变科学院组织形式的意见》建议：确立我国的学术称号与学位制度，以院士大会为最高领导机关；成立院务委员会及其常务委员会；成立学部及各研究所的学术委员会；增设综合调查工作委员会和科学干部培养部。六月一日至十日，中国科学院学部成立大会在北京召开，宣布各学部选举产生的学部常务委员会委员名单，通过《中国科学院学部成立大会总决议》。

4月16日 同常黎夫、周光春[1]、张劲夫[2]、宋乃德[3]、姚依林[4]、王兴让[5]、汪锋出席陈云主持召开的国务院汇报会。会议批准《关于地方工业部的管理范围、工作任务、组织编制及一九五五年工作要点》《民族事务委员会一九五五年工作计划要点》；原则通过国务院关于所属各部门工作报告制度的规定和国务院关于各省、自治区、直辖市人民委员会工作报告制度的规定，由秘书厅修改后，提国务院全体会议讨论。

5月6日 在中共中央统战部、民族事务委员会党组四月二十六日《关于召开宗教工作汇报会、中国伊斯兰教协会全体委员会议和中国佛教协会全体理事会议中有关问题的请示》上批示："同意，拟复送小平同志核发。"《请示》汇报了拟召开的三次会议的议程，并提出：会议除由各该协会负责人作关于两年来的工

---

[1] 周光春，时任国务院第四办公室副主任。
[2] 张劲夫，时任地方工业部副部长、党组书记。
[3] 宋乃德，时任地方工业部副部长。
[4] 姚依林，时任商业部副部长。
[5] 王兴让，时任商业部副部长。

作和今后任务的报告外，中国伊斯兰教协会拟由达浦生〔1〕作关于我国伊斯兰教参加保卫世界和平运动的报告；中国佛教协会拟由喜饶嘉措〔2〕作我国佛教代表团访问缅甸的报告；拟由民族事务委员会的副主任作关于宗教政策的报告和时事报告。

5月10日 同陈云、陈毅、常黎夫等出席周恩来主持召开的国务院汇报会。关于周恩来、陈云、陈毅和习仲勋之间的分工问题，会议决定：在目前时期，国务院工作总的方面，由陈云更多地负责处理；按部门来分，有关一办、二办、民委、科学院的工作，由陈毅负责处理；有关三办、四办、五办、六办、七办、八办和国家计委、国家建委的工作，由陈云负责处理；有关外交部和侨委的工作，由周恩来负责处理；有关国务院各直属机构（不归各办掌管的）及其他例行工作等，由习仲勋负责处理。凡属分工范围以内的事情，各主管的同志能够解决的就可以直接批办，不必传阅；不能解决的再由周（恩来）、陈（云）、陈（毅）、习（仲勋）共同处理或请示中央解决。凡带有综合性的事情，则由习仲勋根据上述分工范围分别批送各主管的同志予以处理。会议还决定由习仲勋负责有关精简机构编制工作、制定国家机关实行薪金制的具体办法及安排总理、副总理接见来访外宾等工作。

6月4日 同陈毅、常黎夫、杨放之等出席周恩来主持召开的国务院汇报会。汇报事项及决议要点有：（一）关于燃料工业部的分部问题：中央已同意将该部分成三个部，由国务院三办提出方案正式报送中央批准。决定在下次国务院汇报会上对此问题再作一次讨论。（二）黄河流域规划问题：要向第二次全国人民

---

〔1〕 达浦生，时任中国伊斯兰教协会副主任。
〔2〕 喜饶嘉措，时任青海省副省长、中国佛教协会副会长。

代表大会提出报告，同意成立以邓子恢[1]为首的黄河、长江流域规划委员会，先报中央批准后，再提国务院会议通过，并向全国人民代表大会提出报告。此外，会议还听取了关于湛江建港问题、关于苏联援建一百五十六项工业企业设备供应由中苏双方分担的规定等情况的汇报。

6月8日 晚上，同陈毅、章汉夫[2]、钱俊瑞等参加周恩来对印度文化代表团团长、印度政府外交部副部长阿尼尔·库马尔·钱达和夫人一行的接见。

6月18日 出席陈云主持召开的国务院第十二次全体会议。会议讨论中共中央提交国务院的发展国民经济的第一个五年计划草案，通过《国务院关于通过发展国民经济的第一个五年计划草案的决议》；通过《国务院关于国家机关工作人员自今年七月份起全部实行工资制待遇的通知》。在会上对《通知》作了说明：七月一日要在全国实行工资制，但改工资制的各项办法，可能要到七月底才能提出，先发这样一个预备通知。同日，《通知》由国务院发出。

6月21日 同常黎夫、廖鲁言[3]、张林池[4]、余秋里[5]等出席陈毅主持召开的国务院汇报会。会议通过农业部《关于农业建设师彻底转业与实行工资制问题的报告》；批准国家建委关于颁发《基本建设工程交工和验收动用程序暂行办法》的请示报告。

---

[1] 邓子恢，时任中共中央农村工作部部长、国务院副总理、国务院第七办公室主任。
[2] 章汉夫，时任外交部副部长。
[3] 廖鲁言，时任农业部部长。
[4] 张林池，时任农业部副部长。
[5] 余秋里，时任中国人民解放军财务部副部长。

6月25日 同毛泽东、朱德、刘少奇、周恩来等到机场迎接应邀来我国进行正式访问的越南民主共和国主席胡志明和他所率领的越南民主共和国政府代表团。

同日 同陈毅、常黎夫、吴玉章、陈克寒〔1〕等出席周恩来主持召开的国务院汇报会。汇报事项及决议要点有：（一）批准中国文字改革委员会关于成立汉字简化方案审订委员会的方案。汉字简化方案审订委员会的主任、副主任、委员共十六人，由国务院按照中国文字改革委员会所提名单，分别聘任。（二）《国务院关于处理反动的、淫秽的、荒诞的书刊图画的指示》，由陈克寒再加修改报国务院审定后下达。（三）第一届全国人民代表大会第二次会议即将召开，原则上确定国务院所属各部门在这个会议上的发言人数为二十人左右，即约占会议全部发言人总数的五分之一。发言内容要有重点，有自我批评。七月十三日，国务院秘书厅函告中国文字改革委员会：国务院批准中国文字改革委员会成立汉字简化方案审订委员会，主任董必武，副主任郭沫若、马叙伦、胡乔木，委员张奚若等十二人。

7月5日—30日 出席第一届全国人民代表大会第二次会议。会议通过发展国民经济的第一个五年计划；批准一九五四年国家决算和一九五五年国家预算；批准关于根治黄河水害和开发黄河水利综合规划的原则和基本内容；通过《中华人民共和国兵役法》等。二十九日，在会上就国家机关精简工作发言。发言说：（一）目前国家上层领导机关中机构重叠，编制庞大，人浮于事，工作效率不高，工作秩序紊乱，而基层单位则骨干缺乏，领导力量薄弱。同时，也助长了文牍主义、官僚主义现象的发生和发展。中央机关的公文、表报多，会议多，一般号召多，检查

---

〔1〕 陈克寒，时任文化部副部长。

工作少，具体指导少，成了相当普遍的现象。这些现象如果不能及时地坚决加以纠正，势必对于国家建设事业造成严重损害。（二）精简最基本的办法，是各单位结合检查工作，总结经验，明确业务范围和工作方法，在这个基础上研究精简计划，确定新的编制方案。现在机构编制上的毛病，最主要的就是重叠机构多，中间层次多，非业务人员多。精简工作的重点，就放在这些方面。（三）正确处理精简中抽调出来的人员，是彻底做好精简工作最重要的环节。首先，要调配大批人员去加强各级地方机构和基层生产单位。其次，要调一批青年干部到各种学校学习，为国家培养建设人才。第三，缩减下来的服务人员，有的可调至下层机构工作，有的可送技工学校学习，有的可由劳动部门调配到工厂、矿山和国营农场参加劳动生产，少数愿意回家生产的按退职办法处理。以上三项，要占这次精简中缩减下来的人员的绝大部分。（四）建立和健全相应的工作制度。今后不论任何机关凡增设机构，增加人员，必须经过一定的审批手续，主管编制和人事工作的机构，并应经常注意检查督促，贯彻执行。这样，才能充分发挥精简工作的积极作用，巩固精简工作的成果。

7月7日 晚上，在中南海出席毛泽东为越南民主共和国主席胡志明和越南民主共和国政府代表团全体成员举行的宴会。二十一日晨，同毛泽东、朱德、刘少奇、周恩来、宋庆龄等到机场为胡志明一行送行。

7月9日 同陈毅、常黎夫及国务院第二办公室、高等教育部和国务院人事局负责人出席周恩来主持召开的国务院汇报会。汇报事项及决议要点有：（一）同意高等教育部《关于今年高等学校招生学科录取标准问题的请示报告》。报告提出，一九五五年入学新生的质量，除了更加注意考生的政治审查与健康检查工作之外，必须适当提高新生入学学科考试的录取标准。（二）同意高等教育部关于第一个五年计划派遣留苏学生名额中减少招收中学毕业生，适当增加大学毕业生的报告。（三）批准高等教育部关于改变高等学校一般学生（不包括干部学生及高等师范学生）人民助学金的报告。（四）通过《关于政协各级地方委员会的副主席、常务委员、委员中的民主人士的生活费问题的通知》。

7月19日 将《关于派遣中国工人赴苏联企业工作的总结报告（草案）》报送邓小平并转刘少奇、周恩来、陈云、陈毅，并作批语说："河北省清苑县一千多名青壮年赴苏联企业工作已于七月十一日完成，苏方提议由中苏双方签署一个总结，作为明年工作的根据。国务院副秘书长张策已拟总结草稿，现送上，请审批，以便于二十二日左右与苏方进行商谈。"周恩来、刘少奇、陈云、邓小平阅后批示同意。

7月30日 就国家机关工作人员全部实行工资制和改行货币工资制中的几个问题向周恩来并中共中央作书面报告。报告说：一、关于提高国家机关工作人员的工资标准问题。过去享受包干制的工作人员，对住公家房屋和使用公家水电、家具，一律不缴租纳费；而享受工资制待遇的人员，亦多不缴租纳费。现在全部实行工资制，则这种情况必须全部改变。今年下半年必须按国家控制指标，适当提高工资标准。二、关于改行货币工资制问题。我们考虑，有以下两种办法。第一种办法：按各个工资分值，一律折成货币工资标准。第二种办法：在全国保持统一的货币工资标准，对各地区的物价差价，用"物价津贴"的办法解决。我们认为第二种办法是较好的。三、关于调整与统一地区津贴问题。我们的意见，一九五五年不作大的调整，一般维持现状，只对某些地区迫切需要解决的问题，结合制订物价津贴及参考地方的意见进行部分调整。四、关于国家机关工作人员"保留工资"的问题。所谓"保留工资"，就是除了应得的工资之外，还较同级人员多领一部分款额。"保留工资"既不符合"按劳取酬"和"同工同酬"的原则,也造成工资制度上的混乱,而且少数人享受,多数人有意见。因此,应予取消。八月二十三日,再次报告周恩来并中共中央:根据中央七月一日指示精神,考虑目前全国物价情况,将"物价津贴表"加以修改,并草拟了"关于某些特殊地区工作人员实行实物供应的决定"。二十六日,周恩来将习仲勋的两次报告和修改后的实施办法呈报毛泽东并中共中央,希望能在中共中央政治局会议上讨论和批准,以便能在八月三十日或三十一日由国务院下达。三十日,中共中央政治局会议批准周恩来的报告。三十一日,国务院发布《关于国家机关工作人员全部实行工资制和改行货币工资制的命令》。

8月5日 向陈云报送《陕西、山西旱灾情况和救灾措施的调查报告》。报告说:陕西的主要灾区是在陕北榆林专区的榆林、横山、神木、府谷和绥德专区的绥德、米脂、葭县[1]、吴堡、清涧、子洲、子长、延川等县。上述地区于四月中旬发现旱象,夏田减产百分之八十到九十,秋收希望很小,灾情是该区二十多年来所未有的。全省榆、绥两专区及延安县一带,急待救济的灾民达十二万人。由于事先对于可能发生灾荒的警惕不够,囤粮不多,粮食供应制度没有建立起来,当地粮食情况早已呈混乱状态。因粮食供应不足,小米黑市每斗达十四元,群众情绪恐慌,争购粮食,灾民逃荒、宰杀耕牛等情况相继发生。山西的主要灾区是忻县、榆次、雁北三专区,从中阳、离石、临县直到河曲、保德沿黄河一线,灾情更重。据四月间初步估计,忻县专区四县、雁北专区十县共约灾民十七万多人。但当时估计不足,以致在粮食统购中照顾不够,又加以旱象日益严重,当前灾民约达三

---

[1] 葭县,今陕西佳县。

十万人，四处逃荒灾民七万多人。救灾措施为：一、发放救济款。二、调拨粮食。三、山西省要求水利部增加水利费二百七十万元，以修建小型水利，组织生产救灾。四、粮食部已发出通知，订于八月二十五日召集陕西、山西的粮食厅长会议。

8月7日 下午，同陈毅、林枫、刘澜涛陪同周恩来接见中华全国学生第十六届代表大会全体代表。

8月10日 同陈毅、常黎夫及有关部门负责人出席周恩来主持召开的国务院汇报会。汇报事项及决议要点有：（一）批准《轻工业部关于一九五五年生产工作会议的报告》。（二）批准《国务院关于军队转业干部速成中学和军队转业干部文化学校停止招生的通知》。（三）批准转发《劳动部关于目前技工学校工作的报告》和《第一次全国技工学校校长会议关于提高教学工作质量的决议》。

8月29日 下午，同陈毅、钱俊瑞陪同周恩来接见南斯拉夫"科罗"民间歌舞团团长奥尔加·斯科夫兰及部分演职人员。三十一日晚，观看该团首场演出。

9月8日 同陈毅、常黎夫及有关部门负责人出席陈云主持召开的国务院汇报会。汇报事项及决议要点有：（一）同意新疆省改为新疆维吾尔自治区，提请全国人大常委会批准。（二）批准外交部《关于外国教会房地产处理问题的报告》及关于此事给各地的通知；通知由外交部和宗教事务局联名发出。外交部的报告说，外国教会房地产不同于外侨房产，应根据宗教爱国运动的发展逐渐转移为中国教会所有。

9月25日 下午，同陈毅、章汉夫、钱俊瑞等陪同周恩来接见来访的缅甸联邦文化代表团。

9月27日 下午，出席国务院举行的授予中国人民解放军军官将官军衔的典礼仪式，并宣读国务院总理授予中国人民解放军军官将官军衔的命令。

9月28日 下午，前往车站迎接由团长拉鲁·策旺多吉、副团长安钦活佛、仁钦顿珠活佛率领的西藏地区参观团和由团长桑颇·登增顿珠、副团长才旺多登、悦希凭卓率领的西藏青年参观团。十月二十三日下午，陪同毛泽东接见两个参观团的全体成员。

10月1日 下午，同陈毅等陪同周恩来接见缅甸联邦佛教代表团全体人员。

11月3日 同何成湘等与来访的法国议员代表团就宗教事务问题举行座谈。

11月7日 收到周恩来批转的陈嘉庚十月九日关于保护和修整黄帝陵给毛泽东的信和中共青海省委统战部就延安杨家岭毛泽东住址保护问题给中共中央统战部的电报。周恩来批语说：两件均请习批交齐〔1〕办。"黄陵应明令保护和修整"，"主席窑洞应还原状"。陈嘉庚来信说：在拜谒黄帝陵和轩辕庙时，发现庙宇木料多已腐坏，势将倾塌，庭中草地，多为农民耕种，陵山多处私坟如鳞。黄帝陵庙竟任荒废，抑或中央主管部门因偏僻未暇顾及。中共青海省委统战部的电报反映：陈嘉庚在访问西北时，对延安杨家岭毛泽东住地室内变化很大感到很不满意，认为应保持毛泽东领导抗日战争时的真实面目。

11月17日—26日 国家档案局在北京召开原大区档案整理工作座谈会，讨论通过《原大区一级机关档案整理工作暂行办法》。会议期间，到会讲话。

11月28日 晚上，同刘少奇、周恩来、沈钧儒、彭真、李先念等在国务院礼堂出席首都各界人民庆祝南斯拉夫联邦人民共

---

〔1〕 齐，指齐燕铭。

和国成立十周年大会。

12月8日 下午六时半，陪同周恩来会见德意志民主共和国政府代表团团长奥托·格罗提渥总理及夫人。十日下午，会见代表团成员特普利茨博士。二十五日下午，出席周恩来与格罗提渥签署《中华人民共和国和德意志民主共和国友好合作条约》的签字仪式。同时签署的还有中华人民共和国政府和德意志民主共和国政府联合声明、中德文化合作协定、中德关于植物检疫和防治农作物病虫害合作协定。

12月12日 晚上，设宴欢迎以诺维科夫教授为首的苏联科学家访华代表团全体人员。在致词中说：由于某些国家的阻挠，中国没有能够派代表参加日内瓦和平利用原子能国际会议。苏联政府和人民为了进一步帮助中国和平利用原子能事业的发展，派遣他们杰出的科学家来向中国人民和中国科学家介绍这个会议的内容，这对于中国科学家向世界科学家，特别是向苏联科学家学习关于和平利用原子能方面的科学技术成就，以及对于发展中国和平利用原子能事业，一定会有巨大的作用。二十二日下午，同张闻天[1]、薄一波等陪同周恩来接见代表团全体成员。

12月17日 向周恩来报送《关于国家工作人员退休、退职、病假期间生活待遇问题的报告》，请周恩来审批。报告说：随着精简工作的开展，目前国家机关有一批因年老、病弱而丧失工作能力，或因不适宜现职工作而又不愿接受其他工作的人员，需要作退休、退职处理。我们和各有关方面多次座谈，在取得一致意见后，草拟了《国家机关工作人员退休处理暂行办法》《国家机关工作人员退职处理暂行办法》《国家机关工作人员病假期间生活待遇暂行办法》。这三个暂行办法规定的退休、退职和病

---

[1] 张闻天，时任中共中央政治局委员、外交部副部长。

假期间的生活待遇，都应当根据工作人员参加国家机关工作时间的长短而有所不同。因此，关于国家机关工作人员的工作年限如何计算，需要有一个统一的规定。我们认为：退休、退职和病假期间生活待遇的标准不能过高，过高了就会影响到《劳动保险条例》中关于企业职工退休养老和病假期间生活待遇的规定，也会影响到军队复员军人生产资助金的规定。

12月19日 出席中医研究院成立典礼。

12月21日 下午三时，在国务院会议厅出席周恩来、陈云主持召开的国务院第二十一次全体会议。会议批准贺龙作的《关于中央一级机关精简工作的报告》，通过《国务院关于进一步做好国家机关精简工作的指示》；通过《国务院关于更改相当于区的民族自治区的指示》；听取和批准习仲勋作的《关于国家机关工作人员退休、退职、病假期间生活待遇问题的报告》，通过《国务院关于颁发国家机关工作人员退休、退职、病假期间待遇等暂行办法和工作年限计算暂行规定的命令》《国家机关工作人员退休处理暂行办法》《国家机关工作人员退职处理暂行办法》《国家机关工作人员病假期间生活待遇暂行办法》《国务院关于处理国家机关工作人员退职、退休时计算工作年限的暂行规定》。

1956年 四十三岁

1月5日 下午,同李先念、王首道等陪同周恩来接见以副总理鲁布桑为团长的蒙古人民共和国政府代表团、以交通部部长别谢夫为团长的苏联政府代表团全体成员。

1月7日 收到周恩来批转的彭真一九五五年十二月三十一日关于全国人大常委生活待遇、服务人员配备及报道名次等问题向中央提出的处理意见。

1月15日 下午,同刘少奇、周恩来等陪同毛泽东接见川、甘、青边境各民族参观团,青海牧区各民族参观团,东北各省暨内蒙古自治区各民族参观团全体成员以及中国佛教协会名誉会长查干葛根。

2月2日 下午,同周恩来、邓小平、陈毅、叶剑英[1]、张闻天等在北京先农坛体育场观看南斯拉夫青年足球队同中国人民解放军八一足球队举行的首次友谊比赛。

2月17日 下午,出席彭真主持的北京市各界欢迎以诺罗敦·西哈努克亲王为首的柬埔寨王国国家代表团大会。

2月22日 向周恩来报送《关于编制工作几个问题的请示报告》。报告说:一九五五年中央一级机关进行了精简,在原有十万七千余人的基础上精简了三万余人。自从国务院发出精简工

---

[1] 叶剑英,时任中共中央军事委员会委员、国防委员会副主席、中国人民解放军武装力量监察部部长。

作的指示以后，有些省市对各级机构编制已着手进行全面规划。根据以上情况，对一九五六年编制管理工作提出以下原则意见：一、根据中央指示，结合实际情况及财政预算，原计划一九五六年全国行政编制控制在一九五五年一百六十七万人之内，现在看来是有困难的。另外，现在全国有受国家补贴的乡干部七十万六千余人。考虑到乡是国家的基层政权组织，乡干部应该全部纳入行政编制，统一管理起来为宜。二、地方各级行政机关的机构编制，包括地方事业、企业单位机构编制在内，统一由省、自治区、直辖市进行一次全面规划。否则，这方面的不合理现象，始终得不到大力整顿。三、全国行政单位挤占事业、企业编制的现象也很普遍。这种不合理现象，必须改变。各省、自治区、直辖市应该先摸清情况，划清行政、事业、企业编制的界线。然后，将行政挤占事业、企业的编制划归行政编制。四、为了集中力量统一管理全国的编制工作，适应新的分工，建议将国务院编制工资委员会改为国家编制委员会，作为国务院的职能机构。另外，考虑到全国城市和乡村正在发生巨大的变化，各级的组织编制必须随着形势的变化而变化。因此，一九五六年确定的组织编制，应适用于一九五六至一九五七年两年。

2月 同刘少奇、彭真、罗瑞卿[1]、安子文[2]等听取张鼎丞[3]关于制定检察工作两年（一九五六至一九五七）规划和召开第三次全国检察工作会议的汇报。

3月21日 在何成湘报送的中央宗教工作委员会《关于成

---

[1] 罗瑞卿，时任国务院第一办公室主任、公安部部长。
[2] 安子文，时任中共中央组织部副部长、中共中央国家机关委员会第一书记。
[3] 张鼎丞，时任中共中央组织部副部长、最高人民检察院检察长。

立全国性的道教团体和修复白云观的意见》上批示："成立道教协会时间太迟了，可提早办理，其他同意，此件请报李维汉部长审批。"三十日，何成湘致信习仲勋："因李部长不在京，平杰三[1]同志批转罗瑞卿部长审批。罗部长批示，同意你的意见，但须报中央批准。为此，我们根据批示，在成立道教协会的时间上及其他之事上又作了一些修改，并拟以中央宗教工作委员会的名义上报中央。"三十一日，在何成湘来信上批示："抄清后送报中央。"四月二日，该《意见》上报中央。一九五七年四月，中国道教协会在北京成立。

4月4日 上午，出席首都各界公祭谭平山[2]大会。谭平山于四月二日在北京逝世，享年七十岁。

4月11日 下午，在八宝山革命公墓出席亚非会议死难烈士遇难周年纪念大会和安葬仪式。

4月12日 向周恩来报送《关于讨论劳动部一九五六年合理分配初中毕业生方案的报告》。《报告》说：根据你对今年初中毕业生分配原则的指示，劳动部重新研究提出了分配计划方案。大概情况是：今年初中毕业生总数将近八十万人，估计社会上还有历年没有升学和就业的初中毕业生约二十万人，合计百万人左右。今年高中招生计划数为三十六万六千人，中等专业学校招生计划数为四十四万四千人，共计八十万人。为了保证满足高中和中等专业学校招生需要，劳动部保留了八十八万人的数字，拿出十二万人先分配给各部门。四月七日我又召集各部门的同志讨论了劳动部提出的这个方案，多数部门表示可以过得去，还有十一

---

[1] 平杰三，时任中共中央统战部副部长。
[2] 谭平山，逝世前任全国人大常委会委员、中国国民党革命委员会中央副主席。

个单位认为分配数字太少，要求增加，合计提出的增加数字为七万二千六百人。商讨结果，一致主张先把劳动部提出的十二万人的分配计划确定下来；十一个单位要求增加的七万多人，分作第二步由劳动部另作计划，在招收社会上的初中肄业生和年龄在三十岁以上的知识分子予以适当解决。现将修改后的国务院通知稿和劳动部制定的分配计划表一并送上，请予审批。

4月13日 出席周恩来主持召开的国务院第二十七次全体会议，并就国家机关工作人员工资改革方案中的几个问题作出说明。说明指出：这次国家机关工作人员工资制度的改革，是在提高工资标准的基础上进行的。一、现在国家机关工作人员在全国规定十一种工资标准。工资标准的拟定，是以现行的货币标准为基础，加上一九五六年提高工资标准的指标，作为第一种工资标准。从第二种工资标准起，都是在第一种工资标准的基础上增加一定的比例。二、关于国家机关工作人员工资标准增长原则问题：这次国家机关工作人员工资标准表增长指标的使用，采取"两头少增，中间多增"的办法。三、关于国家机关行政人员和技术人员的工资关系问题：现行的国家机关技术人员工资标准最高为二百一十元，比行政人员九级二百元高十元，比八级二百三十元低二十元。新的工资方案，是根据中央对"高级知识分子的待遇适当提高"的精神拟定的。四、新的人民警察工资标准，根据"低于解放军的相当级军官，高于国家机关相当级行政人员工资标准"的原则拟定，一般的高于国家机关相当级别行政人员百分之十左右。五、对乡干部的工资待遇，初步意见：从国家机关工作人员工资标准表的二十四级（三十八元）至二十八级（二十四元），全国平均工资为二十九点五九元，加物价因素以后，约为三十二点五五元，较现在平均补贴费提高百分之五十四点八五。说明还指出：今年共增加五点六亿元，其中增加工资标准的三点九亿元，升级的一点二亿元，奖励零点五亿元，增长较多的是教育部，幅度是百分之二十八，合作社增幅是百分之二十一，科学院增幅是百分之十七点七六，高等教育部增幅是百分之十五，国家机关增幅是百分之十。

4月27日 在王泓[1]四月二十六日来函上批示："我对撤销绥德分区和一下合并这么多的县也有怀疑，俟我商德生[2]后再说。"王泓的来函说："陕西省委三月二十七日来电请示中央，拟撤销绥德等三个专区和咸阳等二十个县的建制，内务部代中央起草了一个复电，除提出三个专区的县与别的县合并需再加研究外，其余均同意省委意见。""是否可请习秘书长趁开省委书记会议之便征求张德生同志的意见。"五月十八日，中共中央复电中共陕西省委：同意撤销省人民委员会的七个办公室和绥德等三个专区公署的意见。但关于撤销咸阳等二十个县问题，必须仔细研究，分别慎重处理。对改变上述行政机构和行政区划的意见都应该由省人民委员会报请国务院批准后执行。

4月30日 同李富春、李先念、邓子恢、薄一波、罗瑞卿等出席周恩来召集的会议，讨论国务院新增各部委的有关问题。

5月11日 出席周恩来主持召开的国务院第二十八次全体会议，各省市负责人参加。周恩来就国务院召开的体制会议作出指示：（一）决定成立七个体制问题研究小组。财政组：组长金明，副组长骆耕漠；计划组：组长张玺，副组长杨英杰；工业组：组长贾拓夫，副组长彭涛、谷牧、宋劭文；事业组：组长王首道，副组长廖鲁言、钱俊瑞、牛佩琮；基本建设组：组长孔祥祯，副组长万里、周荣鑫；政法组：组长罗瑞卿，副组长高克

---

[1] 王泓，时任国务院总理办公室秘书。
[2] 德生，指张德生，时任中共陕西省委第一书记、陕西省政协主席。

林、陶希晋、王翰；综合组：组长习仲勋，副组长张策、常黎夫。各组日常工作中的问题，可分别请示李先念、李富春、贾拓夫、王首道、薄一波、罗瑞卿、习仲勋解决，重大问题提交国务院常务会议讨论解决。（二）会期初步确定从五月十一日起开会五十天，必要时可延长十天，每周开三至四次会。

6月5日 在钱俊瑞六月四日报送习仲勋并转周恩来、邓小平的《关于拟请批准调配驻外使馆文化工作干部的请示》上批示："请周邓[1]审批。"《请示》说：我国驻外使馆的文化联络工作日益开展，对外宣传、联络、文教科学情况的调查研究等工作十分繁重。拟请批准由中央组织部和中央宣传部从各地宣传部和文化局调集一批可以担任此项工作的干部，由人事局负责调配翻译人员，准备派出，并希望能于七月内调剂，以应工作急需。

6月12日 下午，同郭沫若、李先念、张闻天等陪同周恩来接见出席四国渔业研究会议的苏联、朝鲜、越南、中国四国代表团成员。

6月23日 在中共中央办公厅报送的国务院宗教事务管理局党组五月二十一日《关于成立全国性天主教爱国组织的意见》上批示："送请尚昆同志核发。"《意见》提出，成立全国性天主教爱国组织的条件已经具备。名称拟定为"中国天主教友爱国会"，由全国政协的九位天主教代表作为发起人，拟于本年七八月间在北京召开发起人会议，成立中国天主教友爱国会的筹备机构，进行各项筹备工作。何时成立"中国天主教友爱国会"的正式组织，须视筹备工作的进行情况确定。筹备工作必须做好，以便为将来成立正式组织打好基础。

6月29日 将《各省、市、自治区和中央各部要求增加行

---

[1] 周邓，指周恩来、邓小平。

政编制的情况》报送周恩来。并附批语说:"近来编制增大很快,粗略计算一下,已突破今年编制总额六万多人。这些编制可都是经过批准下达的,实际情形是上边无预算,下边难编制,各条条都批评编制委员会卡的太紧,给编委的压力也很大。请给予原则指示,以便掌握。"

7月10日 晚上,出席北京各界举行的蒙古人民革命胜利三十五周年庆祝大会。在讲话中说:中蒙两国人民之间的友谊是有着悠久的历史的。中蒙两国人民曾经为抵抗共同的敌人日本帝国主义的侵略而共同作战,中蒙两国人民的这种友谊在中华人民共和国成立后有了进一步的发展。六年多来,两国间的经济合作和文化交流日益密切。中蒙经济及文化合作协定的签订和中蒙铁路通车的实现,无疑使中蒙两国人民在为实现完成社会主义建设的事业中,日益得到更多的和更大的互相帮助和互相支持。

8月10日 上午九时,在北戴河同薄一波主持召开国务院体制会议,讨论计划、工业、基本建设体制问题。

8月16日 中共甘肃省委向中共中央报告甘肃省出席中国共产党第八次全国代表大会的正式代表和候补代表名单。习仲勋、汪锋、张仲良[1]、霍维德[2]、杨一木[3]、李培福[4]、

---

[1] 张仲良,时任中共甘肃省委第一书记、甘肃省政协主席。
[2] 霍维德,时任中共甘肃省委书记、甘肃省副省长。
[3] 杨一木,时任中共甘肃省委常委、中共兰州市委第一书记。
[4] 李培福,时任中共甘肃省委常委兼农村工作部部长、甘肃省农林水办公室主任。

王秉祥[1]、王志强[2]等为正式代表,任子和[3]、贺进民[4]为候补代表。

8月22日 中共七届七中全会第一次会议在中南海勤政殿召开。毛泽东主持会议并讲话,指出这次全会的任务,就是准备八次大会。会议通过《八大日程草案》《八大会议规划草案》《七届七中全会关于第八届中央委员会选举工作的建议草案》《八大各代表团正副团长名单草案》《八大代表资格审查委员会名单草案》《八大预备会议的工作安排草案》。

8月27日 在西北代表八月二十五日座谈中共八大政治报告稿的记录上批示:"请送尚昆同志阅处。"代表们提出,八大政治报告稿写得太长了,可以在保留基本内容的精神下,由全文九万多字压缩到六七万字。

8月29日 晚十时至翌日零时二十分,在中南海颐年堂出席毛泽东主持召开的中共中央书记处书记、八大报告起草委员会成员和八大各代表团团长会议。会议讨论八大会议各项报告稿及在三十日召开预备会议等问题。参加会议的除习仲勋外,有刘少奇、周恩来、陈云、彭真、邓小平、陆定一、陈伯达、薄一波、陈毅、李先念、宋任穷、刘伯承、王稼祥、林枫、胡乔木。

8月30日—9月12日 出席中国共产党第八次全国代表大会预备会议。会议对中国共产党第七届中央委员会准备提交大会的各项报告和文件进行讨论,提出修改意见;对第八届中央委员

---

[1] 王秉祥,时任中共甘肃省委常委、组织部部长、妇女运动委员会书记。
[2] 王志强,时任中共甘肃省委统战部副部长、甘肃省民委副主任。
[3] 任子和,时任中共甘肃省工会联合会党组书记、甘肃省工会联合会第一副主席。
[4] 贺进民,时任甘肃省体育运动委员会副主任、中国新民主主义青年团甘肃省委书记。

会的选举工作进行酝酿和准备。

8月31日 上午,中共八大西北代表团举行会议,选举团长、副团长和秘书长,安排预备会议期间的工作。会议选举习仲勋为团长,马明方[1]、贾拓夫[2]为副团长,时逸之[3]为秘书长;由习仲勋、马明方、贾拓夫、张德生、张仲良、王恩茂[4]、赛福鼎·艾则孜[5]、高峰[6]等八人组成团委会。当日,西北代表团讨论第八届中央委员候选人的提名原则和提名步骤,开始对第八届中央委员候选人进行不限名额的自由提名。

同日 晚上,在中南海颐年堂出席毛泽东主持召开的中共中央书记处书记、八大报告起草委员会成员和各代表团团长会议。出席会议的除习仲勋外,有刘少奇、周恩来、陈云、彭真、邓小平、陈毅、薄一波、王稼祥、李先念、陆定一、陈伯达、刘伯承、宋任穷、李维汉、林枫、胡乔木。

9月2日 中共八大西北代表团继续进行第八届中央委员会候选人的提名工作。

9月3日 中共八大西北代表团举行团务会议,汇集各小组提出的第八届中央委员会候选人名单。代表团并讨论党章(草案)、修改党章的报告和政治报告的草稿。五日,代表团结束对

---

[1] 马明方,时任中共中央副秘书长、中共中央组织部副部长、中共中央财政贸易工作部部长、全国人大代表资格审查委员会主任委员。
[2] 贾拓夫,时任国务院第四办公室主任。
[3] 时逸之,时任陕西省副省长。
[4] 王恩茂,时任中共新疆维吾尔自治区委第一书记、新疆军区司令员兼政治委员。
[5] 赛福鼎·艾则孜,时任全国人大常委会副委员长、中共新疆维吾尔自治区委书记。
[6] 高峰,即高啸平,时任中共青海省委第一书记。

政治报告草稿的讨论。

9月6日 中共八大西北代表团开始讨论"二五"计划的建议草稿和关于"二五"计划的建议报告草稿。九日,代表团继续讨论这两个文件。

9月8日 晚上,中共七届七中全会第二次会议在中南海西楼会议室召开。会议由毛泽东主持,讨论通过第八届中央委员会候选人名单。

9月10日 下午四时四十分至五时五十分,在中南海怀仁堂出席毛泽东主持召开的中共中央政治局扩大会议。会议讨论第八届中央委员候选人问题。出席会议的除习仲勋外,有刘少奇、周恩来、朱德、陈云、彭真、彭德怀、康生[1]、林伯渠、董必武、张闻天、邓小平、林彪、薄一波、林枫、陈毅、李先念、刘伯承、李富春、宋任穷等。

9月11日 晚八时至九时,在中南海西楼会议室出席陈毅主持召开的八大各代表团正副团长会议,讨论第八届中央委员的预选问题。

同日 中共八大西北代表团讨论中共七届七中全会通过的第八届中央委员会候选人名单。

9月12日 晚十时半至翌日一时十分,在中南海颐年堂出席毛泽东主持召开的中共中央政治局扩大会议。会议讨论中共八大会议有关事项,并决定次日召开中共七届七中全会第三次会议。出席会议的除习仲勋外,有刘少奇、周恩来、陈云、彭真、康生、董必武、张闻天、邓小平、薄一波、陈毅、林枫、李先念、宋任穷、刘伯承、李富春、王稼祥。

9月13日 晚九时半至翌日零时四十分,中共七届七中全

---

[1] 康生,时任中共中央政治局委员、全国政协常务委员。

会第三次会议在中南海怀仁堂召开。毛泽东主持会议并就设立中央机构问题讲话。会议讨论并原则通过向八大提出的五个文件和两个名单。

9月14日 各代表团讨论中共七届七中全会通过的中国共产党第八次全国代表大会主席团、秘书长、秘书处名单。

9月15日—27日 出席中国共产党第八次全国代表大会。大会正式代表一千零二十六人，候补代表一百零七人，代表全国一千零七十三万名党员。毛泽东致开幕词，刘少奇作政治报告，周恩来作关于发展国民经济的第二个五年计划的建议的报告，邓小平作关于修改党章的报告。大会指出，社会主义改造已取得决定性胜利，社会主义制度已基本上建立。国内的主要矛盾，已经是人民对于建立先进的工业国的要求同落后的农业国的现实之间的矛盾，已经是人民对于经济文化迅速发展的需要同当前经济文化不能满足人民需要的状况之间的矛盾。党和人民当前的主要任务，就是要集中力量解决这个矛盾，把我国尽快地从落后的农业国变为先进的工业国。大会着重提出加强执政党建设的问题，通过新修订的《中国共产党章程》。

9月15日 下午，在中共八大第一次会议上当选为由六十三人组成的大会主席团成员。

9月22日 上午九时至十时三十五分，在中南海西楼出席陈云主持召开的中共八大主席团，各代表团团长、副团长，秘书长、小组长会议。会议讨论并通过中共第八届中央委员和候补中央委员候选人名单。

同日 下午二时至晚七时，同贺龙、蔡畅[1]、廖承志[2]、

---

[1] 蔡畅，时任全国人大常委会委员、中华全国民主妇女联合会主席。
[2] 廖承志，时任中共中央统战部副部长、华侨事务委员会副主任。

徐特立、张云逸[1]、刘格平、欧阳钦[2]、谭震林等主持中共八大第七次会议，继续讨论中央委员会向大会所作的各项报告。

9月24日 晚九时至翌日凌晨一时二十分，在中南海颐年堂出席毛泽东主持召开的中共八大主席团常委、各代表团团长会议。会议讨论政治报告的决议草案。出席会议的除习仲勋外，有刘少奇、周恩来、陈云、康生、彭真、彭德怀、董必武、张闻天、邓小平、李先念、李富春、薄一波、刘伯承、林枫、宋任穷等。

9月26日 下午五时十五分，出席中共八大第十一次会议的代表以无记名投票方式选举中央委员。

9月27日 下午二时，出席中共八大第十二次会议，同乌兰夫、贺龙、谭震林、邓子恢、张云逸、蔡畅、张德生、陶铸[3]担任大会执行主席。大会首先以无记名投票方式选举候补中央委员。下午五时半，大会在休息后继续进行。大会执行主席为毛泽东、刘少奇、周恩来、朱德、陈云、康生、彭真、董必武、林伯渠、张闻天、彭德怀、林彪、邓小平。陈云代表主席团常务委员会向大会宣布第八届中央委员和候补中央委员的选举结果。大会选出中央委员九十七名，候补中央委员七十三名。习仲勋当选为中央委员。大会一致通过《中国共产党第八次全国代表大会关于政治报告的决议》和《中国共产党第八次全国代表大会关于发展国民经济的第二个五年计划（一九五八——一九六二）的建议》。下午六时四十三分，中共八大闭幕。

---

〔1〕张云逸，时任中共中央委员、全国人大常委会委员。
〔2〕欧阳钦，时任中共黑龙江省委第一书记、黑龙江省省长。
〔3〕陶铸，时任中共广东省委第一书记、广东省省长、广州军区第一政治委员。

9月28日 中共八届一中全会召开。会议选举毛泽东为中共中央委员会主席,刘少奇、周恩来、朱德、陈云为副主席,邓小平为中共中央委员会总书记,由上述六人组成中共中央政治局常务委员会。

10月4日 下午,陪同毛泽东、朱德、周恩来等接见来自全国各地的少数民族参观团。

11月12日 下午,同朱德、李济深[1]等在南京中山陵出席纪念孙中山诞辰九十周年谒陵仪式。

11月 儿子习远平出生。

---

[1] 李济深,时任全国人大常委会副委员长、全国政协副主席、中国国民党革命委员会中央主席。

1957年　四十四岁

1月21日　将国务院编制工资委员会一月十九日关于编制工作问题给中央的报告批送邓小平，请邓小平审处。报告介绍一九五七年全国行政编制的情况，分析机构臃肿的原因，提出了精简工作的方针，即着重精简上级机关，加强基层单位；着重精简党政领导机关、企业事业单位的管理机构和不直接参加生产与业务的人员，以达到克服官僚主义，提高工作效率的目的。报告还提出，企业、事业与行政机关的精简应一起进行；做好人员的处理工作；建议中央指定一个专门小组或由中央五人小组领导这一工作，同时把国务院编制工资委员会改为国家编制委员会，作为国务院的职能机构，并将省市编制委员会予以充实和加强。

2月　将国务院人事司关于解决机关干部子女学费困难的请示报告批送陈云，并在批语中提出：可考虑少加些学费，或到暑假后再全盘安排，给干部一点时间进行准备。现在的办法让有些干部确实难办。只加学费而不想办法减少学校管理人员、降低管理费用是不合理的。国务院人事司的报告反映：北京市教育局通知育才等住宿制小学、幼儿园，自三月份起增加收费，取消学生统筹医疗，改由家长自理。考虑到机关干部的实际困难（如多为双职工、工作忙、宿舍远等），建议收费标准暂不要变，从精简机构、紧缩编制、减少不必要开支、克服浪费等方面入手，减少财政过多负担。二十三日，陈云批示：同意仲勋同志意见。如果现在能把管理人员精简一批，减少管理费，少收一些学费，则不少家长可负担。负担不了的低薪工作人员，如孩子一时不能转学，则只能帮助他们到暑假后转。

3月2日 藏历火鸡年元旦。晚上，同毛泽东、周恩来、邓小平等在中南海勤政殿接受西藏参观团的官员、西藏青年参观团负责人、出席全国工商联第二届会员代表大会的西藏代表和西藏青年代表、达赖驻京办事处和班禅驻京办事处负责人，以及西藏歌舞团负责人前来拜年、敬献哈达，并回敬哈达，共庆藏历新年。

3月4日 同曾一凡向中共中央报送《关于国务院各部门一九五六年召开专业会议、派人下去检查工作、接待地方来人等工作情况的报告》。《报告》说：一九五六年国务院各部门召开的会议，普遍存在次数多、规模大、时间长、质量不高、铺张浪费等问题。派人下去检查工作方面，以往各部门曾经有一个时期重视不够，一九五六年有了很大改进，特别是有些部门领导同志能够亲自下去接触实际，对于改进领导、指导工作起了积极作用，但也存在一些问题：派下去的工作组和工作人员太多、太乱；许多工作组的目的和方法不明确，解决实际问题不多；差旅费的浪费现象严重等。接待地方来人方面，存在来人多、在京时间长、办事拖拉等问题。产生这些问题的原因：一方面，由于我国社会主义建设的迅速发展，国家事务日益繁重复杂，加之有些工作计划大，变动多，物资供应紧张，很多问题各部门不得不派人下去检查或者召开会议进行安排，地方上也不得不层层召开会议或者派人来京请示。另一方面，许多部门存在着官僚主义、事务主义的工作方法和领导作风；没有根据建设时期的情况，建立一套比较健全的工作制度。报告建议：今后各种专业会议由主管部门全面安排，逐级负责，严格控制；凡是应当召开的会议，必须认真做好准备工作，加强领导，要有明确的中心和目的，既要开得紧凑，又要透彻地解决问题；凡是可开可不开的会议或者可以用其他方式解决问题的,应当尽量不召开会议,可以联合召开的,不要分散召开;与会人员必须精干;会议文件不应过多;会议费用的各项支出,必须严格遵守财政制度,俭朴从事;各部门召开大型会议和较大规模的动员性会议,应当制定计划,报经国务院各主管办公室审核批准。派人下去检查工作方面,应当提高质量,加强计划性,提倡深入实际、研究问题的作风。接待地方来人方面,必须认真接待,简化办事手续,建立制度。五月二日,中共中央批转了这个报告。

3月10日 同陈云、薄一波、李先念[1]、钱俊瑞等出席周恩来召集的会议,讨论一九五七年国民经济计划。

3月13日—27日 陪同以西罗基总理为首的捷克斯洛伐克共和国政府代表团赴西安、成都、南宁、广州、杭州、上海、南京等地参观访问。二十二日晚,同周恩来、黄敬[2]等在杭州刘庄参加毛泽东与西罗基总理的会见。二十五日下午,从南京回到北京。二十七日下午,出席中华人民共和国和捷克斯洛伐克共和国友好合作条约的签字仪式。

4月1日 同吴玉章商谈为中国文字改革委员会调配干部问题。

4月5日 晚上,主持招待会,欢迎来北京参加国际新闻工作者协会执行委员会会议的各国代表,并代表国务院和周恩来总理致词。

4月9日 上午,出席彭真主持召开的中共中央书记处会议,

---

[1] 李先念,时任中共中央政治局委员、国务院副总理兼国务院第五办公室主任、财政部部长。1958年5月又任中共中央书记处书记。

[2] 黄敬,时任国家技术委员会主任、第一机械工业部部长。

讨论开展整风运动问题。同薄一波、李先念、杨尚昆[1]等在发言中提出，经济建设方面存在着主观主义、教条主义和领导工作方面存在着官僚主义、宗派主义等问题。

4月15日 出席全国复员工作会议。在讲话中说：在这次会议上，对已经复员的五百多万人和今年将要复员的六十多万人，希望能有所讨论、检查、总结和安排。我们不能只看到是几百万人的问题，加上他们的家属，实际上是几千万人的问题，影响是很大的。几年来复员工作有很大的成绩。从军队回到农村、厂矿、机关，基本上安置下来了，从军队方面说基本上做到了"走者满意，留者安心"，从地方方面说基本上做到了"妥善安置，各得其所"，几百万复员军人在各个岗位上发挥着他们的积极作用。各级转业建设委员会在各级党政军的统一领导下，尽了很大努力，做了很多工作。但是复员工作还存在着不少问题和缺点。第一，对这个工作的领导还抓得不够紧，缺少及时地总结经验、改进工作；第二，接收的单位如厂矿、企业、机关等，还不是都持欢迎的态度，优先安置复员军人的方针没有被所有人重视起来；第三，复员军人转业之后，工资和待遇问题还没有处理得很好，闹事的情况慢慢也多起来了。在谈到复员工作的几个思想认识问题时说：（一）复员工作不光是一项单纯的安置工作，而且是一项重要的政治工作。（二）必须教育干部，教育人民群众，使他们对复员军人有正确的认识。复员军人是国家建设中一支不可缺少的积极力量。目前农村缺乏骨干力量，可以很好地运用这批人。（三）复员工作应该成为国家的经常工作，当作正确处理人民内部矛盾的一项重要工作，要摸出一套成熟的经验。（四）

---

[1] 杨尚昆，时任中共中央书记处候补书记、中共中央办公厅主任、中共中央直属机关委员会书记。

一切都由国家包下来不可能。要对复员军人耐心地进行艰苦奋斗的思想教育,特别要进行和群众打成一片过好光景的教育。(五)闹事问题是一个新问题。我们不要怕闹事,发生了闹事,就要细致地耐心地来处理。只要我们处理的方针正确,能讲清道理,问题还是能够解决的。全国复员工作会议由中央转业建设委员会于四月十五日至二十日召开。

4月23日 致信彭真。信中说:兹就编制精简工作向中央写一书面报告,并附:一、中央一级国家机关精简工作情况;二、十七个省、市、自治区精简工作情况。请考虑列入中央书记处会议议程。信中所说的书面报告,由习仲勋同张策共同署名。报告说:一、中央有些部门和各省市要求中央和国务院对精简工作能够统一具体布置,解决精简的要求、方法、步骤及有关政策问题。二、几年来的经验证明,精简必须行政、事业、企业全面进行。三、精简必须在中央统一领导之下,由各级党委负责全面的、合理的安排,根据因地制宜、因事制宜的原则决定,各业务系统不应硬性规定和干涉过多。四、国家的行政管理体制与机构编制密切相关,建议中央对国家的行政管理体制能有研究、决定,以便合理地安排机构编制,使精简工作与体制的改进结合起来进行。五、人员处理问题是精简中的关键问题。六、有必要加强对机构编制的经常管理和控制,以避免每年精简每年膨胀的现象。

4月27日 中共中央发出《关于整风运动的指示》,决定在全党进行一次以正确处理人民内部矛盾为主题,以反对官僚主义、宗派主义和主观主义为内容的整风运动。

5月4日 下午,主持召开全国人民代表大会常委会机关和国务院直属机构的党组书记及行政党员负责人会议。会议检查整风运动的开展情况,对整风的方式方法和步骤问题作了初步研究,并讨论如何加强整风中的思想和组织领导问题。会议决定成立国务院直属机构党组织的整风领导小组，习仲勋任组长。

5月11日 出席中央机关人民来信来访工作会议。在讲话中说：处理群众来信和接待群众来访，是经常联系群众的一个重要方法。这是一项政治工作，同时也是一项群众工作，而且是一项很复杂的群众工作。群众的来信来访，广泛地反映了人民内部的矛盾。从国务院秘书厅的材料来看，检举坏人的百分比大大下降，人民内部矛盾越来越多、越来越尖锐了。这是符合目前我国内部的状况的。同时也说明，处理人民来信来访工作的重要性增大了。我们过去对人民来信来访的处理和接待做了一些工作，但还是官僚主义的态度多了一点。所以，这一次整风就是要整我们对人民来信、来访工作中的官僚主义，应该抓这个中心。

5月15日 同杨尚昆向中共中央和毛泽东报送《关于各机关接见群众来访工作的报告》。报告说：近半年来，到中央各机关来访的群众数量显著增加。反映的问题主要有四类：要求解决工作、生活问题及其他各种困难，对各方面工作提出批评、建议，控告干部、申诉不服处分，也有的提出各种无理要求。为了解决来信来访工作中的问题，中央办公厅和国务院秘书厅走访了一些机关，召开了全北京接见工作的干部大会，对接待来访工作的重要性取得了一致认识，制订了四个文件，贯彻"归口包干，负责到底"的精神，确定中央各部门行政上均应有一位副部长主管接见工作，并决定在五月底召集各省、市、自治区党委和政府有关同志来京开会。

5月27日 下午，邀请在国务院法制局、参事室、秘书厅工作的党外人士举行座谈会，征求意见，帮助共产党整风。

5月28日 收到曾三[1]向习仲勋、周恩来报送的《关于湖

---

[1] 曾三，时任中共中央办公厅副主任、国家档案局局长。

北、湖南、广东、浙江、江苏和上海等六省市档案工作的视察报告》。

5月29日—6月19日 邀请党外人士举行整风座谈会。会议共举行十二次。四十八人在会上发言,还有六位党外人士作书面发言。六月十九日下午,在座谈会结束会上讲话说:我们这个座谈会开得很好,大家做到了知无不言,言无不尽。发言的内容涉及的方面很广,有党政关系问题、法制问题、行政体制问题、机构编制问题、国务院各部门的职权划分问题、肃反遗留问题、人事安排问题、文教卫生问题、思想作风问题,等等。这些问题有一些是带原则性的,也有许多是具体的。大家就这些问题提出的意见,有的是反映情况,有的是提出建议,更大量的是对国务院的工作提出了批评。这是很好的,是我们竭诚欢迎的。座谈会上所揭发出来的缺点和错误不少,这也没有什么可奇怪的。共产党所以要整风,就是通过整风,把问题集中暴露出来,加以解决。在这个座谈会上,也有一些不正确的言论,甚至有些言论离开了社会主义的立场,走向反社会主义的方向。我们的态度是:反社会主义的言论必须驳斥,因为这些言论是有害于我们人民的最基本的利益的;对这些言论不仅党不能同意,人民不能同意,就是一般赞成社会主义的人们也不能同意;对于工作的批评和建议,必须诚恳接受,严肃对待,认真解决。我们首先要有大是非之争,只有明辨了大是非,才能明辨小是非。所谓大是非,就是立场问题,是走社会主义道路,还是走资本主义道路?没有这个立场,一切是非就不好辨,这样对整风只会有损害,不会有帮助。

5月31日 出席全国处理人民来信来访工作会议。在讲话中说:会议总的精神是对人民来信来访工作提高认识,加强领导,改进工作。提高认识,就是解决没有群众观点,不关心群众疾苦和群众利益的思想问题。处理人民来信来访工作,不是小事，是大事；不是一般工作，是个重要的政治任务。来信来访的内容，就是反映矛盾，暴露矛盾，当然也反映出各项政策的执行情况和各阶层的动态，领导机关可以从这里面了解很多情况，解决很多问题。在谈到如何加强来信来访工作时说：一、来信来访工作，党委必须有一位书记管，省、自治区、直辖市人民委员会必须有一位省长、自治区主席、市长管。二、处理问题要争取主动，摆脱现在的被动局面。最主要是解决问题，解决矛盾。处理问题要很好掌握政策，按原则办事，不能解决的问题，不要随便答应；要求不合理的，应该讲清楚。同时，必须加强综合研究工作，及时发现突出的或带普遍性的问题，研究出解决办法，并从中找出规律。三、实行专职机构、专人负责与大家动手相结合的办法。四、转办方法，实行层层负责，避免一律照抄照转。五、清理积案，要先摸底，然后采取排队分别处理的办法。六、控告干部案件的处理，应按管理干部名单范围的原则办理。全国处理人民来信来访工作会议即第一次全国信访工作会议，于五月二十八日至三十一日由中共中央办公厅、国务院秘书厅联合召开。

6月8日 由于在整风过程中极少数右派分子乘机向党和新生的社会主义制度发动进攻，中共中央发出《关于组织力量准备反击右派分子进攻的指示》。整风运动的重点开始由党内整风转向反右派斗争。到一九五八年夏季，整风运动和反右派斗争完全结束。对右派分子的进攻进行反击是正确和必要的，但反右派斗争被严重扩大化。

6月11日 晚上，毛泽东同习仲勋谈话。

7月15日—8月2日 中国天主教代表会议在北京召开。会议成立"中国天主教友爱国会"，并通过进一步开展反帝爱国运动的决议。十六日，出席中国天主教友爱国会全国代表会议并讲话。在谈到反帝爱国问题时说：（一）爱国爱教是可以统一的。

爱国是每个中国人神圣的职责，宗教徒当然不能例外。国家好了有利于办好教会，教会办好了也有助于国家。反帝是爱国的基本内容，爱国必须反帝。要爱教也必须反帝。不肃清教会内的帝国主义分子，也无法爱教。（二）要爱国就必须严格地划清敌我界限，弄清敌我矛盾与人民内部矛盾的区别，必须站在人民的立场，站在社会主义的立场。这是每一个中国人应有的基本态度。（三）必须经常不断地进行爱国主义学习，提高政治觉悟，积极参加祖国的社会主义建设事业和保卫世界和平运动。中国各宗教的宗教信徒，只要积极参加爱国活动和国家的建设事业，他们就有光明的前途。在谈到中国天主教与梵蒂冈的关系问题时说：中国天主教会与教徒必须从六亿中国人民的利益和维护国家的独立、尊严出发，保持民族自尊心和自信心，站在爱国的立场上来考虑中国天主教会与梵蒂冈的关系问题。在谈到宗教和宗教政策问题时说：宗教问题，一方面是人民群众的信仰问题，即思想问题；另一方面又是政治问题。今后宗教界与非宗教界、宗教界相互之间的关系，已经基本上表现为人民内部信仰宗教或者不信仰宗教的关系，信仰这种宗教或那种宗教的关系，信仰这个教派或那个教派的关系了。宗教信仰自由政策是长期政策，现在采取这个政策，将来仍然要采取这个政策。党和政府对宗教界人士的统一战线政策，也是长期的政策。根据统筹兼顾、适当安排的方针，对一切爱国的宗教界人士，应当作适当的安排，使宗教界人士在我国社会主义建设事业中，也能人尽其才，各得其所。

7月31日 周恩来同习仲勋、齐燕铭谈国务院机关的整风问题。

8月5日 出席中国天主教上层人士座谈会。在讲话中说：中国天主教代表会议开的时间虽然长了一些，但是开得很好，真正接触了实际问题。要以这次会议为起点，把反帝爱国运动深入开展下去。这次会议也可以说是天主教界的整风，你们整的是爱国不爱国、反帝不反帝之风。只要反帝爱国，就团结在一起。这次中国天主教代表会议就是一个大辩论会，真理是愈辩愈明的。过去不敢说的话要敢说敢辩论，但不伤害感情，只要有一点一滴的进步都应当欢迎。经过反复说理斗争，最后是能够团结起来的。辩论还要摆事实，讲道理，不要怕困难。应该看到，绝大多数神职人员和教徒是爱国的。对一般思想问题，要用说理的办法，要坚持和风细雨的方针。

9月16日 上午，邀请曾涌泉[1]、赵毅敏[2]、夏衍[3]、齐燕铭、余心清[4]等开会，讨论有关国庆节前后外宾接待工作和国庆节的活动安排问题。十七日，致信周恩来，汇报十六日会议的有关情况。

10月4日 下午，同陈云、贺龙等在中南海紫光阁出席中华人民共和国政府和匈牙利人民共和国政府联合声明签字仪式。周恩来和匈牙利总理卡达尔分别代表两国政府在联合声明上签字。

10月11日 下午，同陈云、李先念等在中南海紫光阁出席中华人民共和国政府和保加利亚人民共和国政府联合声明签字仪式。周恩来和保加利亚人民共和国部长会议主席安东·于哥夫分别代表两国政府在联合声明上签字。

10月17日 下午，接见匈牙利人民共和国宗教事务局局长霍瓦特·雅诺士。

---

[1] 曾涌泉，时任外交部副部长。
[2] 赵毅敏，时任中国人民对外文化协会副会长。
[3] 夏衍，时任文化部副部长。
[4] 余心清，时任全国人大常委会副秘书长。

10月26日 晚上,同贺龙、陈毅[1]等在中南海紫光阁出席中华人民共和国和阿富汗王国联合公报签字仪式。周恩来和阿富汗王国首相萨达尔·穆罕默德·达乌德分别代表两国政府签字。

10月28日—12月4日 中国基督教"三自"爱国运动委员会第十次常委扩大会议召开。其间,出席会议并讲话。十二月四日下午,同李济深、黄炎培[2]等陪同朱德接见全体与会代表。

11月7日 中午,出席国务院举行的宴会,招待在中国工作的苏联专家负责人,庆祝十月社会主义革命四十周年。

11月16日 在十二名于北京郊区参加农业生产的机关干部的来信上批示:"此件抄送:人事局、编委会、中央组织部各一份。并转总理阅。"来信反映了机关人员下放劳动中存在的问题,建议把干部参加体力劳动规定为一项制度,明确参加人的范围和劳动时间,对生活待遇问题作适当规定。十八日,周恩来就机关人员下放劳动问题致信中共中央书记处,提议在中央书记处领导下成立一个十人小组,专门商讨国务院人员下放的方针和具体部署问题。人选以安子文[3]为首,成员包括习仲勋、龚子荣等九人。二十六日,周恩来约安子文、习仲勋研究干部下放问题。

11月21日 出席国务院直属机关及国务院各办公室干部大会,作整风动员报告。在谈到下放干部参加劳动锻炼的问题时说:这是一件大事情,也很复杂,有一系列的问题需要统一安排。有些人把下乡生活描写得很美满,这是不实际的。说得太好

---

[1] 陈毅,时任中共中央政治局委员、国务院副总理。
[2] 黄炎培,时任全国人大常委会副委员长、全国政协副主席、中国民主建国会中央主任委员。
[3] 安子文,时任中共中央组织部部长。

了，干部一下去就会失望。参加农业劳动开始不是好受的，真要脱胎换骨，对身体也是彻底的改造。要说得实事求是，使他们有思想准备，否则推出去，他们是会跑回来埋怨你的。下放干部必须和解决体制、紧缩机构、整顿编制等工作相结合，必须和工作、整风相结合，必须有统一安排。年纪太大和有病不能从事体力劳动的干部就不要下去，绝不要给农民增麻烦。

12月5日 出席中央国家机关党委第十六次扩大会议并讲话。

12月17日 在中央手工业管理局和中华全国手工业生产合作社联合总社筹委会十二月十四日报送的报告上批示："请邓〔1〕核示：考虑到这两个文件很重要，应该先经中央批准后，由手工业代表大会通过，再提国务院会议，现送上请审批。"报告说：中华全国手工业合作社第一次社员代表大会将要通过《手工业生产合作社示范章程（草案）》和《中华全国手工业合作总社章程（草案）》，这两个草案草拟完毕后，曾提交国务院法制局前后两次帮助修改和审定，现送请审查。

12月19日 出席中央国家机关党委第十七次扩大会议并讲话。

冬 阅甘肃省高台县农村干部的来信。来信反映当地干部强迫命令，破坏生产，造成人民饥饿，发生浮肿病乃至饿死人的严重情况。阅后心情沉重，认为事关重大，即向周恩来作口头报告，同时打电话给张仲良，要他切实负责查处此事。一九五八年九月，习仲勋到西北考察时，专程到甘肃省高台县听取汇报，检查落实情况。

---

〔1〕 邓，指邓小平。

1958年　四十五岁

1月7日　同马文瑞[1]向周恩来汇报北京市郊区的规划问题。

1月12日　晚上，同朱德、彭德怀、陈毅、李济深、黄炎培等出席中华人民共和国和也门穆塔瓦基利亚王国友好条约、商务条约、科学技术和文化合作协定以及联合公报的签字仪式。

1月18日　下午，出席中央国家机关党委第十八次扩大会议。在讲话中说：反对官僚主义、主观主义和宗派主义的斗争，终究是属于人民内部的矛盾，这一点，我们必须在深入辩论中认识清楚。克服这些矛盾的方法就必须是用处理人民内部矛盾的方法，即和风细雨的方法。在展开深入辩论时，必须掌握"惩前毖后、治病救人"的精神。

1月28日　出席国务院机关举行的欢送下放干部大会。在讲话中说：干部在办公室坐久了，容易患思想贫乏症，劳动锻炼是医治思想贫乏症的一种好办法。下去可以同农民交朋友，是增进党和政府与人民群众密切联系的一个好途径。希望大家下去要过好三关：劳动关、生活关、思想关。三十日上午，同齐燕铭等到北京火车站为下放干部送行。

2月5日　出席中央国家机关党委第二十次全体会议并讲话。在谈到中央国家机关如何开展反浪费运动时说：要搞好反浪

---

[1] 马文瑞，时任劳动部部长。

费运动，必须善于通过揭发出来的浪费现象，抓住造成浪费的本质问题。还要善于通过具体事例，发掘思想根源。既要算小账，也要算大账。既要算经济账，也要算思想账。要把艰苦奋斗、勤俭建国、多快好省的精神贯彻到一切工作中去。反浪费运动要和改进工作相结合，抓紧修订工作计划和业务计划。

2月21日 下午，同沈钧儒、章汉夫、夏衍等出席中华人民共和国和蒙古人民共和国文化合作协定以及两国文化合作协定一九五八年执行计划签字仪式。

3月4日 致信杨尚昆。信中说：遵陈云指示，送上《国防部关于转业复员参加生产建设的干部待遇的规定》和《国务院关于一九五八年中国人民解放军退出现役干部转业的通知》两个文件。国务院讨论过一次，认为这个问题关系到几十万退役干部的安置和处理，应提请书记处审核后再办，时间也较紧迫，请早安排。

3月15日—25日 国务院召开全国第一次交际接待工作会议。其间，出席会议并讲话。

3月17日 上午九时，出席国务院第七十三次全体会议并发言。会议主要研究赴英经济技术访问团的工作报告、国务院关于处理义务兵退伍的暂行规定、中华人民共和国非机动船海上安全航行暂行规则等。

3月19日 下午，向全国人大常委会第九十五次会议作关于国家机关反浪费反保守运动和整改情况的报告。

3月下旬 出席共青团中央国家机关第三次代表大会并讲话。

4月7日 下午，同周恩来、彭德怀、陈毅等在中南海勤政殿出席中华人民共和国政府和罗马尼亚人民共和国政府联合声明签字仪式。

4月11日 出席各省、市、自治区档案管理处处长会议。在讲话中说：在档案工作上，对外国经验一定要学好，根据中国的实际情况，创造性地来解决我们的实际问题。学习他们的不等于一切都要搬来，不能一切否定我们自己的，我们对我们的民族应该有百分之百的信心。档案工作要为社会主义革命和社会主义建设服务，为文化革命和技术革命服务，为科学研究服务。

4月16日 国务院常务会议决定：周恩来、彭德怀、习仲勋于四月二十日赴三门峡开现场会议。

4月20日 下午，同周恩来、彭德怀飞抵郑州。在郑州市郊区燕庄乡关虎屯农业社察看农作物长势，在常寨农业社了解农业生产和社员生活情况。

4月21日 上午，同周恩来、彭德怀视察黄河三门峡枢纽工程[1]工地，详细询问三门峡枢纽工程的建设情况和职工的生活、学习、工作情况。二十一日下午至二十四日上午，在三门峡工程局大楼会议室出席周恩来主持召开的由水利电力部、河南省、山西省、陕西省、黄河水利委员会、三门峡工程局负责人和水利专家参加的黄河三门峡水利枢纽现场会议。在发言中说：科学这个东西，要老老实实，没弄清楚，没有一定的根据，没有试验，不要随便去说。我们这一辈子事情做不完，还有好多事要留给后代子孙来做。所以，在这样的情况下，在今天技术知识的基础上，在我们可能的条件下把它搞得好。按我个人想的，发电能

---

[1] 三门峡枢纽工程是黄河干流上第一座大型水利工程，位于河南省三门峡市和山西省平陆县的边界河段。1957年4月动工修建，1960年建成。由于原设计方案不合理，蓄水运用后出现泥沙淤积问题。经过1965年至1968年的第一次改建和1969年至1973年的第二次改建，基本解决了泥沙淤积问题。改建后的三门峡工程以防洪为主，同时兼具防凌、灌溉和发电等综合利用作用。

发更好，发不了，就先撂下，运输也一样。主要就是防洪。发言还提出要注意泥沙淤积问题。

4月24日 下午，同周恩来、彭德怀等视察陕县〔1〕大营农业社。

4月25日 上午，同周恩来视察偃师县东寺庄村。下午一时许，同周恩来等乘专列离开三门峡。

5月5日—23日 中共八大二次会议召开。会议正式通过"鼓足干劲、力争上游、多快好省地建设社会主义"总路线。会后，"大跃进"运动在全国展开。

5月 出席全国各省、自治区、直辖市人事局长会议并讲话。

6月15日 同周恩来等中央领导带领中央国家机关和中央直属机关三百多名干部到十三陵水库工地参加义务劳动。同周恩来搭队配合，一前一后，用独轮小车运送石料。在劳动间隙谈到自己的劳动经历时说：推车技术是生活逼出来的。早年父母先后病逝，叔父患重病不能劳动，因此我从小就学会干农活，犁、耧、耙、耱样样都会。我曾经一次摇耧种过四十亩小麦。农闲时常用独轮车把当地产的锅巴盐推到数百里外的照金山区换成玉米等粮食，解决一家人吃饭，推独轮小车就是那个时候学会的。

6月20日 出席中央国家机关党委召开的介绍第二机械工业部整风运动经验的第二十四次党委扩大会议。在讲话中说：各部门的任务不同，但是有一个共同点，就是要在全体人员中掀起一个学理论、学哲学、特别是学习毛主席著作的运动，要学会把唯物辩证法运用到实际工作中去。

6月26日 上午，同周恩来到怀柔水库视察，随后前往密

---

〔1〕 陕县，今河南三门峡市陕州区。

云县城；中午，到潮白河畔为密云水库勘选坝址。

7月28日—8月3日 陕西省举行第二届人民代表大会第一次会议。会议选举习仲勋、马明方、马平甫〔1〕、方仲如〔2〕等二十七人为第二届全国人民代表大会代表。

8月11日 出席中央国家机关党委召开的整风领导小组组长会议。

8月17日—30日 中共中央政治局扩大会议在北戴河召开。会议确定一批工农业生产的高指标，宣布一九五八年生产钢一千零七十万吨，比上年钢产量翻一番；通过《关于在农村建立人民公社问题的决议》。全国很快掀起大炼钢铁和人民公社化运动的高潮，以高指标、瞎指挥、浮夸风和"共产风"为主要标志的"左"倾错误严重泛滥开来。

9月15日 向中共中央书记处报送《关于改进国务院常务会议和文件审批事项的通知》。在附信中说：经过国务院常务会议讨论确定，发出《关于改进国务院常务会议和文件审批事项的通知》。总理批示把这一通知送中央书记处备案。现在送去，请予备案。

9月—10月中下旬 遵照周恩来八月十二日指示，带领十多人的调查组，先后到陕西、甘肃、青海省和宁夏回族自治区、内蒙古自治区调查了解"大跃进"运动的情况。在调查过程中，既看到广大人民群众改变落后面貌的迫切愿望和忘我劳动的场面，也觉察到运动中出现忽视经济规律、违背科学的问题。在陕西期间，到蒲城、白水两县看望下放劳动干部，召开座谈会，听取下放干部的工作汇报；到礼泉县烽火公社调研。对一些地方负责人

---

〔1〕 马平甫，时任西安民族事务委员会副主任。
〔2〕 方仲如，时任中共陕西省委书记。

"人民公社将很快实现全民所有制""共产主义马上就要实现了"的想法，表示质疑。

9月28日 下午，同余心清、邓宝珊〔1〕等到达甘肃省阿克塞哈萨克族自治县检查工作，听取县委负责人的工作汇报。在讲话中说：现阶段，中央对民族地区的工作方针仍然是"慎重稳进""团结上层"。开展工作，要与上层人士通气协商，取得他们的支持和帮助。在政府部门任职的，要尊重他们，让他们有职有权地工作。即使是党内的工作，也要及时与他们通报通气。民族政策的核心是各民族一律平等，实行民族区域自治，反对民族歧视，克服大汉族主义和狭隘地方民族主义。关于人民公社问题，牧区要不要搞，怎样搞，要研究，要听中央的要求，不能一哄而起。你们说也搞了公共食堂，这恐怕问题很大。游牧民族是要经常流动搬家的，这个山沟里几户，那个山沟里几户，一日两餐怎么来食堂吃饭？还有老人小孩怎么来？骑马骑骆驼来回奔跑？放牧的人把牲畜丢下不管，跑食堂吃饭？牧区和农区不一样，农区庄稼长在地里可以离开人，牲畜可不行。你们好好调查研究，不要一哄而起，照搬别人。在甘肃期间，还到白银铜矿、阿干镇煤矿、兰州炼油厂调研。对甘肃不顾客观条件、硬性动员大量劳力投入的"引洮上山"项目表示质疑，对省委负责人说：这样搞法不行呀！将来老百姓是要吃亏的。

9月29日 午后，到达敦煌，听取当地负责人汇报工作。

10月1日 出席甘肃省敦煌县党团员会议并讲话。在谈到生产问题时说：根据我走的一些地方的情况看，不少地方在谈论如何把生活部分包下来的问题，对生产考虑的较少。现在我们的物资还很不富裕，还不是共产主义。实现公社化并不是共产主

---

〔1〕 邓宝珊，时任甘肃省省长、中国国民党革命委员会中央副主席。

义，这一观念一定要明确起来。因此，公社化后一定要抓生产。要抓生产规划，劳动力组织调配要很好注意，工作要有节奏。在谈到生活福利问题时说：搞公社，要以生产为"纲"，解决群众生产福利问题。"生产长一寸，福利长一分"这一原则，任何时候都不能离开。如果离开了这一原则，就要犯错误。敦煌县还很穷，还要努力奋斗，还不是共产主义，不要一切都供给，主席和少奇同志屡次讲的也是实行粮食供给，不是一切都供给。在谈到居民点问题时说：新建的村子，目前不要太大，要准备移民插进来，要有利于发展牧业。盖房子要适应当地的气候、环境。"要十分爱惜树木，树木对改变气候，挡风沙，保持水源，美化环境好处很大。"在敦煌期间，对该县推行"衣食住行、生老病死、入托上学"等十包的全供给制分配制度提出批评。

10月2日—5日 在青海省柴达木盆地视察。二日，到达大柴旦，参观柴达木矿藏资源展览会。三日上午，听取薛宏福[1]的工作汇报。在讲话中说：应当鼓励更多的外省职工来参加柴达木的建设。有了人，还要掌握科学和技术。柴达木应该办高等学校和技术学校，使理论与实际相结合、教育学习与生产劳动相结合，加速盆地建设。四日上午，在格尔木视察昆仑硼砂厂、纳赤台炼铁厂；下午，参观格尔木汽车修配厂；晚上，分别会见青藏公路管理局和中共格尔木工委的干部、职工。在讲话中说：柴达木是个好地方，应该有个远景规划。柴达木将来不仅要成为我国的工业基地，同时要成为一个粮仓。工业给农业开辟道路，反过来农业又支援工业。

10月6日 回到西宁，参观青海建设展览馆和新生企业公司生产展览馆。

---

[1] 薛宏福，时任中共柴达木工委第一书记。

10月16日—18日 在宁夏回族自治区视察。十六日,到石嘴山参观第一号斜井采煤区和瓷厂。十七日,参观吴忠师范学校、吴忠市人民公社东塔寺大队和青铜峡工地。在讲话中说:公社成立后,首先要抓生产。生产指标要先进,措施也要跟上,否则就成了空喊。生产是一切工作中的关键问题,抓住了这一条就不会犯错误。十八日,参观银川毛纺织厂,提出纺织厂可以多吸收些妇女职工,多培养些回民职工。

10月28日 同周恩来及中央机关在北京的负责人到北京车站迎接中国人民志愿军代表团。此前,中朝两国政府于一九五八年二月十九日发表联合声明,宣布中国政府经过同朝鲜政府协商后,向中国人民志愿军提出主动撤出朝鲜的建议。三月十五日至十月二十六日,中国人民志愿军分三批全部撤出朝鲜回国。

11月2日—10日 毛泽东在河南郑州主持召开中央工作会议(即第一次郑州会议)。到一九五九年七月,中共中央相继召开武昌会议、中共八届六中全会、第二次郑州会议、上海会议、中共八届七中全会等会议,初步纠正已经察觉到的"大跃进"和人民公社化运动中的"左"的错误。

11月3日 上午,出席中共中央书记处会议,汇报西北农村情况。

11月6日 向周恩来和中共中央书面报告在陕西、甘肃、青海省和宁夏回族自治区、内蒙古自治区调查的情况。报告说:(一)西北几省除牧业区外,已经基本实现公社化,普遍办起食堂、托儿所、幼儿园、幸福院、产院、医院、缝纫组等。生活集体化的方针是要坚持的,但也要因地制宜、因时制宜。(二)实行供给制还有些问题值得注意。第一,供给标准高了些,消费的比例大了些。应该在保证生活比去年有所改善的条件下,使积累部分增多一些。第二,供给的部分大了些,按劳分配的部分小了些。是不是可以这样考虑：供给标准定低一些，工资比例高一些。这样有两个好处，可以适当鼓励劳动积极性，又可以使社员家庭开支比较机动。第三，分配的办法复杂了些，工资的等级也多了些。分配的办法，宜简不宜繁，等级也不宜多。第四，关于人民公社问题。目前各级党委主要领导力量，大多忙于炼钢炼铁。对于人民公社，一般地停留在普遍搭架子和典型调查研究阶段，而且只有二、三把手在搞。但在人民公社化后，如何制定新的生产计划，并使之深入人心，成为大家的奋斗目标，各级党委应当专门解决这个问题。如果抓迟了，将会使明年的工农业生产受到影响。（三）目前农村劳动力很紧张，西北各省更紧张。西北几省劳动力浪费现象相当普遍，劳动力的潜力也还没有充分发挥。甘、宁、青三省，地广人稀，劳动力极缺。几年来，由上海、天津、河南等地移入西北的人口很多。每年经过这些人的亲朋、社会关系，有不少自然流入西北的人口。这是一种移民的辅助办法。西北的同志希望中央能同意这种人口自然流入的办法，以便得到各省的协助。（四）各地贯彻劳动与教育相结合的方针，收效很大，勤工俭学运动已普遍展开。在工矿企业、先进生产单位办学校，一可以使教学密切结合生产实际，培养出有实际经验的技术人才，二可实行半工半读，支援油矿区一部分劳动力，希望石油部和教育部门能加以注意。

11月21日—12月10日　在武昌出席中共中央政治局扩大会议（即武昌会议）和中共八届六中全会。八届六中全会通过《关于人民公社若干问题的决议》，强调必须划清集体所有制和全民所有制、社会主义和共产主义的界限，继续发展商品生产和商品交换，保持按劳分配的原则。全会还通过《关于一九五九年国民经济计划的决议》。在全会讨论《关于人民公社若干问题的决议》时，根据西北考察的情况，发言说：人民公社所谓"一大二公",最大最公,也不能大到一县一社,也不能达到全包全供,也不能说由集体所有制变成了全民所有制,更不能说从社会主义跳到共产主义。最大最公,也不能用按需分配代替按劳分配。生产关系的发展不适应生产力发展的水平,其结果只能破坏生产。

12月17日 中共中央书记处会议决定:国家机关的调整问题,由习仲勋主持组成一个小组,研究提出方案。

12月18日 同陈毅、陈正人[1]向周恩来汇报国务院组织机构调整问题的意见。

12月26日 向邓小平和中共中央书记处报告国务院组织机构调整的意见。

12月30日 出席国务院机关为结束劳动锻炼归来的下放干部举行的欢迎会。在讲话中说,你们要保持和发扬党的密切联系群众的优良传统,珍惜同农民建立起来的感情。

---

[1] 陈正人,时任中共中央农村工作部副部长、国务院第七办公室副主任。

1959年　四十六岁

1月14日　在国务院秘书厅本日转来的山东菏泽县上游人民公社社员刘亭禄反映群众缺粮情况的材料上批示："请总理及薄副总理[1]阅转书记处同志。"

1月中旬　收到杨放之一月十五日报送的《关于群众反映农村干部作风一些问题的报告》。《报告》说：近来人民来信来访中，反映农村干部作风问题的较前增多，仅十一月、十二月就接到河北、山东等十九个省、市群众和干部关于这类问题的信件三百六十八件，来访一百二十五人次。反映的主要问题有：一是虚报成绩，隐瞒缺点；二是打骂群众；三是任意搜查和没收群众的财物；四是生活特殊，不参加劳动；五是不关心群众生活。

同旬　收到高登榜[2]一月十六日向习仲勋、周恩来报送的《一九五八年中央国家机关工作人员参加体力劳动的总结报告》。二月五日，国务院批转该报告。

1月24日　将国务院直属机关、全国人大常委会办公厅下放干部对湖北麻城县、陕西白水县工作的意见报送邓小平。在附信中说："国务院各直属机构六百七十名下放干部经过一年来的劳动锻炼，返回机关在学习六中全会[3]决议后，写出对当地工

---

[1] 薄副总理，指薄一波。
[2] 高登榜，时任国务院机关事务管理局局长。
[3] 指中共八届六中全会。

作意见的几个文件，我觉得他们所反映的情况和对这些情况所作的分析，都是比较切合实际的，有值得参考的地方，除分送有关省委、县委外，特送上几份请参阅。"麻城县的下放干部在一月二十日给国务院直属机关并习仲勋的信中反映：一是麻城县在产量上以少报多的情况比较多。验收产量做得不够认真，不细致。在干部中有一种风气，认为谁敢说高指标、大数字，谁的风格就高，谁就受到领导的表扬，谁说的近乎实际，就是右派保守、风格不高。二是下放干部在下面感到任务多，时间紧迫，尽管领导上对中心工作抓得很紧，但有些工作则是前紧后松。三是一些基层干部缺乏民主作风，强迫命令严重。四是铺张浪费之风不可长。五是"卫星"放的多，三天两头放，日夜苦干，经常突击。白水县的下放干部反映：人民群众和下放干部最关心的一件事是小麦低产问题；基层干部的政治思想工作比较薄弱。

1月31日 在国务院秘书厅一月二十九日报送的关于山东临清市等地缺粮情况的报告上批示：请陈[1]、陈[2]、李[3]、薄副总理阅转书记处参考。报告说：人民接待室刘文亭等同志一月二十三日来信，汇报了他们随省委检查组到临清市听取市委关于群众生活问题的情况。该市农业人口二十八万余人，共有公共食堂一千八百一十三个，基本上断粮的食堂一百八十一个。按每人每天一斤粮，供应到麦收，需要国家供应粮食四千八百万斤左右。市委遵照省、地委指示，按每人每天一斤粮的标准安排了生活。该市缺粮的原因：一是有些公社浮夸，多报了产量，甚至有多报数倍的；二是水灾；三是秋收工作粗糙；四是秋收后大吃了

---

[1] 陈，指陈云。
[2] 陈，指陈毅。
[3] 李，指李先念。

一个时期；五是该地是产棉区，粮食生产较少。来信同时反映，聊城专区的十五个县（市）中，缺粮的有东平、夏津、高唐、临清和原馆陶〔1〕等五个县（市），需要国家供应粮食三亿斤左右。

2月26日 晚上，率中国政府代表团抵达柏林，参加莱比锡春季博览会。博览会于二月二十八日至三月十日举行。三月二日上午，会见德意志民主共和国副总理兼对外贸易部部长海因里希·劳。

3月4日 中共中央致信匈牙利社会主义工人党中央委员会。信中说：我们荣幸地接受你们关于参加今年三月二十一日匈牙利苏维埃共和国成立四十周年庆祝典礼的邀请，现已决定派朱德同志率领我国党政代表团前往参加庆祝典礼，代表团团员有习仲勋同志和郝德青〔2〕同志。

3月11日 全国人民代表大会常务委员会发布公告称："中华人民共和国第二届全国人民代表大会代表，已经按照《中华人民共和国全国人民代表大会及地方各级人民代表大会选举法》的规定，由省、自治区、直辖市、军队、华侨各选举单位分别选出，共计一千二百二十六人，其中滕虎忱〔3〕、罗常培〔4〕、梁希〔5〕、李承干〔6〕已经逝世，现在实有代表一千二百二十二人。

---

〔1〕 馆陶县，1958年12月撤销，行政区域划归山东冠县。
〔2〕 郝德青，时任中国驻匈牙利大使。
〔3〕 滕虎忱，华丰机器厂创始人、经理，曾任全国人大代表、山东省人民委员会委员等职。
〔4〕 罗常培，曾任中国科学院哲学社会科学部学部委员、中国科学院语言研究所所长等职。
〔5〕 梁希，曾任中央人民政府林垦部部长、林业部部长，全国政协常务委员，中华全国科学技术普及协会主席等职。
〔6〕 李承干，曾任国家计量局局长、南京市政协副主席等职。

台湾省尚待解放,应选全国人民代表大会代表暂缺。"习仲勋等二十七人在陕西省当选为全国人大代表。

3月19日 随朱德率领的中国共产党和中国政府代表团从波兰华沙抵达匈牙利首都布达佩斯。此前,朱德率中国共产党代表团应邀参加波兰统一工人党第三次代表大会。

3月21日 同朱德到中国驻匈牙利大使馆会见使馆全体工作人员和在匈牙利学习的中国留学生。

同日 中共中央致电郝德青并转朱德、习仲勋。电文说:中央全会〔1〕定于三月三十日〔2〕在上海开会,希望你们能参加。你们在归国途中可在莫斯科休息一天,然后直接回京,对苏方的邀请可以参加全会为由予以婉谢。

3月22日 同朱德等参加布达佩斯第九区举行的庆祝匈牙利苏维埃共和国成立四十周年的群众大会。二十三日上午,同朱德等在布达佩斯民族博物馆参观纪念匈牙利苏维埃共和国成立四十周年展览会;下午,参观贝洛扬尼斯电器工厂。二十五日上午,同朱德等乘飞机离开布达佩斯回国。二十六日中午,抵达莫斯科。二十七日上午,离开莫斯科返北京。二十八日上午,到达北京。四月三十日,同朱德、郝德青向中共中央书面报告参加庆典活动的情况。报告认为:匈牙利在社会主义建设中取得了巨大成就。目前存在的比较大的问题,是对资产阶级知识界的思想改造,还是一个艰苦的工作。

3月25日—4月1日 中共中央在上海召开政治局扩大会议(即上海会议),主要讨论工业问题、人民公社问题和国家机构领导人的人选问题。

---

〔1〕 指中共八届七中全会。
〔2〕 会议实际召开的时间为1959年4月2日至5日。

3月30日 傍晚，到达上海。收到赖祖烈[1]送来的《关于国家机构和人事配备的方案（草案）》。当看到《方案（草案）》提名自己为副总理人选时，即对赖祖烈表示，转请中央考虑更为合适的人选，自己还是把现任的工作做好更为有利。

3月31日 致信邓小平并毛泽东。信中说："昨晚收到《关于国家机构和人事配备的方案（草案）》，看到新提的副总理名单中有我的名字，反复考虑，心情颇为不安。回忆几年来在国务院秘书长任职期间内工作没有做得很好，主要还在于自己有毛病，并不因职务关系而妨碍工作。因而内心十分歉疚，我仍乐意在下届国务院谨守原来的工作岗位，多做些工作，做得更好些。这样，于工作无损，对自己可能更有好处。特恳请中央考虑，在新提的副总理名单中把我除名，另提别的同志为新增的副总理。"

4月2日—5日 在上海出席毛泽东主持召开的中共八届七中全会。全会讨论和通过一九五九年国民经济计划草案，检查农村人民公社的整顿工作，讨论和决定国家机构领导人员候选人的提名。毛泽东在会上作关于工作方法问题的讲话。

4月11日 在国务院秘书厅四月六日向习仲勋并总理、副总理报送的《关于山东、江苏、河南、河北、安徽等五省缺粮情况及处理办法》的报告上批示：请总理阅示。这些反映在最近可能有好转，但也会还有个别地区没有解决好，似应分别通知提起注意。该报告说：关于部分地区群众缺粮、食堂停伙的问题，自从中央于今年一月二十二日转发中共山东省委、省人委关于馆陶县缺粮停伙的调查报告后，已经引起了各地的重视。但部分地区的缺粮问题仍未消除，甚至少数地区还有所发展。十二日，周恩来

---

[1] 赖祖烈，时任中共中央特别会计室主任、中共中央办公厅中南海管理局局长。

将这份材料和中央救灾委员会办公室关于十五省春荒情况统计表批送毛泽东、刘少奇、朱德、邓小平、彭真、谭震林[1]和李先念阅。十七日晚,毛泽东将这些材料拟题为《十五省二千五百一十七万人无饭吃大问题》,要求立刻印出,"在三日内,用飞机送到十五省委第一书记手收,请他们迅即处理"。

4月17日 二届全国人大一次会议预备会议在中南海怀仁堂举行,选出主持二届全国人大一次会议的主席团和秘书长共九十七人。习仲勋担任大会主席团成员。

4月17日—29日 全国政协三届一次会议举行。会议推举毛泽东为全国政协名誉主席,选举周恩来为全国政协主席。

4月18日 根据周恩来指示,召集有关省、市负责人开会,听取缺粮情况汇报,分析缺粮原因。当晚,指示写出会议简报急报周恩来。十九日下午,周恩来主持会议,研究解决缺粮问题的办法。

4月18日—28日 出席二届全国人大一次会议。会议批准中共八届七中全会建议的一九五九年度国民经济计划,选举刘少奇为中华人民共和国主席,朱德为全国人大常委会委员长;决定周恩来为国务院总理。二十八日下午,大会通过周恩来提名的国务院副总理人选名单。

4月28日 刘少奇签署中华人民共和国主席令,任命国务院副总理、秘书长、各部部长、各委员会主任。陈云、林彪、彭德怀、邓小平、邓子恢、贺龙、陈毅、乌兰夫、李富春、李先念、聂荣臻、薄一波、谭震林、陆定一、罗瑞卿、习仲勋任国务院副总理;习仲勋兼国务院秘书长。

4月29日 下午,同周恩来等到机场迎接由匈牙利社会主

---

[1] 谭震林,时任中共中央政治局委员、中共中央书记处书记、中共中央财经小组副组长。

义工人党中央委员会政治局委员、匈牙利工农革命政府总理明尼赫·费伦茨率领的匈牙利党政代表团。三十日上午，陪同代表团访问北京郊区的黄土岗人民公社。五月二日晨，陪同代表团乘飞机前往上海参观访问。三日上午，参观上海建设机器厂、上海国棉二厂。四日上午，陪同代表团前往杭州访问。五日下午，从杭州回到北京。六日晚，出席中华人民共和国和匈牙利人民共和国友好合作条约签字仪式。七日上午，同周恩来、陈毅等到机场欢送代表团离京赴朝鲜访问。

春夏之交 收到武伯纶[1]等五人以陕西省文物管理委员会名义发给国务院的电报。电报反映西安拆除古城墙的问题，恳请国务院予以干预。习仲勋认为武伯纶等人的意见是正确的，保留、保护西安古城墙意义重大，即令办公室致电陕西省和西安市，要求立即停止拆除城墙。此后，又指示文化部研究保护西安古城墙的问题。七月一日，文化部向国务院提交《关于建议保护西安城墙的报告》。七月二十二日，国务院发出《关于保护西安城墙的通知》，转发文化部《关于建议保护西安城墙的报告》，并指出：国务院同意文化部的意见，请陕西省人民委员会研究办理。一九六一年三月四日，经国务院批准，西安古城墙被列为第一批全国重点文物保护单位。

5月7日 下午，同刘少奇、朱德、周恩来、邓小平等陪同毛泽东接见班禅额尔德尼·确吉坚赞[2]、阿沛·阿旺晋美[3]和詹东·计晋美[4]及随行藏族官员。

---

[1] 武伯纶，时任陕西省文化局副局长。
[2] 班禅额尔德尼·确吉坚赞，时任西藏自治区筹备委员会代理主任委员。
[3] 阿沛·阿旺晋美，时任西藏自治区筹备委员会副主任委员兼秘书长。
[4] 詹东·计晋美，时任西藏自治区筹备委员会常务委员。

5月12日 同乌兰夫、汪锋向中共中央报送《关于处理内蒙、宁夏两自治区划界纠纷问题的报告》。报告说：从五月五日到九日，内蒙古和宁夏的同志，就两个自治区的区划界线问题，一共座谈了五次。座谈中大家对近一年来发生的纠纷问题摆了情况，作了分析。座谈的结果，一致认为：无论如何，两个自治区因为区划界线问题纠纷是不好的。为了解决问题，便于今后工作，很有必要重划一条界线。划线的原则应当是有利于团结，有利于生产，并且要互相照顾。划界的具体工作，将由中央民委和内蒙古、宁夏党委指派专人组成委员会共同进行。十六日，中共中央将该报告批转内蒙古、宁夏自治区党委并内务部党组和甘肃、青海省委。中央批语说：中央认为两位领导同志本着这样精神处理问题很好。望召集有关干部切实交代清楚，使他们都本着这种精神对待边界纠纷问题，以及其他两区间的相互关系问题。甘肃、青海两省的边界纠纷问题，也请两省主要负责同志直接协商，妥善地加以解决。

5月13日 出席周恩来主持召开的副总理座谈会。会议对国务院的工作作了全面安排，明确了各位副总理的分工。陈毅分管对外工作，罗瑞卿分管政法工作，彭德怀分管国防工作，聂荣臻分管科技工作，李富春、薄一波分管工业交通工作，李先念分管财政贸易工作，谭震林、邓子恢分管农、林、水利工作，乌兰夫分管民族事务工作，贺龙分管体育运动工作，习仲勋分管国务院常务和领导直属机构，林彪、邓小平不分管国务院的经常工作。为了便于各主管副总理分工管理各部委和处理日常工作，在国务院下面成立六个办公室：政法办公室，罗瑞卿任主任，分管内务、公安两部；文教办公室，张际春为主任，分管文化部、对外文委、教育部、卫生部、体委；外交办公室，陈毅为主任，分管外交部、华侨事务委员会、对外文委（对外政策）、外贸部

（对外政策）；工业交通办公室，李富春为主任，薄一波为副主任，分管冶金部、化工部、一机部、二机部、煤炭部、石油部、地矿部、建筑部、纺织部、轻工部、铁道部、交通部、邮电部、水电部；财贸办公室，李先念为主任，分管财政部、粮食部、商业部、外贸部、水产部、劳动部；农林办公室，邓子恢为主任，分管农业部、农垦部、林业部；国防部由彭德怀直接领导；建委、计委、经委、科委等四个综合性的委员会由陈云、李富春、薄一波、聂荣臻分别直接领导；民委由习仲勋分管。关于各部委的工作，凡涉及方针、政策和重大问题，除国防部经由军委直属中央、民委归中央统战部负责外，其余仍照中央规定分别经由中央的经济、政法、文教、外事、科学等五个小组审阅后报中央核批，有关两个小组以上的问题，由主办小组与有关小组磋商或经总理召集有关会议商定后再报中央。

5月17日 周恩来致信邓小平并中共中央书记处。信中说：为了了解目前各地钢铁主要是地方生铁的生产情况和问题，为六月中央召开的省市委书记会议提供这方面的材料，我已征求陈毅等八个副总理的同意，我们于本月二十日前后分别出发到九个产铁的重点地区去视察，于六月十五日左右回京。分工视察的地区是：周恩来——河北；陈毅——山西，可能时再去内蒙；习仲勋——河南，可能时再去陕西；贺龙——四川，可能时再去云南；罗瑞卿——湖南，可能时再去湖北；陆定一——江苏，可能时再去上海；聂荣臻——安徽；乌兰夫——包头。视察的内容，主要是生铁的质量和数量问题。为此，拟到产铁产煤基地，对矿石、煤炭、洗煤、炼焦、耐火材料、炼铁、炼钢、设备、运输、劳动力分配和成本核算等一系列的问题做具体了解，以求实现中央经济小组的要求，先保质量，后争数量。除此以外，对市场供应、农业生产等问题也就近进行一些了解。不久后，根据周恩来、邓小平指示,习仲勋带一个组前往河南。多年后,习仲勋在一九七九年四月八日《永远难忘的怀念》一文中回忆说:周恩来、邓小平指示,"要整顿大炼钢铁的工作,小高炉要定点,具备条件又有发展前途的,就坚持搞下去,其他一律撤掉,把劳动力从钢铁、水利方面尽量抽下来,充实农业生产第一线,还让我们去了解人民公社化以后,人民生活的状况。恩来同志指出,群众的积极性越高,就越应加以保护,引导向正确的方向发挥"。

5月22日 到达郑州。听取中共河南省委关于工农业生产和财经贸易工作的情况汇报;视察黄河东风渠、河南省农业科学研究所、东郊人民公社共青试验场、郑州纺织机械厂、郑州钢铁厂等。

5月23日 听取中共河南省委汇报钢铁生产情况。在讲话中说:河南矿石也有,煤也有,数量也不低,就是土铁多,目前就是质量问题。合格的铁应该争取提高到百分之七十五,五六月争取过关,完全把质量稳定下来。包括一切工业在内,根据材料情况,要退到可靠阵地。第一要抓质量,少些,好些,不要追求数量,宁可退下来一些,也要保证质量。这样过一个时期,技术关过了,经验也丰富了,数量自然就上去了。第二要集中力量,突出重点。第三要加强企业管理。第四要发挥群众积极性,搞清仓运动。

5月25日 晚上,赶到安阳。二十六日下午,到安阳钢铁公司检查工作。二十七日,到水冶炼铁厂、李珍铁矿检查工作。在考察中了解工人的生产和生活状况,勉励他们努力生产,提高钢铁质量和高炉利用系数,降低成本。在讲话中说:从钢铁任务看,很紧张。今年和去年不同,去年是全民群众性的办钢铁,今年从"土群"转入了"洋群"。搞"洋"的最大问题是设备配套问题,东西少、质量低,赶上去很吃力。中央许多领导同志、国务院的副总理都分别到各个基地察看,具体解决问题。全国现在都是矿石、焦炭、轧钢较紧张。上了马的,有问题要下决心解决,宁可牺牲一般,一定要保证重点。安钢一面基建,一面生产,但要以生产为主,要特别抓好生产。水冶炼铁生产很有秩序,各种指标也完成得好。要召开现场会议,传播他们的经验。矿山问题很大,资源不清,基建很慢,要大力抓矿山,露天开采要与平洞开采相结合。

5月28日 上午,听取中共安阳市委关于安阳钢铁公司、安阳市工业生产和市政建设工作的汇报并讲话。在谈到钢铁工业问题时说:"炼钢铁当然好,但摊子不要铺得太大了。要从实际出发,摊子大了管不过来,也会造成浪费,集中力量搞好安钢就行了。""实践证明,社会主义经济是有计划按比例向前发展的,撇开计划经济规律,盲目发展就会出问题。"针对安钢基层建设缺乏经验、未按程序办、不配套等问题说:"必须保证配套,这是一条经验,不然浪费很大。"在谈到矿山建设问题时说:"矿山建设问题很大,要抓紧,不然开不出矿来,保证不了高炉供应。"在谈到劳力问题时说:"矿山女职工太多,不适宜高强度劳动,应该调整,回农村务农,在矿山效率不大。可能不愿走,要做思想动员工作。"在谈到安钢建设过程中的有关问题时说:"凡是由省搞的省要很快搞,需要中央解决的中央也要很快解决。"对邵文杰[1]说:"你有时间要到矿山看看,矿山问题大,去矿山的路需要修,一下雨就不能走了,要下点本钱。"当李庆伟[2]谈到矿山、交通等问题时,插话说:"边建边生产,要以生产为重点。""稳步上升,就是要在保证质量的前提下产量上升。一定要

---

[1] 邵文杰,时任河南省副省长。
[2] 李庆伟,时任河南省副省长。

保证正常生产,宁肯慢一点,也不要性急出了问题。日产五十吨、八十吨、一百吨一步一步地上。""河南最大的问题是高炉没有备矿,家无隔夜之粮,汛期快到了,要作好准备。""火车路通了,公路运输并不会减少,公路还得加强。"在谈到水冶炼铁厂的工作时说:公司有两个中心,一个指挥生产,一个指挥基建。必要时工人要适当调配,都是二十岁左右的人,可爱得很。水冶搞得很好,四月份就赚了八万元,五月份赚得更多。要在水冶开个现场会,总结推广抓上去的原因、经济指标好的原因。要经过他们的经验,加强劳动组织,加强整个企业管理。讲话最后说:全国都是一样,要牺牲一般,保证重点,谁都不想下来不行。"全国二季度的计划还没有下去,计划不能凭主观愿望。不能再另打主意。去年是全民运动,今年不会那样了。脑子要清醒,都不想放,不行。"

5月下旬 在河南安阳致信周恩来。信中说:到河南后听了省委同志汇报,看了郑州市钢铁情况。就我在河南这一星期的观察,总的形势是好的,铁的质量问题已经基本突破,逐日好转。整社算账在五月底基本结束,账算的好,计划落实,普遍出现新的群众生产高涨情绪。关于六河沟焦煤矿开采问题,我意这个矿交河南开采,对全国焦煤布局有好处,请总理就近召集河南河北两省有关同志协商解决,河南方面迫切盼待。

5月29日 在新乡县七里营人民公社参观棉花试验田、丰产小麦和养猪场。视察引黄总干渠、七里营公社发电站、武陟发电站和人民胜利渠跌水闸。在新乡期间,还参观新乡钢铁二厂、新乡棉织厂等。

5月30日 在焦作视察焦南、焦北钢铁厂和王封煤矿、李河耐火材料厂。在讲话中提出,要注意保护和延长钢铁设备的使用寿命,要有重点地保证原料的供应。

6月1日 在洛阳偃师县岳滩大队视察小麦生产和试验情况,听取岳滩大队党支部书记刘应祥关于推广优良品种、改善田间管理、实行科学种田、实现小麦高产稳产的情况汇报。鼓励他们要继续总结经验,探索规律,推广小麦大面积高产稳产的经验,不仅要实现让岳滩人民"吃上白面馍"的梦想,还要让全国人民都实现这个梦想,都吃上白面馍。

6月2日 下午,听取洛阳钢铁厂的工作汇报。在讲话中说:问题多,不要灰心,首先应鼓信心。问题要解决,突出的还是质量问题,要采取措施过质量关。最根本的问题是炉子改造问题,现在看来小土群出好铁有困难。炉子要搞洋的,其他可以用土的。成本问题,目前不要钻,把质量搞好,成本自然就下来了。在保证质量的前提下,提高数量,降低成本。要抓质量,采取措施,抓具体抓到底,一定要有责任制,每个环节都要有专人负责。

6月3日 到即将建成投产的洛阳拖拉机厂参观,察看调试生产情况,要求把工作做深做细,确保一次验收成功。在讲话中说:百年大计,质量第一。要做好一切工作,高质量地建成我们的第一拖拉机制造厂。随后,参观洛阳轴承厂。在讲话中说:要把生产搞好,把工厂管理好,多生产合格的产品,保证各方面的需要。

6月4日 听取中共洛阳市委的工作汇报。在讲话中说:洛阳市与别的市不同,有十大国营厂,问题复杂,基建方面问题很大。中央主管部门的责任制还不严,有推脱的现象,不够主动。在全国一盘棋的方针下,应加强领导。在谈到配套问题时说:大厂子怕减人,拖拉机厂两万多人,还说人不够。耐火材料厂也是那么多人。用那样多的人是有问题的。现在存在的普遍问题是质量问题,大东西出废品不得了。洛阳市人多,宿舍、食堂问题都来了。过去先搞宿舍、办公楼，我看不够妥当。有的搞得多了、早了，生产车间应该先搞。对职工也要进行教育，钱应该先花在哪里，后花在哪里。基建也要核算。市委要把大厂子领导起来。洛阳市的经验还不少，对破除的规章制度，只要不影响群众的积极性，都应该恢复起来。在谈到地方工业时说：要为十大工厂服务。社办工业不要搞得过多过大，社以农业为主。农忙搞农业，农闲搞工业，不然，争原料抢市场，与大厂子抗膀子，劳动力问题都来了，没有东西吃怎么办呢？所以要以农业为主，在农业发展的基础上，搞些为农业生产服务、生活服务的工业，否则得停办。

同日 晚上，到达三门峡。

6月5日—6日 在三门峡视察工作，先后参观三门峡工地、市钢铁厂等。六日下午，听取中共三门峡市委的工作汇报。在谈到三门峡工程时说：一点粗糙毛病也不要有，还是严些好。在谈到三门峡市存在的问题时说：（一）炼铁六月份主要是改造炉子，进行整顿，集中力量搞好质量。市委要研究一下，把每个环节抓住，建立责任制，力争六月份把炉子改造好，七月份出合格铁。（二）关于分散的小摊子问题，可以来个自生自灭。不丢一般，重点就不能保证，不然就会影响大的。（三）你们自然条件好，多搞些附属厂子，如炼焦、耐火材料等，成本就很快降下来。市场问题，现在是突出问题，非解决不可。最基本的是多生产，这是治本的办法。要实事求是，不说大话，有多大说多大，能办多少就办多少，都能讲老实话，事情就好办了。要两条腿走路，一面抓生产，一面抓生活。现在要对增产节约大力宣传，不要等粮食吃完了，再喊就被动了。要帮助群众过日子，节约还要吃好。

6月6日 下午六时，离开三门峡。晚上，到达陕西渭南。在陕西期间，同中共陕西省委进行两次座谈，给省局级以上干部作报告，召开民主人士座谈会。

6月7日 就赴河南、西北等地视察三门峡工程和农业生产等情况致信周恩来。信中说：三门峡水利工程明年基本完工后，市区工业如何布局，水陆交通如何安排，特别是水运系统如何建立，以后港口的修建，后者早施工比拦洪后再施工，要方便得多，便宜得多。还有几万职工人员下一步如何转移的问题，都应早准备，迟一月两月就是很大浪费。这一支有现代装备的又经过严格锻炼的工程队伍，太宝贵了，国家应该把它用在必要攻取的重点方面。这些问题，都应该在今年内拟出规划，建议中央指定专门机关全面考虑，早比迟好。目前带有全国性的突出问题有三：一、劳动力很紧张，特别是农业战线上的劳力不足，所到之处，看见田间劳动的多是妇女，男劳力多不过十之二三。如何合理安排劳动力是当前一个重要问题。二、运输紧张，特别是短途运输很紧张。三、市场紧张。河南、陕西大致一样，想全国也不会例外。目前除加强控制社会购买力的治标办法之外，最重要的是发展生产，特别需要大抓手工业和副业生产，人们搞出的东西多了，初级市场活跃了，就会缓和这种局势。这里归根结底，我看还是劳动力问题。人们忙得不可开交，哪里还有时间搞副业生产呢？这就涉及"大集体、小自由"，"大集体"没有问题，"小自由"自由到什么程度，怎样才算"小自由"够了。现在的问题是"小自由"不够，我总觉得在所有制和算账问题解决之后，能跟着在"小自由"方面再放一下，可能在发动群众生产积极性方面更好一些，更落实一些，也更有利于大集体，促进公社之迅速巩固。

6月14日 视察铜川矿务局，并同三里洞煤矿职工进行座谈。

6月18日 向周恩来电话汇报在陕西视察时了解到的争取

秋季丰收、贯彻公社化政策不力及夏收分配、甘肃粮食紧张等问题。汇报说：入陕后视察了渭南、鄠县[1]、铜川、临潼、周至等五县，发现以下问题：一、争取秋季大丰收的问题并不乐观。大秋作物未翻地，肥料只有去年的一半，而且把种冬麦留的肥料也挤掉了，关键在于积肥。今年粮食计划生产二百亿斤，夏收约七十亿斤，尚需完成一百三十亿斤，秋庄稼是决定性的，但夏季作物麦子丰收后，干部和群众均有松劲思想。二、关于中央对公社化的政策贯彻不下去。如中央对自留地、算账、退东西等等，干部不愿退，贯彻的只有一半，因此群众不信任干部，干部不相信群众。三、夏收以后吃粮问题。夏季丰收后，吃粮有浪费，有的一个月准备吃六十至九十斤，如不注意节约会造成严重浪费。抓夏收必须同时抓生活。四、甘肃粮食紧张，发生夏荒，大批灾民逃入陇南。甘肃提出向陕西借调麦子五百万斤应急，陕西省委已同意调给一部分。此事请转告现在甘肃的钱瑛[2]同志，请她协助该省解决夏荒问题。汇报还说：原定十八日回京，现改为二十二日回来。

6月26日 收到国务院办公厅信访室工作人员送来的甘肃静宁县反映严重缺粮问题的群众来信和随信寄来的一包充饥的食物（糠菜）。看完信、尝了食物后，即向周恩来汇报。

6月27日 上午，同杨放之、马永顺[3]谈话，指派马永顺带两名工作人员于晚上前往甘肃，会同甘肃省委、省人委对缺粮问题进行实地调查处理，并指示下去后要随时和国务院机关保持联系。

---

[1] 鄠县，今陕西西安市鄠邑区。
[2] 钱瑛，时任内务部部长。
[3] 马永顺，时任国务院秘书厅信访室主任。

同日 在国务院人民接待室六月二十六日编印的《关于甘肃省部分地区缺粮问题的简报》上批示："维德[1]同志，请注意此件所反映的情况，并盼采取有效措施解决。另国务院派去马永顺同志三人，拟到灾情严重地区实际了解，盼能给予帮助为荷。"

同日 同彭真、谭震林、陆定一到周恩来处谈工作。

7月2日—8月1日 中共中央政治局扩大会议在江西庐山召开。原定议题是总结"大跃进"以来的经验教训，继续纠正"左"的错误。七月十四日，彭德怀致信毛泽东，反映自己的意见。会议后期错误地发动对彭德怀等人的批判。八月二日至十六日，中共八届八中全会在庐山召开。会后，在全党错误地开展了"反右倾"斗争并继续"大跃进"。在庐山会议期间，对要不要批判彭德怀，心情复杂，非常为难。从内心深处认为彭德怀给毛泽东写的信没有错，许多观点自己也是赞成的，但又不得不与毛泽东保持一致。

7月16日 在国务院秘书厅七月十四日编印的"庐山会议材料三十九号"《全国许多工业城市自来水紧张》一文上批示："工业城市用水问题，在过去也是因为经验而出现的城市工程建设和国家工业建设的规模不相适应的情况，恐怕是带有普遍性的问题，应该早注意调整才好。请总理核阅。"该材料反映：全国工业城市普遍出现用水紧张的现象，缺水严重的有沈阳、鞍山、旅大、北京、天津、武汉、太原等四十多个工业城市，已经严重地影响了工业生产和人民生活。

同日 在赵守攻[2]七月十四日报送的关于几个地方留口粮

---

[1] 维德，指霍维德。
[2] 赵守攻，时任国务院副秘书长，1959年9月又任中共中央国家机关委员会书记处书记。

和征购粮问题的材料上批示：这些反映基本属实，虽然多从一个角度看问题，但可以看出很多问题，请转总理抽暇参阅。赵守攻在材料中说：最近十多天，接到一些县、社和下放干部、群众来信和来访，反映一些地方夏粮估产偏高，征购任务大，挤掉了群众的一些口粮等。

7月22日 在杨放之本日来电上批示："请总理阅。"来电说：（一）铁道部报告：十九日暴雨冲毁集二线〔1〕数段，最严重的三处于二十一日修复，全线于二十四日可通车。（二）水电部报告：永定河上游、潮白河上游、辽宁、内蒙古将有暴雨，河北地区将出现汛情，已电告上述各省立即采取紧急措施，加固沿河堤防，检查各地新建水库。

8月23日 下午，接见以日本国际法律家联络协会会长长野国助为首的日本法律界代表团。

8月24日 出席刘少奇主持召开的扩大的第十七次最高国务会议。会议讨论一九五九年国民经济继续"跃进"和进一步开展增产节约运动的问题。

8月27日 就率中国政府代表团赴莫斯科参观苏联国民经济成就展览会和赴布拉格参加布尔诺国际博览会开幕典礼一事向周恩来报告。报告说：今天十二时后离京，拟于九月四日去捷克参加布尔诺博览会开幕典礼，争取于九日返回莫斯科，再参观一二处地方，二十日前即可飞回北京。一切工作由齐燕铭代为负责。

同日 率中国政府代表团从北京乘飞机前往莫斯科。

8月28日 上午，在莫斯科参观苏联国民经济成就展览会；下午，会见苏联部长会议副主席扎夏迪科；晚上，出席扎夏迪科

---

〔1〕 集二线，指内蒙古自治区集宁至二连浩特的铁路，该铁路北出国境后同蒙古人民共和国的铁路相接。

举行的招待宴会。在讲话中说：规模巨大的苏联国民经济成就展览会集中地表现了苏联四十多年来经济建设的光辉成就，中国人民热烈祝贺苏联人民所取得的伟大建设成就，我们正是利用这一机会来学习苏联的科学技术和发展国民经济的先进经验的。

9月4日 率中国政府代表团由莫斯科乘飞机抵达捷克斯洛伐克共和国首都布拉格。

同日 周恩来致电习仲勋。电文说：近来国内工作很忙，现商定你提前回国。你在捷克参观结束后应立即返莫斯科，在莫斯科停留两天，争取在十二日离莫返京。代表团其他成员可以在苏联多参观几天。

9月5日 下午，率中国政府代表团出席第一届布尔诺国际博览会开幕典礼。随后，访问工厂、合作社和布尔诺州的一些地方。八日上午，会见捷克斯洛伐克共和国副总理西穆涅克；下午，率代表团乘飞机离开捷克斯洛伐克前往莫斯科。十日晚，同代表团部分团员乘飞机离开莫斯科回国。

9月11日 下午，从莫斯科回到北京。

9月13日 下午三时，同毛泽东、刘少奇等在北京工人体育场出席第一届全国运动会开幕式。

9月15日 上午，在中南海勤政殿出席毛泽东邀集的各民主党派、各人民团体负责人，著名无党派民主人士、文化教育界人士座谈会，到会七十八人。会议座谈了关于"反右倾"、鼓干劲、坚持社会主义建设总路线的问题，关于中华人民共和国成立十周年期间对确已改恶从善的各种罪犯实行特赦，以及对确实表现改好了的右派摘掉右派帽子的问题。

9月27日 下午，同周恩来等到机场迎接由蒙古人民革命党中央委员会第一书记、蒙古人民共和国部长会议主席尤穆佳·泽登巴尔率领的蒙古人民共和国党政代表团。应毛泽东、刘少奇、朱德、周恩来的邀请，蒙古人民共和国党政代表团前来参加中华人民共和国成立十周年庆典。十月一日晚，陪同刘少奇、朱德会见尤穆佳·泽登巴尔和代表团全体团员。

9月28日 下午，出席中华人民共和国成立十周年庆祝大会。

9月30日 上午，同毛泽东、刘少奇、周恩来、朱德等到机场迎接苏联共产党中央委员会第一书记、苏联部长会议主席、苏联党政代表团团长尼·谢·赫鲁晓夫。应毛泽东、刘少奇、朱德和周恩来的邀请，赫鲁晓夫前来参加中华人民共和国成立十周年庆典。

10月1日 上午十时，庆祝中华人民共和国成立十周年典礼在北京天安门广场举行。同毛泽东、刘少奇、周恩来等党和国家领导人出席。

10月3日 陪同捷克斯洛伐克共产党中央委员会第一书记、捷克斯洛伐克共和国总统安·诺沃提尼率领的捷克斯洛伐克党政代表团前往武汉等地参观访问；下午，参观武汉钢铁公司和武汉长江大桥。四日上午，参观武汉重型机床厂；下午，前往上海访问，参观上海革命历史纪念馆。五日，参观上海电机厂、上海汽轮机厂、上海市少年宫。六日上午，陪同代表团乘专机离开上海，中午回到北京。七日上午，同刘少奇、宋庆龄等到机场送代表团前往朝鲜访问。

10月11日 同吴晗等陪同保加利亚人民共和国党政代表团参观八达岭长城、长陵、定陵和十三陵水库等。

10月12日 上午十时，出席首都各界公祭李济深大会。李济深于十月九日在北京逝世，享年七十五岁。

10月26日 下午三时，同刘少奇、周恩来、朱德等出席全国工业、交通运输、基本建设、财贸方面社会主义建设先进集体和先进生产者代表大会开幕会。

11月2日 晚上，同周恩来等在北京饭店出席文化部、中国电影工作者联谊会举行的宴会，招待电影工作者和文艺界有关人士，庆贺国庆十周年国产新片展览月的成功。此前，文化部于九月二十五日至十月二十四日在全国二十七个城市举办国产新片展览月，共展出新片三十五部，其中故事片十七部、长短纪录片七部、长短科学教育片七部、美术片四部。在全国工矿、农村也放映了一批国产新片。

12月15日 上午，接见以蒙古人民共和国教育部第一副部长赫尔洛为团长的蒙古教育工作者代表团。二十五日，会见代表团。在谈话中说：做一件事往往不能百分之百地好。好的方面占百分之九十就很不错，而有时好的方面只能占百分之七十到八十，这是正常现象。在建设社会主义过程中，遇到的很多事情都是新问题，一定会有些事情要走一些曲折的道路。中国过去很穷，中国人民力争时间改变一穷二白面貌的决心很大、干劲很大。我国今天的社会主义发展，是根据苏联几十年建设的经验，结合我国的具体情况进行的。在谈到战争问题时说：我们反对战争，我们不侵略别人，但也不许别人侵略我们。美国现在在台湾问题上用尽一切力量压倒中国，是想使美国的非法霸占台湾合法化。中国人民也知道世界大战的可能性越来越小，但如果战争疯子一定要摔原子弹，我们也应该有所准备。战争的毁灭性很大，因此顶好不打仗。战争疯子一定要打，我们也得抵抗。我们搞建设，搞尖端科学，也是为了尽量不打仗，为了保证世界和平，我们的一切工作都是以此为出发点。

1960年　四十七岁

1月8日　上午，接见法国地方报纸记者代表团。

1月9日　下午，同李先念等到机场迎接德意志民主共和国副总理兼对外与东西德贸易部部长海因里希·劳率领的德意志民主共和国政府代表团。十一日，陪同代表团参观颐和园。十八日下午，同周恩来、李先念、陈毅等出席中华人民共和国和德意志民主共和国通商航海条约、关于一九六〇年到一九六二年交换货物协定的签字仪式。

1月上旬　对北京地区一九六〇年有关建筑工程问题作出指示。指示说：根据北京市统计，一九六〇年各系统拟在京建筑的工程面积已达一千六百七十一万平方米，而北京市一九六〇年建筑可提供的地方材料和施工力量，最多只能满足五百万至六百万平方米的需要，与各系统计划建筑数字相距甚大。如不采取必要措施，势必引起混乱，造成浪费和损失。各单位一九六〇年在京建筑计划要根据下列原则重新审查归口定案，并于本月十一日将定案数字报国务院办公厅。（一）非生产性房屋不建，或少建；公用房屋和老百姓房屋相结合，今后凡需拆除房屋时，必须先把周转房建好后，才允许拆除新建。（二）办公楼、礼堂、招待所、出版社、展览馆一律不建。（三）各项建设必须服从城市规划。（四）把中央所在地房子进行规划一下。（五）修建原则：生产、学校、科学研究的尖端部门等房屋，要有步骤进行修建；行政用房要分期、分批或分到各省去办；能迁出北京市的单位，尽量迁出去；训练干部的学校尽量少在京举办；最重要的是各系统、各单位控制编制人数。

1月18日 下午，同陈毅等出席越南民主共和国驻中国大使陈子平举行的庆祝越南民主共和国和中华人民共和国建立外交关系十周年酒会。

1月20日 上午，在中山公园中山堂出席首都各界公祭卫立煌[1]大会。卫立煌于一月十七日在北京逝世，享年六十四岁。

1月24日 下午，同周恩来、陈毅等到机场迎接缅甸总理奈温。应周恩来的邀请，奈温于本日至二十九日来华商谈中缅边界问题。二十八日，《中华人民共和国政府和缅甸联邦政府关于两国边界问题的协定》和《中华人民共和国和缅甸联邦之间友好和互不侵犯条约》签订。二十八日晚，同周恩来、谭震林等出席奈温举行的告别宴会。二十九日晨，同周恩来、陈毅等到机场为奈温送行。

1月28日 晚上，代表国务院主持春节宴会，招待帮助中国建设的苏联专家负责人。在致词中说：中国人民十分珍视苏联人民这种伟大的情谊，今后仍将努力不懈地向苏联的先进经验和先进科学技术学习。

2月1日 下午，同黄炎培等陪同刘少奇接见西藏农业参观团、新疆农业参观团、西藏公学干部参观团、太原和石家庄铁路学院少数民族学员参观团成员。

2月2日 下午，接见捷克斯洛伐克共和国对外贸易部部长弗·克拉伊契尔率领的捷克斯洛伐克政府贸易代表团。

---

[1] 卫立煌，逝世前任国防委员会副主席、全国人大代表、全国政协常务委员、中国国民党革命委员会中央常务委员。

2月13日 晚上，同朱德、陈毅接见苏中友好协会理事会副主席、苏联高等教育和中等专业教育部部长叶留金率领的苏中友好协会代表团。

2月中旬 收到国家档案局二月十五日报送的《关于技术档案工作大连现场会议的报告》。此前，国家档案局于一九五九年十二月一日至九日在大连召开技术档案工作现场会议，主要研究《技术档案室工作暂行通则草案》和技术档案室工作的有关问题。

2月24日 中共中央、国务院发出关于全国民兵代表会议筹备委员会委员名单的通知。罗荣桓任主任委员，罗瑞卿、习仲勋、谭政等任副主任委员。

2月下旬 收到国家档案局二月二十五日报送的《关于档案馆工作上海、兴宁现场会议的报告》。此前，国家档案局分别于一九五九年十二月十一日至十八日在广东省兴宁县召开全国县档案馆工作现场会议、一九六〇年一月五日至十三日在上海召开全国省档案馆工作现场会议，总结交流经验，制定《县档案馆工作暂行通则》和《省（市、自治区）档案馆工作暂行通则》。

3月11日 下午，同周恩来、陈毅等到机场迎接应邀来华访问的尼泊尔王国首相毕什韦什瓦·普拉萨德·柯伊拉腊；晚上，同陈毅等参加周恩来同柯伊拉腊的会见。二十一日下午，同宋庆龄、朱德、周恩来等陪同刘少奇接见柯伊拉腊和夫人及随行人员；晚上，出席中国和尼泊尔政府关于两国边界问题协定和两国政府经济援助协定，以及两国政府联合公报的签字仪式。二十二日上午，同周恩来、陈毅等到机场为柯伊拉腊送行。

3月17日 出席全国民兵代表会议筹备委员会常委会第一次会议。二十一日，同谭政向周恩来并毛泽东、中共中央报送《关于全国民兵代表会议筹备情况和安排意见的报告》。报告说：全国民兵代表会议准备在四月十八日开幕，二十七日闭幕，出席会议的代表五千五百人。建议开幕时请毛主席和中央负责同志到会，并请接见一次到会代表，照相留念。四月四日，周恩来将报告报送毛泽东审阅。毛泽东四月十四日批示："会前，请谭政同志与小平同志商量一次。我意注重实际解决问题，对外不要大吹。"

3月30日 下午三时，在人民大会堂出席第二届全国人民代表大会第二次会议开幕式。毛泽东、刘少奇、周恩来、朱德、陈云、林彪、邓小平等出席。会议听取李富春[1]关于一九六〇年国民经济计划草案的报告、李先念关于一九五九年国家决算和一九六〇年国家预算草案的报告。

同日 毛泽东为中共中央起草《关于反对官僚主义的指示》。《指示》说："这里有一个山东省历城县的材料。历城县委在今年三月十四日报告山东省委说，他们那里有积极、消极两方面。积极方面是形势大好，这是主要的。消极方面，他们说，突出的表现是五多五少。就是说，会议多，联系群众少；文件、表报多，经验总结少；人们蹲在机关多，认真调查研究少；事务多，学习少；一般号召多，细致地组织工作少。他们这个文件，现在发给你们看看。""克服五多五少的办法[2]，可以仿照历城办理。这

---

[1] 李富春，时任中共中央政治局委员，中共中央书记处书记，国务院副总理兼国家计划委员会主任、国务院工业交通办公室主任。

[2] 中共历城县委提出的克服"五多五少"的办法是：（1）县、社党委以及各部门的负责干部，统统走出办公室，和大队、小队干部在田间会师。（2）各级会师到田的干部，与社员同吃、同住、同劳动，并对自己所在队的思想发动、生产任务、技术革命、社员生活安排、社队经营管理等，全面包干做好。（3）采取在党委统一领导下的"条条""块块""片片"相结合的做法，分管各个部门的干部，既要做好中心工作，又要围绕中心，做好所分工的业务工作。（4）立即精简会议，减少文件、表报，有事到下面去就地商量解决。

种官僚主义的来源，不能只在县，还在省与中央。关于省（市、自治区）的方面，请你们注意处理。关于中央方面，我们将采取处理办法。看来一年要对这个五多五少问题谈两次，至少谈一次。"毛泽东起草指示后，批示："此件送刘、周、朱、彭、尚昆、仲勋、震林、澜涛、富春、一波、先念、定一各同志阅。如有意见，请加修改。争取在四月五日能发出（用电报），请尚昆办。"这个指示在三月三十日发出。

4月1日 下午，收到王保京[1]反映"五多"问题的材料。王保京在材料中说：今天上午小组会议[2]休息时，您问到"五多"问题，我有一些感觉，现在仅将烽火人民公社自春节以来的会议情况，向您汇报如下：在县里和公社召开的会议，对于促进工作和提高干部都起了一定的作用。这是应该肯定的。但是，由于掌握得不够好，办任何事情都要开会，于是会议的名堂也就越来越多。拿烽火公社来说，各种会议不下几十种。这些会议开的最多的，一是主要干部的会议，二是电话会议，三是一揽子会议。而参加会议的人员，不管是必要的会议还是不必要的会议，大部分都是公社和生产队的主要干部。在一个公社总要有一个党委书记或社长，用全年百分之八十的时间在外开会，如果再加上在公社里开的会，就更多了。另外，有些现场会议常常集中在少数一两个地方开，面还不够广，在先进的地方开的多了，在落后的地方开的少或者根本不开，同时，现场会议也开得太多。除了会议多以外，下边还有一多，就是县里、公社和生产队的采购人员多。

4月2日 将王保京反映"五多"问题的材料批送杨尚昆。

---

[1] 王保京，时任全国人大代表、陕西乾县烽火人民公社社长。
[2] 指二届全国人大二次会议的小组会议。

批语说：从这份材料看，"五多"这个问题在各地方各机关多少都会有些，而且已经在起消极作用，现在扫一下很有必要，主席抓的正是时候。国务院今天下午召开了各部委有关同志会议，到会同志也都认为这是当前要注意的一个问题，三天后他们都送来检查报告，经审理后再送你审阅。王保京同志送来的材料，你认为有必要时，请转送主席和小平同志一阅。

同日 晚七时半，同齐燕铭[1]、曾一凡[2]与杨尚昆谈中央机关的反"五多"问题。

4月9日 上午，接见以波兰新闻工作者协会主席、波兰《政治周刊》主编米·拉科夫斯基为首的波兰新闻工作者代表团。

4月上旬 收到国务院外国专家局党组四月二日向陈毅、习仲勋和中共中央报送的《关于对苏联和其他兄弟国家专家工作情况的报告》。《报告》提出：（一）要根据每个专家的特长和我们的需要，妥善地安排他们的工作。（二）对有关科学技术问题，必须尊重专家意见。凡是适合我们实际情况和需要的，应当尽量采纳；不适合我们实际情况和需要的，也应当耐心地向他们解释清楚，绝不允许敷衍搪塞。（三）根据专家的聘期和专长，制订通盘的向专家学习的计划。（四）切实改进聘请专家的工作。（五）对个别专家工作上、生活作风上的缺点、错误，必须分清主要和次要，大问题还是小问题，采取不同的处理办法。（六）设立招待专家的招待所或专职人员是很必要的。十一日，中共中央批转该报告，要求根据"坚持团结，坚持原则，多做工作"的方针，进一步重视和加强对外国专家的工作。

4月17日 下午，同朱德、林伯渠等在人民大会堂出席首

---

[1] 齐燕铭，时任国务院副秘书长兼文化部副部长。
[2] 曾一凡，时任国务院副秘书长兼国务院参事室主任。

都各界纪念万隆会议五周年、庆祝中国非洲人民友好协会成立大会。

同日 下午，同朱德、林伯渠等分别接见来访的蒙古、伊拉克、日本、印度尼西亚、锡兰等亚洲国家来宾和阿尔及利亚、加蓬、乍得、喀麦隆、乌干达、尼日利亚等非洲国家来宾。

4月18日 同朱德、林彪、邓小平、宋庆龄、董必武等出席全国民兵代表会议开幕式。二十三日下午，同林伯渠、彭真等陪同毛泽东、朱德等在中南海怀仁堂接见出席全国民兵代表会议的全体代表并合影。二十七日下午，同朱德、林彪、邓小平、宋庆龄、董必武等出席全国民兵代表会议闭幕式。

5月3日 同捷克斯洛伐克共和国驻中国大使布希尼亚克和捷克斯洛伐克共和国友好代表团从北京乘飞机抵达沈阳。四日上午，在沈阳出席庆祝捷克斯洛伐克解放十五周年暨沈阳第二机床厂命名为"中捷友谊工厂"大会并发表讲话。

5月7日 下午，接见以匈牙利人民共和国广播与电视委员会主席拉斯罗·加奇为团长的匈牙利广播电视代表团。

5月9日 上午，接见苏联俄罗斯苏维埃联邦社会主义共和国社会保障部部长穆拉维耶娃和多子女母亲管理局局长菲里莫诺娃。

5月14日 下午，在中南海怀仁堂出席彭真主持召开的中共中央关于纠正"五多"和加强保密问题的报告会，就国务院各部门检查"五多"情况作报告。报告说：国务院各部门四月三日到五日，根据中央指示的精神，对会议多、文件多的现象进行了检查和整顿。首先是会议多。据国务院五个部门的不完全统计，一九五九年共召开各种会议二千一百六十一次。由于开会多，有些地方的同志经常来京开会，即被称为开会干部，也有的叫开会专家。会多成灾，难以应付。其次是会议规模大、会期长。一九五九年，仅据机关事务管理局根据一千二百五十二次会议的统计，平均全年每天有八百二十八人在京开会，其中在一千人以上的会议共有二十四次，会期在一个月以上的会议共有二十九次。再次是会议的文件多。代表们根本读不完，既浪费人力又增加代表负担，而且容易失密。由于会议多、会议大、会期长，引起浪费大，造成旅馆紧张、工作人员过多。在公文电报方面，存在的问题主要是数量多、质量低、办得慢，表报、刊物种类过繁。据国务院二十八个部门的情况来看，共有表报二千二百二十种。再一个，从最近的编制来看，各个机关都要增加人。"五多"现象在国家机关、中央机关还很严重。我提议，是不是将来会议要归口，现在也要严格控制。报刊、统计表报也要归口，统计表报具体由统计局负责，统一平衡。行政经费开支严格遵守国务院所规定的标准。参观、搞展览会也要统一归口，要有人管。总之，中央要有些新的规定，把"五多"口子堵死。

5月18日 下午，接见匈牙利人民共和国司法部副部长安多·费伦茨率领的匈牙利法律工作者代表团。

5月19日 下午，同周恩来、朱德、林彪、宋庆龄、邓小平等在天安门广场出席首都各界三百二十万人参加的支持苏联严正立场、反对美国破坏四国首脑会议[1]的大会。

5月21日 上午，接见以朝鲜中央通讯社副社长高成淳为团长的朝鲜中央通讯社代表团。

5月27日 下午，接见以保加利亚对外友好和文化联络委

---

[1] 1960年5月16日，苏、美、英、法四国政府首脑在巴黎举行会议，讨论苏美在欧洲进一步缓和关系和寻求解决重大国际问题的途径。会议期间，赫鲁晓夫要求艾森豪威尔对1960年5月1日美国U-2高空间谍飞机侵入苏联领空事件公开道歉，遭到拒绝后退出会议，四国首脑会议宣告流产。

员会秘书长伊万·约托夫为团长的保加利亚中国友好代表团。

5月29日 下午，到北京医院向林伯渠[1]遗体告别。林伯渠于本日上午在北京逝世，享年七十五岁。六月二日上午，在劳动人民文化宫出席首都各界万人公祭林伯渠大会。

6月1日 下午，出席全国教育和文化、卫生、体育、新闻方面社会主义建设先进单位和先进工作者代表大会开幕式，同刘少奇、周恩来等接见大会主席团成员。

6月2日 下午，同刘少奇、宋庆龄、董必武、朱德、周恩来等到机场迎接阿尔巴尼亚人民共和国人民议会主席团主席哈奇·列希率领的阿尔巴尼亚议会代表团。三日，陪同哈奇·列希访问清华大学，参观颐和园。五日上午，陪同访问北京近郊黄土岗中匈友好人民公社。七日上午，陪同哈奇·列希和阿尔巴尼亚劳动党中央政治局委员利丽·贝利绍娃等前往杭州访问；下午四时，同姬鹏飞[2]在杭州饭店向毛泽东汇报关于同阿尔巴尼亚议会代表团的会谈情况；五时半，同赛福鼎·艾则孜、杨尚昆、姬鹏飞等陪同毛泽东会见哈奇·列希率领的阿尔巴尼亚议会代表团。九日，陪同哈奇·列希等到达上海，参观上海电机厂、上海汽轮机厂。十日，参观上海金星金笔厂、上海革命历史纪念馆等。十一日上午，到机场为赴昆明访问的哈奇·列希等送行。

同日 在《人民日报》发表《鼓足干劲，奋勇前进！——看话剧〈星火燎原〉》一文。文章说：北京人民艺术剧院演出的话剧《星火燎原》，是一出好戏，是一出激动人心的革命历史剧。这出戏虽然只是介绍了一个地方革命斗争的情景，但是这个星星之火终于燃成燎原的熊熊大火，燃遍了全中国，烧毁了旧社会，

---

[1] 林伯渠，逝世前任中共中央政治局委员、全国人大常委会副委员长。
[2] 姬鹏飞，时任外交部副部长。

创造了新中国。《星火燎原》就是新中国诞生前人民进行革命斗争的缩影。在我们今天正在热情奔放地建设社会主义祖国的时候，看一看这出戏是很有意义的。对于曾经生活和斗争在那个时代的人们来说，看了这出戏，可以使你回忆过去，惕励将来。对于年轻的一代来说，看了这出戏，可以使你知道旧中国是怎样一个罪恶深重的社会，中国共产党和革命前辈，又是怎样地和劳动人民一起，坚持革命，英勇奋斗；特别是那些斤斤计较个人利害，思想上有毛病的人，更可以从这出戏里汲取有益的营养。要懂得：推翻一个旧社会，是何等艰巨的事业啊！而缔造一个新中国，又是谈何容易！我们更应当信心百倍地鼓足干劲，奋勇前进，以期不长的时间内把我国建成为一个具有高度发展的现代工业、现代农业和现代科学文化的伟大的社会主义国家。历史事实证明：中国革命的胜利，就是马克思列宁主义结合中国革命实践的毛泽东思想的胜利。

6月15日 下午，接见以德意志民主共和国国民教育部副部长霍内克为首的德意志民主共和国教育代表团。

6月21日 率领中央国家机关各部委司、局长以上干部一百七十多人到北京郊区红星人民公社帮助社员抢收小麦。

6月底7月初 收到第一机械工业部党组六月三十日关于军事工业方面苏联专家聘请和延聘问题的情况报告。报告同时报送贺龙、李先念、薄一波并周恩来、邓小平。报告说：五月份以来苏方对军事工业方面的专家派遣很不积极，有些原已同意，也迟迟不派来。在军事工业的生产建设和发展尖端技术方面，我们要作苏方不派遣、或者延期派遣以致全部调走专家的准备，动员全体职工进一步解放思想，一切立足于自力更生，努力钻研尖端技术。

7月4日 中共中央办公厅向中央国家机关各部门党组并中

央各部委发出中央书记处会议决定事项通知。通知说，中央书记处七月二日会议决定：中央国家机关各部门，必须通过这次反官僚主义运动，大力紧缩机构，精简人员，改进和健全各项工作制度。此项工作委托习仲勋同志负责，召集各有关方面，研究制订具体方案，报中央批准后贯彻执行。

7月16日 下午，在中山公园出席首都各界人民支援古巴人民反对美帝国主义干涉和侵略的正义斗争及欢迎古巴工人联合会代表团的集会。

7月18日 中央国家机关精简小组编发《精简情况》（第一号）。该文说：精简小组已于七月八日和十五日先后召开两次会议，对精简工作的组织分工、步骤、方法等有关问题进行了研究，初步提出如下意见：一、中央一级机关按党群、工业交通、政法、文教、财贸、农林、外事、科学八个口，在中央国家机关精简小组统一领导下，由小组成员分工负责领导各个口的精简工作。各个部门也都应该成立精简小组，由一位负责同志领导进行工作。二、行政部门和事业单位要全面进行精简。但是由于几年来事业单位发展的很快，人员增加的很多，而一直又没有经过整顿，人浮于事的现象严重，人员的成分也很复杂。这次精简，应以事业单位为重点。三、精简机构编制，是反官僚主义的重要内容之一。精简机构编制，不是简单地减少几个人，必须联系考虑各部门的体制、任务、工作方法和工作作风等方面的问题。四、精简要使机构精下、组织纯洁。五、中央一级驻在外地的行政机构和事业机构也要进行精简。六、各部门应于七月底或八月初提出精简方案，八月底基本结束。

7月23日 下午，同毛泽东、刘少奇、朱德、邓小平、彭真等接见出席中国文学艺术工作者第三次代表大会的全体代表。

8月20日 中共中央发出《关于坚决地认真地清理劳动力

加强农业生产第一线的紧急指示》。

8月29日 同薄一波、程子华[1]、韩哲一[2]、姚依林[3]等与周恩来商谈一九六一年计划问题。

8月31日 同周恩来、贺龙等与阿沛·阿旺晋美谈话。周恩来主要谈了西藏平叛、民主改革、发展生产和汉藏团结问题。

9月3日 向邓小平并中共中央报送《关于中央各部门机构编制情况和精简意见的报告》。报告说：随着国家建设事业的发展，相应地增加一些机构是必要的，但是很多部门不从实际需要出发，不精打细算，而贪大喜多，把机构设得过多、过大、过早，结果造成机构臃肿、人员庞杂、政出多门、互相掣肘，大大地增加了"五多"现象，滋长了官僚主义作风。伴随着机构臃肿而来的，就是大量增加人员，造成人浮于事。中央通过反官僚主义运动，大力紧缩机构，精简人员的决定是十分及时的、正确的。报告提出以下几点意见：一、必须以革命的精神，大刀阔斧地精简，对于机构和人员十分庞大的部门更要抓得紧一些。二、精简要在行政部门和事业单位同时进行，而以事业单位为重点。三、必须把任务重复和不合理的机构进行适当的调整和精简。四、坚决贯彻加强领导，纯洁组织，精干队伍的精神。对于领导力量薄弱和骨干缺少的单位，应该予以加强和调整。五、精简下来的人员，建议由中央组织部统一处理。要坚决把大部分人员下放到基层，加强工农业生产第一线，家属也必须坚决随同下放人员下去。六、今后必须逐步建立定员定额制度，加强对机构编制

---

[1] 程子华，时任国家基本建设委员会主任、国务院财贸办公室副主任。
[2] 韩哲一，时任国家计划委员会副主任。
[3] 姚依林，时任中共中央财政贸易工作部副部长、国务院财贸办公室副主任、商业部部长。

工作的管理。不论行政或事业的机构编制，都应该报送国务院批准，在未经批准以前，不得增设机构，增加人员。报告最后强调：这次中央部门的精简工作一定要搞好，作出榜样，要发扬我们党的艰苦朴素的优良传统，坚决贯彻勤俭建国的方针，给全国树立一个良好的风气。中央部门大力精简机构，大量下放人员以后，将会影响省、县、公社各级组织，推动它们更加坚决地执行中央的精简指示。这样，从上而下地层层精简机构，层层下放人员，对于充实基层，加强工农业生产战线，特别是农业生产战线，将会产生重大的作用。这次精简工作拟争取在十月上旬结束。九月十四日，中共中央批转该报告。中央批语说：对报告中所反映的情况和提出的问题，各部门、各地方都必须认真地加以注意。报告中所提出的中央各部门的精简指标，是恰当的。各个部门要保证实现最低的指标，努力争取达到最高的指标。中央希望，中央的各部门作出榜样，各省市区也作出一些榜样，在全国起带头作用，贯彻执行精简的方针。

9月6日 出席国务院机关事务管理局烹饪学校开学典礼。八日上午，到烹饪学校看望师生员工。在讲话中说：若按过去的旧观念讲，学当厨师的，学做菜的，好像不大好听，这是旧社会的说法。我们不要小视或轻视这个工作，要改变这个观念。这是有意义的工作，也是生活必需的一项不可少的工作。我们革命是为了什么？就是为了过好日子，为了有饭吃。我们将来还要在人人有饭吃的基础上吃得更好。我们还要斗争，还要劳动，还要做更多工作。劳动是根本，劳动可以创造价值，创造历史。社会主义建设有这么多东西就是劳动搞起来的。一个人不劳动就不行，不劳动就没有东西可吃，不劳动就没有东西可供给我们。我们过去常说"七十二行"，实际不止"七十二行"。如果没有你们这个行业的人，没有这个行业好好工作的人，生活就会搞不好，就会影响健康，影响劳动情绪，影响出勤率。我们有责任把全国各地烹饪方面的好东西都集中起来，用新的、科学的、马列主义的观点把这些知识经验整理起来。

9月7日 晚上，同毛泽东、刘少奇、周恩来、朱德、邓小平、董必武等到德意志民主共和国驻中国大使馆吊唁逝世的德意志民主共和国总统威廉·皮克。

9月9日 中午，率中国共产党和中国政府代表团乘飞机离开北京，前往柏林，参加德意志民主共和国总统威廉·皮克的葬礼。团员有姬鹏飞、王国权〔1〕。途经莫斯科时，苏共中央主席团委员、部长会议第一副主席柯西金迎送并招待进餐。席间，柯西金问及中国农业情况，并说：根据苏联几十年来的经验，物质刺激这一条很重要。晚上，抵达柏林。十日，参加葬礼活动。十一日，到中国驻德意志民主共和国使馆看望使馆人员。十二日，应邀出席德意志民主共和国人民议院第十四次（特别）会议。十三日上午，离开东德回国。十五日下午，回到北京。二十一日，同姬鹏飞向周恩来并中共中央报送《我国赴德参加德意志民主共和国总统威廉·皮克同志葬礼的党政代表团的活动情况报告》。

9月24日 上午，接见越南民主共和国财政考察团。

9月28日 中共中央书记处会议决定：由安子文、习仲勋、马文瑞、钱瑛、刘仁〔2〕组成一个工作小组，以安子文为组长，习仲勋为副组长。其任务是：根据中央书记处的授权，督促中央机关各部门并与各省、市、自治区密切联系，切实做好从各方面压缩劳动力充实农业战线，精简机关和企事业单位的机构与人员，下放干部加强基层组织领导的工作，并随时检查这几项工作

---

〔1〕 王国权，时任中国驻德意志民主共和国大使。
〔2〕 刘仁，时任中共北京市委第二书记、北京市政协主席。

的进行情况。二十九日，中共中央办公厅发出关于成立五人小组的通知。

同日 下午，同周恩来、贺龙、陈毅、李先念、罗瑞卿等到机场迎接缅甸总理吴努、缅甸国防军总参谋长奈温率领的缅甸联邦政府代表团。三十日下午，陪同吴努参观北京大学。十月一日下午，出席《中华人民共和国和缅甸联邦边界条约》签字仪式。二日下午，出席首都十万人庆祝签订中缅边界条约的大会。三日上午，陪同吴努参观十三陵；晚上，同董必武、朱德、周恩来、陈毅等出席吴努在人民大会堂举行的告别宴会。六日下午，接见以吴钦为首的缅甸新闻代表团。

9月29日 下午，同周恩来等在机场迎接阿尔及利亚共和国临时政府总理阿巴斯·费尔哈特率领的临时政府代表团。十月四日上午，陪同阿巴斯·费尔哈特一行参观八达岭长城和十三陵。五日下午，出席《中华人民共和国政府和阿尔及利亚共和国临时政府联合公报》签字仪式。六日上午，同周恩来、贺龙等到机场为代表团送行。

10月5日 同安子文、马文瑞、钱瑛、刘仁等出席中央精简干部和安排劳动力五人小组第一次会议。会议根据中共中央书记处决定的五人小组的任务和周恩来的有关指示，对安排劳动力、精简机构、下放干部的要求和做法作了初步研究，并决定成立一个办公室，立即开始工作。会议初步确定精简八百万人左右。中央机关精简十五万至十六万人，行政部门精简百分之二十，企事业单位精简百分之四十五。会议提出，对精简干部和安排劳动力的工作，要求一气呵成，对精简下来的人员分批下放安置。这一工作最迟要在明年春耕前告一段落。五人小组准备首先抓紧中央一级机关和北京市，作出样子。

10月12日 同周恩来在北京出席《中华人民共和国和蒙古

人民共和国友好互助条约》互换批准书签字仪式。

10月13日 同万里〔1〕、刘澜波〔2〕与周恩来商谈潮白河引水工程问题。

10月14日 上午,接见刚(果)中(国)协会副主席安托万·利戈贝·芒丹戈。

10月15日 下午,接见古巴新闻工作者协会总书记安东尼奥·马·迈卡斯·多明格斯等五名古巴新闻工作者。

10月17日 下午,接见以日本国营铁道工会中央执行委员细井宗一和动力车工会中央执行委员吉田辛治为首的日本国营铁道工会代表团。

10月20日 上午,接见肯尼亚工会大会总书记、东非建筑工会总书记、肯尼亚非洲民族联盟副总书记奥奇瓦达。

10月22日 下午,接见以匈牙利交通邮电部第一副部长恰纳吉·吉叶尔基为首的匈牙利人民共和国铁路代表团。

同日 在内务部党组十月二十一日向中共中央报送的《关于全国自然灾害情况和救灾工作意见的报告》上批示:"如无大错,建议批发下去参考。"《报告》汇报了九月中旬召开的有山东、河北、河南等二十一个省、自治区民政厅长、副厅长参加的救灾工作座谈会的有关情况。《报告》说:今年全国遭受的各种自然灾害是建国以来最严重的,波及面很广。据截至九月初的统计,全国受灾耕地面积共达七点七亿亩,占全国总耕地面积的百分之四十七以上。在今年的自然灾害中,还有不少地区旱、水、风、雹、虫等各种灾害交错发生,其中以旱灾为最重,几乎占总受灾面积的一半以上。遭受水灾的面积占总受灾面积的百分之十五点八。

〔1〕 万里,时任中共北京市委书记、北京市副市长。
〔2〕 刘澜波,时任水利电力部副部长。

11月3日 中共中央发出《关于农村人民公社当前政策问题的紧急指示信》(即"十二条"),要求全党用最大努力来坚决纠正农村人民公社的"共产风"。

同日 中共中央书记处会议决定成立中央推广代食品工作小组,由周恩来任组长,李富春、李先念、谭震林、习仲勋、张劲夫〔1〕以及粮食部、卫生部、农业部、北京市各出一人组成。

11月8日 同安子文等在周恩来处商谈政法工作和精简下放问题。

11月10日 在中央精简干部和安排劳动力五人小组报送中共中央的《关于中央一级机关抽调万名干部下放基层情况的报告》上批示:请子荣〔2〕同志处理。《报告》说:这次抽调一万名干部下放农村,对中央机关干部来说,是一件大事。对这一批下放干部的分配问题,根据重点加强农村,也适当照顾其他基层的精神,初步计划大体以七千人下放到农村,三千人下放到工业和其他基层单位。到农村去的重点是那些农业生产任务重,问题多,基层严重不纯的地区,如山东、河南、甘肃等省;在这些省派去的干部,数量要多一些,质量要更强一些。为了便于对下放干部的管理,便于他们向中央反映情况,发挥"一通"的作用,各部门的下放干部,原则上以部为单位比较集中地分配到一个省区去,而不采取打乱分配的办法。这次下放的干部,一般要下放三年,不带家属。十五日,毛泽东在报告上批示:"总理:在讲人好形势、学习政策的过程中,要有一段时间大讲三分之一地区的不好形势,坏人当权,打人死人,粮食减产,吃不饱饭,民主革命尚未完成,封建势力大大作怪,对社会主义更加仇视,破坏

---

〔1〕 张劲夫,时任中国科学院副院长。
〔2〕 子荣,指龚子荣,时任中共中央办公厅副主任、国务院副秘书长。

社会主义的生产关系和生产力。农村工作极为艰苦，要有坚强意志决不怕苦的精神才能去，否则不能去。以上请你酌定。"在报告谈到对这次下放的干部要进行"深入细致的政治思想工作，大讲形势"处，毛泽东写批语："全国大好形势，占三分之二地区；又有大不好形势，占三分之一的地区。五个月内，一定要把全部形势都转变过来。共产党要有这样一种本领，五个月工作的转变，一定争取一九六一年的农业大丰收，一切坏人坏事都改过来，邪气下降，正气上升。"

11月11日 中共中央在《关于中央政法机关精简机构和改变管理体制的批复》中决定：内务部、民族事务委员会和国务院各直属局，由习仲勋统一管理，成为内务口，对中央负责。

11月14日 中共中央发出《关于立即开展大规模采集和制造代食品运动的紧急指示》。《指示》要求，各地抓紧秋收已经完毕的时机，大规模地动员群众，采集和制造代食品，以克服困难，度过灾荒。《指示》决定，成立以周恩来为首，李富春、李先念、谭震林、习仲勋参加的瓜菜代领导小组，并设立专门办公室。地方各级党委也成立瓜菜代领导小组和办公室，负责对这一行动的具体指导。

11月15日 在安子文批转的以中共中央名义给中共青海省委的批复上批示：请富春同志核发。中共中央批复说：十月十二日、十一月六日两电均悉，同意你们关于精简机构、精简人员和对精简下来人员的安排处理意见。

11月21日 下午，出席中国、苏联、朝鲜、越南、蒙古五国太平洋西部渔业研究委员会第五次全体会议开幕式，并代表中国政府致祝词。

11月23日 同安子文在周恩来处谈干部下放劳动问题。

11月30日 下午，接见挪威卫生署长卡尔·埃万和夫人。

12月9日 同杨秀峰〔1〕、张际春〔2〕在周恩来处商谈文教问题。

12月15日 上午，同刘少奇、董必武、朱德、周恩来等在车站迎接来华进行国事访问的柬埔寨国家元首诺罗敦·西哈努克亲王一行。十九日下午，出席《中华人民共和国主席刘少奇和柬埔寨国家元首诺罗敦·西哈努克亲王联合声明》《中华人民共和国和柬埔寨王国友好和互不侵犯条约》《中华人民共和国政府和柬埔寨王国政府关于经济技术援助的议定书》等签字仪式。

12月20日 上午，接见巴西众议员、果亚斯州新当选的州长摩洛·博热斯·蒂希拉及夫人。

12月21日 向周恩来报送《两年来中央国家机关发展副食品生产的情况和今后意见的报告》。《报告》说：中央国家机关的副食品生产，是从一九五八年八月在郊区进行绿化造林工作时搞起来的，到一九五九年春天，副食品供应紧张以后才大搞起来。机关副食品生产对食堂副食品的供应解决了很大问题。但是，由于缺乏统一管理，督促检查不够，工作中也存在一些缺点和错误。主要是：在大搞副食品生产中刮了不少"共产风"；许多单位借口建立副食品基地"平调"农村人民公社的土地；普遍存在着经营管理不善和铺张浪费的现象。为了进一步发展机关的副食品生产，必须对生产基地进行一次整顿。第一，必须贯彻自己动手、自力更生、勤俭节约、严守政策的方针，不得与民争地，不得雇佣农村劳动力，不得购买农村牲口，不得从事商业活动，不得用"走后门"等不正当的手段私相授受。第二，必须以养猪和种菜为主，尽先实现肉食和蔬菜的自给和部分自给。第三，机关

---

〔1〕 杨秀峰，时任教育部部长。
〔2〕 张际春，时任中共中央宣传部副部长、国务院文教办公室主任。

发展副食品生产所需要的劳动力，主要依靠机关工作人员每年一个月的劳动，辅以少数的专业技术人员和管理人员。第四，机关发展副食品生产所需要的土地，应当在北京市委的统一规划下，主要靠自己动手开垦荒地解决。第五，机关发展副食品生产的任务，应当以机关工作人员对肉食、蔬菜自给的需要和劳动力的多少，以及其他实际的可能条件来制定。第六，加强机关副食品生产的管理，严格按照勤俭节约的精神办事。第七，合理安排大公和小公的关系。中央国家机关的副食品生产必须服从北京市的统一规划。第八，必须加强统一管理，加强相互协作。一九六一年一月六日，国务院批转该报告。批语说：自己动手发展副食品生产是搞好机关群众生活的可靠措施。各部门的机关事务管理机构，都应当把发展机关副食品生产看做是当前的一项重要任务，各主管机关事务工作的负责同志必须亲自挂帅，一手抓生活，一手抓生产，在这方面不准有一点疏忽，更不容许有半点的官僚主义。

12月24日—翌年1月13日 出席中央工作会议。会议主要讨论农村整风整社和纠正"五风"〔1〕问题、关于一九六一年国民经济计划问题、关于各国共产党和工人党代表会议〔2〕的报告。会议形成《关于农村整风整社和若干政策问题的讨论纪要》。毛泽东在会上号召全党大兴调查研究之风，一切从实际出发，要求一九六一年成为实事求是年、调查研究年。十二月二十八日下午，出席中央工作会议西北小组讨论会并发言。在谈到甘肃问题

---

〔1〕 "五风"，指"共产风"、浮夸风、命令风、干部特殊风和对生产瞎指挥风。
〔2〕 1960年11月10日至12月1日，81国共产党和工人党代表在莫斯科举行会议。中共代表团以刘少奇为团长，邓小平为副团长。苏共代表团与中共代表团进行激烈争论。会议通过《各国共产党和工人党代表会议声明》（即"莫斯科声明"）。

时说：甘肃问题在西北全局是典型，要彻底检查。对成绩，谁也反不掉。对错误，哪怕有一点，都应该严肃对待。

12月25日 晚上，出席德意志民主共和国驻中国大使汪戴尔举行的庆祝中德友好合作条约签订五周年招待会。在讲话中说：中国人民将全力支持德意志民主共和国人民反对帝国主义侵略的正义斗争。各国共产党和工人党代表会议及其所通过的文件，对于进一步促进各国人民争取世界和平、民族解放、民主自由、社会主义的斗争，具有伟大的意义。我们深信，在各国共产党和工人党代表会议声明的新的基础上，中德两国人民和社会主义阵营各国人民的团结和友谊，必将得到进一步的加强。

12月26日 上午，接见以索马里进步青年联盟主席阿布卡尔·哈吉·茅为首的索马里青年代表团。

1961年　四十八岁

1月11日　下午，接见坦噶尼喀[1]非洲人国民大会主席祖贝里·姆顿武。

1月14日—18日　中共八届九中全会召开。会议正式通过对国民经济实行"调整、巩固、充实、提高"的方针，国民经济转入调整轨道。毛泽东号召全党大兴调查研究之风。会议还通过《关于成立中央局的决议》，批准一九六〇年九月中央政治局的决定，成立华北、东北、华东、中南、西南、西北六个中央局。

1月19日　上午，接见由团长尼·阿希提·阿科姆弗拉率领的加纳青少年先锋队代表团。

1月中旬　收到内务部党组一月十四日报送的《关于部分灾区当前生活安排情况的报告》。该《报告》并报中共中央、毛泽东。《报告》说：据山东、河南、河北、山西、辽宁、甘肃、湖北、湖南、福建、安徽、江苏、广东等省的报告和我部工作组的检查，在中央提出大办农业、大办粮食的方针以后，灾区各级党政领导在加强农业生产第一线的同时，都重视了对群众生活的安排工作，有的地方还把这一工作列为农村一切工作的中心。各省都突出抓紧了吃饭问题。去年灾害造成的住房、衣服困难，比任何一年都大，但由于各方面都关心，各方面都想办法，这些问题

---

[1]　坦噶尼喀于1964年4月同桑给巴尔组成坦噶尼喀和桑给巴尔联合共和国，同年10月改国名为坦桑尼亚联合共和国。

的解决比任何一年都快都好。大力治疗疾病也是安排群众生活的一个重要方面。各地对孤儿的抚养和教育，一般都本着负责到底的精神，做到了生活有指靠，抚养教育有人管。因此，党群关系更加密切了，群众生产自救、节约度荒、自力更生、发奋图强的积极性有了很大提高。目前，灾区群众生活还有一定困难，要进一步深入实际，把救灾工作作为中心工作，使用好救济款，搞好生产自救。

1月中下旬 收到国家档案局一月十七日报送的《关于如何加强管理城市基本建设档案的报告》和《关于加强管理城市基本建设档案的意见》。二十七日，国务院批转这个报告和意见。

2月4日 向中共中央报送《关于中央国家机关各部门精简人员处理意见的报告》。《报告》说：中央国家机关各部门的精简工作，从去年七月上旬开始，至今已经进行了六个多月。各部门在京单位的精简方案，绝大多数已经中央国家机关精简小组审查批准。这次中央国家机关各部门在京单位的精简工作做得比较彻底，大多数已经从精简工作转入了以处理精简人员为主的工作。为了做好这项工作，提出以下意见：一、对于精简的人员，必须采取积极慎重和负责到底的精神，加以妥善安排，合理使用。二、中央各部门精简的干部，由中央组织部负责统一分配；精简的公勤人员和工人，由内务部负责统一分配。三、精简的各种工程技术人员、翻译人员等，应当按照他们的专业分配工作，一般不要改行。四、精简的人员中，夫妇双方都是工作人员的，应当尽可能地予以照顾，不要把他们长期分配在两个地区工作。五、在精简的人员中，可以挑选一部分政治好、身体好、有培养前途的年轻力壮的干部，送到各种学校深造。六、对于年老体弱、因病长期休养或因统战关系必须安置的人员，原则上不作精简处理，仍由原机关负责安置。七、精简的人员中，凡有政治问题没有审查清楚的人员，应当由原机关负责审查清楚以后，再作处理。八、精简的公勤人员和工人中，有些可以分配到厂矿、企业参加生产，他们的工资暂时照发，以后再作调整。九、精简的干部中，凡是分配到外地工作的，其家属应当随同本人一起迁离北京，有特殊困难的也可以缓后迁离。十、中央国家机关各部门驻外地单位的精简人员的处理工作，以中央主管部门为主，商同地方党委进行。

2月9日 上午，同陈毅等陪同周恩来接见中尼边界联合委员会尼泊尔代表团首席代表帕·巴·卡特里少将和代表、顾问等。

2月9日、10日 出席中央机关信访工作会议。在讲话中说：处理来信来访是一项经常性的工作。究其实质，来信来访是党和政府同群众的关系问题。群众的利益就是党的利益，党和群众的利益是根本一致的，对群众负责就是对党负责，党和群众是一个脉搏，同命运、共呼吸。要把群众的来信来访看成是人民群众当家作主、行使权利的一种具体表现，是他们对党对政府和领袖极大爱护和信任的表现。他们信赖我们，知道我们能给他们解决问题，这是正常的情况。要珍惜这种关系，采取漠不关心的态度是错误的。这是党和政府加强同群众联系的一个重要方式。处理群众来信来访，必须有群众观点。今后要建立和健全制度。信访工作要经常抓，要有汇报制度。

2月26日 下午，同周恩来、彭真、陈毅、谭震林、薄一波等出席中共中央统战部举行的国务院各部负责人、人大常委、各民主党派负责人、无党派民主人士、各人民团体负责人及首都各界著名人士参加的座谈会。

3月15日—23日 中共中央工作会议在广州召开。会议讨论并通过《农村人民公社工作条例（草案）》（即"农业六十条"），对农村政策进行调整。随后，工业、商业、手工业、科学、教育、文艺领域也进行调整，并相继制定了工作条例。

3月23日 中共中央发出《关于认真进行调查工作问题给各中央局，各省、市、区党委的一封信》，强调"一切从实际出发，不调查就没有发言权"。毛泽东、刘少奇、周恩来、朱德、陈云、邓小平等中央领导和地方党政负责人先后深入基层进行调查研究。

3月25日 下午，在中山公园中山堂出席首都各界公祭陈赓[1]仪式。陈赓于三月十六日在上海逝世，享年五十八岁。

4月2日 同周恩来等讨论调整农村劳动力、精简下放职工和压缩城市人口等问题。

4月4日 中共中央精简干部和安排劳动力五人小组向中共中央报送《关于调整农村劳动力和精简下放职工问题的报告》。《报告》说：（一）关于调整农村劳动力。必须继续精简下放职工，动员部分在外的民工和自流农民回乡，增加农村的劳动力，做到农村劳动力达到占农村人口的百分之四十左右。百分之九十五左右的劳动力固定归生产队支配，现在很多地方还没有做到，也必须坚决使之实现。农忙季节用于农业第一线的劳动力，去年秋收时多数地方并没有达到农村劳动力的百分之八十，在今年春耕中，必须保证实现。只有这样，才利于争取今年农业获得好收成。（二）关于精简下放职工。原定精简职工的指标应作适当的调整。初步考虑，在去年八月职工实际总数约五千一百多万人的基数上，到今年年底，全国共可精简下放职工八百万人左右。现在城镇人口过多。全国约四千个城镇，一亿三千多万人口。为了尽可能给农村增加一些劳动力和压缩城市中的消费量，除了精简下放职工而外，还有必要疏散一部分城镇其他人口下乡，争取在两年内疏

---

[1] 陈赓，逝世前任中共中央委员、中共中央军事委员会委员、国防部副部长。

散两百万左右城镇人口（精简下放的职工除外）下乡。（三）关于下放干部。到去年十一月底，全国已经下放干部一百零一万八千人，其中到农村的约占百分之八十，即八十万人左右。对已经下放的干部的使用，还需要根据基层领导的情况，作必要的调整，使他们更好地发挥作用。九日，中共中央将报告批转各中央局，各省、市、区党委，中央各部委，中央国家机关各党组。中央批语说：安排好城乡各方面的劳动力和精简职工，是当前国家建设工作中的一个突出重要的问题。这一方面的工作，在过去几个月中是获得了不少成绩的，但是做得还不够，请你们于最近认真地进行一次检查，进一步地调整农村劳动力，尽量加强春耕前线。并望按照中央精简五人小组的意见，根据当地的实际情况，对下一步的精简工作作出规划，尽早报告中央。

4月上旬 率领有国务院副秘书长和部分直属局正、副局长十多人参加的工作队，到河南省长葛县开展调查研究，主要在和尚桥公社选择宗寨、樊楼、杜村寺、太平店等几种不同类型的生产大队进行蹲点调查。在长葛期间，对工作人员说：我的身份对群众不用保密，就说是国务院副总理来长葛调查，这样才能体现党中央对人民群众的关心，我们来这里是帮助工作的，把身份告诉群众有何不好呢？又说：下去搞调查研究要真的能够放下架子。给农民讲话要深入浅出，要让农民听懂，不要打官腔，群众要求急需解决的问题，你要真心实意地去办。群众才会把你当成自己人，当成知己，才会向你说出真心话。并说：要密切联系群众，向干部群众虚心学习。首先要依靠县社干部，没有他们当向导，我们两眼一抹黑，就不知道怎样工作。有了他们的配合，就可以更好地接近群众，和群众没有了隔阂，就容易深入了解真实情况。

4月19日、20日 同工作队在河南省长葛县和尚桥公社樊楼生产大队辛李庄生产队挨户访问四十七户社员，征求他们对办公共食堂的意见。在调研中发现,大多数人赞成回家吃饭,不办食堂,主张办农忙食堂和常年食堂的是少数人。

4月23日 向中共中央和邓小平报告在河南省长葛县和尚桥公社的调研情况。报告说:我们下乡的头十几天,只是一般地了解情况,着重调查了食堂问题。(一)农村形势。中央"十二条"[1]指示下达以来,形势急骤好转。广大农民都积极起来了,不光出勤率很高,干活质量也好。社员对自留地普遍感到满意,种得特别好。有些干部害怕群众的这种积极性,这不对。在最近几年之内,有意识地让群众在"小自由"方面多生产些东西,只有好处,并无害处,何怕之有。但是,当前农村在生产和生活上也还存在着相当大的困难。河南今年又遭大旱,夏粮肯定减产,春荒尚未完全度过,夏荒接踵又来。从长葛情况来看,整风搞得比较粗糙,"十二条"指示的贯彻也还不够深入,两个平均主义[2]没有认真解决,群众思想仍有顾虑,"怕政策再变",加上人的体力很弱,牲口减少,农具缺乏等等,群众的热情还不稳定,生产积极性还没有充分调动起来。(二)公共食堂问题。这是目前农村广大群众最关心的一个问题。和尚桥公社的食堂大部分已经在三月初散伙,长葛县百分之七十以上的食堂也相继停办。近一两年来,在粮食少、菜不足的情况下,群众在食堂的生活确实过得不好,对食堂已经没有多大兴趣了。食堂散伙以后,燃料和运输力量不那么紧张了;在食堂方面所存在的社员与社员之间的平均主义现象也克服掉了。社员还感到满意的是,在家做饭能够吃够

---

[1] "十二条",指1960年11月3日《中共中央关于农村人民公社当前政策问题的紧急指示信》,内容共12条。
[2] 两个平均主义,指生产大队内部生产队和生产队之间、生产队内部社员和社员之间的平均主义。

口粮标准。从当前情况看，在低标准和办食堂非企业化的条件下，食堂不宜再办，还是把粮食分到户，是更便利群众，有利生产，争取更快地扭转农村困难局面的一个有效措施。（三）劳动保护问题。最近农村外流和外调的劳动力已经陆续归队。农村劳动力从数量上说，已经基本上够用了。问题是人的体质普遍衰弱。由于口粮标准低，群众体力的恢复很慢。但是，目前农村的劳动非常紧张，抗旱浇麦，春播种菜，十分忙碌。最近两三年来牲口大量死亡，加重了人力的负担。从长期着眼，在当前必须坚持劳逸结合，要强调少劳多逸，给群众足够的休息时间，以便休养生息。（四）多劳多吃问题。长葛县最近普遍搞多劳多吃，办法有两种：第一种是有储备粮的社、队，从储备粮中拿出一部分，实行"工分带粮"，多增加了群众的口粮。有些社、队采取以劳动底分为标准，超过者才能多得的做法，缺点很大。第二种是没有储备粮的社、队，从有劳动能力的人的口粮标准中，扣出百分之十，作为多劳多吃的奖励粮食，这样做实在不好。我们发现这些情况，在电话上商得吴芝圃[1]同志的同意，已经作了纠正。二十九日，中共中央办公厅将这个调查报告下发各中央局、省、市、区党委和北三区[2]中央十个调查组组长参考。

4月26日 下午，同工作队在长葛县和尚桥公社宗寨生产大队第十一生产队（王庄）访问社员桑树和，征求他对划分大队的意见。桑树和反映：分队没有意见，队小了便于生产。现在社员的劲头很大，过去俺村的荒地没人开，现在争着开。这些地只要管理好，再加上自留地的收入，光这几项就够吃了。不过分开

---

〔1〕 吴芝圃，时任中共中央中南局书记处书记、中共河南省委第一书记、河南省省长。

〔2〕 北三区，指华北、东北、西北三个地区。

队后原来的大队不能把俺们丢下不管，过去的东西都弄到大队了，过去的老账还得算，不算俺村就不能翻身，社员也不愿意。要想恢复生产，多打粮食，机关、学校占用不必要的土地要还给俺村。

4月27日 致信吴芝圃。信中说：建议长葛县委在一星期到十天内，抓两件大事：第一是春播春种，动员一切力量种完种好。不荒一分地，不漏一块田，凡能垦殖的都必须垦殖。"五风"严重的地方，特别要抓紧大种路边地，尤其是县、社、村公路两旁地，对那些专为装饰门面的公路大道，一年汽车也去不上一趟的公路，下决心让群众翻种，能不浪费的都不要浪费，仅此一项，在长葛来说就是一个很大的增产。第二是夏收准备工作，必须争取麦收前半月做好。除修理和添置麦收工具外，最重要的问题是发动群众，分片负责把护麦工作做好。只要讲清道理作了安排的地方，就可以避免发生或少发生抢麦和偷麦的情况。长葛因对菜蔬作了群众分片负责管理安排，就大大减少了偷菜现象。我以为只要把群众发动起来，认真安排，管理到底，是能够顺利麦收的。我回长葛后，即布置工作组同志调查研究宗寨大队的"三包一奖"和分配问题。一两天的接触，问题很多。首先遇到的是规模问题，要求把大队划小，这个大队拟一分为三，在讨论中，群众异口同声说：不划没一条好处，划了没一条坏处。第二，发现退赔工作很粗糙，有些账未算清，很多退赔未落实，"四固定"〔1〕没有固定，有些社员的自留地变动了四次而后才定。第三，对群众还不够关心。王庄四个生产队一百三十余户，并村后又迁回来，原来的房屋多被破坏，现在有些户没有住处，生产生活都发生困难。第四，公共食堂的菜地不可随便分散。虽然有一部分群众都要求

---

〔1〕 高级农业生产合作社根据生产需要，把一定数量的土地、劳动力、耕畜和大型农具在一定时期相对固定地交给所属生产队使用，称"四固定"。

分给他们经营，但肯定不应该分，原因是在低标准情况下，生产队有菜蔬基地，就能够保证群众有菜吃。菜是现在的主要代食品，分下去，群众一般种粮不种菜，菜少了会发生问题。再有一个问题，是群众房前屋后的空地，最好让群众多种烟麻等经济作物，经营得好，产量大，将是一大增产，群众多有此打算，我们提倡一下，好处很大。

4月30日 形成《河南长葛县和尚桥公社宗寨生产大队由富队变成穷队的调查》报告。报告说：宗寨大队在合作社时期是个富队，可是从一九五八年下半年以来，一年不如一年，由富队变成了穷队。原因有：一是"共产风"严重。二是生产瞎指挥。三是大搞反瞒产。四是大搞形式主义，铺张浪费。五是社会主义按劳分配的原则被丢掉了，高级社时期的许多行之有效的制度也被丢掉了。六是队与队之间的平均主义。七是两年来的自然灾害。中央"十二条"指示下达以后，这个大队已经出现一片欣欣向荣的新气象。目前全大队外调和外流出去的劳力，已经大部回来，被机关占用的土地和调走的机器、农具也已大部退赔兑现，社员出勤率大大提高，农活质量也有提高。过去犁地深二寸到三寸，今春全大队六百亩大秋地犁了五寸到六寸。全大队一百五十五亩自留地已分到各户，每人平均七厘四，社员白天在队里干活，晚上披星戴月在自留地上劳动。养猪养羊养兔的多了。栽树的也多了，从春节后到现在已栽树一千四百棵。"六十条"[1]下达以后，群众迫切要求划队，经过酝酿，已在四月下旬将宗寨大队划分为三个大队，即宗寨大队、王庄大队、大路张大队，每个大队平均一百六十七户，相当于原来的高级社。生产队由原来

---

[1] "六十条"，指1961年3月中央工作会议讨论和通过的《农村人民公社工作条例（草案）》，又称"农业六十条"。

的七个划分为十四个,每队平均三十二点五户。划队以后,干部和社员都很满意,纷纷表示要鼓足干劲,把农业生产搞好。

同日 晚上,同工作队在长葛县宗寨大队第四生产队召开妇女调查会,座谈食堂问题和如何解决食堂散伙后各家做饭存在的问题,到会的有李莲妮、张云妮、冯二妮、李秀芝、张喜荣、冯大妮六位妇女。会后形成《宗寨大队第四生产队妇女座谈会记录》。《记录》说:(一)六位妇女一致不赞成办食堂,认为食堂吃饭,层层克扣,吃不够口粮标准;吃的窝囊,不卫生;开饭时人多,排队长,耽误生产;吃饭一律化,不能照顾老小病弱,心里不舒畅。(二)一致满意回家做饭。认为回家做饭,口粮标准吃够了,粮食分到户,发一两吃一两,吃个落实数;吃得干净;吃得如意;节省时间,有利于生产。(三)都不赞成办农忙食堂。因为家里有人做饭,做好了,孩子可以送到地里,并不耽误生产。过去吃农忙食堂时,饭食有干没稀,有稀没干。自己做可以有干有稀,吃起来顺当。(四)回家做饭后的困难和问题是:粮食内沙土多、蔬菜困难、盐少。记录并说:"我们提出由群众成立生活福利管理委员会,帮助群众安排生活,分粮、分菜,解决吃饭的困难,实行民主管理,她们一致赞成。解决吃菜是当前的主要问题,大家商量按全队人口分菜,菜可以计价,不交现金,先记账,月终结算,确实有困难交不上钱的,经过评议可以补助。"

5月2日 出席和尚桥公社党委会议。在讲话中说:在你们的配合下,加上我们的努力,群众对党的态度改变了。现在群众的生活并不好,特别是在低标准的情况下,群众和党的关系这样好是不容易的,所以一切工作都要依靠群众,贯彻党的政策。现在"五风"仅仅是控制住了,反下去了,然而新的作风,实事求是、联系群众的作风,在有的干部身上还没有树立起来。如果不及时整顿，还会实行强迫命令，发生问题，也会影响群众情绪。现在群众情绪还不十分稳定，很多政策没有很好贯彻。对维护群众利益的事不能不管，必须抓到底。公社党委的领导作风要力求转变，我提议社内干部关门三、五、七天，根据干部作风问题进行整风。党委第一书记有些日常事务可以由别人去做，不要忙得不能想问题，丢了大的，抓了小的。要有时间考虑问题，文件要少发，电话会议要少开，公社的一些大问题还是党内先讨论而后再叫管委会贯彻到群众中去。搞好集体领导，民主集中制，走群众路线，就很有希望。

同日 下午，出席中共长葛县委扩大会议。在讲话中说：长葛虽是一个县，但是它的内容很丰富，所有的问题在这里都有，有成功的经验，也有失败的教训。我们不采取虚心学习的态度，很多问题就不可能搞清，学到知识。（一）长葛县群众情绪、农村形势怎样？长葛也是"五风"严重的地方，特别是"共产风"刮得很厉害，把社会主义最根本的按劳分配原则丢掉了，把高级合作社时期一套行之有效的制度丢掉了，群众的劳动积极性大受挫伤。在中国土地上搞社会主义是新事，不犯错误就不能取得教训。同志们要切记这些教训是花了很大代价的。因此，对过去工作要很好总结，既要肯定成绩，也要批判错误。中央"十二条"政策下达以后，农村形势就急剧好转了。但是，现在群众的情绪还是不稳定的。群众的生活仍是低标准、瓜菜代，这种情况还需要一个相当时期才可以改变。（二）退赔的问题。坚决退赔是彻底反掉"五风"，调动群众积极性的重要政策。自留地要分给群众，占地占房、平调的一切东西都要退还，并以实物为主。退赔彻底了，才能取信于民，使群众相信党、相信党的政策的正确性。（三）整风整社问题。大队、小队规模适当划小，便于生活，便于生产，好处很多。至于公社一级的规模大小，还可以研究。

在分队的同时，必须把"三包一奖"、"四固定"、分配制度、劳动生产管理等问题解决好。分队的过程，是贯彻按劳分配原则的过程，不是一个简单的行政组织工作，要立一套章程制度，不能简单化。必须明确，公社化是在高级社的基础上发展起来的，现在仍是社会主义的初级阶段，是生产大队为基础，三级所有，并非社为基础，不能把高级社的经验忘记了。（四）公共食堂和群众生活问题。食堂分散是有好处的，但分散以后，不等于不管群众生活了。相反的，应该更好地关心群众生活，帮助群众解决生活困难。（五）大办农业、大办粮食问题。整风整社一切工作的最终目的是增加生产，多打粮食。风调雨顺要吃好，不风调雨顺也要吃好。这个问题什么时候也不能忘掉，现在就要提到议事日程上来，要具体计划，行动起来。（六）工作作风和工作方法问题。今后办事没有可靠根据的不要干，不要随便提出不切合实际的要求，必须切实反映群众要求和客观实际，一切决定都要事先调查研究，不能凭主观推断臆想，不能光看现象，要看本质，要看现在是个什么情况，将来有何结果，群众有何反映，问题如何解决。党委领导一定要树立民主集中制。要发扬我们党的优良传统，生活要和群众相协调，不能特殊。要恢复实事求是、踏踏实实的作风，勤俭建国，勤俭办一切事业。

5月4日 向中共中央报送《关于河南长葛县民主革命补课运动中集训干部的调查》报告。报告说：长葛县民主革命补课运动从一九六○年十一月下旬开始。民主革命补课是必要的，但打击面过宽了，对被集训的干部有百分之九十左右是不该如此斗争的。造成打击面过宽的主要原因是：（一）敌我矛盾和人民内部矛盾两类矛盾的界限没有划清，敌人破坏和干部犯严重"五风"错误的界限没有划清；（二）为了减少群众顾虑，把犯错误的干部未与群众见面就送去集训，结果不仅没有充分发动群众，斗倒敌人，对犯错误的干部也没有起到教育作用；（三）运动来势凶猛，时间紧迫，压力很大。如果不撤换一批干部，就被批评为手软、眼昏、看不见敌人，不是官僚主义，就是右倾。十七日，邓小平在报告上批示："印发常委及书记处各同志。"同日，又致信邓小平："小平同志：你要了解的关于河南长葛县集训干部的几个数字，补述如下：长葛全县公社、大队、生产队三级共有干部一万三千余人，其中被集训的一千二百六十九名，约占百分之十；既未斗争，也未集训，一脚踢开，不问不管的，据县委估计另有五六百人。"

5月7日　形成《河南长葛县和尚桥公社宗寨大队调整大队和生产队规模的调查》报告。报告说：生产大队的规模相当于原来高级农业生产合作社的规模，生产队相当于初级农业生产合作社和原高级农业生产合作社的生产队的规模是适宜的。大队的规模偏大，易于产生平均主义。此次调整了大队、生产队规模，大大促进了群众的生产积极性。报告提出：调整规模要从"利于生产，利于团结，利于经营管理，利于组织生活"出发，坚持群众自愿，允许有大有小，这是一项严肃的政治任务，不能草率从事。基本做法是：（一）由上而下，由点到面，先划生产队和生产大队，后划公社。（二）放手发动群众，由群众作出决定，任何人不能包办代替。（三）划队必须是促进当前生产，而不能有所妨碍，因此迅速建立起一套生产秩序和管理秩序是很重要的。（四）划队之后，原大队的机构继续保留一个时期，帮助新建大队建立起一套工作制度和管理秩序。（五）要对干部、群众进行教育，走群众路线，注意团结，不要破坏、隐瞒私分公共财产。（六）适时地抓紧健全各级组织，先整顿建立党、团组织，而后经过群众酝酿正式选举各级管理机构和代表会。报告最后提出了具体经济问题的处理办法。

5月9日 向中共中央并邓小平报告在河南长葛县和尚桥公社的调研情况。报告说：从四月二十四日起，我们在和尚桥公社宗寨大队结合划队工作，对粮食问题和"三包一奖"、分配、耕畜问题，作了比较深入的调查。（一）农村的情况和群众情绪越来越好。如果今后再把"六十条"坚决地贯彻下去，把干部的工作作风好好转变一下，农村的情况将会更好，群众和干部的心情就会更加舒畅，生产积极性将会更加高涨。这种趋势已经看得很清楚了。（二）退赔问题是中央"十二条"指示的中心内容，也是彻底根除"五风"、调动群众积极性的根本政策。这里退赔工作搞得很不彻底，退赔的现金多，实物少，作价也不合理。退赔所以不彻底，首先是因为干部对退赔的决心不大，最主要的原因是群众还没有充分发动起来。（三）在生产队的权限问题上，许多群众和干部提出了不少意见和要求。在研究"三包一奖"时，干部和群众对包总产的办法特别拥护，因为"一包总产，生产队就真正当家作主了"，从根本上杜绝生产上的瞎指挥。在讨论"四固定"时，生产队干部和社员都要求把牲畜所有权下放给生产队。从调查情况看来，这对迅速发展牲畜有很大好处。对粮食保管和分配之权，群众要求：口粮不出队，指标分到户，大队、小队两把锁，群众监督，一月一发。总之，生产队的权利越落实，就可以更加促进生产大队基本所有制的巩固，对农业生产的发展十分有利。（四）公社问题最根本的是按劳分配问题。多数群众倾向于实行除了包"五保户"、照顾困难户以外，一律按工分分配的办法。（五）农村一切工作归根到底是一个"大办农业""大办粮食"问题。每个社、队都应当结合当地情况，制定执行《全国农业发展纲要四十条》的具体规划，争取粮食早日过关。要下决心在今后一定时期不搞大的水利工程，踏踏实实地搞群众性的小型农田水利，给农业生产打下牢靠的物质基础。（六）干部作风问题。经过整风整社，干部的作风确有很大的转变，但是这种转变还很不彻底，很不巩固。不好的作风破了，新的作风未立。许多干部工作方法一般化，靠打电话、听汇报、发指示、统计数字来指挥工作，很少深入到群众中去调查研究，寻求真理。不关心群众疾苦，不倾听群众意见。因此，各级组织需要进行一次严格的整风，只有经过长期的艰苦工作，才能把干部的作风彻底转变过来。十一日，中共中央办公厅将这个报告批转各中央局，省、市、区党委并北三区中央十个调查组组长参考。

同日 形成《河南长葛县和尚桥公社三个生产大队公共食堂的调查》报告。报告说：长葛县和尚桥公社的宗寨、樊楼、杜村寺三个生产大队共有食堂二十九个，三月初分伙二十一个，四月初分伙三个，其余五个在四月中旬也相继全部分伙。据了解，长葛全县的食堂也基本散完。从当前情况看，在粮食少、菜不足、烧柴困难、管理不善、占劳力太多、食堂办不好、群众迫切要求回家做饭吃的情况下，停办食堂是比较方便群众、有利生产的办法，是克服当前农村暂时困难的有效措施之一。食堂分散后，必须加强对群众生活的管理，认真帮助群众解决吃饭的困难。我们的意见是：（一）各级党组织，特别是公社党委和大队支部仍然要把安排群众生活当作一项重要任务，绝不能因为食堂散伙放松领导。（二）当前群众在炊具、吃菜、吃粮、燃料、食盐等问题上的困难，生活福利管理委员会可结合处理食堂家底解决一部分。（三）要很好解决群众吃菜的问题。（四）搞好口粮管理和分配工作。报告的最后并附上三个原始调查材料：《宗寨大队第四生产队妇女座谈会记录》《樊楼大队辛李庄生产队群众对办食堂的意见》《三户贫农对公共食堂的意见》。

5月11日 形成《河南长葛县和尚桥人民公社整风整社问题的调查》报告。报告说：中央"十二条"指示贯彻以后，和尚桥人民公社的"五风"已经"刹了车",局势急骤好转,成绩虽然不小,问题仍然成堆:党的政策贯彻不深不透,退赔不彻底;干部作风和工作方法还没有彻底改变;组织不纯洁,干部队伍需要整顿。从调查情况来看,必须把农村整风整社运动有计划、有步骤地继续进行到底。第一,今后整风整社的任务是,坚决把反"五风"搞彻底,把退赔搞彻底,转变领导作风,整顿纯洁党的组织和干部队伍,健全党内民主生活,建立党的领导核心。第二,整风整社的内容,主要是关于干部思想作风问题和执行党的农村政策问题,属于人民内部矛盾的性质。因此,必须以"十二条"和"六十条"为纲,以生产为中心,采取和风细雨的方法。对犯错误的干部,必须坚持团结——批评——团结的方针,本着思想批判从严,组织处理从宽的精神,慎重处理。第三,整风整社运动必须是有领导、有计划、有步骤地分期、分批进行。第四,加强整风整社运动的领导。上级党委要派出强有力的工作组帮助社、队整风整社,工作组要挑选能够掌握党的政策,作风民主,办事公道的同志参加,并且在下到社、队以前,先自己整风。工作组必须依靠原有组织进行工作,不得包办代替。县委决定以和尚桥公社为试点,在公社内选择几个队,在最近结合生产进行整风整社,待取得经验后再在全县分期分批展开。报告的最后并附上两个原始调查材料:《河南长葛县占用和退赔耕地的调查》(五月一日)和《河南长葛县占用和退赔社员房屋的调查》(四月二十日)。十五日,中共中央办公厅将这个报告批转各中央局,省、市、区党委并北三区中央十个调查组组长参考。

5月15日 形成《河南长葛县和尚桥公社宗寨大队粮食问题的调查》《河南长葛县和尚桥公社宗寨大队分配制度的调查》和《河南长葛县和尚桥公社宗寨大队"三包一奖"的调查》报告。第一个调查报告说:改变当前"低标准"的状况,是广大群众最迫切的要求。群众要求，对粮食征购，一次定死，三年不变，轻灾酌减，重灾免征，增产不增购或少增购。大家认为，实行多劳多吃的最好办法是：基本口粮不动，仍以"分级定量"的办法分配，从超产粮或储备粮中拿出一部分或大部分，作为奖励粮，按工分分配。这个办法既保证了基本口粮，又减少了平均主义，可以普遍实行。第二个调查报告说：宗寨大队近三年来的分配办法比较乱，队与队之间的平均主义比较多；供给部分占的比例过大，多劳者不能多得。多劳多得是群众最关心的问题，也是迫切要求解决的问题。采取包"五保户"，照顾困难户，其余全部按劳分配的办法好处多，比较彻底地克服了人与人之间的平均主义，可以把大多数社员的生产积极性调动起来。提高工分分值是贯彻按劳分配的关键，办法主要是提高粮食产量，增加收入，节约开支，降低供给部分比例和减少杂工工分。第三个调查报告说：干部和群众一致同意粮食作物采取包总产的办法，改变过去按地亩按作物分类包产的办法；一致同意实行以产量包工的办法；包成本要注意按不同作物，规定一个包成本的比例，以免成本包得过大或过小。今年实行"三定"后，超产粮可以全部奖给粮食。十七日，致信龚子荣："送上河南长葛县和尚桥公社宗寨大队分配制度的调查、粮食问题的调查、'三包一奖'的调查三个材料，请审阅处理。"同日，中共中央办公厅将这三个材料送各中央局，省、市、区党委并北三区中央十个调查组组长参考。

5月17日 出席邓小平主持的中共中央书记处会议，在会上汇报关于河南农村的调查情况。钱瑛[1]、平杰三[2]、王从

---

[1] 钱瑛，时任中共中央监察委员会副书记。
[2] 平杰三，时任中共中央统战部副部长。

吾[1]分别汇报甘肃、山东、黑龙江省的农村情况。

同日 形成《河南长葛县和尚桥公社杜村寺大队社员家庭副业生产的调查》报告。报告说：杜村寺大队在历史上就有经营家庭副业的习惯。一九五九年以来，由于"一平二调"、刮"共产风"、"割资本主义尾巴"、原料困难、收购方面违反政策和生产瞎指挥，社员家庭副业生产停滞，给农村的生产和生活带来了很大困难。中央"十二条"指示下达后，把群众的生产积极性调动起来了。不到半年时间，这个大队的社员家庭副业，像雨后春笋一样，迅速恢复和发展了起来。根据初步调查，证明《农村人民公社工作条例（草案）》对社员家庭副业所作的规定，是完全正确的，对社员鼓舞很大。为了迅速促进家庭副业的发展，还需要解决干部的思想问题、原料问题、出售和收购问题、劳逸结合问题、组织领导问题、生产队的副业生产问题等。

5月18日 形成《河南长葛县和尚桥公社耕畜归生产队所有问题的调查》报告。报告说：在初级合作社的时候，耕畜归社员个人所有。土地的集体耕作和耕畜个人所有之间，经常发生矛盾。高级合作社成立时采取了牲口折价归社，由个人所有一变而为集体所有。使用和所有，二权合一，集体生产与个人所有的这个矛盾解决了。可是所有权归了社，管理使用在队，两权又分开了，形成新的矛盾。同时高级社成立的时候，耕畜作价多是好的、壮的价高，老弱和幼畜作价很低。耕畜作价归高级社后，喂养也采取了集中的办法，造成了耕畜死亡逐年增多，幼畜繁殖很少，耕畜逐年减少。但是，总的来说，因为时间短，耕畜还不算减少的太多；当时草料不缺，畜力一般较强，问题没有暴露出来，没有引起人们的注意。这两年因为刮"共产风"，大队乱调

---

[1] 王从吾，时任中共中央监察委员会副书记、中共中央直属高级党校校长。

生产队耕畜，同时劳役过重，耕畜大协作，白天晚上使，加之饲料饲草减少，造成大量伤亡。基层干部和农民对耕畜减少和瘦弱很焦急，迫切要求改变这种状况。大队和生产队干部及社员代表研究了高级社成立以来的经验，根据当前的实际情况，一致认为：（一）二权必须合一，矛盾才能彻底解决。从高级社到现在，二权分离，矛盾甚多。合起来归谁？当然应当归生产队，因为耕畜一是种田，二是积肥，三是拉车推磨。生产队离了耕畜不行，大队无田，不用肥，要耕畜就不是主要的了。（二）不仅使用和饲养要合一，连繁殖和处理也必须统一归生产队，这样生产队才能有计划地繁殖幼畜，处理老畜，安排畜力的使用和饲养，保证耕畜经常又多又好。（三）所有权归谁，这是个根本问题。所有权归了生产队可以促进爱畜保畜、增添、繁殖的积极性，这个问题解决好，三年之内耕畜可以有个大的发展，可以迅速恢复到一九五六年的水平。报告还提出：耕畜的所有权问题解决了以后，在饲养管理上也要加以改进。高级社和公社成立以后，把耕畜集中起来大槽喂养的方法很不好。经验证明，小槽喂养比较好。还要明确几个政策：保证耕畜的饲料、奖励制度、照顾饲养员和恢复耕畜贸易。二十日，中共中央办公厅将《河南长葛县和尚桥公社杜村寺大队社员家庭副业生产的调查》《河南长葛县和尚桥公社耕畜归生产队所有问题的调查》报告送各中央局，省、市、区党委并北三区中央十个调查组组长参考。

5月26日 修改陕西三原县报送的《淳化烈士陵园碑志》。

5月27日 晚上，同董必武等出席阿富汗王国驻中国大使阿卜杜勒·萨马德举行的庆祝阿富汗独立纪念日招待会。在讲话中说：在过去的一年中，中阿两国间的传统友谊和友好合作关系在和平共处五项原则和万隆会议精神的基础上得到了进一步的发展。特别是中阿友好和互不侵犯条约的签订，不仅使我们两国间的友好合作关系进入了一个新的阶段,并且为亚洲各国间的和平共处树立了又一个良好的榜样。

5月30日 将河南长葛县调查组曾一凡、侯亢[1]的来信及于之仁[2]、张继曾[3]等人的来信摘要报送周恩来、邓小平和吴芝圃。三十一日,邓小平批示:印发常委及书记处各同志。

5月下旬 收到曾山[4]五月二十四日向习仲勋、周恩来并中共中央报送的《关于食堂和食堂菜地问题的报告》。曾山在信中说:我和内务部以及河北省民政厅几位同志于五月二十日到河北省沧县,在两个公社了解到食堂和食堂菜地问题。公社根据多数群众意见,停办了绝大多数的食堂,是符合实际情况的。食堂菜地问题,看来沧县的办法,即交由生产队继续经营,纳入"三包",并采取按劳动日分配蔬菜的办法,是一个好办法。

6月1日 上午,接见以波兰文化艺术部副部长加尔斯特茨基为首的波兰文化代表团。

6月13日 下午,陪同越南民主共和国总理范文同率领的越南政府代表团参观北京郊区中越友好人民公社。

6月17日 向邓小平并周恩来报送《关于河南长葛县农村工作情况报告》。在附信中说:最近接曾一凡、侯亢同志和河南长葛县委第一书记张汉英的来信,反映了长葛县当前农村工作中的一些情况和问题,择要简报于下。(一)全县夏收工作已经全部结束。(二)全县夏种,到六月五日止共播种晚秋作物十四万一千九百一十四亩,占夏种任务的百分之二十一。(三)夏收以

---

[1] 侯亢,时任国务院直属机关党委书记。
[2] 于之仁,时任中共许昌地委组织部副部长。
[3] 张继曾,时任中共长葛县委书记。
[4] 曾山,时任内务部部长。

后紧跟着来的是夏季预分工作。(四)夏收以后,全县夏季口粮平均每人五六十斤,加上分的一些超产粮和拾的麦子,一般每人可以吃到口粮七十斤左右,再加上一些瓜菜,生活可以过得去。(五)执行政策多变,有些群众和干部对政策半信半疑。(六)有些干部和工厂职工要求回家。

6月19日 向中共中央报送《关于中央机关精简情况的报告》。《报告》说:自从去年九月中央批转了《关于中央各部门机构编制情况和精简意见的报告》以后,中央各部门进行了比较认真的精简。在人员方面,中央各部门在京单位原有二十四万余人,至今已经精简了八万余人,占原有人数的百分之三十三。在机构方面,中央各部门的司局机构撤销、合并了八十九个,精简了百分之十五。事业机构合并了一百一十一个,精简了百分之二十六。到目前为止,中央各部门的精简工作虽然还没有全部结束,但已经取得了一定的成绩。主要表现在:一、改善了工作作风,提高了工作效率。二、充实了基层,加强了生产第一线。三、纯洁了组织。为了更好地完成精简工作任务,目前急需抓紧以下几项工作:首先是中央各部门设在外地机构的精简工作。其次是精简人员的处理。最后,可以考虑规定中央各部门的编制,在这次精简后,三五年内,只能减少,不许增加。个别需要增加的,必须经过国务院编制委员会审核批准。二十二日,毛泽东批示:"小平同志:此件很好,应当批发给各中央局,各省、市、区党委,照此报告,坚决执行。如果中央二十四万人中,已减三分之一,即八万人,并且还可以减去几万人,我想再减四万人,不知行不行?如能共减十二万人,占总数二十四万人的一半,肯定工作效率会大为提高。各省、市、区一级,专区一级,县一级,这地方三级均照此计划,坚决精简,则将在全国范围内大为减少官僚主义,提高工作效率。现在城镇人口要减少二千万以上，人民公社三级人员已有规定，如能坚决妥善实行，则一个人浮于事的严重问题就可解决了。以上请酌办。"二十八日，中共中央批转了这个报告。

6月21日 致信杨尚昆。信中说："尚昆同志：昨天我召集了一次会议，讨论了招待工作的调查问题，拟组成六个组，去六个点进行调查。同时会上同志要求将湖南省委杨树青〔1〕同志报告也转发下去，要各省负责管理招待工作的同志，作一些典型调查，会对检查这方面的工作更有好处。请考虑批发。"此前，杨树清在五月十六日给中共湖南省委并报刘少奇的报告中说：我们对省级过去几年来的招待工作进行了初步检查。长期以来，对内部接待工作没有个明确的标准及统一的规律，对接待工作的好坏界限不清；有些同志在十多年来的和平环境与城市生活下，忘记了党的艰苦朴素的优良传统作风；由于没有实行单独的经济核算，对客人的接待大部分不收费，其开支都是国家财政报销，这样也助长了一些同志随便花钱、公私不分、不爱惜国家财产的现象；政治思想工作薄弱，业务上既无统一领导，又缺乏严格制度。

7月7日 致信邓小平并周恩来。信中说：曾一凡、侯亢同志自河南长葛县寄回一信，谈到全县当前的一些情况。（一）六月十六日全县大部分地区下了雨，夏种进展很快。（二）当前农业生产主要抓查苗补种，中耕锄草，积肥追肥和加强秋田管理工作。（三）各社、队对评工记分制度作了初步整顿，实行了按劳付酬、多劳多得的政策，口粮分配实行二八开。（四）麦收后，群众的口粮标准降低了些，虽然有瓜有菜，一般地过得去，但到底是粮少。对劳逸结合问题还要注意。（五）现在各处开的荒地

---

〔1〕 杨树青，时任中共湖南省委副秘书长兼省委办公厅副主任。

很多，这些自留地和荒地差不多都种了粮食并且都种得很好。

7月8日 下午，接见参加"中蒙友好旬"活动的蒙中友协代表团团长奥特根巴雅尔、蒙古电影工作者代表团团长鲁·吉纳、蒙古新闻工作者代表团团长官布·扎布苏仁扎布以及三个代表团的全体成员。

7月13日 下午，接见印度外交部秘书长拉·库·尼赫鲁及其随行人员。

7月15日 向邓小平报送《关于长葛县收购农副产品实行粮食奖励问题的情况报告》。在附信中说：昨接曾一凡、侯亢同志写自河南长葛县的来信，内中提及关于收购农副产品和经济作物实行粮食奖励的问题，颇值得注意，并摘要反映于下：今年河南省人委规定了几十种农副产品的奖粮办法，奖励面似乎过宽，奖粮的数量也过多了些，下面执行有困难，后果也不都好。从刺激经济作物和农副产品的生产来看，适当采取一些奖励粮食的办法，是有一定作用的；但是从当前河南的实际来看，奖励粮食的项目和数量，也不宜过多。因为用过多的粮食搞奖励，在粮食产量低、国家储备少的情况下，势必要向农民多购粮食，而采取这种"高收购"的办法，对农业生产是不利的。过去有些农副产品收购工作上的主要缺点是，收多留少，价格偏低，不完全符合等价交换的原则。今后应该在农副产品价格和收购方法方面，予以合理的调整和改进。

7月29日 致信中共中央书记处。信中说："兹将曾一凡、侯亢同志《关于河南省长葛县农村工作情况的报告》和赵守攻同志最近自长葛写回的来信摘要一并送上，供参考。"此前，曾一凡、侯亢在七月二十七日的报告中说：长葛县从六月中旬到七月上旬接连下了两场透雨，秋庄稼长得很好，一派丰收景象。现在看来，早秋丰收已成定局，晚秋苗足、苗旺，管理得好，也大有丰收希望。"但目前还存在一些困难问题。主要是这几年群众的体质减弱了，加上夏收减产，口粮不太足，当前又值农忙时期，劳动起来不能持久、工效不高。同时部分生产队的秋季'三包一奖'指标尚未落实，生产责任制不健全，评工记分不合理，因而影响了广大群众的生产积极性。"赵守攻在七月二十二日的来信中谈到：恢复手工业问题，关键是县办和社办工业的下放。压缩城镇人口和精简机关也大有可为，是件大好事。

同日 中午，在人民大会堂新疆厅举行招待会，纪念中央文史研究馆成立十周年。应邀出席招待会的共有六十七位老人。

8月15日 上午，在北京中山公园中山堂出席陈嘉庚[1]公祭仪式。陈嘉庚于八月十二日在北京逝世，享年八十八岁。

8月18日 中午，到机场迎接从上海回到北京的加纳共和国总统兼政府首脑克瓦米·恩克鲁玛。下午，出席《中华人民共和国主席和加纳共和国总统联合公报》《中华人民共和国和加纳共和国友好条约》以及中加经济技术合作协定、贸易和支付协定、文化合作协定签字仪式。

8月21日 上午，接见法中友好协会代表团团长阿洛那和全体团员。

同日 致信邓小平并中共中央。信中说："赵守攻同志在七月中旬又到河南长葛县走了一趟，和原来调查组留在那里的同志，共同做了一个时期的调查，回来后写了一个综合报告和三个专题材料。在综合报告里所反映的粮食安排问题和关于精简职工、减少城镇人口问题的材料，对当前县以下的工作都有较大的参考价值，另外两个关于手工业和供销合作社的调查材料，也可看看，

---

[1] 陈嘉庚，逝世前任全国政协副主席、全国人大常委会委员、中华人民共和国华侨事务委员会委员、中华全国归国华侨联合会主席。

现一并送上，请参考。"此前，赵守攻根据习仲勋的指示，对长葛县秋季生产和群众生活以及粮食问题作了调查，并于八月七日致信习仲勋，作了汇报。汇报说：（一）秋季生产问题。虽然伏天大旱，还可以争取一个较好的收成。（二）粮食生产问题。按八成收成计算，日子可以过得去。（三）农村生活安排问题。农民生活仍然是困难的艰苦的，但比起去年和今年春天就好多了。赵守攻来信的最后并附上《长葛县秋季生产和群众生活以及粮食的情况》报告及长葛县精简职工和城镇人口、恢复手工业、恢复供销社等三份调查材料。

9月11日 向周恩来、刘少奇并中共中央报送《关于改进对内招待工作的报告》。《报告》说：根据你们的指示，国务院最近派工作组赴各大区的二十几个城市，对各级党政机关和厂矿企业的招待工作进行了一些调查，军队和各省、市也都进行了或正在进行检查。几年来，各级招待工作的成绩很大，完成了繁重的任务，给工作提供了便利条件，积累了不少经验。但是，也存在着一些严重问题，主要表现在以下几个方面：（一）修建的高级干部招待所和宾馆过多，标准过高。（二）铺张浪费和特殊化的风气很严重。（三）有些招待所和宾馆没有实行经济核算。这些年来，滋长了铺张浪费和特殊化的风气。为此，提出以下几项改进意见：（一）招待工作必须适应国家当前的政治经济形势，发扬党的艰苦朴素的优良作风，贯彻勤俭办一切事业的方针。（二）必须坚决贯彻执行中央关于在今后七年内一律不准新建非生产性建筑的指示。（三）对于现有的高级干部招待所和宾馆，应该进行统一安排，合理调整。（四）厉行节约，合理规定各种招待标准和制度，一般地要实行企业化。（五）各级招待部门必须彻底进行精简和整顿，切实做到合理编制，定员定额。（六）高级干部招待所和宾馆必须加强经营管理，实行经济核算，并建立严格的财务制度。（七）坚决贯彻中央关于不准请客、送礼和不准迎送的指示。（八）对到外地休养、治病的人员必须严格控制。（九）各级招待工作，应该实行统一领导。（十）各级党委必须加强对招待部门的领导，经常进行检查和总结，修订各项规章制度。报告提出，拟在今年内开一次招待工作会议，讨论通过各项规章制度。十一月十七日，中共中央批转了这个报告。中央批语说：报告中所提的问题和改进意见都是对的，望各地和各部门立即根据这个报告的原则深入检查和迅速改进对内招待工作。

9月20日 致信周恩来。信中说：关于铁路客运问题，照一波同志的意见，我在今日上午约集公安、内务、铁道、交通、商业、卫生六部和财办、经委的同志开会进行了研究，简报如下：今年铁路客运量到八月底，已完成五亿一千二百万人，比去年同期增长百分之二十五点一。由于客运量增加，造成秩序紊乱，伤亡、抢夺、偷盗事故增多。轮船上也有同样问题，超载严重，最高达到百分之一百五十，事故不断发生。因此，对当前铁路客运问题，应当采取积极管理方针，除铁路、交通部门应当设法增加客运车辆、船只，加快周转速度，教育职工，整顿内部秩序外，对于减少客运量和各车站、港口问题，主要依靠地方政府先抓一下秩序。在问题较多的港口，组织统一的管理委员会，由当地的副市长或副县长挂帅，公安、民政、铁道、交通、商业、卫生等部门参加，分工负责，认真整顿一番。铁道部根据上述精神，代国务院起草个指示，并争取二十二日前下达各地。

9月24日 在杨放之[1]本日报送的《关于铁路客运情况的报告》上批示：此件务请即送总理参阅。另紧急指示已于今晨前

---

[1] 杨放之，时任国务院副秘书长、国务院秘书厅主任、国务院外国专家局局长。

发出,铁道部派出的检查组于明日晚一律到达工作地。杨放之在报告中说:仲勋同志:为了了解铁路客运情况,最近我和几个同志分头到沈阳、德州两个车站去看了一下,现在把我们所看到和听到的一些情况,简报如下:(一)沈阳车站,一到夜晚就成了"盲流"集中的地方,往往有三四百人在候车室、售票处、车站、广场蹲着,偷旅客的钱包、抢吃的、打群架,把车站搞得很乱。(二)德州车站八月份每天有旅客两万一千多人,比六月份增加了一倍以上。德州车站八月份发生较大的盗窃案件二十四起,少年儿童流浪在车站,进行偷盗的也不少。(三)德州专区目前受灾特重的群众约有六十万人。二十几个公社的地还有积水没有排出。

9月29日 下午,陪同古巴共和国总统多尔蒂科斯访问清华大学。三十日,陪同多尔蒂科斯参观长城、定陵和十三陵水库。十月二日晚,出席中华人民共和国主席和古巴共和国总统联合公报签字仪式。

9月30日 向周恩来报送《关于铁道部、交通部等贯彻〈国务院关于认真整顿铁路客运秩序的紧急指示〉的情况报告》。该报告说:自《国务院关于认真整顿铁路客运秩序的紧急指示》下达后,铁道部、交通部、公安部和内务部,都已作了部署。现将有关情况综合简报如下:(一)铁道部在二十四、二十五日向全路重点地区派出了工作组,或指定当地铁路总局的局长、党委书记全面负责安排客运工作。(二)交通部在二十五日向客运量大的上海、大连、武汉、重庆等港口,派出了工作组。对国庆节期间客运量增加和运力不足的矛盾,也采取了措施加以解决。(三)公安部在二十六日派出了三个工作组到沈阳、洛阳和武汉,协助铁路局整顿客运秩序。(四)内务部在二十六日给各省(市)、自治区民政局(厅)发出通知,要求各地民政部门积极协助公安部门,做好自由流动人员的收容遣返工作。

10月5日 下午,出席《中华人民共和国和尼泊尔王国边界条约》签字仪式。八日下午,从北京抵达洛阳,在车站迎接正在中国访问的尼泊尔国王马亨德拉和王后。九日,陪同参观洛阳第一拖拉机制造厂、洛阳矿山机器厂等。十日下午,陪同参观武汉长江大桥、武汉钢铁公司。十一日至十四日,陪同马亨德拉国王和王后从武汉到南京、杭州、上海参观访问。十五日下午,从上海回到北京;晚上,出席中国和尼泊尔签订关于修建从中国西藏地区到尼泊尔加德满都的公路协定。十六日上午,同刘少奇、朱德、陈毅、李先念等到机场为马亨德拉国王和王后送行。

10月21日 向邓小平、李先念和谭震林报送《河南长葛县在粮食生产和购销中的一些情况和问题》报告。在附信中说:"小平、先念、震林同志:留在河南长葛县参加社、队工作的几个同志,最近分别深入到下面,比较细致地了解了粮食的生产和购销情况,反映了一些问题。现整理送上,供参考。"报告说:(一)今年长葛县的秋庄稼虽然在伏天受了大旱,但下了几场雨,多数社、队的大部分庄稼收成还不坏,可是各公社、大队所报的产量却相差很多。少报亩数,压低产量,多报人口,夸大灾情成了普遍现象。(二)由于普遍低估产量、多报灾情,长葛县的征购任务一减再减。(三)秋收以后,多数群众手里有粮有钱,生活一般说来是好的。(四)大队与生产队大都有点储备粮,这是今年与前两年不同的地方。全县各队多少不等,但只要不是遭了特重灾害的,都有些。(五)今年的小麦种得早,种得快,种得好。总的情况是很好的,为明年夏季丰收打下了良好的基础。

10月27日 中共中央书记处会议决定,对改进中央一级机关党内外高级干部的副食品供应补助办法,由李先念、习仲勋负责研究解决。后在李先念、习仲勋指导下,国务院财贸办公室、中共北京市委提出《关于在北京的高级知识分子和一部分负责干部副食品供应问题的指示》。十二月十七日，中共中央批转该《指示》，规定从当年十二月起实行。

10月28日 将《关于河南长葛县实行粮食"大包干"的一些情况和反映》报送周恩来、邓小平、李先念和谭震林。在附信中说："最近，河南长葛县委决定在和尚桥公社搞以生产队为基本核算单位的试点工作。国务院机关派到该县工作的同志也将参加这一试点工作。下面附去的一个材料反映了一些有关粮食'大包干'的情况，请参阅。"该材料反映，长葛后河公社孟排大队与和尚桥公社秦公庙、宗寨大队，对今年秋季粮食分配和明年小麦"三包"，都采取了把粮食总产包给生产队的"大包干"办法。实行这个办法以后，大队向生产队只要征购任务和提成（包括生产管理费用、公积金、公益金等），生产队在完成征购任务和提成以后，即自行分配。这三个大队实行"大包干"办法以后，进一步调动了生产队干部和社员的生产积极性，突出地表现在麦播进度迅速上升，质量、数量也超过了预定计划。

11月2日 在杨放之十月二十七日的来信上批示："请总理参阅。"杨放之在信中说：仲勋同志：我在来上海的途中，顺便找德州、济南、徐州、常州、无锡等车站站长，了解了一下铁路客运情况。目前，沿途各站的客运秩序不错，国庆节前成立的管理委员会都在继续工作，个别的站在国庆节以后一度松了一点，但很快工作就加强了。上述各站中问题比较突出的是山东的德州车站。

11月10日 接见出席中国道教协会第二届全国代表会议的主席团全体成员。会议于十一月一日至九日在北京召开。

11月上旬 收到曾三十一月一日向中共中央组织部、杨尚昆和习仲勋报送的关于按精简原则编定档案工作人员的意见。意见提出，除了档案室是各机关秘书工作的一部分，应由各机关自行解决编制问题外,请中央组织部和各级党委组织部门和编委承认各级档案管理机构和档案馆的机构,并按精简原则和工作需要在党委机关编定若干人。二十一日,中央组织部批转这个报告。

12月11日 出席第三次全国招待工作会议。在讲话中说:(一)招待服务工作是一项政治性很强的事务工作,是一项对内对外开展统一战线不可缺少的事务工作,绝不是生活上的小事,更不要以为它是伺候人的工作而不屑去做。(二)要制止在生活招待方面追求高标准、铺张浪费的现象,在楼堂馆所的修建方面要量力而行,不能超标建筑,要警惕和平环境里滋生贪图特殊化的风气。(三)招待工作要克勤克俭、厉行节约,发扬延安时期的作风,花钱一定要精打细算,用最少的钱,办最多的事,取得最好的效果,把党的艰苦奋斗的优良传统贯彻下去。讲话还说:从事后勤工作的同志们,一要加强政治思想工作,顶住歪风邪气,忠于职守,勤奋工作;二要加强业务学习,做专业方面的通才;三要加强组织领导工作,统一领导,使招待工作更上一层楼。第三次全国招待工作会议于十二月十一日至二十二日在北京召开。会议拟定《关于对内招待工作的规定》,审查和修订有关的规章制度。

1962年　四十九岁

1月6日　周恩来召集会议，讨论精简机构问题。会议指定以杨尚昆为主，习仲勋、张启龙[1]、马文瑞等参加，争取在扩大的中央工作会议前制定出精简机构的有关规定。

1月10日　致信周恩来、杨尚昆。信中说：昨天上午，我邀请西北地区一部分省、地、县委的同志开会，座谈了县级机构编制的精简问题。现将陕西省葭县县委第一书记王彦成同志所谈的该县机构编制的情况和精简意见，摘要反映于下：王彦成同志说，全县减少一半的职工以后，工作不仅不会削弱，而且有信心把工作做得比以前更好。因为官僚主义少了，分散主义少了，乱出点子和瞎指挥少了，干部精干了，事权专一，更便于负责了，这样工作就不是更难做而是更容易做了。王彦成同志认为，县级机构减人，必须请中央、省、地各级领导机关配合才行，不然县级的人是减不了的。

1月11日—2月7日　中共中央在北京召开扩大的中央工作会议。出席会议的有中央和省、地、县委四级主要负责人以及部分大厂矿和军队负责人，共七千一百一十八人，通称七千人大会。会议初步总结"大跃进"中的经验教训，开展批评和自我批评，强调加强民主集中制，切实贯彻调整国民经济的方针，以迅速扭转国民经济困难的局面。

---

[1] 张启龙，时任中共中央组织部副部长、全国人大常委会委员。

1月13日 晚上，出席《关于中华人民共和国给予阿尔巴尼亚人民共和国贷款的协定》《关于中华人民共和国向阿尔巴尼亚供应成套设备和给予技术援助的议定书的补充换文》等五项协定和议定书签字仪式；随后，出席周恩来举行的招待阿尔巴尼亚政府经济代表团宴会。

1月15日 将《关于县级机构编制情况和精简意见的汇报提纲》和有关附件批送杨尚昆。在附信中说："送上精简汇报提纲和几个附件，这些文件都整理的很粗糙，但是供我们开会讨论，还是可以用的。请审阅后，分发有关同志阅读，何时开会，亦请决定通知。"

1月16日 向周恩来、杨尚昆和谢富治[1]报送《关于各级国家机关、党派、人民团体精简的初步意见》。《意见》说：在人员编制方面，由于机构设置过多、领导的头绪过多，分工过细和会议多，文件报表多等等，随之而来的是行政事务大增加，工作人员大增加，机构臃肿，人浮于事的现象更突出些。对各级国家机关的精简，提出以下意见：关于中央一级的编制，中央国家机关在北京的单位共有二十四万余人，要坚决裁并机构，进一步精简人员，结合改进领导作风和工作方法，行政机关争取精简百分之五十，是完全可能的。关于省、自治区一级的编制，全国现有二十多个省（区），各省（区）的条件悬殊。省（区）一级国家机关，拟按百分之五十精简。报告还对专区、市、县、区和农村人民公社的编制提出了具体意见。

1月17日 上午，同杨尚昆等讨论精简机构问题，就起草的提纲作了讨论。

1月上中旬 接见出席中国天主教爱国会第二届代表会议的

---

[1] 谢富治，时任中共中央政法小组组长、公安部部长。

主席团全体成员。二十一日下午，陪同朱德接见全体与会代表。中国天主教爱国会第二届代表会议于一月六日至十八日在北京召开。会议决议提出，中国天主教爱国会今后的任务是全心全意接受中国共产党的领导，高举反帝爱国旗帜，独立自主自办教会。

1月20日 致信周恩来。信中说：最近北京市在各机关普遍建立了"机关商店"，据说这是推广石景山建立"地区商店"的经验。在人口集中的街道上，分设一些"地区商店"是必要的，否则，在几百万人口的大城市里，人们都挤到百货大楼去买东西怎么能行？但是，在机关里普遍建立"机关商店"，使机关这一部分日常必需品的分配商店化，则不好。从国务院内最近办起"机关商店"看，效果不很好。一、增加了营业人员。二、商品分配层次增多。三、说的是商品合理分配，其实是平均摊派法，并且造成不必要的浪费。这种办法会不会影响机关同居民的关系，也值得考虑。

2月12日 向周恩来并中共中央报送《关于全国招待工作会议的报告》及《国务院关于对内招待工作的规定》。《报告》说：根据中央的指示，去年十二月中旬召开了全国招待工作会议，对过去的工作进行了一次比较系统的检查；肯定了成绩，批判了缺点，总结了经验，提高了认识；拟定了《关于对内招待工作的规定》；审查和修订了有关的规章制度。从会议反映的情况看来，各地的招待工作成绩是很大的，但是，缺点和错误也确实不少。最主要的问题是近两三年来，在不少的干部中间，讲究排场，贪图享受，不能艰苦朴素，不能与群众同甘共苦的倾向，不精打细算，不爱护公共财物的风气有所滋长。在今年内，根据中央以调整为中心的"八字方针"和"精兵简政"、增产节约的精神，对招待工作也必须进行一次彻底的整顿。主要做好以下几项工作：第一，移风易俗，彻底放下架子。坚决反对讲排场，比享受，不能艰苦朴素，只能为官不能为民，不能与群众同甘共苦的作风。凡是中央指示不准做的事，如不准新建非生产性建筑，不准请客，不准送礼，不准"走后门"等等，就坚决不做。坚决把铺张的架子拉下来，把不适当的标准降下来，把讲阔气和特殊风纠正过来。第二，克勤克俭，厉行节约。必须精打细算，会过日子。无论花钱用物，都要有计划。要严格实行经济核算，健全财务制度，大力压缩社会集团购买力，彻底清理仓库。第三，厉行"精兵简政"。招待部门的机构和人员，必须大力裁减，经常保持精干得力。第四，加强统一领导。必须建立严格的请示报告制度，反对无组织、无纪律的行为。第五，加强思想政治工作。三月十五日，中共中央、国务院批转了这个报告。

2月13日 上午，在中山公园中山堂出席首都各界公祭李克农[1]大会。李克农于二月九日在北京逝世，享年六十四岁。

2月17日 致信周恩来。信中说：今天上午，我约郭洪涛[2]、杨作材[3]、张有萱[4]、马定邦[5]、刘亚雄[6]、章夷白[7]等同志，初步座谈了一下"拆庙"的问题。大家一致认为，国务院多数部门是精简的问题，有些部门还可以大大精简，有少数部门可以考虑撤销或合并。大家认为，为了彻底实行"精兵简政"，拆一些"庙"，合并一些机构，是非常必要的，特别是各部门下面的事业单位和科学研究机构，完全可以撤销一些，合

---

[1] 李克农，逝世前任全国政协常务委员、中国人民解放军副总参谋长。
[2] 郭洪涛，时任国家经济委员会副主任。
[3] 杨作材，时任国家计划委员会副主任。
[4] 张有萱，时任国家科学技术委员会副主任。
[5] 马定邦，时任国务院财贸办公室副主任。
[6] 刘亚雄，时任劳动部副部长。
[7] 章夷白，时任内务部副部长。

并一些。大家还认为，"拆庙"问题必须慎重研究，不能草率从事。最好先在各部门党组充分进行酝酿，提出意见，再由中央和国务院统一考虑决定。

2月中下旬 接见出席中国佛教协会第三届全国代表会议的主席团成员。中国佛教协会第三届全国代表会议于二月十二日至二十七日在北京召开。会议通过决议，要求全国佛教徒坚决接受中国共产党的领导，走社会主义道路，紧密团结在中国共产党和人民政府的周围，为祖国伟大的社会主义建设事业贡献自己的力量。

2月22日 中共中央书记处召开会议，讨论清仓核资、国营农场、精简工作等问题。会议决定：成立中央精简小组，负责处理有关全国精简职工和城镇人口工作的日常事务，随时向中央反映这方面的情况、问题，研究和提出解决问题的意见。中央精简小组以杨尚昆、习仲勋、谢富治、张启龙、马文瑞、章夷白、高云屏[1]、童小鹏[2]八人组成，由杨尚昆任组长。新的中央精简小组成立后，原由安子文任组长的中央精简五人小组，着即撤销。会议还决定，成立国家机关编制小组，以谭震林、习仲勋、谢富治、张启龙、钱瑛、童小鹏、曾一凡七人组成，由谭震林任组长。二十三日，中共中央办公厅分别发出关于成立中央精简小组和国家机关编制小组的通知。

2月27日 出席中央精简小组会议。会议决定：一、成立办公室，日常工作由马文瑞负责；二、选派六个小组，各到一个大区去调查研究，三月十日左右出发。

3月1日 在国务院秘书厅本日报送的《四川省十一个县缺

---

[1] 高云屏，时任国家计划委员会副主任、国务院文教办公室副主任。
[2] 童小鹏，时任国务院副秘书长、国务院总理办公室主任。

粮、生病、死亡的情况很严重》的材料上批示：请总理参阅。

3月24日 在国务院秘书厅三月二十三日报送的关于河南农民外流造成铁路客流激增的材料上批示："报总理。"国务院秘书厅在致习仲勋的信中说：据铁道部报告，陇海线郑州、徐州间和津浦线徐州、蚌埠间客流激增，比往常增加一倍以上。客流增加的原因是河南开封、商丘等地灾区的一些农民流往安徽宿县地区换粮或落户。我们接到报告后，即与在京开会的河南省省长吴芝圃、安徽省省长黄岩联系，他们当即打电话回去认真安排群众生活和安置盲流农民。昨天已在宿县召集会议研究这一问题，决定立即采取措施，疏散、安置盲流农民，并已告河南省委做好救灾工作，控制灾区农民外流。二十五日，周恩来在这份材料上批示："急件。即送：刘、邓、彭〔1〕、富春、先念、徐子荣〔2〕、吕正操〔3〕传阅，请徐、吕按过去规定并结合目前情况（河南外流一时不会停止，宿、徐可以安置一些人到生产队）加以处理，并望与在京的豫、皖、苏三省省长一商。结果望告。"

3月27日 下午四时，出席二届全国人大第三次会议开幕式。四月十六日下午，出席会议闭幕式。

3月28日 晚上，同李富春等接到周恩来关于河南省救灾工作的通知，要求他们同有关部门商办调粮、调煤和拨救济款等办法。

4月15日 上午，出席首都各界公祭马锡五〔4〕仪式。马锡五于四月十日在北京逝世，享年六十四岁。

---

〔1〕 彭，指彭真。
〔2〕 徐子荣，时任公安部副部长。
〔3〕 吕正操，时任铁道部副部长。
〔4〕 马锡五，逝世前任最高人民法院副院长。

4月20日 向周恩来汇报津浦线客运秩序的整顿情况。在信中说：今天上午，我约了徐子荣、苏杰〔1〕、章夷白和山东的苏毅然〔2〕、河北的谢辉〔3〕等同志，开会研究了整顿津浦线客运秩序的问题。据铁道部反映，津浦线南段，经过河南、江苏、安徽三省和有关部门采取措施后，客运秩序已有好转；北段的客运量则有日趋增加之势，其中，大部分是从河北外流到山东换粮的灾区农民。为了改变这种情况，会上商定下列几条措施：一、以公安部为首，铁道部、内务部和河北、山东两省各派一人组织一个工作组，即日赴德州车站进行工作。二、请河北省立即派出工作组，到沧州灾区多做工作，把灾民就地安置好，尽量设法不要让他们外流，即使外流，也要有组织地在省内流动，不要出省。三、铁道部在客运量大的车站准备后备车，增加运量。对于外出换粮的灾区农民，不要强行阻拦，也不要没收他们的东西。在自由流动人口多的车站附近地区，如果有卖熟食、菜汤等食物的，可以加以组织，不要一律取缔。

同日 同李先念等出席中华人民共和国和苏维埃社会主义共和国联盟一九六二年货物交换议定书签字仪式。

4月25日 向周恩来汇报津浦线客运秩序问题。信中说：四月二十日开过整顿津浦线客运秩序的会议以后，客流量近日来还在增加，德州站从四月十九日到四月二十三日，由一万一千九百七十二人增加到一万五千零五十一人。其中来自河北省沧县的灾民约占百分之六十，来自山东省德州专区的约占百分之四十。为了减少客运积压，铁道部除将天津到德州的一列车延伸到兖州

---

〔1〕 苏杰，时任铁道部副部长。
〔2〕 苏毅然，时任中共山东省委书记处书记、山东省副省长。
〔3〕 谢辉，时任河北省副省长。

外，由天津加开一列临时客车到兖州，并准备将山东省新泰到德州的一列车延伸到沧县。河北省人委已经通知各地立即组织有关部门，普遍检查口粮指标落实到户的情况，并强调注意解决徐水、衡水、沧县等十几个重灾县的问题。为了加强巡回检查，四月二十一日又派民政厅冯英副厅长带工作组去石家庄、邢台等重灾县检查口粮落实与救灾情况。

4月26日 周恩来向中共中央书记处报送《关于改进高等学校毕业生分配办法的意见》。《意见》提出，为了做好今年高等学校毕业生的分配示范工作，有必要成立一个高等学校毕业生分配委员会，拟由习仲勋、张际春、杨秀峰、张有萱、章夷白、高云屏等组成，习仲勋负责主持。这个委员会的任务：（一）负责审定一九六二年国家计委关于高等学校毕业生的分配计划，报请中央审批。（二）对一九六三年和一九六四年高等学校毕业生的分配工作提出原则意见。（三）在高等学校调整过程中，停办的学校，有一部分学生质量很低不宜继续学习，需要加以安排，分配委员会应负责提出处理意见。（四）一九六二年全国中等专业学校约有毕业生三十四万多人，技工学校约有毕业生三万人，对这两部分毕业生的出路和分配工作问题，由分配委员会研究提出意见。后三项意见提出后，均报告国务院审核，再转报中央批准。《意见》还提出，为了纠正在毕业生分配和使用中政治条件规定得不适当的缺点，有必要专门成立一个小组负责对各方面录用毕业生的政治审查标准加以审查，重新拟定切实可行的政治审查标准。这个小组拟由聂荣臻[1]、张际春、萧华、徐子荣、张

---

[1] 聂荣臻，时任中共中央军事委员会副主席、中共中央科学小组组长、科学技术委员会主任、国防委员会副主席。

启龙、张子意[1]、张执一[2]、高云屏、张有萱、章夷白、刘子载[3]等组成，聂荣臻负责主持。二十七日，中共中央批转了这个意见。

5月7日—11日 中央工作会议在北京召开。会议由刘少奇主持，主要讨论中共中央财经小组《关于讨论一九六二年调整计划的报告（草稿）》。会议同意中央财经小组对经济形势的分析，决定对国民经济进行全面的大幅度的调整。会后，中央财经小组对报告作了修改和补充。二十六日，中共中央批转了这个报告。

5月7日 上午，出席中央工作会议农林、财贸小组会议，讨论调整计划的报告。同邓子恢、陈伯达[4]、叶季壮[5]、廖承志[6]、谢富治、吴雪之[7]、廖鲁言[8]等在会上发言。与会人员谈到：恢复农业生产，首先要定征购，要实行等价交换，农民是愿意交征购粮的，但不能超过限度。调整经济要按中央政策办事，纳入常规。渔船要组织专业队，不要下放到生产队，分散了不利于生产。进口粮食外汇很紧等。

5月8日 下午，出席中央工作会议农林、财贸小组会议。同叶季壮、廖鲁言、吴雪之、罗玉川[9]等发言，表示同意中共中央财经小组关于一九六二年调整计划的报告，认为要加快行

---

[1] 张子意，时任中共中央宣传部副部长。
[2] 张执一，时任中共中央统战部副部长。
[3] 刘子载，时任教育部副部长。
[4] 陈伯达，时任中共中央政治局候补委员、中共中央宣传部副部长、红旗杂志社总编辑、中国科学院副院长。
[5] 叶季壮，时任国务院财贸办公室副主任、对外贸易部部长。
[6] 廖承志，时任国务院外事办公室副主任、华侨事务委员会主任。
[7] 吴雪之，时任商业部副部长。
[8] 廖鲁言，时任国务院农林办公室副主任、农业部部长。
[9] 罗玉川，时任林业部副部长。

动，争取时间，愈早愈有利。

5月29日 上午，同杨尚昆通电话，谈精简小组会议问题。

6月2日 在内务部农村救济司本日报送的内务部、全国妇联四川工作组反映农村缺粮情况的汇报摘要上批示："送请尚昆同志阅。"

6月7日 在一封署名为"几个干部"的反对特殊化的来信上批示："请尚昆同志阅，并提议登《群众反映》。信内反映的问题，拟专门研究，提出办法。"

6月21日、22日、25日 同李维汉[1]等与班禅额尔德尼·确吉坚赞谈话。此前，班禅于五月向中共中央报送关于西藏和其他藏族地区问题所写的书面报告。周恩来要习仲勋研究后向他报告，并委托习仲勋与班禅谈心，沟通思想。在二十五日的谈话中，习仲勋说：大师的报告的头一部分有十几页，写得好。这一部分确定了西藏是祖国不可分离的一部分，必须在祖国大家庭内才能发展繁荣。同时，也指出了美好的前景。我认为必须有这个看法。有了这个看法，才好在各方面做文章。这一段是你报告的总纲，我完全同意。报告的第二部分，讲了八个问题，最后归纳成三个问题，即：民族、宗教、人民生活问题。都提得很重要。问题在于哪些缺点、错误是大量的、普遍的？哪些是个别的？要进一步分析。大量的、普遍的问题，领导上要注意纠正，个别的也要注意改正。但是把个别的看成是普遍的，把一点当成全面，是不好的。当然，把大量普遍当成个别的也不对。我觉得报告中应该斟酌的就是这个问题。从大师的报告看，有一点是很明确的，就是从西藏和平解放以来，在很多的重大问题上，中央

---

[1] 李维汉，时任中共中央统战部部长、全国人大常委会副委员长、全国政协副主席。

的方针政策都是正确的，发生的缺点、错误是执行中的问题。中央的方针政策对，也还需要搞一套具体的实施办法。现在看，工作中有一些具体办法没有跟上，大师的报告也指出了这一点。我们对工作中的成就要说够，缺点也要说够，这才是严肃的态度。经过平叛改革工作，我们对西藏工作已经初步地打下了一个基础，就是在祖国大家庭内发展繁荣的基础。有了这一条，缺点、错误都是可以改的。要珍惜我们这几年的工作，不能否认工作中的成绩，真正发展我们的力量。西藏的工作任务很重，内部的事情很艰巨，外事也很艰巨，西藏处在国防前线，还有对敌斗争。这个斗争不但现在有，而且是长期的、艰巨的。我们内部要很好地团结，不很好地团结应付不了这个局面。西藏的工作困难是有的，但也有办法，有希望，前途是光明的。在经过同班禅坦诚交换意见后，习仲勋、李维汉等共同研究产生了关于改进西藏及其他藏区工作意见的四个文件，即《加强自治区筹委会工作，改进合作共事关系（草案）》《关于继续贯彻执行宗教信仰自由政策的几项规定（草案）》《继续贯彻执行处理反、叛分子规定的意见（草案）》《培养和教育干部的具体办法（草案）》，并报经国务院批准。

7月6日 致信杨尚昆并转刘少奇、周恩来。信中说：自上月五日少奇同志将《群众反映》第四十九期所载《机关生产的弊病很多》一文，批给尚昆同志和我以后，即召集有关部门开会作了研究，并派人到下边作了典型调查。现在机关生产已是遍地开花，从中央到地方，所有党、政、军、民、学，以及厂矿、企业、事业单位，甚至有些公社，都铺了摊子。从经营范围看，也是无所不有，除农、林、牧、副、渔外，甚至连短途运输、卖冰棍都干。应该承认，机关生产的发展，在当前国家遇到暂时困难的情况下，对改善机关工作人员的生活，的确起了一定的积极作用。但是，如果不迅速加以整顿，不严格控制，不立一套规章制度，让其自流下去，矛盾就会越来越大，消极因素就会越来越多。其中第一个不良后果，就是与民争地，已经引起了农民的不满，继续下去将会更严重地脱离群众。第二个不良后果，就是化大公为小公，严重损害国家利益。最普遍的是，各地国营农场的耕地大量被机关、部队、厂矿、学校占用。第三，投资大，不计成本，不实行经济核算，同时也助长了一些浪费现象。由此看来，在目前对机关生产进行一次彻底的整顿，是非常适时的、必要的。在这方面我们已经做了一些检查工作，最近准备要集中力量再深入研究一下，起草一个《关于整顿机关生产工作的若干规定》，并写一个报告，在月底以前报中央审批。

7月12日 上午十时半，同杨尚昆、张启龙、马文瑞、章夷白、童小鹏等一百四十余人在中南海怀仁堂出席周恩来为中央机关下乡调查组所作的报告会。此前，为了解全国各省县以下吃商品粮和机动粮的情况，根据周恩来的提议，中共中央决定从党、政、民三方面抽调一百多人，成立四十五个分组，下乡调查。

7月25日 下午，接见厄瓜多尔前众议院议长、前内政部长、厄瓜多尔人民行动运动领导人曼努埃尔·阿劳霍·伊达尔哥。

7月25日—8月24日 中央工作会议在北戴河召开。会议原定议题是讨论农村、粮食、商业和国家支援农业等问题，重点讨论《关于进一步巩固人民公社集体经济、发展农业生产的决定（草案）》《农村人民公社工作条例（修正草案）》《关于商业工作问题的决定》等文件。八月六日，毛泽东在会上作关于阶级、形势、矛盾问题的讲话。随后又多次在中心小组会上讲这三个问题，把一些中央同志对经济形势的估计批评为"黑暗风"，把支持"包产到户"的主张批评为"单干风",把彭德怀等要求党中央重新审查自己的历史、进行甄别平反的要求批评为"翻案风"。会议的重点转为讨论阶级斗争问题。

7月30日 上午,接见印度尼西亚电影代表团。

7月30日—8月24日 受周恩来委托,在北京主持召开全国中等工业城市座谈会。座谈会是根据中共中央政治局常委会议的决定召开的。会议讨论并通过《中共中央、国务院关于当前城市工作若干问题的指示》。会议结束后,从北京前往北戴河。

8月3日 中共中央发出《关于成立城市工作组和汇报城市工作的通知》。《通知》说:今年上半年,城市工作在调整工业、精简职工、减少城镇人口、节约粮食、清仓核资、增加商品、回笼货币等方面,收到了预期的效果。但是,在取得这些成绩的同时,在工业生产和城市人民首先是职工生活方面,也出现了不少新的问题。为了解决城市工作中存在的问题,在这次中央工作会议[1]期间,除了已经组成一个城市工作组,研究解决北京、上海、天津、武汉、广州、沈阳、重庆、西安等大城市的工作问题以外,并决定在北京成立一个以习仲勋为首的小组,分批听取上述城市以外的省会和有大工业企业的中等城市的工作汇报。在北京的工作组,要随时将这些城市的工作情况和问题反映到中央工作会议上来,以便由中央工作会议的城市工作组研究制定出当前城市工作的方针、政策和统一的工作部署。

8月26日—9月23日 中共八届十中全会预备会议在北京召开。会议前期,主要讨论有关农业的两个文件,批评"单干风",讨论国际形势和干部交流问题等。九月三日上午,出席西

―――――――

[1] 指1962年7月25日至8月24日在北戴河召开的中央工作会议。

北小组会议，同张爱萍[1]、钱俊瑞[2]等就农村问题发言。九月六日、七日起，会议转入批判彭德怀的所谓"翻案风"。在此过程中，康生[3]别有用心地提出了小说《刘志丹》的问题，诬陷习仲勋"勾结"刘景范[4]和李建彤[5]，授意炮制"反党小说"《刘志丹》，为高岗翻案，并说习仲勋是"翻案风"中的又一个"挂帅人物"。九月中下旬，预备会议各组开始对小说《刘志丹》展开批判，错误地把习仲勋、贾拓夫[6]、刘景范等打成"反党集团"，还升级为"彭（德怀）、高（岗）、习（仲勋）反党集团""西北反党集团"，认为小说就是他们的"反党纲领"。

9月10日 就小说《刘志丹》的问题致信刘澜涛[7]。信中说：关于《刘志丹》这本书，不是由我主持写的，就连这本书的写作计划我也未参加过。记得是一九五八年，李建彤同志曾向我谈过，她写一本《刘志丹》。我当时不赞成。一是觉得她从未写过东西，又缺少生活的体验，怕写不好；再是这本书虽然是文学作品，同时也是一本传记体裁的小说，书的内容总会涉及到一些人物和历史事实，她只靠收集材料写东西，也未必能够写好。到

---

[1] 张爱萍，时任中国人民解放军副总参谋长、国防部国防科学技术委员会副主任。
[2] 钱俊瑞，时任国务院文教办公室副主任、文化部副部长。
[3] 康生，时任中共中央政治局候补委员、中共中央文教小组副组长、全国政协副主席，在中共八届十中全会上被增选为中共中央书记处书记。
[4] 刘景范，刘志丹胞弟，时任地质部副部长。
[5] 李建彤，刘景范妻子，小说《刘志丹》作者。
[6] 贾拓夫，新中国成立后曾任中共中央西北局常委、国家计划委员会副主任、国家经济委员会副主任、轻工业部部长等职。1959年庐山会议后受到错误批判，任抚顺发电厂代理厂长。1962年春，其"右倾错误"获得平反，同年夏从抚顺奉调回京。
[7] 刘澜涛，时任中共中央书记处候补书记、中共中央西北局第一书记。

一九五九年，她给我送来一部《刘志丹》的稿子，说是第三稿。我看了以后觉得写得不像样子，虽然工人出版社想出版，也被我制止了。并且我曾不止一次地对李建彤同志讲过，既然花了很大的力量，就一定要把这本书修改好，不要急于发表。最好把这本书的稿子广泛地发给有关同志看看，与其在发表后有不同意见，不如在发表以前让人家把意见都提出来，并且在这本书发表以前一定要经过有关部门审查批准。今年她又把修改后的稿子给我送来，由于平时特别是夏季工作较忙，加上这本书有几十万字，一直到现在我尚未看完。我又怎么会说这本书写得很好呢？为了这本书，阎红彦[1]同志七月二十三日曾经给我打过电话，说不同意出版这本书。我当时就把他的意见转告给李建彤同志。至于过了不久，《工人日报》和《中国青年》刊载《刘志丹》的一部分稿子，我事先也并不知道，李建彤同志也未向我讲过。习仲勋的这封信刊登在当日的八届十中全会预备会会议简报上。

9月13日 晚上，致信中共中央，坚决不承认小说《刘志丹》是自己主持写的，坚决不承认康生强加给自己的罪名。

9月24日—27日 中共八届十中全会在北京召开。二十四日，毛泽东在开幕会上作阶级、形势和矛盾问题的讲话时，康生递了一个条子："利用小说进行反党活动，是一大发明。"毛泽东念了这个条子，接着说：这是搞上层建筑。凡是要推翻一个政权，总要先造成舆论，总要先搞意识形态方面的工作。无论革命也好，反革命也好。全会通过《关于进一步巩固人民公社集体经济、发展农业生产的决定》《农村人民公社工作条例（修正草案）》《关于商业工作问题的决定》等文件；提出继续贯彻"八

---

[1] 阎红彦，时任中共中央西南局书记、中共云南省委第一书记、昆明军区政治委员。

字"调整方针，继续贯彻执行以农业为基础、以工业为主导的发展国民经济的总方针。全会公报提出："在无产阶级革命和无产阶级专政的整个历史时期，在由资本主义过渡到共产主义的整个历史时期（这个时期需要几十年，甚至更多的时间）存在着无产阶级和资产阶级之间的阶级斗争，存在着社会主义和资本主义这两条道路的斗争。"全会并决定组织两个专案审查委员会，分别对彭德怀、习仲勋等人进行审查。

年底 中共八届十中全会后，受中共中央、毛泽东委托，周恩来同陈毅找习仲勋谈话。陈毅宽慰习仲勋说："我犯的错误比你大，改了就好。要努力振作起来。"周恩来说："党中央、毛主席对你是信任的，让你代表政府做了许多工作，即使出了《刘志丹》小说这个问题，错了就改嘛。我们还是好朋友。千万不要有一念之差。"习仲勋表示："总理，您放心，这点我还不会。我准备回农村去做个农民，革命也不是为了做官，种地同样可以革命。"

1963年　五十岁

5月　以康生为组长的"清查习仲勋同志反党活动的专案审查委员会"写出《对〈刘志丹〉一书的审查报告（草稿）》。审查报告（草稿）认为，《刘志丹》这部小说"夸大和歪曲"西北革命根据地的地位和作用，"把毛泽东思想变成了刘志丹思想"，"为高岗翻案"，"吹捧习仲勋"，因而"是一部伪造的西北党史"，"是习仲勋反党集团的纲领"。后来，审查小组基本上停止了活动，这份审查报告没有形成正式文件。

8月10日　安子文致信中共中央，建议习仲勋、贾拓夫、刘景范三人到中共中央直属高级党校学习。信中说：自八届十中全会决定对习仲勋、贾拓夫、刘景范等同志进行审查以来，已经八个多月。审查一开始，习仲勋、贾拓夫、刘景范三同志就停止了工作，一直无所事事地在家里住着。全案的审查工作，还需要一定的时间才能结束。因此，提议要他们到高级党校学习。习仲勋同志的学习，可采取彭德怀同志的办法，在高级党校附近找一所房子住下来，单独自学，自己订学习计划，高级党校作必要的辅导。贾拓夫、刘景范同志可到高级党校的研究班，和研究班的同志一道学习。

秋　开始撰写"检查报告"。通过口述，由秘书记录整理成稿，修改后签名，报送中共中央和毛泽东。"检查报告"较为系统地回顾了自己的思想发展过程，但坚决不承认秘密反党。

同季　同贾拓夫、刘景范被安排到中共中央直属高级党校学习。与妻子、儿女独立住在邻近党校的一个叫"西公所"的院落。每天阅读马克思、列宁和毛泽东的著作，翻阅材料，撰写笔记。在"西公所"居住期间，利用空余时间在后院的空地上种了一大片玉米、蓖麻和蔬菜等。胞妹习雁英前去看望，见面后难过得流下眼泪。习仲勋说："受党的教育这么多年了，还这么软弱，这么经不起风浪，动不动就流眼泪怎么能行呢？无论何时都要听党的话，把自己的工作做好。"

1964年　五十一岁

年底　根据一年多的学习和体会，撰写出一份"检查报告"，主要谈在理论学习中的心得收获，但涉及具体问题时仍"交代"不出相应的"事实"，只是给自己扣上几顶政治帽子。

1965年　五十二岁

春　中共中央决定将彭德怀、习仲勋两个专案委员会合并，同时成立西北调查组，设在中共中央西北局机关，对外称中央组织部调查组，调查核实习仲勋的所谓"反党活动"，并成立陕西省委和甘肃省委两个调查组协助工作。

夏　致信中共中央和毛泽东。在信中除检讨错误外，并提出："让我去农村生产队，参加集体劳动锻炼，把自己改造成为一个毛泽东思想式的新的普通劳动者。我长期关在屋子里，脱离实际生活，是改造不好的。"毛泽东让安子文回复说，农村太艰苦，还是到工厂去。

秋　安子文同习仲勋谈话，宣布中央让他到洛阳矿山机器厂担任副厂长的决定。习仲勋表示服从中央安排，并请安子文向中央转达自己的三点意见：一、坚定地信仰马列主义、毛泽东思想，以一个共产党员的标准要求自己；二、不做有损于党和人民的事情；三、不会自绝于人民。

12月初　正在北京海淀区参加"四清"运动的齐心，请了一天假，回到家中给习仲勋拆洗被褥，为他送行。从此一别八年。

12月7日　同秘书范民新和公务员乘火车从北京前往洛阳。此前，洛阳矿山机器厂于十月接到第一机械工业部关于习仲勋来该厂工作的通知。第一机械工业部副部长杨殿奎向该厂负责人传达周恩来的指示：习仲勋到洛阳矿山机器厂当副厂长，属挂职锻炼，中央仍对他寄予希望。到洛阳矿山机器厂后，习仲勋向该厂负责人表示：来这里主要是劳动锻炼，不需要休息，也不承担行政管理工作，但要保证每天至少有半天时间在车间参加工作。后在厂方的安排下，到第二金工车间的电二班参加劳动。一九八二年十月十四日，习仲勋在同朝鲜领导人金日成谈到在洛阳矿山机器厂的情形时说："我在洛阳当了一年多副厂长，同工人生活在一起，劳动在一起，向工人同志学了很多东西。过去我没有在工厂待过，这一段工厂生活对我很有好处。"

本年 经康生审定的《关于习仲勋反党问题的传达提纲》批转各地，在各级干部中传达，要求"彻底肃清彭、高、习的罪恶影响"。这不仅使彭德怀、习仲勋受到诬陷和迫害，而且株连了一批曾经同他们一起工作过的同志。

1966年　五十三岁

5月　出席洛阳矿山机器厂党委扩大会议。在会上发言说：住在谷水南村的工人，没有生活福利，没有补助，这是个大问题。孩子上学看病都和住在厂里宿舍区的工人不一样，住房很小也很黑，有的长时间还吃高价粮，这样怎么行？突出政治都要落脚到生产上，领导革命化，质量革命化，最后都要落脚到生产上，不这样做便是空架子。

同月　专案审查小组写出《关于〈刘志丹〉一书的审查报告（草稿）》。审查报告（草稿）认定，小说《刘志丹》是"彻头彻尾的反对毛主席、反对党中央的纲领，是习仲勋图谋篡党篡国的纲领"；"习仲勋反党秘密集团写《刘志丹》一书是一个重大反党阴谋，是企图篡党篡国的一个重要步骤"，"习仲勋是《刘志丹》的第一作者，刘景范是第二作者，执笔者是李建彤"。不久，"文化大革命"开始，该审查报告没有形成正式文件。

5月4日—26日　中共中央政治局扩大会议召开。十六日，会议通过《中国共产党中央委员会通知》（即"五一六通知"）。八月一日至十二日，中共八届十一中全会召开，通过《中国共产党中央委员会关于无产阶级文化大革命的决定》。这两次会议的召开，标志着"文化大革命"的全面发动。

下半年　通过内部传达文件、听广播和看报纸，了解"文化大革命"的动态。缘于对党的无限忠诚和信赖，最初认为："毛主席亲自发动和领导的无产阶级文化大革命，取得了一系列的伟大胜利,实在鼓舞人心,使我十分振奋,更使我下定决心,在这场翻天覆地的文化大革命中,把自己改造过来。"此后在写给子女的信中说:"无产阶级文化大革命的烈火,什么时候才能烧到我的身上",期望能在运动中得到洗礼和进步。但随着形势的发展和变化,逐渐对"文化大革命"产生怀疑。当看到社会上一些人以"破四旧"为名,把商店的烟、酒、衣物当街焚毁时,忧虑地说:这怎么能行呢?商品是国家、人民的财产,烧了多可惜呀!并对洛阳矿山机器厂负责人说:你们向上面反映反映,这样搞怎么说也不是革命行为。

8月 对红卫兵随意给人挂牌上街游行的行为提出批评,认为"运动搞得过火了,这样下去会搞乱的"。出面劝阻一些年轻人说:搞文化革命不要损坏国家财产,这些都是劳动人民的血汗。

12月 洛阳矿山机器厂召开全厂职工大会,宣布该厂"文化大革命"开始。此后,许多领导干部被打倒,生产处于停顿状态。

1967年　五十四岁

1月1日　《红旗》杂志刊登姚文元[1]的文章《评反革命两面派周扬[2]》。三日，《人民日报》全文转载。文章公开点名批判周扬和小说《刘志丹》，不点名地诬陷习仲勋等人，说周扬"伙同一小撮反党野心家，积极支持并鼓励为反党分子高岗翻案的反党小说《刘志丹》的出版"。

1月4日　晚上，被西北大学红卫兵从洛阳矿山机器厂揪到西安批斗。

1月10日　晚上，被造反派揪到陕西阎良的红安公司大礼堂批斗。批斗会即将结束时，被西北大学"文革筹委会"的红卫兵强行带到西北大学，关押在三号学生宿舍楼的二层三十四号房间。

1月23日　中共陕西省委机关"革命烈火战斗团"同"西安地区炮打司令部战斗队""红卫兵革命造反司令部游击队"等组成"夺权小组"，夺了中共中央西北局、中共陕西省委书记处的领导权，西北局和陕西省委领导机构全面瘫痪。与此同时，陕西各地、市、县委及各地区专员公署，市、县人委也相继被夺权。

---

[1]　姚文元，时任中共中央文化革命小组成员。
[2]　周扬，1951年2月至1966年6月任中共中央宣传部副部长，"文化大革命"中受迫害。

1月24日 同刘澜涛等中共中央西北局、中共陕西省委负责人在西安市人民体育场遭到批斗。

2月中旬 周恩来在北京接见西安地区几个单位的造反派代表，批评他们说："打、砸、抢的口号是错误的"，要求停止辩论，停止一切攻击，宣传车不要上街；任何人不得以任何借口冲入国防工厂。当看到习仲勋在西安被批斗的照片后，对造反派提出严厉批评。

2月17日 在西安致信陈伯达[1]并转呈毛泽东和中共中央政治局常委。信中谈了自己近期的思想活动情况，不承认自己是"走资本主义道路的当权派"和"修正主义分子"，请求中央批准自己"早些回到原工作单位[2]，劳动锻炼，继续改造自己"。信中还说："现在斗老干部比我们当年斗地主老财还厉害，再发展下去，局面将会不可收拾。"在此前后，还两次向毛泽东写信，谈对"文化大革命"一些做法的看法。

3月19日 陕西省军区遵照周恩来的命令，宣布对习仲勋实行军事管制，由西北大学转移到省军区机关看管。这实际上是以军管的名义将习仲勋保护起来，但还是没有能够摆脱各地造反派无休止的外调、审问和大会小会的批斗。

4月5日 在西安给周恩来写信，讲述在西安的境况和近来的思想。信中说：我虽有被批斗和每天都有接待来访，要我交代问题，但是还没有大的批斗，也确实没有揭发出多少问题。即使揭发出来的，也是一些老问题。"我的反面作用起完了，现在只是陪别人挨批挨斗。"在信中坚决不承认自己是"走资本主义道路的当权派""修正主义分子"和"混进党内的资产阶级代理

---

[1] 陈伯达，时任中共中央政治局常委、中共中央文化革命小组组长。
[2] 指洛阳矿山机器厂。

人"，提出自己的问题在中共八届十中全会以后已作过交代和处理，请求中央"最好让我早些回去，在原单位劳动锻炼，继续彻底改造自己"。

8月5日 被造反派勒令揭发"刘、邓黑司令部"问题。写了一份材料，表示自己同刘少奇、邓小平工作联系较少，没有什么可揭发的。

8月9日、10日 向造反派递交两份所谓"检查"材料，着重谈所谓"彭德怀、高岗、习仲勋反党集团"以及同高岗、彭德怀的关系问题，小说《刘志丹》问题和在西北工作的情况等。在写到同高岗的关系时说："我们在一九四五年以前，有长期的工作关系，这中间虽然有过几次支持高岗的事实，但在那时来说是一种正常的工作关系，而不是一种反党活动。如果把这种同志之间的历史关系，不以党的正确原则来对待，就会得出宗派主义的认识结论。"在写到同彭德怀的关系时说："解放战争时期和彭德怀在一起几年，有过工作上的争论，但还是正常的同志关系。"在十日的材料中，回顾了从一九三二年组织两当兵变到一九五二年在西北的工作经历。其中写道："在革命战火的岁月中，我虽然有过工作的错误，但基本上还是一心一意地为革命事业而艰苦奋斗。西北解放后这一段时间里，主要是民主改革阶段，在坚决贯彻执行毛主席所制定的各项革命政策和革命策略情况下，西北地区虽然情况很复杂，在甘、青、新发生过多次土匪和少数民族地区的暴乱，但很快平定了下去，取得了民主改革的伟大胜利。一九五二年以前的西北地区，应当肯定地说是毛主席的革命路线占统治地位，在剿匪反霸、土地改革、统一战线以及少数民族工作上，所取得的一系列伟大胜利，也就是毛泽东思想在西北地区所取得的伟大胜利。""至于当时在实际工作中所发生的错误，如关中地区土改不彻底，统一战线工作中某些右的偏向，少数民族工作中的偏差等，这些都是由于未坚决按照毛主席的指示办事，以及自己指导思想上的错误而产生的结果，其责任完全在我身上，应该由我负责。"

8月17日、18日 撰写《我的交代》和《我的履历》两份材料。在《我的交代》中，全面回顾从新中国成立到一九六二年中共八届十中全会所经历的许多重要事件，特别是对自己所负责过的工作、处理过的人和事，作了系统的说明，并以高度自责的精神检讨了工作中的偏差和失误。《我的履历》简要记述了参加革命四十多年的经历。

8月24日 晚上，被造反派批斗。面对造反派荒唐的提问，或应付作答，或沉默不语。

9月16日 被陕西师范大学"八一"战斗队等造反派组织拉到西安医学院批斗。当造反派逼问河南长葛调研的情况时，回答说："一九六一年四月至五月，在河南长葛带了一个工作组，主要调查生产和群众生活情况。""主要是反'五风'，给中央写了报告，食堂不能办；炼钢铁浪费劳力、燃料。""我说过大炼钢铁，摊子铺得太大，不爱护群众积极性，对人民生命不爱惜。还说过我亲眼看见一家秤上没有秤锤和秤钩，群众说，都拿出去炼钢了，把耕犁的铁铧也炼了钢。"当造反派逼问"你怎样支持农村的自发势力"时，明确回答："我赞成自留地。"

9月28日 下午，被拉到陕西日报社礼堂批斗。批斗会持续三个多小时。

9月 为常生春[1]写证明材料，详细说明一九三三年陈家

---

〔1〕 常生春，时任中共富平县委副书记。1933年参加陕甘边游击队，任陕甘边革命委员会政治保卫队经济员，同年初夏在照金苏区陈家坡战斗中负伤。"文化大革命"期间，造反派硬说常生春负伤被俘投敌，多次来人来函要习仲勋作证明。

坡战斗的情况和常生春参加革命及加入团组织的经过。十二月，再次为常生春写证明材料。

10月2日 中午，在富平县迤山中学操场被批斗。

10月10日 下午，被陕西师范大学"八一"战斗队和河南"二七公社"的造反派批斗。当造反派逼问一九五九年在河南、陕西调查研究的情况时，习仲勋说："我讲过，现在对农民小自由太少，没有小自由，自留地没有了。路子要越走越宽，农民是路越走越窄，越走越死。干部比农民自由多一点，农民自由太少了。我认为，有小自由不怕，在大自由领导下，有些小自由也不怕，如果有危险，可以控制它。""我们现在农村粮食紧，共产党有崇高威信，群众会原谅我们。如果继续这样下去，就会闹乱子，农民就会用扁担砸我们"。在谈到庐山会议时，习仲勋说自己对"大跃进"的看法和彭德怀是相同的，认为高指标、"共产风"是"左"的东西，"左"比右更危险。

10月31日 致信毛泽东，汇报在西安受批斗和思想变化情况。

11月初 致信周恩来、毛泽东并中共中央政治局常委。

11月7日 下午，遭到陕西师范大学"八一"战斗队和河南"二七公社"造反派的批斗。在此前后，被咸阳造反派拉到国棉一厂和二厂、西北橡胶厂及西藏民族学院[1]批斗。

---

[1] 西藏民族学院位于陕西咸阳市，是西藏和平解放后中共中央为西藏创办的第一所高等学校，2015年更名为西藏民族大学。

1968年　五十五岁

1月3日　周恩来决定由北京卫戍区对习仲勋实行监护，派飞机将习仲勋接回北京。

本年　被关押在北京北新桥交通干校，接受审查讯问，无休止地写"交代"材料，直到一九七五年五月才解除监护。在受审查、受迫害期间，家人也受到株连。齐心因没有同习仲勋"划清界限"，一直受到审查。三个大一点的孩子尚未成年就去了建设兵团或生产队插队落户。最小的孩子没有能够升学上高中，后在老战友的帮助下去工厂当了一名车工学徒。

1969年 五十六岁

1月 儿子习近平赴陕西省延川县文安驿公社梁家河大队插队。此后,为习近平写勉励语:"知儿尚肯安心农村,努力工作,致志于繁荣农村经济,改善人民生活而艰苦奋斗,堪慰父意。"

1972年　五十九岁

冬　齐心给周恩来写信。信中说：我和孩子们已经多年未见到仲勋了，请求总理让我们母子早日见到他；我们在北京已无住房，请求解决居住问题；存款早已冻结，希望解冻一部分存款维持生活。周恩来很快作了批复。此后，习仲勋同齐心和孩子们两次见面。

1973年　六十岁

11月1日、8日　两次为常生春写证明材料。在一日的证明中写道："陈家坡战斗发生在一九三三年初夏。当时我和黄子文率领游击队前往耀县白区打土豪，行到陈家坡中敌埋伏，战斗一开始，黄即先行撤退，直到我负伤被俘和最后跳崖脱险，这一时刻中，未见到常生春，后来才知道他钻进梢林撤走了。常生春在陈家坡战斗中没有问题，不久就派到妇女游击队担任领导工作。"在八日的证明末尾还补充写了一段话："常生春一九三三年在照金苏区与敌作战中确曾负过伤（右臂或左臂）。这次战斗除有负伤人员外，没有阵亡的，也没有失踪的。所谓被俘的四五人，都仅半个小时就脱离了敌人，这说明这些人中没有投敌叛变的。当时在敌人队伍中，还有我们的党团员，所有这些情况，都能够随时得到他们的证明。因此，常在这次战斗中是没有问题的。即使他被俘过，也无投敌之嫌，否则，我不会和他谈话并分配工作。对被俘回来的战士，当时都要经过严格审查。"

1974年 六十一岁

10月25日—11月5日 根据专案组的要求，撰写关于小说《刘志丹》的材料。

11月29日—12月6日 根据专案组的要求，再次撰写关于小说《刘志丹》的材料。

12月17日 上午，同专案组谈陈家坡战斗和小说《刘志丹》等问题。

12月21日 毛泽东阅同桂荣[1]十二月十七日来信。信中说：我去看望刘景范，发现他身体不好。对他的问题如果已经审查清楚，能否赶快把他放出来治病，如果他的问题还不能下结论，是否可以把他放出来一面治病，一面继续审查。毛泽东批示："此案审查已久，不必再拖了，建议宣布释放，免予追究。"

12月 将一九六七年六月在西安写的关于小说《刘志丹》的两份材料合并成一份"交代"材料。

---

[1] 同桂荣，刘志丹妻子。

1975年 六十二岁

2月 致信毛泽东，汇报对自己历史问题审查结果和所犯错误的认识。在信中提出：我现在虽已年过六十，并不算老，身体还好，我很乐观，只要不生怪病，再为党工作二十年是完全可能的。我诚恳地请求，在对我的审查结束之后，分配我一点艰苦工作，让我在实际斗争中再加锻炼，重新做一名继续革命的有觉悟的战士。

3月8日 毛泽东批准经周恩来阅改的《关于专案审查对象处理意见的请示报告》和准备释放的专案审查对象名单。报告根据毛泽东关于尽快结束专案审查和把人放出来的意见，提出：由中央专案第一、第三办公室和"五一六"专案组所管的六百七十名审查对象，"大多数人的问题已经基本查清"。"对上述审查对象，采取审查从严、处理从宽的方针，除极少数拟继续关押审查外，绝大多数予以释放。这些人，凡是专案组能够作出结论的，应作出结论；一时还不能作结论的，应先放出来，以后均由中组部会同有关机关和人员再作结论。"

5月19日 专案组向习仲勋宣布：你的问题属于人民内部矛盾，恢复"文化大革命"以前的结论。你犯有严重错误，所谓严重错误，就是写《刘志丹》那本书是反党性质的错误。根据以上结论，可以解除监护，但是中央决定让你"换一个环境，休息养病"。

5月22日 晚上，在河南省公安部门有关人员的陪同下，同齐心从北京乘火车前往洛阳。此后，被安置在洛阳矿山机器厂附近的洛阳耐火材料厂，同工人住在一起，由一个造反派头头管制，监视行动，但总算有了一定的自由。一九八二年十月十四日，习仲勋在同朝鲜领导人金日成谈到这段往事时说：我在洛阳时，可以和工人农民接触，同他们交朋友，说心里话，没有精神负担，每天早晨五点起床，然后散步到七点半，每次走十八华里，风雨无阻。现在身体之所以好和健康，就是那时坚持锻炼的效果。恢复工作以后，就没有条件坚持这样做了。

8月底 专案组派人到洛阳，就拟好的审查"结论"草稿征求习仲勋的意见。审查"结论"草稿的结论是：恢复"文化大革命"以前的结论。习仲勋要求对"结论"中两段不符合事实、完全凭空主观推断的话作出实事求是的修改，并明确表示：过去反对，现在反对，将来还反对。在这两段话没有修改之前，拒绝在审查"结论"上签字。"结论"中的两段话，一段是说小说《刘志丹》是在习仲勋授意下写的，一段是说小说《刘志丹》是反党性质的错误。

本年 在北京服务机械厂当车工的儿子习远平前来洛阳探望，并汇报了自己的工作。习仲勋叮嘱说：在最脏最累的岗位上，才能与工人的心贴得更紧，知道幸福来之不易。这一年，其他家庭成员也陆续前来探望。

1976年　六十三岁

1月8日　周恩来逝世。获悉消息后，极其悲痛，失声痛哭。九日，致电周恩来治丧委员会主任邓小平[1]并转邓颖超：惊闻噩耗，不胜悲痛至极，不能亲临吊唁，深为终身憾事。我一定遵照总理生前遗嘱，紧跟毛主席革命到底。切望大姐节哀保重，化悲痛为力量，并衷心祝愿大姐身体健康。

7月6日　朱德逝世。此后，给工人们讲述朱德的丰功伟绩和高尚品质。

9月9日　毛泽东逝世。独自到南村的山上采了一束小花戴在胸前，肃立良久。虽然没有接到参加洛阳耐火材料厂追悼会的通知，但仍胸戴白花，主动地站在人群中，和大家一起悼念毛泽东。

10月6日　中共中央政治局执行党和人民的意志，采取断然措施，一举粉碎"四人帮"。消息公布后，全国亿万群众衷心拥护，举行盛大的庆祝游行。延续十年之久的"文化大革命"结束。

10月15日　致信华国锋[2]，祝贺党中央粉碎"四人帮"篡党夺权的阴谋，并表示："决心养好身体，更好地继承毛主席

---

[1] 邓小平，时任中共中央副主席、国务院副总理、中共中央军事委员会副主席、中国人民解放军总参谋长。

[2] 华国锋，时任中共中央主席、国务院总理、中共中央军事委员会主席。

的遗志,紧紧团结在党中央的周围,无条件地听从党中央的指挥,把余生全部贡献给党,力争为人民多做一些工作。"信尾署名为"一个仍未恢复组织生活的毛主席的党员习仲勋"。

10月22日 洛阳市党政军民四十万人举行盛大集会游行,庆祝粉碎"四人帮"的伟大胜利。晚上,亲自操刀掌勺,和大家做了一桌饭菜,与邻居、朋友共同分享。

1977年　六十四岁

7月16日—21日　中共十届三中全会在北京召开。会议通过关于追认华国锋任中共中央委员会主席、中共中央军事委员会主席的决议；决定恢复邓小平中共中央委员会副主席、中共中央军事委员会副主席、国务院副总理、中国人民解放军总参谋长等职务；通过《关于王洪文、张春桥、江青、姚文元反党集团的决议》。从广播中获悉全会公报内容后，对身边同志说："邓小平是人才，难得的人才，我们国家有希望了。"

8月12日—18日　中国共产党第十一次全国代表大会在北京举行。出席大会的代表一千五百一十人，代表全国三千五百多万党员。大会宣告"文化大革命"已经结束，重申在二十世纪内把中国建设成为社会主义的现代化强国，但未能从根本上纠正"文化大革命"的错误。十九日，中共十一届一中全会选举华国锋为中共中央委员会主席，叶剑英、邓小平、李先念、汪东兴为副主席，上述五人为中共中央政治局常委。全会通过中共中央军事委员会名单，华国锋为主席。

8月22日　在洛阳分别致信邓小平、胡耀邦[1]和王震[2]，反映自己在"文化大革命"中的遭遇，特别是被监护以后的情况，对自己的问题提出申诉，请求党中央认真审查，作出实事求

---

[1]　胡耀邦，时任中共中央党校副校长，1977年12月又任中共中央组织部部长。
[2]　王震，时任国务院副总理。

是的结论，早日恢复组织生活。

8月24日 致信华国锋、叶剑英、邓小平、李先念、汪东兴并中共中央，祝贺中共十一大和十一届一中全会召开，再次请求中央查清自己的问题，表示"一切听从党中央的安排"，并说："我今年六十四岁，余年不多了，但我的身体已近康复，还可以为党做点儿事情"，"为实现四个现代化，为共产主义事业献出自己的一切"。

9月19日 王震向汪东兴转呈习仲勋给华国锋、叶剑英、邓小平、李先念、汪东兴并中共中央的信。习仲勋在信中对华国锋担任中共中央主席和粉碎"四人帮"表示坚决拥护，并希望能再为党和人民做些有益的工作。王震在信上附注说明：信是习仲勋女儿送来的。我接西北一些老干（部）谈起习的工作问题，我也作过一些调查，"叛徒"是事出有因查无实据，延安整风的结论是经过当时许多人证明的。十月六日，汪东兴在信上批示：习仲勋同志我看可以分配工作，请华主席阅示。

10月 王兆相[1]和王辉[2]到洛阳耐火材料厂探望习仲勋，未遇。王兆相留言称：仲勋同志，我和我老友省委王辉同志来看你，你不在，我们下次再来看你，祝你保重。一九七八年二三月间，习仲勋出席全国政协五届一次会议时与王兆相相遇，说：那次你给我的留条称仲勋同志，我看了感到真亲切，真高兴啊！

12月9日 给齐心和孩子们写信。信中说："今冬洛阳气候

---

[1] 王兆相，新中国成立后，曾任中国人民解放军工程兵学院院长等职，"文化大革命"中受冲击，当时在洛阳工程兵干休所"休闲"。

[2] 王辉，时任中共河南省委书记兼武汉军区工程兵司令员。

特别暖和,大雪[1](七日)过后,比初春还暖,今午打开窗户躺在床上,直被阳光晒得热乎乎的。火炉已在北屋垒起,因天暖还未生火。今年不烧块煤,准备用蜂窝煤,这样每月该买的生活用煤,也够取暖用了,省事很多。"

12月22日 给齐心写信。信中说:"今早听广播,确知胡[2]以中组部长身份为陈少敏[3]大姐追悼会致悼词,得此喜讯,我出来只是时间问题,一切听候组织决定"。

12月24日 专案组带审查"结论"草稿到洛阳征求习仲勋意见,草稿的结尾部分是"恢复党的组织关系,工资照发,分配工作"。习仲勋提出:现在的"结论"草稿比一九七五年秋的"结论"草稿大有改变,对此表示欢迎和赞成,但对草稿中某些问题的提法,如"富农出身";"是高、饶反党联盟的重要成员,积极参与高岗阴谋篡夺党和国家最高领导权的罪恶活动";关于在西北工作期间的一些提法,表示不能同意。此外,对一九二八年由团转党问题,希望把这段历史复查清楚,在"结论"中明确写。

下半年—1978年初 齐心和女儿齐桥桥一同找王震反映习仲勋情况,之后又分别找了胡耀邦和叶剑英反映,三人均支持习仲勋出来工作。

---

[1] 指中国农历大雪节气。
[2] 胡,指胡耀邦。
[3] 陈少敏,新中国成立后,曾任全国总工会副主席、党组副书记等职,"文化大革命"期间受到迫害,1977年12月14日在北京逝世。